本书系江西省社会科学"十三五"（2016）规划项目"基于积极组织行为学的心理资本与企业人力资源管理创新研究"【项目编号：（16GL22）】课题成果。

U0735562

基于积极组织行为学的心理资本与企业人力资源管理创新研究

熊淑萍◎著

北京工业大学出版社

图书在版编目（CIP）数据

基于积极组织行为学的心理资本与企业人力资源管理创新研究 / 熊淑萍著． —北京：北京工业大学出版社，2018.12（2021.5重印）

ISBN 978-7-5639-6574-8

Ⅰ．①基… Ⅱ．①熊… Ⅲ．①组织行为学－研究 ②组织心理学－研究 ③企业管理－人力资源管理－研究 Ⅳ．① C936 ② F272.92

中国版本图书馆 CIP 数据核字（2019）第 021750 号

基于积极组织行为学的心理资本与企业人力资源管理创新研究

著　　者：熊淑萍

责任编辑：齐雪娇

封面设计：点墨轩阁

出版发行：北京工业大学出版社

　　　　　（北京市朝阳区平乐园 100 号　邮编：100124）

　　　　　010-67391722（传真）　　bgdcbs@sina.com

经销单位：全国各地新华书店

承印单位：三河市明华印务有限公司

开　　本：787 毫米 ×1092 毫米　1/16

印　　张：19

字　　数：548 千字

版　　次：2018 年 12 月第 1 版

印　　次：2021 年 5 月第 2 次印刷

标准书号：ISBN 978-7-5639-6574-8

定　　价：99.00 元

前　言

积极组织行为学研究的领域非常广泛，从过去深受商学院思想意识体系影响的组织，到目前对积极组织行为学的迫切需要和积极组织行为学面临的新的发展机遇，再到未来有关组织方面的积极制度，等等。

积极组织行为学重新使组织研究中的古典理论浮出水面。而在这之前，商学院是组织社会科学研究方面的主要贡献者，个人成长、人际关系，以及工人和雇主间的关系是组织研究的主要议题。比如，莱文森（Levinson）提出的心理契约（psychological contract）被认为是满足了个体和集体深层次需要的一种相互约定；阿吉里斯（Argyris）则主要关注在形成有机的人际关系和组织关系过程中的学习能力；而麦克格雷戈（McGregor）关于领导的建设性观点认为，领导关系就是管理者和员工之间的合作关系。对这三位学者以及和他们同时期的许多学者而言，个人成长和素质提升是有效组织的必要条件。在接下来的几年中，组织有效性的潜在模式发生了变化，这种变化进而导致了学者们思考趋势的发展。最近，有关组织的研究已经在商学院的学术背景下逐渐与反映公司绩效的传统经济学和金融学的概念趋于一致。本书的一部分——积极心理学的运动为组织行为学的发展提供了动力之源，目的是重新引起人们对组织中个人成长和人际关系的关注，并将其作为组织有效性的主体。

在我们所处的这个时代，个人成长和人际关系对人们而言非常重要。快速的个人成长、美好的前景，以及公正和充满支持的工作环境是一个积极组织的基石，也是该组织区别于那些通常单纯地把股东的利益放在首位而牺牲其他成员利益的公司的根本特征。以往的组织战略使劳动者在身体、情感，甚至经济等方面感到空虚和枯竭，而建立积极工作场所的原则可能有助于重振这些组织的活力。

作为组织未来的发展趋势，积极组织行为学有可能引领未来新的组织结构设计。而我们清楚地知道积极组织行为学为未来组织背景的设计提供了方法，那就是重新审视和利用员工的优势，进而使员工在组织中可以实现其完美的自我期许以及拥有良好的人际关系。本书就是从组织的角度结合积极心理学理论，试图将积极心理学中的原理应用于组织实践。本书由熊淑萍副教授撰写。

本书的写作参考了最有代表性的心理学、人力资源管理，以及积极组织行为学的相关理论。在此感谢被引用文献的研究者们此前付出的辛勤劳动，感谢相关专业人员的指导，特别感谢在此领域有重大突破的讲师、学员们的反馈意见，感谢所有人对于撰写此书付出的巨大努力。本书的撰写虽然经过了近一年的努力，但不足之处在所难免，欢迎广大读者提出宝贵的意见。

目　　录

第一章 导 论

第一节 问题与背景

一、问题的提出

组织行为学是系统研究组织环境中所有成员的行为的一门学科，以成员个人、群体、整个组织，以及外部环境的相互作用形成的行为作为研究的对象。因而组织行为学的应用重点是组织中管理者与被管理者之间、管理者之间、被管理者之间的行为关系，以及如何运用理论来指导实践，提高公司的管理绩效和员工满意度，激发个体的工作潜能，实现管理科学化。世界经济环境的不断变化给组织行为学的发展带来了很多机遇的同时，也带来了一些挑战。

随着组织行为学的不断发展，其涉及的领域越来越全面，最近出现了几个重要的变量，有助于更好地理解和了解组织行为学。这种新的积极组织行为的方法是由积极心理学运动发展起来的，称为"积极组织行为学"（positive organizational behavior），简称"POB"，指对人力资源优势和心理能力中积极的方面的研究和应用，对它们的测量、开发和有效管理能提高当今工作场所中的组织绩效。作为一个POB的概念，必须符合下列标准：（1）以理论和研究为基础；（2）测量的有效性；（3）概念的独特性；（4）可发展性；（5）可用于提高绩效。

二、积极组织行为学研究的提出

积极组织行为学的理论基础源于积极心理学的研究成果。原美国心理学会主席马丁·塞利格曼（Martin Seligman）在1998年发起的积极心理学运动，目的是想把心理学研究中的至少一部分侧重点从生活中最糟糕的事物转移到最美好的事物上来，主张采用科学方法去发掘和促进那些让个人、群体、组织和社会进步的积极心理因素。积极心理学在组织管理领域的应用促进了积极组织行为学的出现。虽然早在霍桑实验时代，组织行为学研究就认识到员工的积极感受与绩效之间的关系，但长期以来，组织行为学的研究仍然存在重视"补短"、忽视"取长"的倾向，消极情绪研究多于积极情绪研究，研究重点主要放在应对组织、团队、管理者和员工的机能不良等方面，如怎样引导和激励消极、懒惰的员工，如何纠正不良的工作作风、态度行为，如何更有效地管理冲突和应对压力、倦怠等。

以工作领域的绩效改进为目标，结合以往研究中严重的消极倾向，美国组织行为学家弗雷德·卢桑斯（Fred Luthans）意识到有必要将积极心理学运动的思潮和取向引入组织行为研究。从2001年开始，卢桑斯与同事发表多篇论文，就积极心理学在组织行为中的运用展开详细论述，并将这种以积极心理学运动为基础和出发点的、积极取向的组织行为学模式称为"积极组织行为学"。卢桑斯认为，积极组织行为学应从微观层面，研究和应用那些可测量、可开发和有助于绩效提升的各种积极导向的人力资源优势和心理能力，积极组织行为学家的使命就是发现和确认符合上述标准的积极心理能力，并将其与重要的组织结果联系起来。这引起许多学者的共识，并参与到积极组织行为学的研究中。众多研究表明，员工优秀的心理素质、良好的精神状态、积极的工作态度等心理资源是组织产生高绩效的重要源泉。围绕探索和挖掘员工积极心理资源的积极组织行为学研究成为组织行为学和人力资源管理领域新的研究取向和视角。

三、积极组织行为学研究内容综述

积极组织行为学的理论基础源于积极心理学的研究成果。积极心理学认为，心理学肩负着3项主要使命：（1）治疗人的精神或心理疾病；（2）帮助普通人生活得更幸福充实；（3）发现并培育具有非凡才能的人。但从第二次世界大战后，为治疗战争创伤给人们造成的心理问题，心理学研究转向消极命题，集中关注如何"治疗人的精神或心理疾病"，这在一定时期内取得了卓著成效。但正如塞利格曼所言："当一个国家或民族被饥饿和战争困扰的时候，社会科学和心理学的任务主要是抵御和治疗创伤；但在没有混乱的和平时期，致力于使人们生活得更好是更重要的使命。"为纠正心理学研究只关注人类机能和行为中负性、病态的方面，而忽视人类自身优点和积极特性等能使生活有意义的方面的极端取向，塞利格曼在1998年发起了积极心理学运动，旨在把心理学研究中的一部分侧重点从生活中糟糕的事物转移到生活中一些美好的事物上，他主张采用科学方法去发掘和促进那些让个人、群体、组织和社会进步的积极心理因素。

许多研究证明，符合POB定义标准的最具代表性的积极心理要素包括自我效能感（自信）、希望、乐观、主观幸福感、恢复力等，并证实它们能够直接影响领导和员工的工作行为、工作态度和工作绩效，并进而影响到企业的整体绩效和持续性竞争优势。如自我效能感能有效缓解压力对个体造成的消极影响，对工作绩效有积极影响（Luthans，2002）；工作幸福感能提升工作绩效、生产力和利润率，降低缺勤率和离职率，使员工的行为更接近组织公民行为（Warren，2003；Siu，Spector，Cooper & Lu，2005）；满怀希望的人往往对既定目标更加坚定并受之激励，重视目标以及在目标实现过程中所取得的进步，表现出更强的环境适应能力，在压力情境下较少体验到焦虑等（Synder，2002）。越来越多的管理者认识到员工的心理资源是组织获取竞争优势的又一个重要来源。

四、积极组织行为学的历史背景

1927年美国哈佛大学教授埃尔顿·梅奥（Elton Mayo）应西方电气公司工程师们的邀请加入在美国的霍桑工厂进行的著名的"霍桑研究"。霍桑研究由三个阶段的实验组成，分别是照明实验、继电器室实验和绕线室实验。

第一个阶段的实验是照明实验。该实验的目的是尝试解释工人劳动生产率与劳动车间光照强度的关系。但得到的实验结果却令人费解：在照明条件没有任何变化的情况下，控制组的产量和实验组的产量有同等程度的增加；接下来光照减弱，但产量却依然增加了。第二个阶段的实验是继电器室实验，装配工人的任务是组装继电器开关。这次实验的目的是尝试测试一些具体的变量，例如，一天的工作时间、休息时间、薪酬支付方式等。实验结果和照明实验得到的结果大致一样：每个测试阶段工人的产量都比前一个阶段高。甚至当工人被安排回实验最初的条件时，产量仍然继续上升。第三个阶段的实验是绕线室实验。这次实验是被安排在独立的实验室中进行的。实验开始后，实验条件并没有任何变化，这点是和前两种实验不同的。此实验的数据由一位访谈员和一位观察员收集。实验过程中的秩序由一位车间的常规性主管负责维护和控制。在这个阶段中得到的实验结果是工人的生产量并没有出现持续的上升，相反的是，绕线工人严格限定着实际产量。针对这三个实验的结果，社会科学家们做出了很好的解释。他们认为在继电器室出现工人生产量增加的唯一原因是工人在实验过程中感受到了被给予的特别关注，正是这种从未体会过的有趣的感觉引起了他们的兴趣。这被称为"霍桑效应"。

对于组织管理而言，"霍桑效应"有着重要的价值：传统管理理论的假设是，工人是孤立的、懒惰的、被动的个体，他们工作只是为了获得金钱，要让工人有高生产率，只要设计足够的金钱诱惑就可以做到，"霍桑效应"否定了这种传统的假设。它表明工人的工作动机除了赚取工资外，还受到关注、新奇性、兴趣的影响。生产效率在很大程度上受到心理因素和社会因素的影响，如自尊、安全感、良好的人际关系、团体归属感等。因此，对员工的尊重、信任、爱、帮助，给予员工归属感和安全感，都会让员工产生积极的工作态度，从而提高生产效率。在物质文明迅速发展的今天，这一点显得越来越重要。

传统组织行为学长期以来是以组织付出的成本和所获得的收益作为基础衡量一种行为或政策的价值的。这就使组织过分关注员工机能和行为中消极方面所带来的经济损失，从而把管理研究的重点放在如何排解员工和团队的负面情绪、改变不良的工作态度、缓解工作压力和工作懈怠、改善员工的工作动机等问题上。为了对抗这一排他性主流，在著名心理学家马丁·塞利格曼的领导下，积极心理学运动出现了。塞利格曼等人开始注意到，人类的优点和积极特性等能使生活有意义的方面应得到足够的关注，正是这些人类优点和积极特性使生命有价值。他们展开了对积极心理学的研究，期望心理学研究能够在一定程度上从研究生活中最不好的事物转移到研究生活中最美好的事物上来。

卢桑斯结合他在推动积极心理学实际工作中的成果，提出有必要将积极心理学的取向引入组织行为学的研究中。他把这种在积极心理学的基础上产生发展起来的组织行为模式称为"积极组织行为学"。

第二节　研究意义

一、理论意义

国内外的实践证明，特别是最近几年我国的改革开放的实践证明，加强积极组织行为学的研究和应用，对于改进管理工作和提高管理水平，培养和选拔各级管理人才，改进领导作风和提高领导水平，提高工作绩效，改进干群、雇主雇员关系，调动广大员工群众的积极性、主动性和创造性，增强企业、事业单位的活力和提高社会生产力，都具有重要的意义。

（一）有助于加强以人为中心的管理，充分调动人的积极性、主动性和创造性

积极组织行为学认为人是组织的主体，在现代化的管理中，最重要的管理是对人的管理。若想实现管理的目标，就要实行合乎人情味的管理，建立以人为中心的而不是以工作任务为中心的管理制度。科学技术越发展，就越要重视人的因素，就越要重视提高人的素质，提高脑力劳动者的比重。据统计，体力劳动和脑力劳动的耗费比重，在机械化水平低下的情况下一般为 90∶10；在中等机械化水平下为 60∶40；在全盘自动化的情况下为 10∶90。特别是电子计算机、信息化管理时代，对脑力劳动的要求越来越高。实践证明，越是对高级的脑力劳动者，就越需要实行具有人情味的管理，充分发挥其主动性和自觉性，而不能主要靠监督。

（二）有助于知人善任，合理地使用人才

组织中的每一个人均有他们各自的个性特征，有他们不同的气质、能力、性格和兴趣。积极组织行为学中的个体行为部分，通过对个性理论及其测定方法的研究，以及对个人绩效考核方法的研究，使组织领导能够全面地了解每个人的性格特点和能力所长，从而安排与之相适应的工作岗位和职务，真正做到扬长避短、人尽其才、才尽其用，取得最佳的用人效益。同时，也可为我国当前的劳动人事制度的改革，为制定用人和育人政策，提供科学依据。

（三）有助于改善人际关系，增强群体的合理凝聚力和向心力

组织中的员工绝不可能孤立行事，必然在一定的工作群体中与他人协作配合，发生各种各样的关系。积极组织行为学对群体行为规律的研究，为改善人际关系，发挥群体的功能，提高群体绩效，提供了依据。积极组织行为学主张把组织中的正式群体和非正式群体的作用结合起来，如当前的劳动优化组合的形式就是把非正式群体转化为正式群体，实行将点兵、兵择将的自由组合。由于这些人感情、志趣相投，价值观一致，容易增强群体的凝聚力和向心力，满足人们的归属感和友谊的需要。在这样和谐的人际关系下，人们心情舒畅，有利于进一步提高群体绩效。

（四）有助于提高领导水平，改善领导者和被领导者的关系

在不同的社会制度下，领导者与被领导者的关系，是具有不同的阶段性质的，所以，不能混为一谈。但是，无论哪一个组织的领导者又都是生产关系和工作任务的协调者和指挥员，他们与员工的关系，除了有一般意义上所说的生产关系的一面，还有一般的社会关系的一面。马克思多次把生产关系和社会关系区别开来，他从来不认为生产关系就等于社会关系，当然社会关系的核心是生产关系。既然企业领导与群众的关系还具有一般的社会关系的一面，那么积极的组织行为学中关于一个有效的领导人应具备的素质、领导艺术和如何根据不同的情况采用不同的领导方式等原理原则，对于提高领导者的水平是很有借鉴意义的。

（五）有助于组织变革和组织发展

组织变革和组织发展是积极组织行为学的重要课题。它研究的是如何根据组织所处的环境、组织的战略目标、技术和人员素质的变化和发展来进行组织的变革和发展，设计出更为合理的组织结构。这种研究对我国的企业经济体制改革，特别是对增强企业活力有许多启示。其中主要启示有下列两个：第一，应根据我国企业的规模、技术水平、产品或劳务性质、人员素质的不同，设计出不同的企业组织结构，改变改革前那种不顾企业的差别而一律采用一种僵化的组织结构的做法；第二，鉴于同一个企业或单位的环境、技术、产品、劳务和人员素质，在不同时期是不同的，有时变化很大，所以其组织结构也必须随着时间的变化而变化。

二、对管理实践的意义

当管理学界开始注重人本管理，人力资源成为企业最宝贵的资源，针对人类潜能开发的课题便成为人力资源管理关注的焦点。如何提高员工的积极性，激励鼓舞员工，为员工创造一个和谐、创新的工作环境，成为人力资源管理的奋斗目标。相较于传统组织行为学领域更多地聚焦于组织、团队、管理者和员工的机能不良等方面，积极组织行为学的研究者们开始对快乐、幸福、满意、士气等积极思想课题进行研究，专注于人的积极优势和心理能力驱动，以期对管理人员和普通员工进行开发训练，最终有助于工作绩效的改善。

（一）实现自我价值

积极组织行为学致力于研究个体行为、群体行为和组织系统行为三个方面。对组织成员个体而言，积极组织行为学的研究方向就是开发和激励个体员工的工作优势，使组织成员的优势工作行为得到发掘和宣扬。自身优势工作行为的发掘和宣扬能够使员工对特定组织任务达成抱有更高的信念和期望，在完成组织任务的过程中，组织成员会更加积极乐观地予以准备和开展，并且对工作中出现的挫折和压力会更具抵御和应对能力。积极组织行为学的实践应用会让成员从中得到一种信任和鼓舞，进而延续以往的热情和活力，更加出色地完成工作。积极工作行为使员工更易成功，从而使其收获工作中的成就感及自我价值实现的满足感。

（二）带动群体积极组织行为

积极组织行为所包含的是，组织成员的正面的、向上的、乐观的、自信的组织行为。组织对积极组织行为的关注和提倡，使组织成员的积极行为态度被肯定，并延续以往的工作激情。群体组织中往往存在着许多榜样作用及跟随效应，由此这种被关注的积极工作行为将能够起到由点到面的群体带动效应，进而促成组织整体形成积极工作行为的氛围。个体行为优势的被认可，感知到组织给予的一种信任和支持，会促成个体组织成员的自信和满意，并且影响他人感知自我优势并产生开发自我优势的行为，进而伴随着一定程度的工作满意最终形成群体自我优势的感知及群体积极组织行为。

（三）提高组织绩效

积极组织行为学的研究重点在于如何开发和激励员工优势以提高组织绩效，进行积极行为学研究的结果是以绩效提高为导向的。对个体积极组织行为而言，积极组织行为能够对组织个体进行自我肯定及提高个体对组织目标实现的信念，从而激发出员工的工作潜能，达到组织目标的更好实现；群体的积极组织行为，能够促成个体积极工作行为的凝聚和爆发，实现群体成员行为优势聚集效应，从而促成组织效率的提高。另外，积极组织行为能够形成良好的工作氛围，保障员工出勤率和工作表现，从而有利于组织绩效的提升。

（四）形成正向组织文化

积极的组织行为能够带动员工的工作积极性，提高工作满意度及工作成就感；而工作满意度及成就感的提升又会加固组织忠诚度和组织归属感，最终形成一个健康的组织单元。积极组织行为还能够促进群体员工对于组织工作本身及组织外生活的主观幸福感，从而形成具有共同价值理念和生活态度的组织群体，从而有利于促进员工对于组织文化的融入和契合，从而使组织形成一种积极向上的、正面的文化氛围。

第三节　研究的发展趋势

一、积极组织的兴起带来的挑战和发展

随着知识经济的不断发展，一些新的组织如团队型组织、虚拟组织、学习型组织、扁平化组织、多元化组织、无边界组织、网络组织等也不断发展壮大起来。相对于比较固定的传统组织结构，在新型组织结构中，网络化大大优化了信息流程，使组织结构越来越灵活多变，这样特别有利于加快信息传递的速度，以利于组织中个体之间的沟通，还推动了组织从构筑明确性的组织边界转变为无边界管理或渗透边界管理。这些新型组织结构形式通过企业的组织重构简

化内部组织结构，尤其是正式组织结构，弱化等级制度，促进组织内部信息的交流、知识的分享和每位成员参与决策的过程，使企业组织对外部环境的变化更敏感、更具灵活性和竞争实力。同时，技术进步的速度加快，竞争日益激烈，必然带来劳动市场流动率的提高、临时性的增加和员工忠诚度的减弱等，这样就必须通过组织学习与界线管理，保证组织的核心竞争力，激发变革和创新；在持续提升核心竞争力的同时，舒缓员工的工作压力，改善其道德行为。

在新型的组织结构中，领导者的权威意识较之前有所淡化，员工的相对权利扩大。知识员工正在崛起，他们具有较高的创造性、流动性、成就动机和所从事工作任务具有一定复杂性的特点，因而其个性和行为表现出了不同于传统组织环境下的员工的特征，这些知识员工对组织的依赖性降低，他们更看重工作的自主性而轻视来自组织的指令和管制，更看重工作的意义而不仅仅只是注重工作结果的关联性。新型企业领导的主要职能是使本组织适应新的现实并迎接新的价值挑战。这种新的领导将不再由一个"负责"的精英人物担任，它将从每一个人内在的能力中产生，这种更加人性化的管理注重分权和劳动者自觉遵守纪律，工作由一些重复性的行为构成变成由个体之间的相互交流构成，而工业时代强调集权和强制性的纪律的领导方式必然会引发组织内部的很多矛盾。

此外，相对于传统的比较固定的组织结构，新型的组织结构更加注重员工对环境变化的适应能力，以提高自己的竞争能力和工作效率。那些依然只强调组织结构明确、稳定和角色的可替换性的传统组织已不再适应时代的发展。既然现在的组织行为学是一门应用性科学，就必须做出相应的变革，使传统的组织行为学理论向研究比较开放的新型组织结构转变。

二、劳动力多元化带来的挑战和发展

随着全球竞争的不断激化，一个组织不得不努力提高自己的生产率和产品质量以求得生存。然而，经济的全球化使组织的劳动力、产品和资本市场也变得多元化，尤其是一些跨国公司，他们的成员大多来自不同的国家和民族，虽然不同的人在组织中多多少少会被自动地同化，但是员工是不可能把自己的价值观和生活方式完全置于一边的。因此，组织行为学的研究者在探索其发展时，需考虑到如何对不同国籍、宗教信仰、教育背景、生活习惯、思想需要的员工进行工作安排，使不同的生活方式、家庭环境和工作风格的员工适应当前多变的工作环境和交际圈。当然管理人员还需要改变自己的经营哲学，不仅要平等对待自己的员工，更需要承认差异化的存在，并且能够对员工之间的差异化做出积极的反应，从而提高生产率，为自己的组织创造更高的价值。此外，制订有针对性的薪酬、福利、培训计划，通过不同的观点来改善决策质量对调动员工的积极性、增强组织的效率也是十分有效和必要的。

当然，处于知识经济的新时代，知识的含量决定着大多数产品的真正价值，脑力劳动已上升为人类劳动的主要形式，这点我们可以在电子产品方面得到淋漓尽致的诠释。因而如何提高劳动生产率亦不会再成为一个很严峻的问题。但是，因劳动生产率的提高而引发的一系列社会问题（如失业、生产过剩、如何稳固社会财富的持续增长等）不得不成为各学者和专家关注的焦点。由此，对于组织行为学的研究应该更加注重人性的取向。

三、激励政策的对象化带来的挑战和发展

很多实践证明，适当地运用激励机制，可以从精神上、物质上引导员工充分发挥他们的劳动创造性和工作积极性，提高工作效率和工作效益，推进企业的可持续发展。韦尔奇一向很鼓励员工勇敢地展示自己，他说："我希望员工能够充分发挥潜能，提出他们的建议，而我会为

他们提供各种资源。这样，员工们给我的将是许多建议和计划，我可能会说'我不喜欢这个想法，但那个主意非常好'，这样的交流更有创意。"然而，随着社会的发展、物质水平的提高，人们更多追求的是那些能够真正满足自身、实现人生价值的成就感，有利于个人成长、极富挑战性以及实现工作生活高质量需求的内在报酬。显然传统经济时代只强调外在激励的政策已无法满足员工的需求。依据马斯洛的需要层次理论，激励必须考虑人的需求，别人需要什么，我们就给予什么样的激励，这样的激励才是真正有效的。

因此，管理者在管理中应正确认识被管理者的需要层次，努力把管理的手段和员工的需要结合起来，针对性地给予激励。一旦这种内在性的激励对员工的思想意识发生影响，便会给整个组织带来意想不到的收获。

四、积极组织行为学的发展方向

（一）选题避免模仿与跟风

研究发现，积极组织行为学的研究话题在国内更集中于比较成熟的概念。组织随着外部环境的改变而不断变化，新现象层出不穷，但是新的研究选题却很少。比较英文和中文学术界研究最多的 10 个话题，有如下 7 个话题是完全一样的，即领导力、团队、公平、创造力、信任、组织公民行为、工作生活平衡。不同在于，英文期刊较多地研究了身份、多样性和绩效，中文期刊则较多地研究了知识、建言和离职。其中，"绩效"方面的研究被至少 3 篇中文期刊上的文章探讨过。相比之下，英文期刊中关注的"身份"和"多样性"，则不是中文期刊关注的主要话题。同时，中文期刊中排名前 10 的另外两个话题（"知识"和"离职"）在同一时期至少有 10 篇英文期刊的文章讨论过，这进一步表明国内和国际学者在研究话题上的相似性。

虽然中外研究中的"热点"话题接近，但是热点集中的程度在我国更甚，这或许是中英文期刊中针对研究话题最主要的差别。总体而言，国内热点话题占全部研究的 60%，而国外期刊上的热点话题只占约 30%，这表明国内的学者更容易"扎堆""跟风"去研究热点话题。这种现象对积极组织行为学研究的发展有利有弊。优点是许多学者共同挖掘某个话题，使该领域的理论和实证更加完善；同时很多学者共同关注的话题可能会引起管理实践者的共鸣，扩大研究问题在实践中的影响力。但是，集中研究热点话题也有弊端。首先，在同一话题下，很多研究相互重复，新贡献有限；其次，"跟风"研究会导致创新不足，不能够更多地去探讨那些冷门、却很有意义的现象和话题。这最终可能不利于中国积极组织行为学的发展。

在我国研究文献中比较常见"跟风"、追寻热门话题、找实证的空白点等做法，值得本学科的研究者深思。诚然，使用成熟的概念来建构自己的模型、以通行的严谨方法来开展研究设计和统计分析，对于纠正 20 多年前"随意思考"（armchair thinking）型的管理研究，是有其时代价值的，甚至可以说，恰恰是当时"模仿"类的做法令管理研究严肃起来，变得正规，构成了与国际学界对话的基础。但是，如果矫枉过正、"模仿"做法的持续时间过长，特别是在中国独特的管理行为都已经在实践上做出特点的时候，在中国管理学界能够与国际学界对话的同时，却丧失了与中国的管理实务界对话的基础，那就造成了"中国管理研究比什么东西都更加美国化"的悲剧（Huang & Bond，2012a）。要避免研究内容上的追寻热门，需要结合现有理论，深入了解中国管理实际，综合运用各种最合适的研究方法，也需要中国的研究者建立更高水平的自信。

（二）深入结合现有理论来构建新的理论

理论是管理研究的灵魂，而且是期刊主编们最看重的标准。然而，选题以及构建理论的过程中如果没有与现有理论的深入结合，容易使研究流于肤浅。简言之，研究两个或者多个现有文献中尚未联系起来的变量之间的关系，足以构成实证贡献，但是却并不能证明其具有理论贡献。高水平的文章往往通过缜密的理论和严谨的研究设计，合理地挑战、拓展已有的理论，为所研究的领域做出突出的贡献。具体地，做出重要理论贡献的可能有以下几条途径。

第一，以全新的角度来解释成熟的现象。虽然看上去有些话题已经得到了深入的研究，貌似"陈旧"，但是从全新的角度（辅以巧妙的研究设计）出发依旧能做出有见地的研究，提供崭新的见解。比如，长期以来员工满意度和离职倾向的研究已经开展得很多（Griffeth, Hom, & Gaertner, 2000; Hom, Caranikas-Walker, Prussia, & Griffeth, 1992; Tett &Meyer, 1993），但是陈（Chen）、普劳哈特（Ployhart）、托马斯（Thomas）、比莉塞（Bliese）（2011）指出，以往的研究都假设工作满意度和离职倾向的关系是静态的，而忽略了它们之间动态变化的过程，也忽略了工作满意度是如何、为什么、何时影响离职倾向的。作者在前景理论（prospect theory）、螺旋理论（theories of spirals）、意义建构理论（sense-making theory）和资源保留理论（conservation of resources theory）的基础之上，建立了动态的工作满意度变化（job satisfaction change）对离职倾向变化（turnover intention change）的影响。这项研究以全新的视角理解工作满意度和离职倾向，拓展了相关研究的理论。

第二，用严谨的实证研究并结合新的视角来修正和扩展已有的理论模型。以美国国家管理学会期刊（AMR）上的文章为代表的理论文章在进行大量的文献回顾后，建立了很多严谨的理论模型。将这些理论模型实证化是对理论做出贡献的重要途径之一。例如，2009 年一些学者在 AMR 上讨论了信任修复的机理，并建立了若干关于信任修复的模型。将这些理论假设通过严谨的实证设计，验证其实证假设，就是对相关理论的重要贡献。心理学家德斯梅特（Desmet）等人（2011）的研究就是采用这种途径，基于信任修复的理论模型，进一步将失信意图与欺骗分开，并探讨其对信任修复的影响。这样的研究不仅是实证验证以往成熟的理论模型，而且进一步做出了理论贡献。

第三，将已有理论应用于新的现象上来延伸已有理论。很多经典理论都是几十年前提出的，未必能始终适应不断变化的环境，所以需要学者们延伸和补充以往的理论。计划行为理论（theory of planned behavior）在 30 年前就已提出，用来解释决定人们行为的三类心理因素（Ajzen, 1991; Ajzen & Fishbein, 1980）。一些学者将这个经典理论应用到建言的领域，阐述建言也是一种计划行为，并为其找出三个重要的前因变量，包括感受到的做出建设性改变的义务（felt obligation for constructive change）、心理安全（psychological safety）和基于组织的自我评估（organization-based self-esteem）。这三个变量分别对应于计划行动理论中行为的三类先导因素：感受到的做出建设性改变的义务对应感知到的建言的可接受度，心理安全对应建言的积极态度，基于组织的自我评估对应行为的可控度。这样的研究就是将经典的理论延伸至新的组织现象，用新的实证研究补充、延伸经典的理论。

第四，研究新现象，探索未知领域，扩展已有理论。组织行为学中的一些变量通常是作为前因变量的，比如领导风格等，这些变量可以预测很多结果变量。变革型领导能够形成很多积极的组织变量，我们总结发现，有一些研究开始探讨这种领导风格的形成，比如大五人格、道德、成长的家庭特点和一些情境因素等。另外，很多重要的结果变量也是值得探讨其结果的。

以往的研究大多探讨如何提高员工的组织公民行为，但近期很多研究将关注点放在其结果上。比如，近期有一些学者研究组织公民行为的结果变量，并发现其对绩效考核、缺勤、离职、组织效率和顾客满意度等的作用。研究组织公民行为的结果变量的意义：用实证来量化组织公民行为对组织的积极影响，而不是"臆断"其积极作用；如果任务绩效和组织公民行为都能对员工评价有显著作用，有必要知道到底哪些方面最能影响管理者对员工的评价（Podsakoff et al.，2009）。再如，随着全球化的发展，很多商业活动在不同文化间进行，所以跨文化的销售成为商业活动中越来越常见的现象，有学者集中研究这一新的现象，发现个人的动机性文化智力（motivational cultural intelligence）能够提高跨文化销售，同时组织的动机性文化智力和多样性的氛围能够更加促进员工的跨文化销售（Chen，Liu，& Portnoy，2012）

第五，在新现象研究中挑战已有理论，得出反直觉的结论。反直觉是美国心理学家戴维斯（Davis）（1971）提出的学术研究"有趣"的最主要标准。当然，只有少数文章能够做到。心理学家伯恩斯坦（Bernstein）（2012）进入中国南方一家大型制造业企业，采用参与式观察和实地实验的方法，挑战了以往文献关于透明式管理的假设，得出了反直觉的结论。以往研究表明，透明式管理通过提高组织控制力度而提高产量，因此组织透明化的趋势在世界各地的工厂中流行。但是，本研究的结论是透明度可能降低员工绩效，因为被观察的员工会隐藏他们的创新性或高绩效行为。该研究进一步通过现场实验证明，给员工隐私空间可能会提高绩效。

（三）从其他学科汲取营养来建立理论

在组织行为的研究中，交叉运用管理学科与其姐妹学科的理论有助于帮助研究者抓住现象的本质，提升研究成果的洞察力和影响力（Zahra & Newey，2009）。近年来，一些研究将组织行为学与社会学、经济学的概念结合起来，用这些概念解释组织中的现象会发现非常有意思的研究问题。例如，一些学者研究社会网络中的弱关系（weak tie）对员工的组织创造力的作用。社会网络的优势在于增加员工与他人交流的机会，进而获得多种信息和想法；劣势在于会使人们只与熟悉的人交流，限制人们获得网络外信息的机会。弱关系使人们更多地与来自不同网络的人建立关系，获得非重复的信息（nonredundant information），因此，弱关系与创造力是倒U型关系，即适当的弱关系数量能够激发员工的创造力。作者们通过分析来自企业的数据发现，当个体的从众价值观较高时，其弱关系的多少对于个人的创造力没有显著影响；但当个人的从众价值观较低时，弱关系的数量与创造力是倒U型关系。

一些学者也鼓励将组织行为学研究与社会力量联系起来，发现研究问题。现今中国人的行为受到悠久的历史和当今社会动力的影响，并且这两种影响相互交织，对中国组织行为产生更大的作用。社会力量包括物质主义、快速的经济增长、制度环境和不断变化的家庭结构等（Leung，2012）。例如，因为计划生育政策，现在的新生代员工都是独生子女，他们与上一辈不同的成长环境和得到过多的宠爱都会影响他们在组织中的行为，对这个重要现象却鲜有研究（Leung，2012）。由此可见，思考组织行为学的研究时，将其他学科的概念和理论加进来，有助于发现很多有意义的研究问题，做出理论与现实相结合的研究。如果思路狭窄、局限于本学科，便难以创新。

（四）扎根于现实，从管理实践中选题，将研究"情境化"

研究问题的来源大致有4种：观察现象、对新方法的运用、通过思考或与人交流获得灵感，以及阅读文献发现新问题（陈晓萍、徐淑英、樊景立，2012：38-48）。基于文献研究问题的好处是有充分的理论和实证基础，研究风险（不被同行认可和论文发表的可能性）低，所以目前大部分研究问题都是这种来源。但是，这样的研究问题可能会缺乏新意、有"炒冷饭"之嫌（陈晓萍，2008）。这方面，很多英文期刊的文章也有明显欠缺，成为学界领袖大声疾呼的主题。

对中国学者而言，从现象出发找研究问题可以从一个有趣的、独特的中国情境现象开始（张燕，李海洋，2008），这种方法称为"由内而外"的情境化（Tsui，2006）。用这种方法找出的研究问题是针对中国企业、管理者和员工的。组织行为学中的概念和理论大多建立在西方世界的背景下，而中西方在动机、认知和行为上存在差异（Huang & Bond，2012）。在现有的西方的理论框架下，用中国的样本检验，不能建立中国情境下的理论，也不足以解答中国管理者的疑问。解决这个问题的重要手段之一，就是研究问题要扎根于中国现实。一些学者（Jia，You，Du，2011）将 1981—2010 年间发表在国际一流期刊和《组织管理研究》（*Management and Organization Review*）上的符合中国情境化的文章总结归纳，发现这些研究越中国情境化，引用率越高。并且，中国情境化的研究符合科尔奎特（Colquitt）和萨帕塔－费伦（Zapata-Phelan）（2007）提出的理论—建立—检验模型，能为整个组织行为学理论体系做出贡献。

情境化的研究分为两类：嵌入情境研究（context-embedded research）和特定情境研究（context-specific research）（Tsui，2006）。嵌入情境研究是"利用国家层面的特征（如文化、政治或经济系统）的差别作为先行变量或调节变量来解释不同国家中的组织或个人现象的方差"（徐淑英、欧怡，2008）。相同的构念和理论模型在不同的情境下可能会产生差别。例如，在考察工作的内在激励特性与员工的工作满意度之间关系时，一些学者采用来自 49 个国家的 10 万多名员工的样本，发现了国家层次的变量，如国家财富、社会保障、个体主义或集体主义文化以及权力距离，对工作特征和工作满意度之间关系具有显著的影响。例如，富裕国家的员工，其工作满意度受到内在工作特性的影响更大。这一研究将从国家层面的因素引入个体层面的工作满意度的研究中，丰富了人们对于内在激励理论的认识。

特定情境研究关注在新情境下的现象，通常研究一个国家或地区，要解释现象和理论当中的隐含情境（徐淑英、欧怡，2008）。例如，西方文献中已经确立了变革型领导和交易型领导对组织和员工的影响，可是在中国这两种领导类型不足以完全包含中国企业中一些领导的行为。结合具有中国特色的家长式领导，中国学者吴春波等（2009）由案例出发探讨中国民营企业的领导行为在不同的发展阶段的风格变化。这篇研究表明，变革型领导、交易型领导和家长式领导都不能单一解释中国民营企业内部的领导风格。中国是一个高权力距离，高集体主义和重视长期结果的国家，在一定程度上决定了中西方在领导风格上的不同。研究也发现，家长式领导在创业初期面对巨大生存压力的中国民企中是十分必要的，他们表现出德行领导、权威领导和仁慈领导的主要特点，帮助企业熬过创业初期的种种挑战。这篇论文就是发掘某一国家的隐含情境特点的现象，结合中西方的管理理论，不仅解释了隐含情境特点的现实问题，还拓展了原有的关于领导力的理论。

情境研究的最高层次是"本土化"研究，即"使用本土语言和具体本土意义的构念对本土现象进行的科学研究，旨在检验或建立能够解释并预测特定社会文化环境下的特定现象的理论"（徐淑英、张志学，2011）。具体而言，本土化研究就是在新环境下开发概念，或者发现特定情境下的某些关系的边界和机制，或者介绍由特定情境下发展、建立的理论来解释某些关系（Jia，You & Du，2012）。在这次总结中文期刊的过程中，笔者发现了一些"本土化"研究。例如，胡金生和黄希庭（2009）对于中国人特有的行事风格——自谦的研究。作者通过回顾和检索古籍文献，确定自谦是一种"以阳居阴"的行事风格，并具有若干功能。作者考察了大学生对自谦的认同度，发现他们强调自谦的"防御性""自我完善"和"提升形象"的功能。

现阶段的中国有很多值得研究者发掘的有现实意义的管理现象。研究者不仅可以利用中国的独特之处检验现有的西方的理论，还可以根据中国正在发生的事情开展新的研究。中国正经历巨大的政治和经济改革，制度环境相对复杂，对企业都有深远的影响。在这种环境下，企业需要面对和解决的问题是社会所关注的，也是研究者发展新理论的良好契机。美国学者卢梭（Rousseau）（1997）在《心理学年度评论》（*Annual Review of Psychology*）中发表的文章认为，组织是不断变化的，这种变化可能来自外部环境的变化，也可能来自组织内部的改革，所以组织行为应该紧跟这种变化，考虑外部和内部的影响。这种复杂的环境为研究组织的成长、发展和衰弱提供了良好的土壤（Li &Tsui，2002）。

总而言之，组织行为学的研究只有通过剖析社会中的现实问题，才能避免纸上谈兵，做出有贡献意义的研究。但是，从现实出发做研究不等于就事论事，只关注现象本身提出方案，这样仅能做出微小的理论贡献。研究者需要做的是将现象中蕴含的问题抽象出来，结合以往的理论及实证研究，建立能够表达现实世界的理论。

（五）采用适合的研究方法

提高研究的内部和外部效度，以便将研究的结论有信心地应用于其他背景下，才能够给管理者提供借鉴意义。这就需要在研究设计中根据研究问题来设计适合的研究方法，往往需要结合多种研究方法，进行多时点的设计，考察跨层次的变量等。虽然从整体上看中文期刊和英文期刊在采用的研究方法上存在相似性，但在趋势上却有些不同。首先，在每篇文章的研究个数上，国外包含两个以上的研究的文章接近1/5，但是在我国发表的202篇实证研究报告中，仅有13篇文章报告了两个以上的研究；此外，采用非问卷调查法（包括实地研究）和纵向数据的比例也远远低于英文期刊。国外期刊中研究采用非问卷调查法的文章占全部文章的33%，而我国期刊仅占10%。国外期刊中研究采用纵向数据的文章占全部文章的33%，而我国期刊仅占8%。这些数据表明，国内的积极组织行为学研究在研究方法上距离英文期刊的水平还有一定差距，还有很大的提升空间。

相比较国内外的文章，我国期刊的研究方法更加单一。大量地采用问卷方式搜集数据，过多地考虑个体层次的变量，仅仅是延续了长久以来的研究范式，突破性很小。组织行为研究的目的在于揭示组织现象的规律，并为现象的发生提供令人信服的解释，从而为改善企业中的个体或群体行为提供有效的策略。因此提高研究的内部效度和外部效度，进而提高组织行为研究的解释力，这也是学者们共同的目标（Baldridge，Floyd，2004；Priem & Rosenstein，2000）。为了达到这个目标，可以采用多种研究方法和跨层次研究。

第一，多种研究方法结合，取长补短，增强一篇文章的说服力。任何一种研究方法都具有长处和短处，采用多元研究方法论，取长补短，强化研究结果的坚韧度。"方法上的杂交"（triangulation）就是将多种方法相结合，不同的方法可以为同一现象提供不同角度的支持（McGrath，1982），采用多种研究策略、多个收集数据的场景、多种数据来源，从而提高研究结论的稳健性和研究结果的普遍性。多元研究方法论对提高组织行为研究的解释力有很强的作用。一些学者总结和比较1985—1987年和1995—1997年发表在《管理学院期刊》（*Academy of Management Journal*），《管理科学季刊》（*Administrative Science Quarterly*）和《管理学报》（*Journal of Management*）上的文章所采用的研究方法后指出，管理领域的研究需要更多地采用"方法上的杂交"来设计研究，从而提高研究结论的说服力，平衡研究的内部效度、外部效度、构念效度和统计结论效度。

这里举出若干研究来说明多元方法的运用。如，格兰特（Grant），达顿（Dutton）和罗索（Rosso）（2008）发现了雇员支持计划通过促进员工给予他人支持，进而提升其对组织的情感承诺的机制。作者访问了多位经理发现，当员工在员工支持项目的指导下给予他人支持时，他们会对自己进行亲社会性解读（prosocial sensemaking），提高关心他人的程度，加强自己的亲社会性身份；进而将这种积极身份的形成归功于组织带给他们的机会，从而提升了对组织的情感承诺。在组织层面，员工会认为组织有亲社会性身份，为身处这种在乎员工或具有人性化的组织感到自豪，最终也加强了情感承诺。在定性分析的基础上，作者们通过搜集的定量数据，验证了上述两种机制。再如，一些学者综合运用定性、实验和问卷的研究来探讨创业者热情（entrepreneurial passion）对吸引风险投资者的作用。作者将创业者激情分为"激情"（passion）和"充分准备"（preparedness）两个情感和认知方面的维度，并用定性的研究方法开发出相应的量表。文章假设"激情"和"充分准备"将会正向影响风险投资者的投资意向。进而，作者在研究一中用实验的研究方法检验假设；在研究二中利用问卷调查，在某所大学年度商业计划竞赛中，检验校外投资者是否愿意向基金申请者提供资助。两个研究均发现"充分准备"对投资意向有显著的正向影响，而"激情"却对其无影响。这种结合多种研究方法于同一研究问题上的做法，显然有助于提高研究结论的说服力，对本学科的贡献也更大。

除了问卷调查之外，越来越多的研究结合了档案数据、实验研究和案例研究等。例如，贾奇（2008）运用大规模的"全国青年追踪调查"（National Longitudinal Surveys of Youth）数据，研究核心自我评价（core self-evaluations）与工作满意、收入和职业地位在职业生涯初期的差别及其轨迹变化。结果表明，核心自我评价高的人有较高的初期工作满意度、收入和职业地位，随后这3个变量也会提高得更快。"全国青年追踪调查"是美国劳工部下属的劳工统计局授权和实施的针对美国青年的大规模调查，包括12 000名青年人从1979年到2008年的数据。这类大规模数据能够增强研究结论的可靠性和普遍性。

很多组织行为研究者有心理学背景，他们除了采用所擅长的实验法外，还结合了其他方法。例如，在研究领导的外倾性与员工的主动性对团队绩效的影响时，一些学者推测，外倾性高的领导认为主动性高的员工会带来威胁和干扰，所以当员工是被动的时，领导的外倾性与团队绩效呈正向关系；而当员工是主动的时候，领导的外倾性与团队绩效呈负向关系。他们采用实地问卷调查法和实验室实验两个研究验证了这一假设，保证了研究的外部效度和内部效度。

案例研究不仅能把握现象的丰富性（Weick, 2007），还可以充分而详实地描述现象（郑伯埙、黄敏萍，2008）。例如，巴蒂拉纳（Battilana）和多拉多（Dorado）（2010）研究混合型组织如何建立和维持混合性的特点。他们考察了两个案例企业的人员选拔措施和社会化措施对组织发展的影响，总结出学徒式（apprenticeship）和整合式（integration）两类混合化方法。通过细致的案例研究，作者发现不同的混合化措施能够使员工少受外在的制度环境的影响并建立共同的身份。

在定量研究的基础上，还可以通过定性研究解释假设的机制。一些学者在探讨CEO领导行为和企业文化的关系时，先运用定量研究验证假设，再从定量研究中找出具有代表性的样本进行访谈研究。通过定量的问卷数据，发现CEO领导行为和企业文化在有些企业中存在联结的关系，即领导和文化都强或都弱；然而，在有些企业中却出现分离的现象，也就是说，领导强文化弱或者领导弱文化强。作者从产生联结的样本中选取2家企业，又在出现分离的样本中选取4家企业，访谈企业中的经理和员工。访谈揭示了一些个人和情境因素会影响CEO建立、改变和实施企业文化，一些制度因素也会影响企业文化，这些都是导致CEO领导行为和企业文化分离的因素。通过定量研究将复杂的现象量化，用数据展示变量间的关系，再运用定性数据挖掘现象的本质，为量化的结果提供充分的论据。

总之，单一的方法和单一的研究存在不足，可能会限制研究结论的解释力和可推广性。为了提高研究的内部效度和外部效度，研究者应采用其他方法或开展多个研究去探讨变量之间的关系，采用多重方法，开展多个研究，最终得出的结论可以相互验证，从而增加研究的可信度和说服力。

第二，通过纵向时序设计来检验因果关系，提供比相关关系更高水平的信息量。很多组织行为研究由于采用横截面数据而无法揭示因果关系，为此研究者越来越多地开展了纵向研究或多时点研究设计。例如，Wu，Tsui 和 Kinicki（2010）用 3 个时点的数据研究团队内领导差别化对待下属（leadership differentiation）对团队效果的影响。作者在时点一收集了领导报告的团队绩效、团队大小、团队类型、工作互依性和个人的人口统计学变量，员工则报告了领导行为、团队认同和人口统计学变量。在 1 个月之后收集了员工报告的自我效能、团队效能和领导认同。距离第二个时点 1 个月后，收集了领导报告的团队绩效和员工报告的衡量团队质量的数据。通过这 3 个时点收集的数据，作者避免了同源误差且建立了因果关系。

第三，针对管理情境跨层次的现实，构建多层模型来增强研究的解释力。跨层次研究与情境化研究紧密相关，采用多层次线性回归的方法（hierarchical linear model）将情境化的理论方法化。跨层次研究主张将宏观与微观相结合。结合宏观和微观的研究能够比较全面地把握个人、情境以及二者的交互作用对于现象的影响。近年来，组织行为学的研究者越来越重视跨层次研究。例如，Liu 和 Batt（2010）同时研究个体、团队和组织层次的变量对员工个人绩效的影响，以及团队和组织层次的变量对个体层次关系的调节作用。个体层次的变量是来自主管的教练（supervisor coaching），团队层次的变量是管理实践，组织层次的变量是技术过程（technological process）。结果表明，员工的个人绩效同时受到 3 个层次的变量的影响，主管的教练使员工的绩效轨迹不断上升，而这个关系同时受到团队层次的变量（团队工作分配和激励措施）和组织层次的变量（技术自动化和技术变化）的影响。国内外过去 4 年的大多数研究都在考察和检验个体层次的变量，这沿袭了传统的工业组织心理学的研究范式。又如，罗伯茨（Roberts），胡林（Hulin）和鲁绍（Rouseau）（1978）研究离职率发现，组织和国家层次的变量可解释大约 70% 的离职率的方差，而个体层次的态度变量解释大约 15%—20% 的方差。因此，仅仅考察个人层面的心理学变量，往往无法充分地解释组织中的行为现象。传统的组织行为学植根于心理学，基本的假设是人们的认知和行为都受到普遍的心理过程的驱动（e.g.，Weiner，2003）。但是，将组织行为学研究框定在心理化的个体层次，忽略公司和社会层面因素对个体认知和行为的作用会降低研究的解释力。用团队层面、公司层面、行业层面和国家层面的变量解释个体层面的方差是既有理论意义，又有现实意义的（张志学，2010）。

正如我们在情境化研究中提到的，越来越多的研究者意识到，把组织行为学研究放到大环境下，不仅有理论贡献，更对现实世界有深远的意义（Leung，2012）。文化、历史、哲学传统、社会制度这些社会学变量，都是影响中国人心理和行为的重要因素（Huang & Bond，2012b）。事实上，很多国内外学者已经意识到这个问题，比如，以荷兰心理学家吉尔特·霍夫斯泰德（Keert Hofstede）为代表的学者历来研究国家文化对组织内员工的行为的影响。组织行为学的研究不能停留在个体层次，而应当考察个体层面之外的其他组织情境因素和社会文化因素对组织中的个体或群体行为的影响。

总之，随着社会进步，经济发展，必然会出现一系列问题并不断挑战着传统的组织结构形式，因此，对于积极组织行为学的研究还需持续进行并做出相应的转变以适应经济的持续稳定发展。

第四节　国内外的研究论述

一、传统组织行为学与积极组织行为学的研究

组织行为学发端于梅奥等人所做的霍桑研究。从那时起，员工的积极特性与绩效之间的明确关系已为人们所认识。组织行为研究者发现，诸如正面强化和积极情绪等因素能够对员工的态度起到积极的引导作用，甚至幽默也能对绩效产生显著的正面影响。然而，尽管有关人的积极特性的研究有如此好的开端，有大量的实证支持以及显著的表面效度（显然自信、乐观的员工更富有成效），但传统组织行为学领域却仍更多地聚焦于组织、团队、管理者和员工的机能不良等方面，如怎样引导和激励消极、懒惰的员工，如何纠正不良的工作作风、态度和行为，如何更有效地管理冲突和应对压力、倦怠，等等。

之所以会出现上述情形，美国组织行为学家赖特（Wright）等人认为主要是以往的组织行为研究过分强调"费效分析"的价值取向，即一切行为和政策都要以它们使组织付出的成本和给组织带来的收益为基础来衡量其效果和价值。赖特等将人这种取向称为"忠于管理的观点"。在这种观点的支配下，应用研究主要是为了完成组织的管理层或所有者这个单一利益相关者群体所设定的目标。结果，另一利益相关者群体，即员工自身，则被认为只是在作为实现组织目标的工具时才是重要的。这是极具讽刺意味的，因为员工实际上是许多组织行为学研究的主要对象。"忠于管理的观点"对以往组织行为研究中大量研究主题和焦点的确定以及研究结果的理解都产生了极大的影响。其中最直接和明显的影响就是上面提到的在应用研究中对负性方面的过分关注，即过度聚焦于确定组织中员工的不满、悲伤和苦恼等负性情绪所造成的金钱损失。

（一）传统行为研究

传统的组织行为学研究有 2 项基本前提：①在组织向员工分配任务的过程中，员工主观意志基本不发生作用；②员工对工作环境的影响非常小，其行为不能改变工作环境。传统观点认为员工绩效行为是被动反应，这种被动绩效观的典型代表是美国古典管理学家弗雷德里克·泰勒（Frederick Taylor）的科学管理，他认为员工行为只有最大限度地符合标准，才能收到较好绩效。随着霍桑实验的传播，期望理论、公平理论的出现，员工主观因素逐渐被管理学者认可和重视，然而，此阶段研究的共同特点是将员工行为描述为消极评价与选择，即只能在组织或上级设定的约束条件下工作，是一种消极绩效观。现代社会需要一个更为主动、更为积极的绩效概念。

在企业实践中，人力资源管理的传统模式是以事为本：首先进行工作分析，撰写工作说明与任职资格；以任职资格为标准，进行人员招聘；以工作说明为蓝本展开员工培训；在日常工作中，任务目标由直接上级设定，员工在其督导下行动；在日常管理中，员工的绩效优劣，均以其能否按要求完成既定任务为评价依据；薪酬方面，岗位评价以及基于岗位的薪酬模式大行其道。由于经济竞争加剧、产品创新加速、网络信息技术普及将组织所面对的压力传递到员工层面，使员工工作性质发生了变化：工作任务需要独立决策，需要员工自我激励，并主动地扩

展自己的知识技能；工作不确定性增加，以项目制为代表的灵活工作模式普及，工作安全性降低；工作责任增加，创新要求提高等。所有的变化都意味着员工要改变原有被动、短期、一成不变的行为模式。

（二）积极行为研究

积极行为（proactive behavior）是员工着眼于未来，积极主动地寻求改变的一种行为模式。《牛津英语词典》对 proactive 的解释：通过预见未来事件或问题，采取主动行动，来创造或控制局面，而不是当事情或问题发生后才做反应，（因此，更可能）是创新性的，趋向于使事情成功，包括了主动、未来、改变（或控制）3 个核心要素。

积极行为研究并非先有概念后有外延的演绎式过程，而是管理实践与具体积极行为研究在前，概念定义在后的归纳式过程。最早关于积极性的研究是 1968 年斯威特·李克归纳整合了关于个性研究的不同观点，明确提出反应型个性和积极型个性，然而该文在当时并没有引起学界的足够重视。巴特·埃曼（Bat Eman）等人将积极性定义为影响环境改变的相对稳定的趋势，激起了组织行为学专家的研究兴趣。之后，学者们基于不同的理论视角与实践情境提出了大量积极行为，积极性、积极行为的概念也得到了逐步完善和发展。其中，弗赖斯（Frese）等人提出了个人主动概念，即一种自我发动的、前瞻性的工作行为，坚忍不拔、克服困难以达成目标，其在概念发展上实现了 2 个重要突破：①将积极型个性发展为积极型行为，从纯心理的个性研究扩展到行为研究；②在巴特·埃曼等人强调改变的基础上，提出了积极行为的另外 2 项关键特征——自我发动与前瞻，将概念进一步完善。随着研究的深入，在对各种具体行为进行归纳的基础上，帕克（Parker）等人将积极行为定位为一种行为模式，即组织中自我引导的、关注未来的员工行为，这些员工行为带来积极变化，包括改变自己和改变环境。

积极行为的特点应从与其他行为的区别来理解。积极行为与管理行为、适应行为的相同之处在于改变，而区别在于是否具有主动性。积极行为与角色外行为、组织公民行为有交集，例如，员工在组织规定的角色外主动帮助同事，既属积极行为又属角色外行为、组织公民行为；积极行为还包括以未来问题为导向在角色内做出改变等行为，角色外行为、组织公民行为还包括应同事要求做出反应等行为，因此为不完全重叠集。积极行为与单纯创新行为亦有相同之处，创新必然是一种改变，而改变却不一定总是创新，是包含关系。

（三）积极组织行为学与积极心理学、传统组织行为学的区别

积极组织行为学建立于积极心理学的研究成果上，但与积极心理学又有所不同，其研究的重点放在可以改变的心理状态上，而不是相对较难改变的心理特质上，但是，心理学界在特质与状态的界定上历来存在着争论，而且相当多的概念所包含的特征既有稳定的特质，也有可变的状态。积极组织行为学目前所涉及的概念中有些是状态（如信心/自我效能），有些则既是状态又是特质（如乐观、情商等），但是，抛开状态与特质的争论，积极组织行为学关心的是研究结果能否对管理者及员工进行培训及开发。换句话说，积极组织行为学的研究必须能够应用于管理实践，对管理者和员工进行开发、训练，最终实现提高组织绩效的目标。因此，可开发、培训的标准是从本质上区分积极组织行为学和积极心理学、传统取向的组织行为学的关键。

二、积极心理学运动与积极组织行为学的提出

积极心理学运动是对以往的心理学研究只关注人类机能和行为中负性、病态的方面，而人

们自身的优点和积极特性等能使生活有意义的方面未得到足够关注的倾向的反应。整个心理学领域的研究始于三个目标,即修复已有的心理疾患、预防问题的出现,以及发掘和实现人的潜能。然而长期以来,全社会都过分关心人们出现了什么问题,研究和实践的注意力也几乎全都投入如何确定和治疗心理问题及纠错方面。十几年前,以原美国心理学会主席塞利格曼为首的一小群心理学家开始意识到一种积极的、用于发掘人类优点的取向的必要性和重要性。因此,他们发起了积极心理学运动,其目的就是想把心理学研究中的至少一部分侧重点从生活中最糟糕的事物转移到生活中的一些最美好的事物上来。他们的使命是采用科学方法去发掘和促进那些让个人、群体、组织和社区进步的因素。

以工作领域中的绩效改进为目标,结合以往研究中严重的消极倾向,美国组织行为学家卢桑斯意识到有必要将上述思潮和取向引入组织行为研究中。他将这种以积极心理学运动为基础和出发点的、全新的、积极取向的组织行为学模式称为"积极组织行为学"。具体而言,积极组织行为学是针对那些具有积极导向的、可测量的、可开发和有效管理的人力资源优势和心理能力所进行的研究和应用。该定义包含了卢桑斯设定的用于确定 POB 所研究的领域及概念的标准。具体而言,POB 研究的概念不仅要与积极性相联系,而且必须对传统组织行为学领域而言是相对新异的,存在有效的测量和开发方法,最重要的是能够有助于提高工作领域的绩效。其中易于开发这一标准要求 POB 所包括的概念是状态性的,因此就排除了传统组织行为学中的人格、态度和动机等特质性变量,而且,POB 所包括的概念既适用于管理者的开发,也适用于普通员工的开发。积极组织行为学家的使命即发现、确认符合上述标准的积极心理能力,并将其与重要的组织结果联系起来。

三、关于积极组织行为学的研究

积极组织行为学在人力资源管理和组织行为学研究领域中,是一种新的研究取向,其发展是建立在传统组织行为学消极研究取向基础之上的,强调对组织内个体的积极心理变量和人力资源优势的开发和应用。因为这个构念的新颖性,现有关于积极组织行为的研究并不是很多,目前已有的文献主要从以下两个方面来探讨积极组织行为:

(1)积极组织行为的内在结构。西南大学教授潘孝富以生产型企业的员工为对象,进行实证分析得出,积极组织行为的内在结构由投入行为、负责行为、主动行为、创新行为、助人行为和谋取和谐行为六个因素构成。

(2)积极组织行为的影响因素。个体层面,比如积极特质论者认为,有积极特质的员工更易表现出积极组织行为,并能形成高绩效;如大五人格特质论者认为,员工的责任心、是否具有良好的人际关系以及对工作的情感投入是积极组织行为的影响因素。学者张伶等人研究指出外倾性人格的员工更易表现积极组织行为。组织层面,比如学者刘筱芬通过对服务性企业的实证研究得出,组织公平感、组织归属感、组织支持感、组织自尊、组织形象这 5 个因素决定了服务业企业员工的积极组织行为。学者张伶等人研究指出,工作匹配与员工的积极组织行为正相关,而工作压力以及工作—家庭冲突与员工的积极组织行为负相关,且工作—家庭冲突在工作压力、工作匹配和员工的积极组织行为中起调节作用。

(一)关于心理资本与积极组织行为学的研究论述

资本的发展经历了原始资本、经济资本和人力资本三个阶段。随着社会的发展,社会资本也受到了企业应有的重视,特别是近年来出现的心理资本转变了传统人力资源管理的模式,正逐渐成为 21 世纪人力资源管理的一个新取向。

心理资本是以积极心理学和积极组织行为学为理论基础发展起来的。20 世纪 90 年代，美国心理学会前任主席塞利格曼和其他一些心理学家发起了积极心理学运动，致力于改变从负面导向的视角来研究心理学，号召心理学家从帮助健康的人变得更幸福和发掘人的潜能角度，展开心理学的理论建构和实证研究。受其影响，一些与心理学相关的领域也展开了积极心理学的理论和应用研究。积极心理学在组织管理学领域的应用导致了积极组织行为学的出现，积极组织行为学是针对那些具有积极导向的、可测量的、可开发的、可有效管理的人力资源优势和心理能力所进行的研究和应用。在此基础上，卢桑斯从"为人才而战"的视角将心理资本定义为：个体在成长和发展过程中表现出来的一种积极心理状态。

现阶段对心理资本的界定主要是根据积极组织行为学的基础和标准推导出来的构念，卢桑斯等人从积极组织行为学的角度出发，总结心理资本的要素选择标准至少有以下五点：第一是积极性；第二是以理论与研究为基础；第三是有效的测量和评价；第四是心理资本要素是状态类并能被开发和管理的个体特征；第五是对绩效的影响。人力资源的开发取决于这种资源所能带来的效益，所以心理资本要素必须能够吸引组织管理者的注意，并对其增加投入。根据上述选择标准，卢桑斯对心理资本要素的选择提出了更多可能的假设，即对于潜在心理资本的测量和开发将成为后续为完善理论的进一步研究的方向。

对组织期待的工作行为的研究目前以组织公民行为居多，而对组织不希望发生的工作行为的研究则包括旷工、越轨行为等。我国学者仲理峰通过对一项直接领导和员工的研究证明，员工的希望、乐观和恢复力三种积极心理状态都对他们的工作绩效、组织承诺和组织公民行为有积极影响。

文献研究表明不同研究者对于什么是心理资本存在较大分歧，对心理资本要素选择标准的看法也不统一，因此研究结果自然也有较大差异。这与目前心理资本研究尚处于起步阶段，缺乏系统的理论体系指导有着密切关系。

目前大多数心理资本研究都是以欧美文化为背景开展的，而西方的个人主义文化背景与东方的集体主义文化背景之间仍然存在很多的不同之处。所以，心理资本理论在中国文化背景下是否能够适用，中国文化背景下的心理资本结构与西方的研究结果是否一致，有哪些特色等问题还不得而知。在这种情况下所得到的研究结果如果直接应用于其他文化背景，则存在相当大的风险。我国学者郑伯埙曾经提到，心理资本"不像自然科学法则放之四海而皆准，从西方导入组织行为构念必须谨慎察看文化差异所造成的影响，否则所移植的构念将'橘逾淮而为枳'"。因此对国外心理资本与相关变量关系的研究结果进行验证并进行跨文化比较研究也非常有必要。所幸的是我国学者从心理资本理论的兴起阶段就参与了有关的研究。我国学者柯江林等人已经开发出了本土心理资本量表并对其有效性进行了验证。

（二）关于积极组织行为学研究的现状

科学研究的目的是解释、预测及影响自然或社会现象。要实现这个目的，科学研究必须针对恰当的研究问题，合理地从已有研究中汲取营养并推进已知知识领域，采用适当的研究方法。当前中国从事组织行为研究的学者多在尽力开展更高水平的学术研究，且大多英文期刊在总体上有很多值得学习的优点。为此，学者需要对应该进行什么问题的研究、回答哪些问题、提供什么样的见解、采用哪些研究方法等具有更加明确的认识。

我们从实践与理论两个方面回答上述问题。从实践上，当前中国企业经营管理中有哪些亟待解决的积极组织行为方面的疑难，就应该是这一应用学科的研究重点。比如，中国经济体制改革的不断深化，企业经营更深入地融入世界经济，粗放型的发展难以持续因而必须不断提升企业竞争力，所有这些都使中国企业面临前所未有的挑战，也为组织行为学研究提出了对应的课题。从理论上，分析这一问题的角度之一便是考察以英文期刊为代表的全球领先的积极组织行为研究的问题与方法。总的来说，英文期刊代表了全球管理学者的最新成就，其研究问题和研究方法比中文期刊更接近研究的理想状态，对其研究问题和研究方法的了解有助于我们思考中国在该学科上存在的差距。

要对接国际的研究，我们需要了解英文期刊，以及考察当前中文期刊所代表的中国积极组织行为的研究现状，以便分析差距何在、如何去接近目标。为此，我们也对应地分析英文一流期刊和中文核心期刊中这些年的研究成果，梳理其规律性的内容。就一项研究而言，问题的选择和研究方法、研究设计、数据分析等技术层面的内容也很重要。学者们需要通过严谨的研究设计提高研究的解释力或可信度。学术界对研究方法的要求日趋严格，学者们的普遍共识是通过严谨的研究设计，力求使研究结论更有说服力和解释力。

五、国内外积极组织行为学研究内容概述

（一）国外发表的积极组织行为学研究内容概述

在过去 20 多年中，《心理学年度评论》曾发表了 3 篇对积极组织行为学整个学科的研究进行系统的回顾和总结的文章（O'Reilly，1991；Mowday &Sutton，1993；Rousseau，1997）。3 篇文章报告的结果显示，组织研究内容随着时代的变化在不断改变。在 1991 年之前的若干年里，动机（motivation）是微观组织行为中最为广泛的研究内容，其次是工作态度（work attitude）、工作设计（job design）、离职（turnover）和缺勤（absenteeism），最后是领导力（leadership）。在 1993 年的回顾文章中，作者没有特别统计研究数量最多的内容，而是强调情境（context）对组织行为研究的重要作用。距离现在最近的 1997 年的回顾文章中，在彰显组织不断变化的背景下，作者总结了现有的组织行为学研究如何反映组织在变化，以及如何更好地应用现有理论解释变化中的组织现象。但是，这篇文章依然没有统计研究内容。我们认为，统计近几年的热点研究内容，让学者们了解如今积极组织行为学研究的现状是十分必要和有启发意义的。

根据我们研究的需要，我们在英文期刊中选取了公认的一流管理学（如《管理学院期刊》）、应用心理学和组织行为学［如《组织行为学期刊》（*Journal of Organizational Behavior*）］学术期刊，以及具有独特代表性的期刊［如最早从事组织环境下人的行为研究、由托维斯托研究所于 1947 年创刊的《人类关系》（*Human Relations*）］。特别说明的是，在这些覆盖组织行为学全面内容的期刊所发表的文章中，领导力的研究为最频繁受到关注的内容。

（二）国内发表的积极组织行为学研究内容概述

我们按照国家自然科学基金委指定的 A 类期刊名目，逐刊将其中的积极组织行为学研究文章挑选出来，这些期刊包括《管理世界》《管理科学》《管理评论》《科学学研究》《科学管理》《南开管理评论》和《中国管理科学》。鉴于《心理学报》发表了大量与积极组织行为学领域相关的研究文章，我们也将这本期刊选入统计的范围。经统计，自 2008 年至 2011 年，发表在上述期刊上的组织行为学研究文章总共 238 篇。

中文文章排在前 10 位的研究话题依次是：领导力、团队、知识、创造力 / 创新、公平、信任、建言、组织公民行为、工作—生活平衡和离职。这 10 类话题占全部研究的 60%，其中领导力占 20%。另外，为了更多地了解其他话题被研究的情况，笔者还将被 3 篇以上文章研究的话题

列举出来。这些话题包括职业、情绪智力、绩效、组织承诺和个性。

由于领导力依旧是数量最多的研究话题，加上为了让读者比较英文和中文领导力的研究状况，笔者更具体地分析了领导力领域的研究内容。排在前 10 位的领导力研究话题依次是：变革型领导、领导力综合研究、领导—成员交换、高层管理团队、家长式领导、授权型领导、交易型领导、辱虐型领导、领导者的情绪智力和 CEO。

笔者还特别统计了《心理学报》上发表的积极组织行为学的研究话题和研究方法。从 2008 年至 2011 年，《心理学报》总共发表了 38 篇积极组织行为学研究报告，被两篇以上的文章研究的话题依次为：领导力、绩效、创造力、团队、人格和建言。所采用的研究方法与其他中文文章大体相似。

第二章 研究的主要内容、对象、方法

第一节 研究的主要内容

积极组织行为学是组织行为学科在传统组织行为学的消极取向基础上提出的新视角，强调对人类心理优势的开发与管理，即如何采取积极的方法和怎样发挥员工优势以提高组织的绩效水平。

积极组织行为学是 21 世纪以来新兴的一门学科。受积极心理学的影响，积极组织行为学由卢桑斯于 2002 年正式提出，强调对人类心理优势的开发与管理，重点探讨如何运用积极的方法发挥员工优势，以提高组织的绩效水平。随着人们对积极心理学热情的升温，积极组织行为学也越来越为人们所关注。积极组织行为学的研究标准是必须能够应用于管理实践，对管理者和员工进行开发、训练，最终实现提高组织绩效的目标。

一、积极组织行为学的基本概念与理论基础

（一）基本概念

组织行为学研究早在霍桑实验时代就认识到员工的积极感受与绩效之间的关系。多年来，组织行为学研究人员发现积极的帮助、正面的影响、员工积极的态度、幽默感均对绩效有显著影响。但尽管如此，组织行为学的研究重点仍然放在对员工的负面障碍的问题解决上，如研究如何更有效地解决冲突、压力和工作倦怠；改进不良的态度和对组织变革的抵制；如何激励那些处于边缘状态的、缺乏工作动力的员工等。

卢桑斯将积极组织行为学定义为：为提高工作绩效，对心智能力测量、开发及有效的管理，并以员工的积极活力为导向的应用学科。这个定义包括态度、人格、激励和领导能力。这一定义既为积极组织行为学的未来发展奠定了研究的框架，也将其与传统取向的组织行为学划清了界限。

（二）理论基础

积极组织行为学的理论基础源于积极心理学的研究成果。西方"积极心理学"的发展始于 20 世纪 60 年代，在人本主义思潮以及人类潜能开发思想的影响下，研究者开始研究快乐、幸福、满意、士气等积极的心理课题。20 世纪 90 年代，有关"积极心理学"的研究成果更是大量涌现。塞利格曼自 1997 年任美国心理学会主席后更是积极倡导"积极心理学"的思想，并与席克珍特米哈伊（Csikszentmihalyi）于 2000 年在《美国心理学家》（*American Psychologist*）上正式撰文提出"积极心理学"的概念，指明积极心理学的作用在于"促进个人与社会的发展，帮助人们走向幸福，使儿童健康成长，使家庭幸福美满，使员工心情舒畅，使公众称心如意"。至此，积极心理学发展的潮流已锐不可当，被心理学界称为"第四次改革运动"。其矛头直指在过去

近一个世纪中占主导地位的消极心理学模式。

积极组织行为学的提出受积极心理学理论的影响，在理论和研究上专注于人的积极优势和心理能力的驱动，而不是仅仅把传统的组织行为学概念进行翻新或者简单地由消极面转到积极面。卢桑斯为积极组织行为学研究的特定内容提出了具体的标准，即能够纳入积极组织行为学研究领域的范畴必须有清晰的概念界定和积极的意义；相对传统组织行为学研究领域的独特性；有效的测量方法；适合进行工作中的管理开发和员工训练；有助于工作绩效的改善等。

二、积极组织行为学的层次分析

积极组织行为学是一门研究组织中人的积极心理资本和积极行为表现及其规律，提高管理人员预测、引导和控制人的行为的能力，以实现组织既定目标的科学。由于组织活动的复杂性，对其进行分析和研究往往会分为多个角度，主要呈现为三个层次。

在第一个研究层次上，即个体层次，可以把组织看成追求组织目标而工作的个体的集合。在该层次上往往借助一些心理学的方法来分析、解释组织中个体的行为和反应，运用其中的规律可以引导和控制人的行为，从而实现组织的既定目标。然而在实现组织目标的过程中，组织成员需要在工作中合作并互相协调，从而组成一定的群体。积极组织行为的第二个层次就是以群体为研究单位，研究一个工作群体的功能，即团体管理、群体决策的过程等。在这个层次上的研究往往更多涉及一些心理学的方法与理论。第三个研究层次把整个组织当成一个研究对象，是更为宏观的研究方法。研究者力求理解组织结构和组织设计，认识组织与环境之间的关系及其影响，认识组织变革和发展的规律，从而尽可能提高组织的有效性和积极性，改进组织气氛，成为积极的、有效的组织。

在这三个研究层次中，个体层次和群体层次的研究，被称为"微观理论"，而组织层次的研究被称为"组织行为学的宏观理论"。不同层次上的研究各有不同，但并不互相矛盾，它们是互相补充的。

事实上组织、群体与个体这三个层次的联系就犹如整体与部分之间的关系，是一种辩证统一的关系。部分离不开整体，就好像个体离开群体难以实现其价值，群体没有组织也不能形成一股合力。而整体又是受部分所制约的，犹如一个组织要有相应的群体才能实现其目标，一个群体又需要相应的人才才能完成其工作。在实际的应用中，个体、群体和组织三个层次上的研究是缺一不可的，又是互相促进的。

三、与积极组织行为学相关的重要概念——心理资本

（一）心理资本的形成

心理资本的概念最早出现在经济学、社会学以及投资学等文献中。对于心理资本的界定，目前学术界主要有三种说法：一是认为心理资本更倾向于一种积极心理发展状态；二是少数研究者认为心理资本是一种人格特质；三是认为心理资本是心理状态和人格物质的综合体。

分析研究发现，在对心理资本的研究当中，对其定义的界定有很多，学者们对心理资本内涵的理解有趋同与综合的趋势。不难看出，所谓心理资本是指个体在成长和发展过程中表现出来的一种积极心理状态，是超越人力资本和社会资本的一种核心心理要素。大部分学者认为心理资本有以下特点：一是属于积极心理学范畴，强调个人的力量和积极性，而不是纠错与试误；反映员工的优点，而不是缺点。二是一种基于积极组织行为学标准的心理状态。三是不同于人力资本与社会资本，而是位于两者之上。人力资本强调"你知道什么"，如知识、技能、观点

和能力，它明确了员工应该具备的受教育程度与技能；社会资本强调"你认识谁"，它注重的是关系网络和人脉；而心理资本则强调"你是谁"以及"你想成为什么"，如自信、希望、乐观和坚韧性关注的重点是个体的心理状态。四是具有投资和收益特性，可以通过特定方式进行投资与开发，将其潜力挖掘出来，进而使组织获得竞争优势。

人力资源管理的发展当前有两个主要的理论分支：其一是关注人的智力要素对经济增长影响的理论，即智力资本理论；另一个是关注人的一些积极心理要素对经济增长的影响的理论，即心理资本论理。心理资本的形成最早起源于积极组织行为学与积极心理学的发展，从人力资本到社会资本再到心理资本，心理资本已逐渐成为企业的最大竞争优势。正如卢桑斯提出的，企业的竞争优势从何而来，不是财力，不是技术，而是人，人的潜能是无限的，而其根源在于人的心理资本。相较于衰退，不可持续增长对组织的发展更具有破坏性，因此，如何促进组织的可持续发展成为管理学者和心理学者共同关注的问题。在这样的现实背景下，心理资本作为提升个体和组织竞争优势的一种重要资源应运而生。因此对心理资本的开发和完善，是一个组织或个人维持较高绩效的重要手段。

具体来讲，心理资本是一个更高层次的核心构念，它是很多符合POB标准的能力的集合体，并且这些能力不仅仅是以累加的方式，更是以协同的方式发挥作用。因此，我们认为，对整体的心理资本进行投资、开发与管理，将会对绩效和态度结果产生影响，并且这种影响会远远大于构成它的单个积极心理能力（自我效能、乐观、希望和韧性）所产生的影响之和。换言之，心理资本的整体作用可能大于各个部分的作用之和。

（二）心理资本的构成

目前，外国学者对于心理资本的结构要素众说纷纭，没有一致的定论。卢桑斯等人认为心理资本必须具备以下5个判断标准：（1）有理论和研究的依据；（2）有可效测量性；（3）在组织行为学领域相对比较新颖和独特；（4）是一种可以改变的心理状态（非固定的心理特质）；（5）对工作绩效有积极的影响。这一判断标准是基于状态论而提出的，排除了特质性的结构要素，具有一定的缺陷性。总结以往的研究，本研究认为心理资本的判别标准可以概括为以下几点：有理论及研究基础，具备"类状态"的特征（有开发性、相对稳定），可测量，与绩效或其他积极结果相关。

目前有关心理资本影响因素的研究比较少，我国学者王雁飞、朱瑜给出了其中的原因：一是目前心理资本研究正处于起步阶段，研究者关注的焦点主要是心理资本的结构和影响效应；二是影响心理资本形成的因素非常多，这些因素不仅包括个体自身的生理与心理特征，而且包括环境方面的影响因素，这些影响因素不仅存在类型上的差异，而且在影响程度上也有所不同；同时，这些影响因素之间可能还存在着复杂的交互作用，因此研究起来难度较大。从目前的文献看，关于影响心理资本的因素有：（1）经济方面，心理学家认为，心理资本是个人心理的潜能，经济因素对它的影响不是很大；（2）身心健康方面，积极心理学的研究证明，良好的身体、平稳的心态有助于培养自信，让个体充满希望，乐观面对未来；（3）家庭关系方面，积极心理学者认为良好的婚姻关系、家人及亲戚的和睦关系也可能影响一个人的主观幸福感，特别是在培养个体的坚韧性方面；（4）社会文化方面，卢桑斯指出在一个崇尚个人主义的环境中，大家更看重心理资本；（5）个体人口统计变量方面，西德尼认为，受教育程度和人生经历的相关过程会影响心理资本状态，受教育程度高的个体因为其自身的优势感而更容易产生高水平的希望和乐观状态。

另处，也有一些研究借助心理资本相关构成要素来探索影响心理资本整体的因素。有学者研究认为：能够不断自我强化的人表现出更高的恢复力，而个体自身的耐性也与他从逆境、困难中复原的能力密切相关。具有挑战性的工作也许对希望的加强有作用，目标的可达到性能够提高希望状态。在人们面临问题需要解决的时候，这些人表现得更加乐观。积极心理学的研究还表明，培养型的环境，包括环境的支持和同事的帮助也会提高希望状态。我国学者唐强等人的一些实证研究表明，环境支持感、工作挑战性和自我强化与个体的心理资本水平正相关。个体的心理资本水平并不跟个体的素质能力有太大的直接关系。

（三）心理资本的开发

根据心理资本的结构，对其进行理论分析，并结合现有的人力资源管理方式开发心理资本，在保留传统的人力资源管理的整体框架下，可以从人员的招聘与选拔、企业培训与考核、培育企业竞争优势等方面进行心理资本的开发。

据一项调查显示，中国七成经理人感觉压力大，而且近几年来，这一状况始终未得到改善。不仅是职业经理人，普通员工的职业压力、倦怠、心理枯竭等问题，无不对现行人力资源管理与开发提出了新的挑战：对员工的"心理资本"开发，将是未来人力资源开发亟待深入探索的新课题。个体的积极心理资本是可以开发、管理、培育的，如果能够在心理资本开发过程中，有针对性地进行培训干预，就能起到良好的作用。

开发心理资本的方法有如下几点：

1. 自我效能感（自信心）的开发

自我效能感也称"自我效能信念"，是由美国著名心理学家班杜拉提出的，也是成功心理学研究的重要心理变量。所谓自我效能信念，是指相信自己具有能达到特定成就能力的信念。班杜拉认为，在动因的各种机制中，没有一种比个人效能信念更处于核心地位，更具普遍意义。一个人除非相信自己能通过自己的行动产生所期待的效果，否则他很少具备行动的动机。因而，效能信念是行动的重要基础，人们使用个人效能信念指引自己的生活。自我效能信念开发的具体操作方法为：

第一，让员工寻找和回忆以往拥有的刻骨铭心的成功经验，最好是在本职工作岗位上所取得的。如果该员工从来没有过这样的经验，可以设定具体的工作或生活情境，比如设定有一定难度、觉得不可能完成的、可衡量的任务目标，让员工去尝试，或者通过诸如"信任背摔""高空抓杠"等拓展项目为员工创造成功的心理体验。这是形成自我效能信念最有力的潜在因素。

第二，寻找替代经验。即让每一位员工去寻找一位工作或生活中的榜样，不断复制榜样的思想和行为。最好是选取本企业的英雄模范作为学习的榜样。选取的"榜样"与要开发心理资本的员工个体的成长经历越相似，对员工自我效能形成过程的影响就越大。

第三，营造能够有利于培养自我效能的生态环境，包括在企业内部成立学习型组织、与成功者交朋友、拜访成功者等。这些行为有利于自我效能的产生和强化。

第四，生理和心理唤醒。让员工每天坚持运动，保持良好的生理状态，这样有助于人的心理健康；每天上班前集体高声诵读企业、团队或个人使命宣言，或其他中外格言，如"洛克菲勒信条"就是很好的选择。这样经过从生理到心理的唤醒，能增强员工的自信心。比如在松下，员工每天都要朗诵"松下七精神"，唱社歌。松下电器公司上上下下能够团结一致、步伐统一，就得益于这些社训、社歌的熏陶。

2. 希望与乐观的开发

美国心理学家里克·斯奈德认为，希望是在成功的动因（指向目标的能量水平）与路径（实现目标的计划）交叉所产生体验的基础上，形成的一种积极的动机状态。换言之，希望的内涵是一种认知或"思考"状态。在这种状态中，个体能够设定现实而又有挑战性的目标和希望，然后通过自我引导的决心、能量和内控的知觉来达到这些目的。而乐观则是指预期未来会发生积极事情的心理倾向。

现行企业员工管理中面临的最大挑战是：员工的工作热情随着时间的推移逐渐消退，缺少自动自发、积极主动的工作动因。希望与乐观的开发，可以采取如下做法：

首先，依据心理学的需求动机理论，对员工进行蕴含希望和乐观的卓越心智模式的开发、锻炼和完善。例如，根据动机的"唤醒理论"，即唤醒员工对职业和工作的新认知，消除如"上班就是替老板打工""工作只是找个好饭碗"等职场认知黑箱。人们往往过分注重"外职业生涯"如职位晋升、薪酬多少，而忽视"内职业生涯"，即个体自身内在的品格、知识能力的不断提升。与此同时，可根据有关动机的"自我决定理论"，塑造员工的"卓越心智"以增强员工的自我激励能力。其内在意旨是：职业生涯发展的关键是自我主宰，而不是由环境主导。在工作中无论一个人遇到多么糟糕的领导、下属，抑或企业体制，都应该做自身职场命运的主宰者，而不能成为环境的奴隶。员工由此对自己未来的职业发展持乐观态度，并充满希望。

其次，采用生动有效的操作方法进行开发：一是可通过一些寓言故事如"温水煮青蛙""谁动了我的奶酪""瓶子中的跳蚤""被小铁链拴住的大象"等启发个体改变旧的思想观念，激活员工勇于"突破自我设限"的动机，设定新的工作目标。工作目标的设定务必可行且有弹性。此外还须设立奖励机制。二是可以通过一些拓展训练项目和做一些能转变人的观念的游戏如"插苹果"等，帮助员工开发"希望"和"乐观"的心理资本。三是对员工进行归因方式的训练以增强人的乐观精神。乐观归因训练的核心思想是学会重新解释和面对过去的失败、错误和挫折。可以以小组为单位，让成员列举自认为失败或遇挫的几个事件，并列出对失败的归因。然后在教练的启发下让小组其他成员帮助个体转变归因风格，即把导致挫败事件归因于自身的、持久性和普遍性的消极归因，转换为外部的积极归因。

3. 韧性的开发

心理学的"韧性"，也称"恢复力"（resilience）。人的生命具有主动应对、调节和适应外部压力的心理能力，不同于生物体受外力后仅仅表现为被动恢复的属性。美国心理学会把韧性定义为：个人面对生活逆境、创伤、悲剧、威胁或其他生活重大压力时的良好适应与应对。心理韧性具有以下三种心理能力：克服逆境、化解危机的能力；耐受压力、良好适应的能力；从创伤中复原的能力。心理韧性的开发可以参考如下操作方法：

第一，采用免疫保护机制，即启动个体过去成功的学习、工作经验。可利用企业、社会及亲朋好友提供的各种辅助资源帮助个体渡过难关，包括提供物质以及心理上的帮助。现行企业中的员工支持计划（EAP）就是一种很好的保护机制。

第二，运用神经语言程式法（NLP）事先向员工输入各种积极信念、命题以开发韧性，如"万物皆有恩典"，以此告诉员工把"挫败"当成"机会"；"祸兮福之所倚，福兮祸之所伏""每一项错误都是一个累积最后成果的事件"，以此让员工明白辩证思维的重要性；"看山不是山"以此告诉员工肉眼与心眼看世界的不同，要将"肉眼"看世界的生理反应转化为"心眼"看世界的心理反应；等等。从而使员工形成一种积极的应对危机的心理反应认知模式，及时转化消极的观念，如将一时的"失败"视为"反馈"，将"挫折"视为"韧性投资"，将工作中遭遇的"困难压力"视为难得的一次"挑战和成长的机会"。最终使个体在面对困境时有效地化解危机并增强韧性。

第三，极限压力磨炼法，即给员工设定超于常规的目标和任务，并告知其明确的奖惩措施，进而激发员工沉睡的意志力和创造力。因为一般人在日常生活状态下都有惰性，完全依靠个体的自我激励是非常有限的，特定的时候就需要来自外部压力的"逼迫"。众多奥运冠军的诞生无不是教练高强度、超极限的强制训练的结果。有些企业绩效考核中"末位淘汰制"的运用，就是一种磨炼员工开发"职业韧性"心理资本的有效举措。职业韧性不是天然生成的，而是在实际工作和生活中"炼"出来的。当员工在遭遇困境时能够坦然面对，并且具有习惯性的"坚持、坚毅"的耐受力时，个体和组织的心理资本就会有极大的提升。

（四）创新人力资源管理方法

1. 组织员工招聘与选拔的方式

与传统的企业招聘与选拔重视员工的学历与经验相比，基于心理资本的员工招聘与选拔更倾向于考察员工的心理资本和情绪智力。例如，乐观主义就被用于选拔人才的人力资源管理程序中。美国积极心理学家盖洛普创立的公司编制的关于测量个人积极品质的量表——心理健康的源泉，可广泛应用于组织员工的招聘和选拔中。

心理学的研究发现，人的行为不但反映他的态度，而且还会进一步加强他的态度。若应聘者在从前应付客户投诉时行为草率，除了反映出他的工作态度不认真之外，管理者还可凭此知道，应聘者在将来遇上相同的处境时，他极有可能抱持相同的态度来与客户周旋。

2. 企业培训与考核的内容

从理论上讲，个体的积极心理资本是可以开发的、管理的、培育的，如果能够在心理资本的开发过程中，有针对地进行培训干预，就能收到良好的效果。与传统的人力资源管理重视知识和技能的培训相比，现代企业更注意培训员工的积极体验、良好的品质与乐观主义的精神。将"乐观主义"作为员工的培训内容，也把情绪智力归为培训和咨询的内容，培训员工处理工作时涉及的强烈情绪与工作情景变化时的心态。另外，组织在制订绩效考评体系时，也可把心理资本纳入绩效管理中，强调员工之间、团队之间的合作，个人绩效与团体绩效的协调。

（五）心理资本研究的重点难点

心理资本资源能够帮助企业培育竞争优势，企业可以借助开发员工心理资本，打造竞争优势，因此研究重点在于心理资本的开发方法。

对于心理资本的构成，目前尚未形成统一的观点，现在主要存在特质论、状态论和综合论三种观点。因此，心理资本开发会有不同的观点和路径。关键在于结合不同观点，取长补短。心理资本有其不稳定性，是处于不断发展变化中的动态人力资源，会随着时间而增长或降低，鉴于此如何将心理资本开发与人力资源管理结合是最大的难点。

（六）心理资本研究的主要目标

第一，对心理资本进行理论和实践应用，将心理资本开发应用到人力资源管理中。
第二，合理开发心理资本，建立企业人力资源管理心理资本开发系统。

第二节　研究的对象

（一）积极组织下的个体行为

组织中的人的行为是千差万别的，可以按行为主体的自然属性划分，也可以按社会属性划分。人的行为具有自发的、有原因的、有目的的、持久性的、可改变的等特征。影响人的行为的因素有个人主观内在因素和客观外在环境因素。

事物的变化发展有内部原因和外部原因，人的行为也不例外。影响人的行为的因素可以从内、外两个方面去分析。影响人的行为的个人主观内在因素包括生理因素、心理因素、文化因素、经济因素；影响人的行为的客观外在环境因素包括：组织的内部环境因素、组织的外部环境因素。

个性指一个人整体的心理面貌，是经常出现的、比较稳定的心理倾向性和非倾向性特征的总和。个性具有社会性、组合性、独特性、稳定性、倾向性、整体性的特点。个性在人的心理活动中有着重要的作用。影响个性的因素既有先天性遗传因素，也有后天性社会环境因素。有代表性的个性理论有特质论、心理分析论、社会学习论、个性性格类型论、整体结构论。应当运用个性理论来提高我们的工作绩效、健康水平和管理水平。

1. 个体行为的意义

组织中的个体行为是组织整体行为的基础，是组织中群体行为的具体体现。任何组织目标都要通过个体行为去实现，组织行为的效能与价值最终取决于组织中个体行为的效能与价值之和。所以，认识个体行为的意义，加强对个体行为的管理，是组织行为管理的重要任务。

①个体行为是构成组织行为的基本元素。个体行为作为构成组织行为的基本元素，是由个体行为的结构属性所决定的。组织行为是由组织中的个体行为、群体行为、组织的整体行为构成的，而群体行为、整体行为又是以个体行为为元素所形成的，是个体行为的有机组合。

②个体行为是组织行为管理的基本对象。个体行为作为组织行为管理的基本对象，是由个体行为的主体属性所决定的。人是组织管理的主要对象，组织目标要靠人去实现，其他资源的能量要靠人来释放，只有通过以人为本的管理，才能实现组织管理的目标。而实施以人为本的管理，就必须以具体的人即个体的人为基本对象，以个体的人的行为为管理的基本点。

③个体行为是实现组织目标的基本动力。个体行为作为实现组织目标的基本动力，是由个体行为的功能属性所决定的。个体是构成群体、整体的基本单位，群体、整体所具有的功能都是在个体功能的基础上产生的，是个体功能的有机组合。

④个体行为是体现组织文化的基本形式。个体行为作为体现组织文化的基本形式，是由个体行为的价值属性所决定的。组织文化有行为化的、物象化的、符号化的等多种表现形式，而以个体行为为基础的行为化的表现形式是组织文化的主体形态。

2. 个体行为的特点

①个性化的主体特征，与组织中的群体行为、领导行为、组织整体行为相比较，个体行为作为以个体成员为主体的行为必然具有个性化的主体特征。

②职业性的角色特征，与社会中一般的个体行为相比较，组织中的个体行为具有职业性的角色特征。因为组织中的个体人不是一般的社会成员，而是属于某个特定的职业化组织，并在组织中承担职业性责任的组织成员。作为从事某种职业、承担相应职责的组织个体成员的行为必然具有职业性的角色特征。

③能动性的表现特征，与物力、财力、信息、时空等组织运行的其他资源相比较，个体成员作为组织运行的人力资源，在组织运行的过程中表现出其他资源所不具有的能动性的行为特征。

④基础性的功能特征，组织中的群体行为、领导行为、组织整体行为都是建立在个体行为基础之上的，没有个体行为也就无所谓群体行为、领导行为、组织整体行为。

⑤情感性的内因特征。人是有感情的，人的行为不仅受理智的调控，而且受情感的影响，每个人的行为都是如此，只是影响的方向、程度不同而已，美好、丰富的情感激励个人良好行为的发生，庸俗、贫乏的感情导致个人不良行为的发生。所以与组织中的群体行为、领导行为、组织整体行为相比较，个体行为表现出明显的情感性的心理特征。

3. 个体行为的规律

①组织中的个体行为是自我的个性与共性有机统一的表现。组织中的个体成员在社会化的过程中由于社会教化的共同影响和自我成长的不同经历，形成了既相互联系又相互区别的自我的本质属性，即由共性与个性有机统一而成的自我的社会性。

②决定个体行为特征的因素有内因和外因。个体行为在内因和外因的作用下表现出不同的特征。内因是决定个体行为特征的主体性因素，外因是制约个体行为特征的客观性因素。内因包括个体的生理因素和心理因素，外因包括社会的人文环境和自然环境。

③相同的个体在不同的环境中有不同的行为表现。同一个体在不同的环境中，会产生不同的行为，表现出不同的个体特征。如一个工作人员在工作场所和在生活场所会有不同的行为，一个专业人员在本专业场所和在外专业场所会表现出不同的行为特征，一个普通人员在公共场所和在无人场所也会有不同的行为特征。

④不同的个体在相同的环境中有不同的行为表现。不同的个体由于生理和心理因素的差异，在相同的环境中也必然会表现出不同的行为特征。如同一个科室的职员由于个人素质的不同，而有不同的工作表现；同一个班级的学生由于个人素质的不同，而有不同的学习表现；同一个商场的顾客由于个人素质的不同，而有不同的消费表现；等等。

（二）积极组织下的价值观与态度

价值观是指一个人对周围的客观事物的意义、重要性的总评价和总看法，价值观及其体系是决定人的行为的心理基础，不仅影响个人的行为，也影响整个组织行为，进而影响组织的经济效益和社会效益。

价值观有两种属性：一是强度属性，这种事物有多重要、有多大意义；二是内容属性，一种事物是否重要、有意义。

态度是个体对人对事所持有的一种具有持久性的、一致性的心理和行为倾向，具有两极性、间接性的特点。影响态度形成和改变的有社会因素、个性因素、态度系统特性因素。态度改变理论包括平衡理论、认知不协调理论、功能理论、沟通改变态度理论等。工作态度与工作绩效有密切的关系。

态度是一种相对稳定的对待特定的人、群体、观念、组织或事件的情感、信念和行为倾向（积极或消极的评价）。

（三）积极组织下的激励

激励理论对研究如何调动人的积极性，发挥人的潜力和提高人的工作绩效有极重要的作用。激励，就是激发鼓励的意思，就是利用某种外部诱因调动人的积极性和创造性，使人有一股内在的动力，朝所期望的目标前进的心理过程。

综合激励模式是由组织行为学教授罗伯特·豪斯（Robert House）提出来的，他通过一个模式把内、外激励因素都归纳进去了。豪斯的公式强调了任务本身效价的内激励作用；突出了完成工作任务内在的期望值与效价；兼顾了因任务完成而获取外在奖酬所引起的激励——对主管人员将会有极大的启迪。要提高人们的积极性，必须从内、外激励两个方面入手。

激励的手段和方法主要有：做思想政治工作、奖励、参与工作设计、参与职工管理、培训激励、榜样激励。为使激励取得效果，在激励过程中必须符合以下要求：奖励组织期望的行为、善于发现和利用差别、掌握好激励的时间和力度、激励时要因人制宜、系统设计激励策略体系。

（四）积极组织下的群体行为

群体是由两人或两人以上的个体构成，成员之间具有稳定的结构与角色关系，具有共同的目标或兴趣，能彼此意识到同属一个群体，并能区分其他非群体成员，他们遵守共同的行为规范，在情感上互相依赖，在思想上互相影响，有着共同的奋斗目标或任务。根据不同的分类原则，一般可以将群体分为大群体与小群体、假设群体（人为根据需要划分）与实际群体、参照群体与一般群体、正式群体（如：财务部）与非正式群体、松散群体（如：旅游时临时组成的一群人）与联合群体（共同索赔旅游赔款的一群人）等。

群体问题的研究最早是从研究人对人的影响开始的。早期研究发现，一个人单独工作同有别人在场观察或与别人一起工作时相比，工作的效率很不相同。在一些场合，有别人在场或与别人一起工作，工作效率会有明显地提高。这种现象称为"社会助长作用"。在另一些场合，有别人在场或与别人一起工作，工作效率不仅不会提高，反而会大大降低。这种现象被称为"社会抑制作用"。

人作为群体中的一分子，一方面为群体付出，另一方面从群体中得到他们所希望的安全、地位、自尊、情感、权力以及自我实现等方面的需要。群体中的成员具有满足归属感、获得认同感、形成角色感和增强力量感等心理特征，而其行为特征则具有助长、惰化、标准、从众以及去个性化等倾向，例如，助长倾向可表现为社会助长或社会抑制；惰化倾向有时表现为"三个和尚没水吃"；标准倾向表现为单个人差异大，群体差异变小；而去个性化表现为原有个性淹没于群体中，即别人怎样我怎样。

（五）积极组织下的领导行为

领导是一种影响力，是影响个体、群体或组织来实现所期望目标的各种活动的过程。这个领导过程是由领导者、被领导者和所处环境这三个因素所组成的复合函数。领导者是实现领导过程的个人和集体，或者说领导者是集权、责、服务为一体的个人或集体（集团）。领导者在组织行为过程中起着核心作用，必须具备一定的权力、责任和服务意识，否则，其领导行为难以进行，领导工作目标也难以实现。领导者的基础的权力有惩罚权、奖赏权、合法权、模范权、专长权。惩罚权、奖赏权、合法权属于职权，模范权和专长权属于权威。

领导行为的研究是积极组织行为学的重要内容。国内外学者进行了多年的研究，已经形成了三大领导理论体系，即特性理论、行为理论和情境理论。

（六）积极组织下的组织行为

组织是为实现某些目标而设计的人群集合体，是每个成员在这个集合体中进行各种活动的构架系统。在人们的社会实践中，当一个单独的个体无法在与复杂的环境做斗争中满足自己的需要与愿望时，组织便产生了。组织在人类社会的发展中，起着人力汇集作用和人力放大作用。

在实际生活中，组织就是机关、团体、学校、医院、军队、工厂、商店、公司等具体社会单位。

组织设计对提高组织活动绩效，获得最大的经济效益起着重大的作用。有效的组织设计能够为组织活动提供明确的指令，有助于组织内部人员之间的合作，使组织活动更具有秩序性和预见性；有助于及时总结组织活动的成功经验和失败教训，从而形成合理的组织结构；有助于保持组织活动的连续性；也有助于正确确定组织活动的范围及劳动的合理分工与协作，全面提高工作与生产绩效。

组织结构的设计经过了直线型结构、职能型结构、直线职能型组织结构、事业部制组织结构、矩阵式组织结构、多维立体组织结构和委员会等形式。为了应付环境的不确定性，近年来理论界和实际部门又发展了一些新的结构形式，如项目组织设计、团队结构模式、虚拟公司模式和自由型结构等，并给组织结构赋予了扁平化、柔性化、分立化和网络化等一些新的特点。

（七）积极组织的变革与发展

组织变革是指组织管理人员主动对组织的原有状态进行改变，以适应外部环境变化，更好地实现组织目标的活动。这种变革的范围包括组织的各个方面，如组织行为、组织结构、组织制度、组织成员和组织文化等。组织变革的基本动因研究是研究组织变革的起点。组织变革是多种因素综合作用的结果。组织变革的基本动因可分为内部原因和外部原因两个方面。

组织发展是一种基于行为科学研究和理论的、有计划的、系统的组织变革过程，它是进行有计划的组织变革的一种长期的、系统的、约定俗成的方法，是组织为了适应内外环境的变化，改进和更新组织，以求达到最佳化和高效化。

组织变革与发展的目标就是要实现组织行为的合理化，组织行为合理化就是组织在适应社会发展的进程中，如何使自身的结构和功能更加完善和合理，以提高组织的灵活性和适应性，创造出更和谐的组织环境和更高的社会经济效益的过程。组织行为合理化必须有一定的标准，它是对组织活动全过程的反映，所以其评价准则和尺度不是单一的，而是一个综合的、多层次的指标体系。具体包括组织结构的合理化、组织运行要素的有效性、组织气氛的和谐性等方面。

1. 组织变革的动因

组织的变革受到多种因素的驱动，一般来说，可以分为两类：一类是组织外部环境的变化。组织外部环境包括经济、政治、法律政策、社会、文化、人口、市场和竞争、技术、外部利益相关者、物质资源、自然环境等，其中任何一种因素都既可能成为推动组织变革的强大力量，又可能成为阻碍组织变革的强大阻力，对组织发展都有可能产生深远的影响；另一类是组织内部因素的变化。从组织内部来看，促使组织变革的因素主要有组织经营状况不佳、组织结构有缺陷、组织战略改变、组织规模扩大、人力资源变化等方面。

2. 组织变革的阻力来源

组织变革阻力的根源分为个体阻力源和组织阻力源两个方面，个体阻力来自基本的人类特征，如知觉、个性和需要，主要包括习惯、安全、经济因素、对未知的恐惧、选择性信息加工等；抵制变革的组织阻力主要包括结构惯性、有限的变革点、群体惯性、对专业知识的威胁、对已有的权力关系的威胁、对已有的资源分配的威胁等，除此之外，组织文化、资源的有限性、固定投资以及组织间的协议等组织因素也会对变革产生不同程度的抵制。

第三节　研究的方法

学习积极组织行为学的研究方法，一方面有助于管理者摆脱关于个体行为的直觉观点，学会系统地分析个体行为；另一方面，有助于增强管理者使用科学研究成果的意识。

积极组织行为学领域常用的研究方法主要有：实验室实验法、自然实验法、现场调查法、观察法、心理测试法等，下面简要介绍几种具有代表性的研究方法。

（一）实验室实验法

实验室实验法是运用专门实验仪器测试个人或群体的心理特质和行为的研究方法，是当前积极组织行为学研究的一种主要方法。实验室实验法的突出特征是，研究工作是在实验室条件下进行的。

实验室实验法的优点是严格控制条件，可以避免其他因素的干扰，其研究结果具有较强的说服力。但是，实验室实验为达到精确性和可控性而牺牲了现实性和普遍性，再加上人工实验室脱离了活生生的组织环境，增加了人为因素，真实性较差。因此，研究者对实验室实验结果的推广和应用持慎重态度。此外，许多心理和行为规律，如群体行为中的情绪感染、冲突等，难以在实验室中进行实验。

（二）自然实验法

自然实验法也称现场实验法，是利用现存的机构（如工作班组）有目的地控制和改变某些因素和条件，验证某项假设，或检验一些管理措施所产生的效果而采用的方法。自然实验法主要是在自然情况下控制条件进行实验，对于个体或群体由此而发生的相应的心理变化进行分析研究，得出结论。

自然实验法在很大程度上可以推断出因果关系。与实验室实验法相比，自然实验法由于采用比实验室更真实的自然场景，故增加了实验法的有效性，实验结果比较易于推广。但自然实验法的控制条件与实验措施不如实验室实验那样方便，如果控制群体不能维持恒定，外界因素的干扰会降低控制效果。总体而言，如果在运用时能与有关方面建立较好的协作关系，自然实验法是比较有效和比较具有普遍性的研究方法。

（三）现场调查法

现场调查法是研究者根据研究问题的性质，运用问卷、调查表、电话、访谈等，对特定人群进行调查，收集材料，进行统计分析，以研究被调查者的行为特征或规律的方法。这种方法一定要借助一定的问卷、调查表或访谈的形式收集信息和数据。这些问卷或调查表往往根据所要调查的人群的实际或研究者自己的兴趣，由研究者自行设计或由专家设计；调查项目的设计要便于研究结果的量化、分析和总结。调查的样本要有代表性，才具有统计意义。研究者能够根据代表性样本推断出一般的特征和规律。

无论采取何种方式进行调查，研究者都必须遵循调查法的一般程序，包括明确具体的调查目的、制订调查方案和调查计划、搜集资料、整理和分析资料、撰写调查报告等。

现场调查法比较经济而且可行，它只调查样本，而不必调查群体中的每个成员，因此减少了费用。此外，调查为了解人们对具体问题和行为的看法提供了一条便利可行的途径，调查的数据比较易于量化，有助于快速收集大量资料。因此，在对组织行为的态势研究中，现场调查法是行之有效的研究方法之一。但是，它也存在潜在的不足。首先，问卷很少能够全部回收，低回收率带来的问题是：根据答复者得出的调查结论是否也能推广到那些未被调查的群体？其次，通过调查的形式较易于了解到被调查者的态度或想法，却不易于了解其行为。再次，被调查者受到社会赞许性的影响，他们为了求得某种安全感往往按社会的准则回答问题，而不是根据自己的标准回答问题，因此通过调查获得的结果的可靠性可能要打折扣。最后，被调查者常常出现自我保护倾向，例如，面对面谈话往往会给人增加心理负担，使人产生防御心理。

（四）观察法

观察法是在自然条件下，如在正常的、真实的工作情景中，有目的、有系统地观察、研究对象以获得数据，得出结论，如对领导的工作能力和工作风格等的研究，对员工的工作技能、工作压力等的研究都可以用观察法。研究者在进行观察之前，必须明确了解"观察什么""怎样观察"和"怎样记录"等问题，以便不失时机地捕捉到有关信息。

研究者运用观察法应注意以下几点：第一，进行有目的、有计划的观察。观察必须是有目的、有计划的观察，观察的目的是什么，从哪些方面观察，分哪些阶段观察，观察到何种程度都应事先有周密的安排。第二，进行连续性、轮换性观察。连续性观察是指对同一对象的同一问题要做多次观察。连续多次观察可以避免偶然性，获得具有稳定性的数据。轮换性观察是指对同一研究课题变换几次对象进行重复观察，以观察变换了的研究对象对同一课题是否有基本相同的心理或行为变化。第三，进行隐蔽性观察。研究者的观察活动力求不被研究者觉察到，这样才能使被研究者的心理活动自然流露出真实的变化。否则，被观察者容易出现种种假象——"迎合"心理或"逆反"心理。迎合心理是指被研究者出于"好心"而主动配合研究者的意图，故意表现出符合研究者主观愿望的心理变化；逆反心理则是被研究者出于"好奇"或反暗示，故意反常地表现出自己的心理活动。不管是"迎合"心理还是"逆反"心理，都不能反映被调查者真实的心理状态，从而使研究资料失去意义。隐蔽性观察如果在室内进行，可以装置里明外暗的观察室，研究者通过"观察窗"可以任意对研究对象的一言一行进行详细观察而不被本人觉察。如果研究对象在室外活动，研究者可扮演成团队成员，以掩盖其真实身份，从而获得可靠资料。

观察法的优点在于：研究者对研究对象施加任何影响，不改变其活动进程，因此能够掌握研究对象的许多生动活泼的实际材料。所以通过观察法获得的资料的可靠性、可信度较高。观察法也有一定的缺点，研究者对被研究者的情况即使了解得再清楚，任何个体和群体都有其独特性，因此很难把研究成果运用于其他的个体和群体中去。

总而言之，观察法对从事组织行为的研究者而言是一种简便易行、行之有效的方法，如果能辅之以其他研究方法，如现场调查法，效果会更好。

（五）心理测试法

研究中通过标准化的心理测试量表或精密的测量仪器来测量被试有关心理和行为的研究方法。

在采用测试法时，研究者应该特别重视信度和效度这两个基本因素。信度是指一种测试所得的分数的稳定性或可靠性，即个人在同一测试上数次测量的结果的一致性。效度是指一种测试在测量欲测行为特征时所具有的准确度。一个测试的效度愈高，即表示它所测结果愈能代表所欲测行为的真正特征。在能力测试中，无论是性向测试，还是成就测试，只有其所测得的结果符合该种能力测试的目的时，这种能力测试始能成为有效的测量工具。

第三章 积极组织行为学

第一节 积极组织行为学的产生与发展

一、积极组织行为学概论

（1）积极组织行为学概念。

组织行为学研究者早在霍桑实验时代就认识到员工的积极感受与绩效之间的关系。多年来，组织行为学研究人员发现积极的帮助、正面的影响、员工积极的态度、幽默感均对绩效有显著影响。但尽管如此，组织行为学的研究重点仍然放在对员工的负面障碍的问题解决上，如研究如何更有效地解决冲突、压力和工作倦怠；如何改进不良的态度和对组织变革的抵制；如何激励那些处于边缘状态的、缺乏工作动力的员工等。

卢桑斯将积极组织行为学定义为：为提高工作绩效，对心智能力测量、开发及有效地管理，并以员工的积极活力为导向的应用学科。这个定义包括态度、人格、激励和领导能力。这一定义既为积极组织行为学的未来发展奠定了研究的框架，也将其与传统取向的组织行为学划清了界限。

（2）积极组织行为学与积极心理学、传统组织行为学的区别。

积极组织行为学建立于积极心理学的研究成果上，但与积极心理学又有所不同，其研究的重点放在可以改变的心理状态上，而不是相对较难改变的心理特质上，但是，心理学界在特质与状态的界定上历来存在着争论，而且相当多的概念所包含的特征既有稳定的特质，也有可变的状态。积极组织行为学目前所涉及的概念中有些是状态（如信心/自我效能），有些则既是状态又是特质（如乐观、情商等），但是，抛开状态与特质的争论，积极组织行为学关心的是研究结果能否对管理者及员工进行培训及开发。换句话说，积极组织行为学的研究必须能够应用于管理实践，对管理者和员工进行开发、训练，最终实现提高组织绩效的目标。因此，可开发、培训的标准是从本质上区分积极组织行为学和积极心理学、传统取向的组织行为学的关键。

二、积极组织行为学的研究范畴

卢桑斯认为目前被识别及分析出来符合上述积极组织行为学研究标准的概念包括信心/自我效能（confidence/self-efficacy）、希望（hope）、乐观（optimism）、快乐/主观幸福感（happiness/subjective well-being）以及情绪智力（emotional intelligence）等五个范畴，简称CHOSE。在这些概念中，信心与快乐在积极心理学中称为自我效能、主观幸福感，为了更好地说明已有的研究成果，我们在此使用自我效能和主观幸福感的概念，情绪智力按英文字母的缩写应为EI，但为了与智商（IQ）相对应，中外研究者习惯上仍称之为情商（EQ）。

1. 自我效能

自我效能的概念源自班杜拉的社会学习理论。根据社会学习理论的观点，人对自我信念的强度，决定了他们所做的选择、抱负、付出多大努力在特定任务上，以及面对困难与挫折时能够坚持多久。通常人们害怕并逃避他们认为自己难以应付的威胁性情境，而当他们判断自己能够成功处理威胁不大的情境时，他们的行为就会非常果断。这种对自我完成某项任务能力的判断就是"自我效能"。班杜拉特别强调自我效能是积极领域内最深入、最重要的心理机制。他宣称："除非人们相信他们能得到想要的且能防止不想要的结果，否则他们很难产生动机。无论其他因素如何激励，生产预期效果的动力才是积极主动的核心力量。"此外，自我的积极认知导致个人效能的预期，而这种预期反过来又会导致个体出现积极的选择、动机激发、毅力、积极的思维模式、不屈服于压力等反应。这种主动、积极的效能信任，或者简单说信心，与积极组织行为学要求的积极原则是一致的。

2. 希望

斯奈德建构了希望理论，他认为希望即"个人对于目标能够实现的所有察觉"，是一种"目标导向的认知过程"。希望不仅指对个人目标可能达到的决心，还包括对达成目标途径的信念。斯奈德的希望理论由两大因素决定，即路径（pathways）和意志力（agency）。路径指达成目标的方法、策略或能力，高希望者通常能有效地找到或想到多种实现目标的途径。意志力指追求目标的动机或信念，是达成目标的心理能量，这种能量可促使个体不断地前进，即当个体遭遇挫折时，能通过信念坚持解决问题的决心，使个体具备达成目标的勇气及信心（Snyder，2002）。斯奈德的希望理论认为，途径（包括结果期望）和意志力（包括效能）同等重要。在希望的建构下，途径和意志力结合在一起，相互作用，相互影响。高希望者因为拥有积极的认知能力和正面的思想观念而有较好的自我调适能力。高希望者面对困难时，将注意力集中在成功而非失败上，同时主动寻找解决问题的替代路径，增加达成目标的可能性，因此，高希望的人易实现自己的成就目标。而低希望的人面对困境时，表现则恰恰相反。希望的特征对管理实践是非常有价值的，而且它可以被测量、开发，应用于工作绩效的改进。但是，希望一直以来并未得到传统组织行为学的关注。

3. 乐观

积极心理学家认为乐观因其积极的结果期望和因果归因而被看作一种认识特征。这种激励与被激励特征是理解和应用乐观和全部其他 POB 概念的关键。有关服务行业从业人员的生理健康、心理健康、离职率与乐观的关系研究，以及有关乐观在学术研究、运动、政治领域成功的作用等的大量文献已经证明了乐观具有积极的意义。对某些工作而言，例如销售、广告设计、产品设计、顾客服务，以及健康和社会服务领域，乐观状态会非常有价值。

4. 主观幸福感

主观幸福感是根据主体自定的标准对自己生活状况的一种主观的整体评估。主观幸福感与人的情绪、情感以及对生活满意度的认识评估有关。在这种意义下，那些实际上发生的确定人们主观幸福感状态的因素倒不是必需的，怎样在情绪、情感上解释并认知这些在人们身上发生的事情才是关键。研究者发现，主观幸福感水平高的人比水平低的人更倾向于积极地理解生活事件。

5. 情商

情绪智力，又称情绪能力或情绪智商。加特纳（Gardner）1983 年提出的多元智力结构理论被认为是情绪智力研究的起点。加特纳认为情绪智力是个人智力和社会智力的混合体。沙洛维（Salovey）和梅耶（Mayer）于 1990 年首次将情绪智力定义为"认识、控制自己及他人的情绪，并用以指导自身的思想和行动的能力，属于社会智力的一部分"。但正式确立了"情商"（EQ）的重要地位的是丹尼尔·戈尔曼（Daniel Goleman），他在 1995 年、1998 年出版的《情绪智商》（*EQ-Emotional Intelligence*）和《EQII——工作情商》（*Working with Emotional Intelligence*），改变了公众过去对智商（IQ）一统天下的认识，并将情绪智商理论推向实践应用。戈尔曼认为情绪智力是管理情绪刺激的能力，也是了解他人内心深处的情感，并能妥善地处理人际关系与冲突的能力。他认为情绪智力包含五种能力：自我知觉、自律、自我激励、同情心和社会技巧。

二、发展中的积极组织行为学

（一）理论模型的拓展

积极组织行为学研究的初步架构，正随着理论研究与实践应用的开展不断完善。卢桑斯又发展出恢复力的研究范畴。恢复力是指具有从逆境、不确定、失败，以及从无法拒绝的变革（如责任的增加）中复原的能力。恢复力允许个体的和环境的保护机制通过增加优点和减少冒险因素来提高其保护的技巧。组织管理学研究者也进一步探讨了企业与个人两种不同层面的恢复力：企业恢复力是企业经受系统断裂和适应新风险环境的能力，恢复力强的企业能够有效地把战略、运营、管理体系、决策支持能力整合在一起，从而发掘持续变化的风险并适应它，创造新的竞争优势。而个人恢复力则是指个人所具有的一种能力，在面对种种困境时，依然能够表现良好，坚持下去。这是一种潜在的能包含抗拒逆境与正向建构未来的能力。有恢复力的人不仅不会被挫折击倒，还可以在挫折和困难中茁壮成长，并且在复原的过程中找到他们生命的意义和价值。恢复力的三个认识因素是：对事实的忍受力；坚定的信念，可以从坚定的价值观上获得力量；具有随时准备和适应重大改变的能力。恢复力被称作"人类财富"，在企业发展中具有重要价值，企业员工恢复力的强弱，比教育、经验、培训更能决定他的成败。发展企业恢复力，可以制订三项战略措施：关注风险战略，关注资本战略，关注过程战略。关注风险战略强调减少风险和紧张刺激，避免可能的坏结果。例如，企业通过提供健康津贴、有益身心健康的活动和员工补助，以减少可能的身心风险。关注资本战略，是指在降低风险的同时，企业进行成功资本的战略开发，增强那些可以提高成功结果的资源，例如，训练企业经营者和员工更好地面对挫折的成功心理资本，提高个人水平和组织水平。关注过程战略指企业通过制订战略计划和组织学习，灵活、快捷、有效地利用其物力和人力资源来适应新情况，以增强企业应对危机的准备状态。企业还必须能够在组织系统中建立个人的复原能力，创造组织与员工双赢的环境。在个人恢复力的开发过程中，社会性支持网络与无条件的接纳、生命的意义、社交技巧与解决问题的技能、自尊心及幽默感、理性思维和积极情绪的培养这六个环节是开发恢复力的有效工具。企业可以通过人力资源培训和员工援助计划帮助当事人自主自救、打破幻想、停止等待、离开造成伤害的病原体，在伤痛中及时清醒，镇静地面对现实，在伤痕中建构正面的生活秩序。

（二）积极组织行为学不断拓展与丰富的研究立场和方法

1. 研究立场的拓展

近来，越来越多的学者认识到研究积极组织行为的意义，并力求转换学术研究的价值取向，认为积极组织学术研究应该以追求员工的健康和幸福为使命，以便实现组织、员工及研究者共同获益的三赢局面。组织行为领域的研究中应该至少包含三个基本的利益相关群体——研究者、所研究的组织、研究的参与者。但是传统组织行为研究似乎仅仅考虑了两个利益相关群体，即研究者自身和所研究的组织，相应的研究取向和方法论通常也只限于两种，即忠于管理的研究（committed-to-management research，CMR）和忠于科学的研究（committed-to-science research，CSR），而忽视了最重要的利益相关群体，即研究的参与者本身。为了弥补建立在功利主义价值观学说基础上的"忠于管理的研究"和"忠于科学的研究"的潜在缺陷，赖特（Wright）提出了忠于参与者的研究（committed-to-participant research，CPR），作为对前两者的重要补充，以改进传统研究价值取向方面的局限。"忠于参与者的研究"在研究价值取向上是以进一步体现出积极、全面、非功利主义倾向发展而来的，与积极组织学术研究（POS）、积极组织行为学研究（POB）等研究运动相呼应，目的是提高工作生活质量，关注工作生活意义，在提高个体与组织绩效的同时，还可以帮助个体降低病状的发生频率，代表着组织管理领域研究发展的新趋势。

2. 研究方法的丰富

积极组织行为研究的方法在不断丰富，如欣赏探询法（appreciative inquiry，AI）、最佳自我反馈评定法（reflected best self assessment，RBSA），以及多元信息评定法（multiple sources of information assessment，MSIA）等方法。其中 AI 在方式上挑战过去以问题导向的方式，而改以正面具有能量的介入技术，选择正面的主题，收集故事，找出共同愿景、行动等，一般包括四个步骤：解释、发现、梦想和设计。RBSA 是对传统自我评价方法的发展，是通过多角度反馈获知员工为组织和工作增加价值的潜在能力，对参与者那些具有增值意义的优点与能力（如敬业度）的外部反馈及个人反思进行整合的过程。这个测验为参与者提供了一个建设性的机会，让他们去思考在他们处于最佳状态时，他们是谁。MSIA 则要求从自评、他评及客观结果上进行综合测查。

三、积极组织行为学新的发展空间

由于积极组织行为学仅仅关注对个人微观行为水平的定量研究，其目前的基础架构在系统性上存在局限，没有在宏观层面考虑组织环境、组织结构、组织文化、领导力、制度、政策等因素对组织绩效的影响，所以它未来将会在组织实践的要求下进一步发展和完善，真正将个体、组织与社会系统有效地连接起来，从而体现出组织科学的作用。

第二节　积极组织行为学的理论基础

积极组织行为学的产生和发展有它的理论基础和实践基础，表现在其发展的各个重要阶段。

一、古典科学阶段（18 世纪到 20 世纪 30 年代）

（一）古典科学理论

1. 亚当·斯密的分工理论

亚当·斯密（Aadam Smith，1723—1790），经济学的主要创始人，是 18 世纪英国古典政治经济学创始人之一。其代表作《国民财富的性质及其原因的研究》（以下简称"《国富论》"）

是关于国民财富的增加，即一国的经济增长和经济发展的学术著作。此书出版后，不仅对英国的资本主义发展起了促进作用，而且对世界资本主义的发展有很大影响。

（1）经济发展理论。

亚当·斯密的经济发展理论建立在他对政治经济学的研究上。他首先给政治经济学确定了一个大目标，即"使本国更加富强""讨论怎样最适当地取得财富和达到富足"。总之，其目的在于富国裕民。围绕这个目标，他展开了经济发展理论的研究。

近代资本主义经济的发展是以工业的发展为标志的。那么工业发展的前提是什么？亚当·斯密认为：一国工业和城市的发展是以农业的发展为前提的，只有当农业的发展达到一定水平后工业才有可能发展起来。

亚当·斯密首先认为，只有农业和剩余产品增加了，才能以这些产品去支持城市的工业发展，工业才可能发展起来。其次，只有当农业发展了，才能为工业发展提供劳动力。也就是说，只有当农业生产水平提高了，原来同量的耕地现在只要少数人就能完成耕种并能生产出维持较多人生命的食物，剩余的人就可以来生产其他物品，从而为工业的发展提供劳动力。

亚当·斯密不仅指出了工业的发展要以农业为前提，而且指出了国民财富得以发展的必要的政治条件，即必须废除束缚工商业发展的旧制度，建立适合于城市工商业发展的自由放任的新制度。在亚当·斯密看来，只有当生产促进消费者利益而不是生产者利益时，才谈得上富国裕民。然而在资本主义制度下，这二者又是矛盾的。怎样才能做到这一点呢？那就是建立自由放任的新社会经济制度。这种新社会经济制度包括三方面的主要内容：第一，市场机制对社会经济生活起自发调节作用，让"看不见的手"充分地、不受阻碍地发挥作用并贯彻到整个社会经济生活中。第二，劳动和资本自由流动。第三，对外贸易自由放任。斯密认为这种社会经济制度是最能够促进经济发展、最符合社会利益、最能调动人们积极性和主动性的制度。

（2）分配理论。

亚当·斯密的分配论，即劳动工资、资本利润及土地地租自然率之决定理论。亚当·斯密指出，尽管雇主拥有压低工资的力量，工资仍有其最低水平——劳动者必须能够维持基本生活，假定社会工人需求增加或工资基金提高，工资将高于最低水平。就另一角度言之，一国国富、资本或所得增加，将促使工资上涨，工资上涨则促进人口增加。

资本利润的高低如同劳动工资，决定于社会财富的增减，资本增加固可促使工资上涨，却使利润为之下降。亚当·斯密指出，假定商人投资同一事业，因为彼此相互竞争，自然致使利润率降低。

地租系指对土地使用所支付的价格。亚当·斯密认为，地租高低与土地肥沃程度及市场远近有关。

2. 罗伯特·欧文的管理思想

罗伯特·欧文（Robert Owen，1771—1858），英国空想社会主义者，也是一位实业家、慈善家。现代人事管理之父，人本管理的先驱。罗伯特·欧文是19世纪初最有成就的实业家之一，是一位杰出的管理先驱者。1800—1828年间他在苏格兰自己的几个纺织厂内进行了前所未有的试验。

他的管理思想基于"人是环境的产物"这一法国唯物主义学者的观点，他在新拉纳克所进行的一切实验都是为了证明："用优良的环境代替不良的环境，是否可以使人由此洗心革面，清除邪恶，变成明智的、有理性的、善良的人；从出生到死亡，始终苦难重重，是否能够使其一生仅为善良和优良的环境所包围，从而把苦难变成幸福的优越生活。"正是基于这样一个充满希望和想象的伟大理念，才形成了他超越当时现实生活的管理思想。

罗伯特·欧文的管理思想和教育思想，都是为了他的最高目标——建立新的和谐社会而做准备的。他在新拉纳克取得的巨大成就，赢得了当时许多国家上层人士的关注和尊重，每年都会有成千上万的人来参观欧文的工厂和他的"性格陶冶馆"。就连当时的俄国沙皇尼古拉大公也专程来拜访欧文的工厂。他的《新社会观》一书在社会上广为流传，同时也得到了一些社会名流的支持。

罗伯特·欧文对管理学的贡献是，摈弃了过去那种把工人当作工具的做法，着力改善工人的劳动条件，诸如提高童工参加劳动的最低年龄；缩短雇员的劳动时间；为雇员提供厂内膳食；设立按成本向雇员出售生活必需品的模式，从而改善当地整个社会状况。

（二）科学管理理论

1. 弗雷德里克·泰勒和《科学管理原理》

弗雷德里克·泰勒（1856—1915），西方古典管理理论主要代表人物之一，科学管理运动的创始人，被公认为"科学管理之父"，也有人称他为"理性效率的大师"。他的科学管理思想深深地扎根在一系列科学实验的基础上，是一门真正的科学。当代许多重要的管理理论都是在泰勒的科学管理理论的基础上的继承和发展。此外，泰勒本人还是一位发明家。他在技术上有许多发明创造，总共拥有100多项专利权。《科学管理原理》出版于1911年，标志着一个管理新时代的到来。至今，这本书仍然带给管理人无穷的启示，是不可不读的管理经典。

（1）制订科学的作业方法。首先，从执行同一种工作的工人中，挑出身体最强壮、技术最熟练的一个人，把他的工作过程分解为许多个动作，用秒表测量并记录完成每一个动作所消耗的时间；然后，除去动作中多余的和不合理的部分把最经济的、效率最高的动作集中起来，确定标准的作业方法。其次，实行作业所需的各种工具和作业环境的标准化。再次，根据标准的操作方法和每个动作的标准时间，确定工人一天必须完成的标准的工作量。

（2）科学地选择和培训工人。泰勒曾经对经过科学选择的工人用上述的科学作业方法进行训练，使他们按照作业标准进行工作，以改变过去凭个人经验进行作业的方法，取得了显著的效果。

（3）实行有差别的计件工资制。按照作业标准和时间定额，规定不同的工资率。对完成或超额完成工作定额的个人，以较高的工资率计件支付工资，一般为正常工资率的125%；对完不成工资定额的个人，则以较低的工资率支付工资，一般仅为正常工资率的80%。

（4）将计划职能与执行职能分开。为了提高劳动生产率，泰勒主张把计划职能与执行职能分开。泰勒的计划职能实际上就是管理职能，执行职能则是工人的劳动职能。

（5）实行职能工长制。即将整个管理工作划分为许多较小的管理职能，使所有的管理员（如工长）尽量分担较少的管理职能；如有可能，一个工长只承担一项管理职能。这种思想为以后的职能部门的建立和管理专业化提供了基础。

（6）在管理上实行例外原则。泰勒指出，规模较大的企业不能只依据职能原则来组织管理，还需要运用例外原则，即企业的高级管理人员把处理一般事物的权限下放给下级管理人员，自己只保留对例外事项的决策权和监督权，如企业基本政策的制订和重要人事的任免等。

2. 亨利·劳伦斯·甘特的科学管理理论

亨利·劳伦斯·甘特（Henry Laurence Gantt，1861—1919），人际关系理论的先驱者之一，科学管理运动的先驱者之一。甘特是泰勒创立和推广科学管理制度的亲密的合作者。甘特提出了任务和奖金制度，发明了甘特图，即生产计划进度图。甘特非常重视工业中人的因素，因此他也是人际关系理论的先驱者之一。甘特是在泰勒指导下开始从事管理研究的，并为帮助泰勒创立科学管理原理做出过重大贡献，但他后来离开了泰勒的研究行列。他要比泰勒更关心工人的利益。甘特与泰勒的合作是在争吵和论辩中发展起来的。在泰勒的众多追随者之中，甘特是一位举足轻重的人物。他与泰勒共事多年，并且深得泰勒的思想精髓。但是，与泰勒相比，他处理问题的方法要渐进或者说温和得多，这一点泰勒是不大满意的。在泰勒眼里，甘特行事似乎有点儿不够坚决，因此，二人经常发生一些争执。尽管如此，甘特仍然是泰勒创立和推广科学管理的最重要的合作者之一。由于甘特的思想方法以及处事风格与泰勒不一致，所以，管理史学家丹尼尔·A.雷恩把他称为"最不正统的"追随者。

在企业管理方面，甘特提出的奖励工资制有着很大影响，人们一般称为"任务加奖金制"。泰勒的差别计件工资制着眼于工人个人，甘特则与泰勒不同，着眼于工人工作的集体性，所提出的任务加奖金制具有集体激励性质。甘特认为，泰勒的办法促进了管理者与工人之间的合作，但不能促进工人与工人之间的合作，而是促使工人进行单干。甘特在他的《劳动、工资和利润》中，论述了他的任务加奖金制设想。按照任务加奖金制的设想，工人在规定时间内完成规定定额，可以拿到规定报酬，另加一定奖金（如50美分）。如果工人在规定时间内不能完成定额，则不能拿到奖金。如果工人少于规定时间完成定额，则按时间比例另加奖金。另外，每一个工人达到定额标准，其工长可以拿到一定比例的奖金；一名工长领导下的工人完成定额的人数越多，工长的奖金比例就越高。假如一个工长领导10名工人，其中有5人能够完成定额，则工长拿$0.05 \times 5 = 0.25$美元的奖金；但如果有9人完成定额，则工长拿$0.1 \times 9 = 0.9$美元奖金。甘特所设计的这种奖金制度，对于工人来说形成了基本工资的保证，对于工长来说矫正了他们的管理方式。过去，工长对工人处于对立状态，而甘特的办法第一次把管理者培训工人的职责和工长的利益结合了起来。工人完成定额后给工长发奖金，使工长由原来的监工变成了工人的老师和帮助者，把关心生产转变成关心工人。这一点使甘特的设想成为人类行为早期研究的一个标志。按照甘特自己的说法，给工长发奖金的目的就是"使能力差的工人达到标准，并使工长把精力放在最需要的地方和人身上"。

3. 弗兰克·吉尔布雷斯与莉莲·吉尔布雷斯的科学管理理论

弗兰克·吉尔布雷斯（1868—1924），出生在美国康涅狄格州费尔菲尔德。心理学家和管理学家莉莲·吉尔布雷斯（1878—1972）是弗兰克·吉尔布雷斯的夫人，也是美国第一个获得心理学博士的女士，被称为"管理第一夫人"。原名叫作莉莲·莫勒，出生于美国加利福尼亚的奥克兰，毕业于加利福尼亚大学英语系。为了同丈夫合作研究，她改学了心理学。吉尔布雷斯夫妇认为，要取得作业的高效率，以实现高工资与低劳动成本相结合的目的，就必须做到：

第一，要规定明确的高标准的作业量。对企业所有员工，不论职位高低，都必须规定其任务；这个任务必须是明确的、详细的、并非轻而易举就能完成的。他们主张，在一个组织完备的企业里，作业任务的难度应当达到非第一流工人不能完成的地步。

第二，要有标准的作业条件。要对每个工人提供标准的作业条件（从操作方法到材料、工具、设备），以保证他们能够完成标准的作业量。

第三，完成任务者付给高工资。如果工人完成了给他规定的标准作业量，就应付给他高工资。

第四，完不成任务者要承担损失。如果工人不能完成给他规定的标准作业量，他迟早必须承担由此造成的损失。

上述内容是指要科学地规定作业标准和作业条件，实行刺激性的工资制度。其中，作业标准和作业条件必须通过时间研究和动作研究才能确定下来，而这种刺激性的工资制度，也就是差别计件工资制。

二、行为科学阶段（20世纪30—50年代）

早期的行为科学在20世纪30—40年代被称为"人机关系"学说，此间还出现了社会系统学派。

（一）人际关系学说

人际关系学说是一种较为完整的全新的管理理论，始于20世纪20年代美国哈佛大学心理学家梅奥等人所进行的著名的霍桑实验。霍桑实验的研究结果否定了传统管理理论的对于人的假设，表明了工人不是被动的孤立的个体，他们的行为不只受工资的刺激，影响生产效率的最重要因素不是待遇和工作条件而是工作中的人际关系。

从1924年到1932年以梅奥为首的美国国家研究委员会与西方电器公司合作在美国西方电器公司霍桑工厂进行的长达九年的实验研究——霍桑实验真正揭开了作为"组织中的人"的行为研究的序幕。霍桑实验的初衷是试图通过改善工作条件与环境等外在因素找到提高劳动生产率的途径，先后进行了4个阶段的实验——照明实验、继电器装配工人小组实验、大规模访谈和对接线板接线工作室的研究。但实验结果却出乎意料，无论照明度强弱、休息时间长短、工厂温度等是改善还是未改善，实验组和非实验组的产量都在不断上升，在实验计件工资对生产效率的影响时发现生产小组内有一种默契，大部分工人有意限制自己的产量否则就会受到小组的冷遇和排斥，奖励性工资并未像传统的管理理论认为的那样使工人最大限度地提高生产效率。而在历时两年的大规模的访谈实验中，职工由于可以不受拘束地谈自己的想法发泄心中的闷气，从而态度有所改变生产效率相应地得到了提高。从霍桑实验中梅奥认为影响生产效率的根本因素不是工作条件而是工人本身。参加实验的工人意识到自己"被注意"是一个重要的存在因而增强了归属感，这种意识助长了工人的整体观念、有所作为的观念和完成任务的观念，而这些是工人在以往的工作中不曾得到的。正是这种人的因素导致了劳动生产率的提高。从某种程度上说明在决定工人工作效率的因素中，工人为团体所接受的融洽性和安全感较之奖励性工资有更为重要的作用。

霍桑实验的研究结果否定了传统管理理论的对于人的假设，表明了工人不是被动的孤立的个体。他们的行为不仅仅受工资的刺激。影响生产效率的最重要因素不是待遇和工作条件而是工作中的人际关系。据此梅奥提出了自己的观点：

（1）工人是"社会人"而不是"经济人"。梅奥认为人的行为并不单纯出自追求金钱的动机，还有社会方面的、心理方面的需要，即追求人与人之间的友情、安全感、归属感和受人尊敬等，而后者更为重要。因此不能单纯从技术和物质条件着眼而必须首先从社会心理方面考虑合理的组织与管理。

（2）企业中存在着非正式组织。企业中除了存在着古典管理理论所研究的为了实现企业目标而明确规定各成员相互关系和职责范围的正式组织之外还存在着非正式组织。这种非正式组织的作用在于维护其成员的共同利益使之免受其内部个别成员的疏忽或外部人员的干涉所造成的损失。为此非正式组织中有自己的核心人物和领袖，有大家共同遵循的观念、价值标准、行为准则和道德规范等。梅奥指出非正式组织与正式组织有重大差别。在正式组织中以效率逻辑为行为规范，而在非正式组织中则以感情逻辑为行为规范。如果管理人员只是根据效率逻辑来管理而忽略工人的感情逻辑必然会引起冲突影响企业生产率的提高和目标的实现。因此管理当局必须重视非正式组织的作用，注意在正式组织的效率逻辑与非正式组织的感情逻辑之间保持平衡以便管理人员与工人之间能够充分协作。

（3）新的领导能力在于提高工人的满意度。在决定劳动生产率的诸因素中置于首位的因素是工人的满意度，而生产条件、工资报酬只是第二位的。职工的满意度越高其士气就越高从而产生效率就越高。高的满意度来源于工人个人需求的有效满足，不仅包括物质需求还包括精神需求。梅奥等人的成就可以一分为二来看，一方面霍桑效应有很大的实用性，而人际关系理论也可被称为组织行为学的先驱，在尊重人、关注人的方面做出了有力的提倡；另一方面霍桑效应——"受注意了一路开绿灯"虽然在产生效应的过程中确实有较强的推动作用，但过于强调个体的激励而忽视了整体战略规划在目标、方向和过程中的重要地位。人际关系理论的缺陷则过于强调人。但综合来看梅奥等人的研究仍然是古典管理学向行为科学管理学过渡的鲜明标志，其"霍桑实验"及"人际关系学说"具有里程碑的意义。

（二）社会系统学派

社会系统学派的代表人物是切斯特·巴纳德（Chester I. Barnard，1886—1961）。系统组织理论创始人，现代管理理论之父。切斯特·巴纳德是西方现代管理理论中社会系统学派的创始人。他在人群组织这一复杂问题上的贡献和影响，可能比管理思想发展过程中的任何人的贡献和影响都更为重要。

巴纳德独创性地提出了组织的概念，认为组织是一个有意识地对人的活动或力量进行协调的体系，其中最关键的因素是经理人员。在此基础上，巴纳德又阐述了正式组织的定义、正式组织的基本要素，以及正式组织与非正式组织的关系。

巴纳德认为正式组织是有意识地协调两个以上的人的活动的一个体系。他认为这个定义适用于各种形式的组织，从公司的各个部门或子系统直到由许多系统组成的整个社会。不管哪一级的系统，全都包含着三种普遍的要素：协作的意愿、共同的目标和信息沟通。

任何一个组织都是由许多具有社会心理需求的个人组成的，如果组织中的个人都不愿意相互协作，那么组织的目标就无法完成。好的组织是一个协作系统。组织成员有协作的意愿这意味着个人要克制自己，交出自己的控制权、个人行为和非个人化等。没有这种意愿，就不可能将不同组织成员的行为有机地结合起来，协调一致地活动。例如，作为工厂的一名工人，就必须按时上班，严格按照工厂机器操作运转的规律进行，遵守工厂的各项制度，使个人行为变得非个人化。大多数时候，不同成员的协作意愿是不同的，同一个人不同时候的协作意愿的强度也是不同的，个人并不能自发地产生协作意愿。因此，巴纳德提出了一个著名的关系式：诱因≥贡献。

所谓诱因是指组织给成员个人的报酬，这种报酬可以是物质的，也可以是精神的。所谓贡献是指个人为组织目标的实现而做出的贡献和牺牲。由于诱因和牺牲的尺度通常是由个人主观决定的，不是由客观决定的，因此，组织满足这些诱因也是有点困难的。有的人看重金钱，有的人则看中地位，有的人侧重于自我目标的实现，对于不同的人，组织要给予不同的激励。

对组织成员个人来说，组织的目标不一定是一种"个人"目的，但必须使他们看到这种共同目标对整个组织所具有的意义。组织动机和个人动机是不同的，而个人之所以为组织做出贡献，并不是因为组织动机就是他们的个人动机，而是因为他们感到，通过组织目标的实现，有助于实现他们的个人目标，并获得相应的满足。

巴纳德认为只有当组织给个人的报酬大于或等于个人为组织做出的贡献时，个人才可能愿意为组织目标的实现做出个人的努力和贡献。在管理中把组织目标与个人目标结合起来的思想，被认为是管理思想发展史上具有里程碑意义的思想。巴纳德强调个人目标与组织共同目标之间相互协调的问题，并指出管理人员必须能够协调个人目标与组织目标之间的矛盾。

巴纳德强调指出，组织目标是整个组织存在的灵魂，也是组织奋斗的方向。但是组织的共同目标不是一成不变的，它应当随着组织规模的变化、人员的变化、外界环境的变化和发展而随时调整。组织目标制订的好坏对组织目标能否实现的作用也非常大。

巴纳德认为在制订组织目标时，应具备综合性、总体性、清晰性、可分性和层次性等特点。确定组织目标时应遵循灵活性与一致性结合的原则，要有一定的可能性，同时也要有一定的挑战性。

信息沟通作为第三个要素，它使前两个要素得以动态地结合。个人协作意愿和组织共同目标只有通过信息沟通才能联系和统一起来，内部信息交流是实现组织目标的基础。巴纳德规定了信息沟通的一些"原则"：

（1）信息交流的渠道要为组织成员所明确地了解。组织的每一个成员都有一个明确的、正式的信息交流渠道，即每一个成员必须向某个人做报告或从属于某个人。信息交流的渠道必须尽可能地直接和简捷。

（2）信息交流和信息传递有正式和非正式、书面与口头等不同的方式。很多情况下，信息往往要经过若干环节才能到达最终需要者手中，在这个传递的过程中，不管是有意还是无意，都可能会产生信息的失真和误导。管理者必须采用各种手段纠正信息失真，譬如让信息表达得清楚明了、缩短信息传递路线、采用先进的科学技术等。巴纳德也非常重视非正式组织的作用。非正式组织即为不属于正式组织的一部分，并且不与管辖它的有关人员相互作用。非正式组织没有正式的结构，成员之间的联系非常松散，常常不能自觉地意识到共同的目的，而是通过同工作有关的接触或者是共同的兴趣爱好产生的，并因而确立了一定的习惯和规范。非正式组织常常为正式组织创造条件，反之亦然。企业的管理者如果也能是非正式组织的领导者，那么这个管理是非常成功的。

以上分析的协作系统的要素，可用图 4-1 来表示。

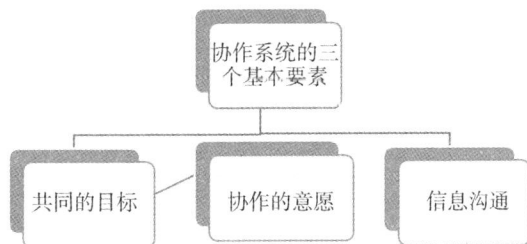

图 4-1　巴纳德的协作系统

（三）行为科学学科

"行为科学学科"正式出现在 20 世纪 40 年代末至 50 年代初。1949 年，在美国芝加哥大学召开的一次跨学科的讨论会上，与会者首次把这门综合性极强的学科定名为"行为科学"。从那时起，行为科学不仅由此而得名，并且取代了人际关系学说。

行为科学是 20 世纪 30 年代开始形成的一门研究人类行为的新学科，一门综合性科学，并且逐渐发展成国外管理研究的主要学派之一，是管理学的一个重要分支。它通过对人的心理活动的研究，掌握人们行为的规律，从中寻找对待员工的新方法和提高劳动效率的途径。行为科学是综合应用心理学、社会学、社会心理学、人类学、经济学、政治学、历史学、法律学、教育学、精神病学及管理理论和方法，研究人的行为的边缘学科。它研究人的行为的产生、发展和相互转化的规律，以便预测人的行为和控制人的行为。

行为科学的含义有广义和狭义两种。广义的行为科学是指包括类似运用自然科学的实验和观察方法，研究在自然和社会环境中人的行为的科学。已经公认的行为科学的学科有心理学、社会学、社会人类学等。狭义的行为科学是指有关工作环境中个人和群体的行为的一门综合性学科。进入 20 世纪 60 年代，为了避免同广义的行为科学相混淆，出现了组织行为学这一名称，专指管理学中的行为科学。目前组织行为学从它研究的对象和涉及的范围来看，可分成三个层次，即个体行为、团体行为和组织行为。

1. 个体行为理论

有关个人的需要、动机和激励方面的理论，可分为三类：

①内容型激励理论，包括需要层次论、双因素理论、成就激励理论等；

②过程型激励理论，包括期望理论、公平理论等；

③行为改造型激励理论，包括强化理论、归因理论等；

有关企业中的人性理论，主要包括 X 理论、Y 理论、不成熟—成熟理论。

2. 团体行为理论

团体有正式团体和非正式团体之分。团体行为理论主要是研究团体发展动向的各种因素以及这些因素的相互作用和相互依存的关系，如团体的目标、团体的结构、团体的规模、团体的规范信息沟通和团体意见冲突理论等。

3. 组织行为理论

主要包括领导理论和组织变革、组织发展理论。领导理论又包括三大类，即领导性格理论、领导行为理论和领导权变理论。

行为科学管理理论的产生和发展是现代化大生产发展的必然产物。它把社会学、心理学、人类学等学科的知识导入管理领域，开创了管理领域的一个独具特色的学派。特点如下：

①提出了以人为中心来研究管理问题；

②肯定了人的社会性和复杂性。

三、系统科学阶段（20 世纪 60 年代至今）

伯塔朗菲（L. A. Bertallanffy）的一般系统理论被应用于工商管理的研究，这使管理理论的发展进入系统理论阶段。

（一）系统管理学派

系统管理学派侧重以系统观点考察组织结构及管理基本职能，代表人物是美国的弗理蒙特·卡斯特（F. E. Kast）、罗森茨威克（J. E. Rosenzweig）等。系统管理理论的主要观点如下。

（1）组织是由许多子系统组成的，组织作为一个开放的社会技术系统，是由五个不同的分系统构成的整体。这五个分系统包括：目标与价值分系统、技术分系统、社会心理分系统、组织结构分系统、管理分系统。这五个分系统之间既相互独立，又相互作用，不可分割，从而构成一个整体。这些系统还可以继续分为更小的子系统。

（2）企业是由人、物资、机器和其他资源在一定的目标下组成的一体化系统，它的成长和发展同时受到这些组成要素的影响。在这些要素的相互关系中，人是主体，其他要素则是被动的。管理人员需力求保持各部分之间的动态平衡、相对稳定、一定的连续性，以便适应情况的变化，达到预期目标。同时，企业还是社会这个大系统中的一个子系统，企业预定目标的实现，不仅取决于内部条件，还取决于企业的外部条件，如资源、市场、社会技术水平、法律制度等，它只有在与外部条件的相互影响中才能达到动态平衡。

（3）如果运用系统观点来考察管理的基本职能，可以把企业看成一个投入—产出系统，投入的是物资、劳动力和各种信息，产出的是各种产品（或服务）。运用系统观点使管理人员不至于只重视某些与自己有关的特殊职能而忽视了大目标，也不至于忽视自己在组织中的地位与作用，可以提高组织的整体效率。

系统管理理论提出了有关整体和个体组构及其运营的观念体系：

①组织是人们建立起来的相互联系着的并共同运营的要素（子系统）所构成的系统；

②任何子系统的变化均会影响其他系统的变化；

③系统具有半开特性——既有自己的特性，又有与外界沟通的特性。

（二）权变理论学派

权变理论学派是研究组织的各子系统内部和各子系统之间的相互联系，以及组织和它所处的环境之间的联系，来确定各种变数的关系类型和结构类型的一门学派。该学派兴起于20世纪60年代末70年代初的美国，是在美国经验主义学派上进一步发展起来的，创始人是洛什，代表人物有弗雷德·卢桑斯、菲德勒和伍德沃德。

权变理论认为，在组织管理中要根据组织所处的环境和内部条件的发展变化随机应变，没有什么一成不变、普遍适用、"最好的"管理理论和方法。权变管理就是依托环境因素和管理思想及管理技术因素之间的变数关系来确定的一种最有效的管理方式。

权变理论的兴起有其深刻的历史背景，20世纪70年代的美国，社会不安，经济动荡，政治骚动，石油危机对西方社会产生了深远的影响，企业所处的环境很不确定。但以往的管理理论，如科学管理理论、行为科学理论等，主要侧重于研究加强企业内部组织的管理，且以往的管理理论大多都在追求普遍适用的、最合理的模式与原则，而这些管理理论在解决企业面临瞬息万变的外部环境时又显得无能为力。正是在这种情况下，人们不再相信管理会有一种最好的行事方式，而是必须随机应变地处理管理问题，于是形成了一种管理取决于所处环境状况的理论，即权变理论，"权变"的意思就是权宜应变。

四、与积极组织行为学有关的学科

积极组织行为学主要讨论的是组织中的积极因素，是应用行为科学的创新。因而其必须建立在多种行为学原理的基础之上。这些原理包括心理学、社会学、社会心理学、人类学以及政治学的相应理论。心理学原理的作用主要是针对个体的或微观水平的分析，而社会学、社会心理学、人类学和政治学的原理则帮助我们理解宏观的概念和原理——群体过程和组织。图4-2给出了这些原理对于一个全新的研究领域——积极组织行为学——的作用和影响的概观。

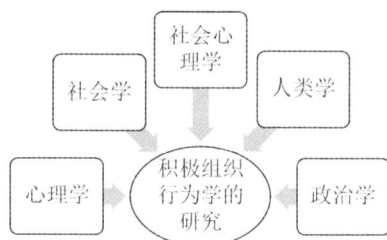

图 4-2　与积极组织行为学有关的学科

（一）心理学

心理学是一门研究人类的心理现象、精神功能和行为的科学，既是一门理论学科，也是一门应用学科，包括基础心理学与应用心理学两大领域。

心理学研究涉及知觉、认知、情绪、人格、行为、人际关系、社会关系等许多领域，也与日常生活的许多领域——家庭、教育、健康、社会等发生关联。心理学一方面尝试用大脑运作来解释个体基本的行为与心理机能，另一方面尝试解释个体心理机能在社会行为与社会动力中的角色。同时它也与神经科学、医学、生物学等科学有关，因为这些科学所探讨的生理作用会影响个体的心智。

心理学家从事基础研究的目的是描述、解释、预测和影响行为。应用心理学家还有第五个目的——提高人类生活的质量。这些目标构成了心理学事业的基础。

（二）社会学

社会学把社会看作一个整体，综合研究社会现象各方面的关系及其发展变化的规律性，是一门利用经验考察与批判分析来研究人类社会结构与活动的学科。社会学通常跟经济学、政治学、人类学、心理学等一起并列为社会科学的分支。因其兴起的历史背景，社会学研究的重心很大一部分放在现代社会中的各种生活实态上，或是当代社会如何演进以至今日的过程上，不但注重描述现况，也不忽略社会变迁。社会学的研究对象范围广泛，小到几个人面对面的日常互动，大到全球化的社会趋势及潮流。家庭、各式各样的组织、企业工厂等经济体、城市、市场、政党、国家、文化、媒体等都是社会学研究的对象，而这些研究对象的共同点是存在一些具有社会性的社会事实。

（三）社会心理学

社会心理学是研究个体和群体的社会心理现象的心理学分支。个体社会心理现象指受他人和群体制约的个人的思想、感情和行为，如人际知觉、人际吸引、社会促进和社会抑制、顺从等。群体社会心理现象指群体本身特有的心理特征，如群体凝聚力、社会心理气氛、群体决策等。

（四）人类学

人类学分为体质人类学、文化人类学（又称社会人类学或考古学）。与研究组织行为学关系最密切的是文化人类学。人类学是从生物和文化的角度对人类进行全面研究的学科群。

（五）政治学

政治学的研究领域对我们准确地解释和预测组织中人的行为具有重要贡献。

五、积极组织行为学与有关学科之间的关系

（一）积极组织行为学和管理学

积极组织行为学和管理学二者相互渗透、相互促进，主要体现在以下两个方面：

（1）积极组织行为学是管理理论体系中的一个重要组成部分；

（2）积极组织行为学的发展和运用对管理学中的管理过程、管理职能、管理方法等的研究具有促进作用。

（二）积极组织行为学与行为科学

积极组织行为学与行为科学都是研究人的行为规律的科学，两者之间既有联系也有区别。联系在于积极组织行为学是由行为科学发展而来的，是行为科学理论在企业组织中的具体体现和应用。区别在于：

（1）行为科学是研究人的一切行为，而积极组织行为学只是研究一定组织中的人们的积极的行为规律；

（2）行为科学着重于对个人需要、动机和行为的研究，而积极组织行为学还把影响个人行为的环境、群体、组织及其相互关系也作为十分重要的研究内容；

（3）行为科学把产生行为的原因归于人的需要，而积极组织行为学却采用系统动态联系的分析方法研究人的积极的行为。

（三）积极组织行为学和管理心理学

管理心理学与组织行为之间是不能画等号的。管理心理学是心理学的一个分支，是心理学中的一门应用理论科学。随着理论研究的深入、体系的完善，二者将逐步走向统一，形成一门公认的学科形式。

（四）积极组织行为学和组织行为学

积极组织行为学是组织行为学的新发展，开创了积极的研究取向，并提出积极的行动态度。积极组织行为学研究的主要任务是在工作中发挥人的主观能动性和优势，而不再是局限于管理他们的不足。

积极组织行为学，是在多门科学的基础上建立起来的，学习积极组织行为学，必须了解有关学科的基础理论知识和学科背景。

第三节　积极组织行为学现状分析

积极组织行为学是研究管理过程中人的积极心理活动和积极行为规律的科学，简称"POB"，是组织行为学的新发展。它把心理学的理论、原则和方法运用于组织管理中，通过研究组织中人的积极的心理和行为规律，进而控制和预测组织中人的行为，以调动人的积极性，发挥人的潜能，提高生产和工作效率，改善人际关系及增强组织功能。

21 世纪，受积极心理学的影响，卢桑斯正式提出积极组织行为的概念，受到广泛的关注。此后，我国的一些积极组织行为学研究者在借鉴国外研究成果的基础上，对传统文化中的积极组织行为学进行了探讨，并发展了积极组织行为学的理论，另外一些研究者则对我国积极组织行为学的发展前景进行了展望。

一、积极组织行为学的起源

对积极组织行为学的研究发展有着重大影响的两个方面是：第一，积极心理学运动的开展；第二，组织行为学领域的研究。

积极组织行为学的理论基础源于积极心理学的研究成果。西方"积极心理学"的发展始于20世纪60年代，在人本主义思潮以及人类潜能开发思想的影响下，研究者开始研究快乐、幸福、满意、士气等积极的心理课题。至20世纪90年代，有关"积极心理学"的研究成果更是大量涌现。塞利格曼自1997年任美国心理协会主席后更是积极倡导"积极心理学"的思想，并与席克珍特米哈依于2000年在杂志《美国心理学家》（*American Psychologist*）正式撰文提出"积极心理学"的概念，指明积极心理学的作用在于"促进个人与社会的发展，帮助人们走向幸福，使儿童健康成长，使家庭幸福美满，使员工心情舒畅，使公众称心如意"。至此，积极心理学发展的潮流已锐不可当，被心理学界称之为"第四次改革运动"。其矛头直指在过去近一个世纪中占主导地位的消极心理学模式。积极组织行为学的提出是受积极心理学理论的影响，在理论和研究上专注于人的积极优势和心理能力的驱动，而不是仅仅把传统的组织行为学概念进行翻新或者简单地由消极面转到积极面，卢桑斯为积极组织行为学研究的特定内容提出了具体的标准，即能够纳入积极组织行为学研究领域的范畴必须有清晰的概念界定和积极的意义、相对传统组织行为学研究领域的独特性、有效的测量方法、适合进行工作中的管理开发和员工训练、能有助于工作绩效的改善等一系列标准。

二、西方积极组织行为学理论的发展

西方积极组织行为学的发展可以追溯到古希腊时期的管理学领域。苏格拉底提出普遍性原则，认为管理者应使下级愿意服从你的领导，应争取同盟者和支持者，应有能力保持自己的人力和财力，可以说是最初的管理思想。领导和管理的四大原则：群众认可度、凝聚力、统率力和励治图存——在群众中树立较高的威信、搞好团结、彰显优良的领导作风和进取创造精神。18世纪后期，亚当·斯密提出劳动分工学说，分析了由于工业分工而获得的经济收益。1911年，泰勒发表《科学管理原则》，提供了企业管理中提高劳动生产率和提高管理效率的办法。1916年，法约尔发表《工业管理和一般管理》，提出管理艺术论，与艾默生1911年概括出的12条管理原则类似。德国社会学家马克斯·韦伯的管理理论则主要集中于组织管理方面，他认为从技术的观点考虑，"独裁型的管理体制"效率最高，与其他型比较，独裁型的管理最精确、最稳定、最有纪律，也最可靠，他提倡金字塔式的组织结构，主张集权，明确职责，严格管理，不考虑人的因素。

行为科学研究开创了现代管理理论研究。行为科学指出古典管理理论的不足之处，强调管理者不仅要考虑工作中人的个体肌肉活动、神经活动、疲劳等，还要考虑人的社会因素、人际关系等更为高级、复杂的问题。梅奥在1924—1932年间在美国西方电器公司的霍桑工厂进行了照明实验、福利实验、群体实验和访谈实验，得出几点结论：工人是社会人，必须从社会、心理方面鼓励工人提高生产率；企业中存在区别于"正式群体"的"非正式群体"，"非正式群体"对生产率有很大影响；是否能通过提高职工满足程度来激发职工的积极性是衡量领导能力的一种新型标准。这种理论相对于古典管理理论是一大进步，但没有考虑管理者与被管理者之间的互动。

马斯洛的需求理论认为只有针对不同的人对不同层次的需要求得相对的满足时，才能解决现实社会的矛盾与冲突，提高生产率。麦格雷戈在此基础上提出人性管理理论，认为传统的管理理论把人当作消极因素对待，麦格雷戈称为 X 理论，但现实中许多现象不符合 X 理论，因此对人性做了相反的假设，便是 Y 理论。Y 理论建立在"经济人"的假设基础上，在哲学上是"性本恶"论，抹杀了人的社会性。而与之对应的"复杂人"理论建立在"性善论"基础上，强调"自我实现的人"的概念，其积极意义在于尊重人、爱护人、提倡为员工创造良好的环境和必要条件，充分发挥潜能和创造力。

近期的研究综合了 X 理论、Y 理论，认为人是"复杂人"，没有普遍适用的、"最好的"管理理论和方法，有效的领导不单决定于领导者的品质和行为方式，而且决定于领导者、被领导者和环境因素的辩证关系。由此提出四种管理方式：在选择领导行为方式时视具体情况变化而变化的领导连续带模式；根据不同情况让下属参与的领导—参与模式；根据工作的意义、方向、内容说明达到工作目标的"通路"，以体贴的精神使职工在通路上"容易通过"的通路—目标模式；随着被领导者的成熟度逐步提高，领导方式也要由说服式向命令式、授权式、参与式做出相应的改变。"复杂人"及其应变理论与 X 理论、Y 理论相比强调人的差异性，由此强调管理必须随机应变。

三、我国积极组织行为学的研究现状

我国的积极组织行为学研究可分为对古典文献的研究、译介西方理论和应用研究。

对古典文献的研究指研究者大多利用文献典籍研究传统文化中的管理思想。文献中有很多这些思想的记录。

有研究者系统地研究了先秦道家的管理思想。道家认为朴素是人的本性，既然人性朴素，又要积极入世，那么管理者应创造良好的环境，排除对人性干扰的因素，顺应人的本性，把人的创造潜力充分发挥出来。道家重视满足合理的需要，人的需要不能无限制地满足，应因势利导，才能实施有效的管理，提出通过社会环境的治理来控制人的贪婪欲求。道家的"无为"是指顺应自然，服从客观规律的管理行为过程，最后达到"无不治"的管理效果。一方面顺应人的心理的规律，另一方面以"无为"的方式减少冲突，即"无为而治"。道家的"有无相生""有生于无"实际上是辩证地结合管理中的看得见的硬件设施"有"和看不见的软件设施"无"，如企业文化、精神理念。此外"以退为进""欲夺固予"也都体现了管理思想，即便对于现代管理仍具有参考价值。道家同样提出了领导者应该具备的素质、领导者的"权变"能力及人的管理。研究者在分析道家管理思想的同时将其与西方管理思想做了比较，并提出即使在现代社会，道家的思想仍有理论和应用价值。

有些研究把古代管理思想归纳为八个方面，主要包括人性论、激励心理论、人际关系论、选材心理论、用才心理论、领导心理素质论、决策心理论和经营心理论。这种归纳试图建构出中国古代管理思想体系，虽然也从典籍文献中找出大量词句佐证，但其模式仍是采用西方理论构架。

《孙子兵法》被认为具有系统的管理心理学思想。研究者从领导和激励的角度探讨了四个方面：人性观、激励思想、群体心理思想、领导心理思想。《孙子兵法》的人性观，表现在其十三篇军事谋略都是以对人的主观能动性的重视为前提的。如"道者，令民与上同意也""故知兵之将，生民之司命，国家安危之主也"。激励思想则是主张物质刺激的激励效果，如"取敌之利者，货也""赏不可虚设"。同时注重精神激励及"爱兵如婴"的情感式管理，提出"上下同欲者胜"。还有"危机激励"："投之亡地然后存，陷之死地然后生。"讲究激励的同时也重视约束机制。至于群体心理则主要是"谋求人和，合众激气"。《孙子兵法》还对领导心

理提出要求，认为领导应具备一定的个性、智力、品质、能力（观察能力、情绪控制能力、判断能力、直觉能力）等。

先秦墨家思想中也包含着丰富的人力资源管理思想，如有"有能则举之，无能则下之"的人员甄选思想、"听其言，迹其行，察其所能"的人员考核思想、"尚贤使能"与"使各出事其能"的人员考评思想、"善人赏而暴人罚"的人员激励思想。

以上这些中国古代管理心理学的研究，基本是用现代心理学的观点和框架归纳文献典籍中相关的文字，可以说是一种"翻译"——将文言文译成现代汉语。但值得深思的是，现代心理学的概念体系都是来源于西方的，用西方的概念体系释义中国传统文化中的心理学思想，其适用性究竟有多大？

四、我国积极组织行为学的研究困境和前景

积极组织行为学是管理学和心理学的新发展，其学术发展与管理学和心理学的发展密切联系。在心理学日益强调本土化的时代，如何发展我国的积极组织行为学研究，结合我国的社会文化实践提出管理心理学的一般性理论，是学科发展与学术对话的基础。研究者在这一问题上进行了有益的探索。学者王建新提出了"创新发展具有我国特色的管理"，提出"洋为中用""古为今用"的方针，提倡在研究中学习借鉴、融会贯通。

另一些建议更具操作性，认为我国当前要做的是加大心理学基础理论的研究力度，正确处理基础理论研究与实际应用研究的关系，以理论指导应用，以应用验证和丰富理论。而加大基础理论研究的力度有两条途径。一是从西方心理学的"学习—选择—中国化"中寻求；二是从古代心理学思想的"挖掘整理—创新—完善"中寻求。这一建议不仅指明了研究方向，也指出了研究路径。

上述是对研究的方向性建议，更为细致的研究是指出我国积极组织行为学在本土化进程中可以选择的研究方法和研究领域。中国积极组织行为学研究一直都是以介绍国外的文献、理论及研究成果为主。研究方法是西方的，缺乏自主意识，缺乏具有中国特色的管理心理学研究的内容体系，迄今只有华东师范大学心理学系俞文钊教授在这一领域创造出社会主义初级阶段精神激励与物质激励同步的激励理论；缺乏应用科学所应具有的超前洞察、超前思考和超前研究，对管理现状中的各种热点、难点和实际问题反应迟钝、反应滞后。

因此综合分析国内外积极组织行为学的发展，在适应经济全球化和企业不断变革的情况下，组织变革、领导行为、激励机制和组织文化是积极组织行为学的研究新热点。这其中有许多研究领域尚待发展，比如，在个体研究水平上，可以侧重于决策和判断中所采取的认知策略，而在组织水平上的决策研究则主要分析不同社会文化背景下的决策模式、权利结构和参与体制；东西方文化的差异对管理的影响，即管理的跨文化研究；个人主义与集体主义国民特性对组织管理的影响。研究的新的热点还有，跨国公司和国际合资公司的比较研究、科技投入的行为研究、失业指导研究等。目前，积极组织行为学家把组织作为开放的社会，技术系统来看待和研究，研究领域方面已突破传统框架，涉及管理培训与发展、工作业绩评价、管理决策、组织气氛和组织文化、跨文化比较等新领域。

第四节　积极组织行为学的研究策略、研究中应注意的问题和研究设计

一、研究策略

积极组织行为学是一种全新的科学，许多科研工作者因缺乏科研知识和专业知识，在研究过程中觉得无从下手或打不开思路，存在操作不规范、方法不科学或方法单一的问题。特别是我国的研究者，因为传统的组织行为的束缚，习惯于接受式的学习方式，存在着许多思维定式。许多研究工作者在活动过程中，遇到挫折就心灰意冷，心理承受能力较差。这就要求研究者在基础知识、科研方法、科研思维和心理素质等方面接受指导。

（一）基础知识指导

包括专业背景知识的介绍和学科知识的渗透。基础知识指导应着重于研究积极组织行为学的基本概念、作用，并运用所学知识开展研究。

（二）科研方法指导

包括常用的科研方法介绍、资料收集、分类指导、科学性指导等。首先，使用常用的科研方法，如观察法、实验法、类比法、案例分析法、社会调查法、数据统计法等。社会调查法中还有抽样调查法、问卷调查法、街头观察和采访、现状调查法、发展性调查法、相关性调查法、因果关系调查法等。应注意的是我们不仅要掌握多样的研究方法，还要学会选择最恰当的方法进行研究。特别要注意实施阶段与选题阶段研究方法的差异，以做不同的选择。积极组织行为学课题研究，在选子课题时，主要采用街头观察和采访、现状调查法进行社会调查，以确定研究方向。进入实施阶段，则采用相关性调查法、因果关系调查法，围绕中心问题有针对性地搜集证据，并采用实验法进一步论证自己的结论。

资料收集和分类指导是在资料整理加工上提出较高要求，如必须制作一份完整的资料目录，资料规格要统一，并按一定标准分类。特别是在实施阶段，更要对资料进行及时（至少一周一次）的整理和筛选，去粗取精、去伪存真，以便资料的保管、查阅、分析提炼和查漏补缺。由于本课题注重研究过程，注重过程中的感受和体验，因此我们也要求研究者及时做好活动记录、感受和体验记录，作为最有价值的原始资料。积极组织行为学课题研究者要做好"四卡"："资料卡""灵感卡""体验卡""网络卡"。要求研究者四卡随身带，利用"资料卡"规范记录有价值的信息，利用"灵感卡"随时捕捉转瞬即逝的灵感，利用"体验卡"随时记录活动时的心路历程、收获与体验，利用"网络卡"（软盘）随时下载有价值的网上信息。

科学性指导要求研究者注意以下几个方面：（1）资料来源的可靠性。如要求研究者对每份资料写出详细、可靠的信息来源；概念要在查阅辞典、百科全书后做出准确的界定等。（2）研究程序的科学性。如抽样调查时，要按一定的科学程序进行，尽量做到调查结果的客观性。（3）结论的科学性。如分析推理要合理，结论要经得起推敲和检验等。

（三）科研思维指导

积极组织行为学领域的发展是本课题的最终目标之一。数千年的文明史既铸就了富有民族特色的思维方式——优于形象、长于视觉、注重整体、擅长文学，但也留下了沉重的思维包袱——严格的形式分析和逻辑演绎，而科学思维不是很发达。传统教育的思维训练存在着问题：从小学到大学，一直偏重进行求同思维、演绎思维（遗憾的是，大多不是严格的、系统的演绎思维训练）、左脑思维、言语思维、协调性思维的训练。其直接后果是使许多学生思维刻板，盲从

权威和教师，怕出错，怕冒险，过分追求确定性，缺乏创造性、想象力和提问能力（在许多学校，学生提问少、提问角度单调、视野狭窄、回答问题的答案趋同）。此外，学生的科学批判能力、综合创新能力和次协调思维能力也不高。因此，我们十分注重在研究学习过程中转变传统的思维方式，提高主动地发现问题、分析问题、解决问题的思维能力，培养批判精神和创新精神。思维方式的转变不是一朝一夕的事情，在实施指导过程中，遵循循序渐进的教育原则，先尝试运用，然后是经常运用，最后是习惯运用一些科学创新的思维方法（如求异思维、发散思维、类比思维、右脑思维、非言语思维、次协调思维、辩证思维）去思考解决问题。

（四）心理素质指导

本课题研究的一个特点是社会实践性，走出束缚，走向社会，去关心社会发展，去关注社会问题，去尝试解决自己研究的社会问题。在陌生的社会环境中，缺乏实践经验、心理承受能力较差的研究者遇到挫折后就会心灰意冷；而一些只关心研究结果，对社会缺乏责任感的研究者，从一开始就对研究性学习缺乏热情；习惯了个体竞争的研究者，则一下子不能适应研究性学习的团队合作要求。因此，在研究实施过程中应加强以下几方面的心理指导：进行挫折教育、意志教育，以培养耐挫力和意志力；通过对社会问题的研究活动发展对社会的责任心和使命感，以及关注社会的现实与未来的人文精神；通过对集体成果的评价学会合作，发展在学习生活和社会生活中乐于合作、善于合作的团队精神；通过主动探究的实践活动，使自己获取亲自参与研究、探索的积极情感体验，培养主动求知、乐于探究的心理品质和勇于创新的精神。

二、研究中应注意的几个问题

（一）研究的管理问题

由于研究的社会实践性，最大的问题就是如何对研究活动进行有效的监控。要做到有效监控，应做好以下几方面工作：要了解研究的活动计划并做相应的安全论证，在此基础上对计划提出建议，使计划尽量周密，任务布置到位。活动过程自主管理，管理体制可做适当调整。在活动过程中及时检查研究记录及采访记录，并检查活动成果，把握研究的时间并做活动效果评价。

（二）研究过程中的思路疏导问题

开题方案只是指明了研究方向，实施阶段应该根据研究过程中出现的新问题，积极组织行为学的新发展不断调整研究方案，使整个研究过程不断有新的创意、成果，研究思路不断向纵深拓展。实际上许多研究思路是在进入实施阶段，真正接触大量的主题材料后引发的。

（三）研究过程中的分工合作问题

由于一个研究小组内不可避免地存在个体差异，许多研究者即使在分工明确的情况下，也不知道自己该做什么，该怎么做，一些骨干分子就成了他们依赖和推诿工作的对象，因此出现了少数人干活，多数人旁观的现象，整个研究过程处于一种无序状态，也不可能体现团队合作的精神。特别到了实施阶段，工作量较大，如果仍有这类情况，将影响研究活动的顺利开展。为此，我们把职责按照个人特长分工到人，并制订了具体的岗位分工细则，使每个人都明确自己在活动中的基本工作和基本要求，真正做到"小组的事事事有人做，小组的人人人有事做"，使活动得以有序地开展。一般把小组工作分成"小组长""资料管理员""上网员""记录员""公关员""写作员"六个岗位。下面仅举"公关员"的岗位细则为例：制订好课题小组每次活动的公关计划；充分做好外出活动的准备工作，预约、准备好研究资料；建立小组的外交网络等。除做好本职工作外，我们还要求研究者时常交流，遇事一起商量，积极为研究小组出谋划策，使团队合作精神得到充分体现。

（四）研究过程中的评价问题

不仅对研究结果进行评价，更注重对积极组织行为学的信度、效度进行评价。因此，在评价时，要体现这些基本的人文精神，贯彻社会性、实践性以及客观性，不要使过程评价异化为过程中的阶段结果评价。

三、研究设计

研究工作是一种平衡练习。信息的丰富性往往使研究的普遍适用性大打折扣。研究人员越是尽量控制干扰变量的作用，其研究结果的实用性就越低。高精度、普遍适用性和严格控制往往意味着高昂的费用。研究人员在确定研究对象、研究地点以及收集数据的方法时，总要做出某种程度的妥协。好的研究设计并非完美无缺，但它们能够确切反映出所要解决的问题。在评价下述五种常用的研究设计方法的优缺点时，你必须铭记以上这些事实。这五种研究设计方法是案例研究、现场调查、实验室实验、现场实验和聚合定量评价。

（1）案例研究。如果你读过本田宗一郎（Soichiro Honda）的自传，就会知道他在上一堂工商管理课时，教师给每人发了一份厚达50页的材料。这些材料详细介绍了沃尔玛和凯马特两家公司的历史，描述了它们的经营战略、管理哲学、商品采购计划，还提供了它们最近的资产负债表和利润表。教师要求你们阅读这些材料，分析其中的数据，并且判断近年来沃尔玛为什么远比凯马特成功。

本田宗一郎的自传和有关沃尔玛与凯马特的材料就是案例研究。因为来自真实的生活情境，所以案例研究提供了对一种情境的深层次分析。这些分析一般有非常细致的描述，提供了关于某一个体、群体或组织的翔实资料。案例研究的资料主要来源于观察，有时还借助于访谈以及查阅文献资料来加以补充。

研究也有其不足之处。它不可避免地带有观察者的认知偏见和主观解释。案例的阅读者也会受到观察者或案例撰写者所选择的案例内容的限制。同时，案例研究也会因为信息的深度和大量的具体细节而致使研究结果的普遍性弱化。因为基于一个样本得出的结论要推广到其他情境的话往往带有一定的危险性，所以案例研究很难证实或反对某个假设。但是，你又不能否认案例研究常常提供深层次的分析。对初期的探索性研究，或者是对组织中的真实问题进行评估，案例研究是非常有效的手段。

（2）现场调查。有人设计了一份很长的问卷，用来评估拥有几十亿美元资产的大公司的道德政策、正式的道德结构、正规化的道德活动（例如道德培训）以及高管人员参与道德计划的程度。通过与《财富》500强工业公司和500强服务公司的公共事务部或对外联络部取得联系，了解到各公司"主管道德和行为事项"的管理者的名字和通信地址，然后将问卷连同一封解释研究性质的说明信一起邮寄给这1000位管理者。其中有254人寄回了问卷的答案，回收率略高于25%。调查结果表明，77%的公司有正式的道德准则，54%的公司有专人负责处理道德问题。

以上研究即为一项典型的现场调查，这种调查通过选择有代表性的样本（本例中为公开上市的美国大公司的1000名高管人员）来代表更大的待考察群体（拥有10亿美元以上资产的美国公司）。研究者针对自己感兴趣的具体特点（道德项目的内容与结构以及实践），采取问卷或访谈的形式收集数据，让被调查者回答。调查项目的标准化设计便于研究的量化、分析和总结，使研究人员能够根据代表性样本推断更大的总体。

现场调查使做研究很经济。它只调查总体中的样本，而不必调查总体中的每个成员，因此减少了费用。（例如，美国有5000家公司年销售额超过10亿美元，因为有些是私营公司，不向公众披露它们的财务数据，所以这些公司不在《财富》排行榜上。此外，正如该项道德研究所展示的那样，现场调查提供了一种有效的方式来了解人们对有关事项的看法或者人们如何看待自己的行为。另外，现场调查的数据极易量化。

但是，它也具有潜在的弱点。第一，邮寄问卷很少能够全部回收。低回收率带来的问题是，根据答复者得出的调查结论是否也适用于那些未做答复的调查对象。第二，通过调查的形式较容易了解到被调查者的态度或想法，却不容易了解其行为。第三，被调查者的答复可能受到社会愿望的影响，即被调查者的回答往往是他们认为研究者想听到的答案。第四，由于现场调查关注的是具体问题，因此不容易获得深层次的信息。第五，样本的选择在很大程度上决定了调查结果的普遍性。例如，《财富》500强企业高管人员的回答丝毫无助于我们了解中小企业和非营利组织的情况。总而言之，即使设计良好的现场调查也不得不以放弃信息深度为代价，以获得信息广度、普遍性和经济性。

（3）实验室实验。下面这项研究是实验室实验的经典例子。研究者斯坦利·米尔格拉姆（Stanley Milgram）想测量人们究竟能在多大程度上服从命令。于是，他设计了一个学习实验，他让一些被试者扮演教师的角色，并且告诉这些"教师"，在每次学生回答问题出错时都要给予电击惩罚。斯坦利想弄清楚被试者是否会听从命令，若电击强度加大，被试者服从指挥的意愿是否会降低。

为了验证这些假设，斯坦利让每一个被试者相信，实验是为了调查惩罚对记忆效果的影响，而他们的任务是扮演教师，当学生在学习测试中出现错误时，就对他们实施惩罚。

惩罚是以电击形式来实施的。被试者坐在一个有30个级别的电击发生器前：电压从0伏开始，以每级15伏递增，最高达到450伏。在相应的电压上都有标志，从15伏"轻微电击"到450伏"危险：强烈电击"。为了增加实验的真实性，被试者在隔壁房间里感受了45伏的电击，并看到那名学生——一位温和、愉快的50岁左右的男士——被绑在电椅上。实际上，电椅仅仅是道具而已。该学生是一名演员，电击是录音电话声，但被试者并不知道真相。

实验开始了，被试者坐在电击发生器前，根据研究者的指导从最低水平的电击开始，每当学生犯了错误或未做出反应时，便会增加一级电击强度。

由于学生犯错误太多，电压的强度迅速增加。当电压达到75伏时，被试者听到了来自学生的言语反馈——学生开始哼唧和呻吟；150伏时，学生要求退出实验；180伏时，学生大叫着说他再也无法忍受了；到300伏时，他恳求退出实验，并尖叫着说心脏受不了了，然后就再也无法回答任何问题了。

大多数被试者提出了抗议，并担心增加电击强度会损伤学生的心脏，置其于死地。他们不想再继续这项实验了。对于被试者的犹豫和抗议，实验者始终只有一句话："你别无选择，只有继续。你的工作就是惩罚学生的错误。"当然，被试者事实上是有选择的，他们完全可以站起来并走出实验室。

大多数被试者都不同意对学生加重惩罚，但是不同意并不等于不服从，62%的被试者将电击一直增加到了最高的450伏，其余38%的被试者所实施电击的平均电压也接近370伏！

在实验室实验中，如斯坦利设计的这个实验，研究人员创造出一种人工环境，然后在控制条件下操纵自变量。由于其他因素保持不变，研究人员最后就可以得出这样的结论，即因变量的任何变化都是由于对自变量的操纵或者自变量的变化所引起的。请注意，由于控制了实验条件，因而研究人员能够推测出自变量和因变量之间的因果关系。

实验室实验为达到精确性和可控性而牺牲了现实性和普遍性。它对变量的控制程度越高，测量越准确。但是，实验室研究的结果常常难以推广到实际的工作情境中。这是因为人工实验室永远难以模拟出真实组织的错综复杂和微妙之处。另外，许多实验室实验所分析的现象不会在真实情境中重复或应用。

（4）现场实验。下面是现场实验的一个例子。一家大公司的管理人员想了解每周4天工作制对员工缺勤率的影响，更确切地说，是4天内每天工作8个小时与传统的5天内每天工作8个小时相比，缺勤率是否会降低。由于这家公司规模较大，它拥有几家制造厂，所雇用的工人情况基本相同。于是管理人员在克利夫兰选择了两家工厂进行实验。显而易见，两家规模相同的工厂，如果一家设在密西西比的农村，另一家设在哥本哈根城区，那么要对这两家工厂进行比较是不合理的。因为诸如民族文化、交通状况、天气等因素可能比工作日的变化更能化解二者之间可能出现的任何差异。

其中一家工厂为实验组，工人们实行4天工作制，另一家工厂则是控制组，即工人们仍旧按5天工作制进行工作。两家工厂分别记录了18个月内的缺勤情况。之所以持续时间这么久，是为了尽量减少实验工厂的工人们由于新奇感而给实验结果带来的误差。18个月后，管理人员发现：实验工厂的缺勤率下降了40%，而控制工厂却只下降了6%。根据本次实验的设计，管理人员认为引起实验工厂缺勤率大幅下降的原因是实行了压缩工作周。

现场实验除了在真正的组织中进行，与实验室实验没有多大差别。自然的场景比实验室更真实，这就增加了实验的效度，但却不利于控制。另外，如果控制群体不能维持恒定，外界因素的干扰就会降低控制效果，如工人罢工、大规模裁员、公司重组等。现场实验的最大问题可能与选择组织时的偏差有关。

总体而言，在以上所讨论的四种研究设计中，现场实验通常能够提供最有效度、最可推广的研究发现。除了成本较高外，它的确是以最小的代价取得了最大的成就。

（5）聚合定量评价。组织行为矫正对任务绩效的影响究竟有多大？已经有大量的现场实验试图对这个问题做出说明。遗憾的是，各种研究得出的结果相去甚远，人们很难总结出统一的结论。

为了调和各种各样的结论，两位研究人员尽量收集了过去20年里所有关于组织行为矫正对任务绩效的影响的实证研究，做了一个综述。剔除了那些包含不恰当信息或者没有定量数据的研究，以及那些没有满足行为矫正条件的研究，研究者最后筛选出19篇研究报告，包含2818名个体的数据。借助于一种被称为元分析的聚合技术，研究者能够定量地整合所有的研究，并最终得出结论，在实施组织行为矫正干预以后，个人的平均任务绩效从第50个百分位数提高到第67个百分位数。

这两位研究者做的关于组织行为矫正与任务绩效的关系的综述向我们展示了元分析的作用。元分析是一种量化的文献综述方法，它使研究人员可以考察一系列单项研究结论的效度，然后应用一种公式来判断它们是否能产生一致的结果。如果结果确实具有一致性的话，那么研究人员可以更有信心地推断出研究结论的效度是可推广的。元分析法是一种克服定性综述可能导致的不精确解读的有效手段，而且可以综合定量研究变异。此外，这种方法有助于研究人员识别出可能存在于自变量和因变量之间的调节变量。

在过去的25年中，这种研究方法的受欢迎程度显著提高。为什么？因为它似乎提供了一种更为客观的方法来进行传统的文献综述。虽然元分析法要求研究者自己做出大量的判断，这给研究过程引入了大量的主观因素，但毫无疑问，元分析法现在已成为组织行为学文献中广泛应用的一种方法。

第五节　学术热点问题的研究与讨论

一、积极组织行为学的当代研究方法

（1）交叉学科方法。积极组织行为学是跨学科的，它综合了社会学以及有助于研究组织行为学的其他相关学科，它从各学科吸取改善人和组织关系的思想，是关于人有怎样的行为，以及为什么会产生这样的行为的系统知识的整体。正式组织的观点是把组织看成"没有人的组织"，而行为科学家则把人看成"没有组织的人"。然而，组织必须有人，为实现目标而工作的人必须有组织，所以，最理想的办法是把二者结合起来。

（2）人力资源方法。人力资源方法处于发展之中，这一方法注重朝着更加完善、富于创造性和自我实现的方向成长和发展，因为人是所有组织和社会的各种资源的核心。人力资源方法旨在帮助雇员学会自我控制，富于责任感，使雇员充分贡献自己的才智。这种方法认定增强人的能力和为人提供机会可以直接导致高效能的工作。当雇员的才智得到充分运用时，也就会直接获得对工作的满意。本质上，人力资源方法意味着好的雇员会获得好的结果。这近似于Y理论。正是：送人一鱼，救其一日，教其捕鱼，获益终生。人力资源方法也称助动型方法，运用这种方法，管理人员已从控制雇员转而为帮助他们成长和工作。助动型的经理可与农夫相比，农夫无法告诉庄稼如何生长，但他能够提供庄稼生长的环境。同样助动型的经理也应为雇员创造一种气氛，以便雇员成长并积极工作。

（3）权变方法。随着管理理论的发展，越来越被接受的观点是很少有适用于各类组织的普遍原则，这与传统的管理观点大不一样。最佳的方法不存在了，必须仔细地分析各种情况，以便确定不同的方法，结果就出现了组织行为学的权变方法。这一方法指的是，为了提高效能，不同的环境需要不同的组织行为。权变方法的优点是，它鼓励行动之前要分析情况，同时反对依据关于人的普遍性假设所采取的习惯性做法。权变的方法比传统方法更跨越学科，更富于系统性与探索性。它有助于用更恰当的方法来利用所有的最新知识。这种方法也称因势制宜的方法。

（4）系统方法。就是把每个影响事物变化的因素都置于整个大系统中去研究分析，还要把有关方面的知识从过去到现在加以系统化、条理化，即从纵、横两个维度进行研究的方法。

二、积极组织行为学中是否有绝对真理

几乎没有简单的、万能的原理能解释组织行为。在自然科学中有定律——化学、天文学、物理学等，这些定律是稳定的，适用的范围很广。它们使科学家能够归纳出地球引力，或充满信心地把宇航员送到太空中去修理卫星。然而，正如一位杰出的行为学家的精辟的总结："上帝把所有容易的问题都给了物理学家。"人是很复杂的，他们各不相同，这就使我们很难总结出简单、准确而实用的定律。同样情景中两个人的表现常常大不一样；同一个人在不同的情景下行为也会有所变化。当然，这并不意味着我们无法对人类行为提出合理而准确的解释或做出有效的预测；相反，其意义在于组织行为学概念和理论必须反映情境或权变条件。我们可以说X

导致 Y，但只在 Z（权变变量）所限定的条件下。积极组织行为学是通过把一般的概念和理论加以调整后再应用到特定的情境中而发展起来的。通过学习积极组织行为学，你会遇到大量的关于人的行为的理论研究。但不要期望发现许多直接的因果关系。这样的理论并不多。积极组织行为学反映了它所研究的客观事物本身的特性。人是错综复杂的，所以，解释人的活动的理论也应该是复杂的。

三、改善道德决策

当今在决策的讨论中不包括道德问题就不能算完整的讨论。因为在组织决策中对道德的考虑应该是一项重要指标。在进行道德选择时，个体可以使用三种不同的道德标准：第一种道德标准注重的是功利主义，即决策完全是根据结果而进行的。功利主义的目标是最大限度地提供最佳效益。这是企业决策的主流，它与绩效、生产率、高利润等目标相一致。第二种道德标准注重的是人权，它要求决策者的行为要符合有关法律中对基本的自由和权利的规定。在决策中对人权的重视意味着尊重和保护个体的基础权利。第三种道德标准注重的是公正，它要求个体公正无偏地执行规则，平等分配企业的效益和损失。根据这一标准，应付给从事同一具体工作的人同样的工资。

三种标准各有其优缺点，对功利主义的强调提高了效率和生产率，但它的问题是忽视了一些个体的人权，尤其是那些在企业中占少数的人的权利。以人权作为标准保护了个体不受伤害，并符合人身自由和隐私权，但它所创设的过度受法律约束的工作环境妨碍了生产率和效率。对公正的关注保护了未被充分代表的员工和无权者的利益，但它鼓励了一种降低冒险、革新和生产率的应得权利观念。决策者，尤其是在组织中以效益为目标的决策者，对功利主义标准感到合适。当以组织和董事会的最大利益作为标准时，可以对很多有争议的活动做出裁决。随着整个社会在人权和社会公正方面越来越多的关注，企业决策者的这种观点需要变革，管理者也需要提高非功利方面的道德标准。当今的管理者面对着强大的挑战，在使用人权和社会公正等标准进行决策时，远不如运用功利主义标准（如效率和效益方面的影响）那么明确。这一点可以解释为什么越来越多的管理者的决策受到批评和指责。许多行为是符合功利主义标准的，如提高价格、出售不利于顾客健康的产品、关闭工厂、大量裁员等，但这受到其他标准的挑战。一项好的决策不能仅使用一种标准就做出判断。组织中为什么会有不道德行为？是不道德个体还是工作环境助长了不道德的活动？答案是二者均有！事实表明，个体的活动是否道德在很大程度上受到个体的个性特点以及他所工作的环境两方面的影响。一个人道德发展水平越高，则越少受到外界环境的影响，在决策时，也更倾向于采取道德方式的行为。组织环境指的是员工对组织期望的知觉。组织通过奖励来鼓励和支持道德行为并通过惩罚来阻止不道德行为。组织环境可以培养个体较高的道德决策水平，如对道德的书面界定、高层管理者的高尚道德行为、符合实际的绩效期望、在绩效评估中不但评估结果而且评估手段、对高尚的道德行为的个体给予明确的认可和奖励、对不道德行为者给予明显的惩罚等。

总之，一个缺乏高尚道德观念的人，如果处在抵制不道德行为的组织环境中，会较少做出不道德的决策；相反，一个非常有正义感的人在允许或鼓励不道德活动的组织中，也会受到侵蚀。

四、智商理论的新思考

（1）高智商是成功的必要条件，人们通常将智力理解为一个人聪明的程度，并用智商（IQ）来表示智力水平的高低。显然，一个人不聪明，缺乏智慧，智商太低，无论做什么事情，都将难以成功，这是不言而喻的。一个人要想获得成功，必须有高智商，这是成功的一个必要条件。但是智力水平高的人，智商测定结果未必一定就高。一般来说，智商高确实能反映一个人的智力水平状况和发展趋势。但是，智商并不能反映人们智力水平的绝对数量。实际上，一个人的智力水平是客观存在的，而智商测试是人为的、主观设计的，当用主观的手段去反映客观事物时，难免会出现某种偏差，即实际智力水平很高的人，其智商测试结果未必一定高。所以，智商的高低，只能作为一个衡量人们智力水平的重要参考依据，而不能作为决定性依据。

（2）智商理论的新思考。一个十几岁的男孩，从学校带回一个给父母沉重打击的坏消息：由于他从小反应迟钝，在学校调皮捣蛋，学习成绩太差，智力太低，学校把他开除了。开除命令上写着："把你留在班上，将是全班的不幸，而且还会影响其他学生。"这个男孩就是11年后提出震动全世界的相对论的阿尔伯特·爱因斯坦。爱因斯坦是公认的天才。但是，他的早期智力发育问题和他后来为人类所做出的巨大特殊贡献，使我们对传统的关于天才、智力或智商的看法产生了质疑。按照智力测验的标准，爱因斯坦早期智力具有某种缺陷，可他的特殊才能又远远超越了大部分智商的定义。看起来智力是逐步成熟的，这同一般认为智力是天生的、固定不变的概念是相矛盾的。传统的智力、智商的常规意义所忽视的方面，现在已经在一股新的研究浪潮中越来越引起研究者密切的注意。这些方面包括：个人性格、情感、创造能力、知识资本与才能等。新的研究认为，"智商"只能测出学生在学校中的学习成绩的35%—45%，一半以上的学生成绩是不能用"智商"一个指标来解释的。而且，学校中学习成绩的好坏也不能成为衡量学生今后在工作中能否取得成功的依据。传统智力、智商理论由于主要集中在智商测验上，学校往往排斥那些在智力的另一方面很有前途的学生。正如保罗·托伦斯指出的："如果仅仅依据智力测验来选拔有才能的孩子的话，我们几乎埋没了70%的非常有创造力的人才。"智力方面的成功的秘诀，在于意识到没有任何一个人的才能或能力是十全十美的。如果没有坚持不懈的努力，高智商就会丧失。

（3）高智商往往并不是获得成功的决定性条件。一个人若没有高智商，不聪明，便很难获得成功，这是不言而喻的、显而易见的。但是有了高智商的人，却未必一定成功。古今中外，无数事实表明，高智商并不一定是成功的决定性因素。家喻户晓的诸葛亮和周瑜都有高智商，周瑜聪明过人，智商水平不在诸葛亮之下，但周瑜最终却没有获得成功。美国心理学家奥列弗·温得尔·荷尔姆斯对美国历史上诸位总统进行了研究，具有二流智力的富兰克林·罗斯福获得了巨大成功，被公认为是美国历史上一个卓越的领导人；而具有一流智力的尼克松，却最终黯然下台。美国"领导者中心研究所"在对美国和欧洲的大企业总裁调查以后，列出的管理者的"九大致命缺点"中，大都不是智力方面的问题。美国《福布斯》杂志1998年公布的全球200名富豪中，名列前两位的是美国微软公司董事长比尔·盖茨和美国著名投资家伯克夏·哈萨威公司总裁沃伦·巴菲特。在与华盛顿大学商学院的学生对话时，当学生问道："你们是如何走到现在这一步，成为比上帝还富有的人的？"巴菲特十分轻松地回答："我怎样走到这一步，说起来很简单。我们成功并非源于高智商，我相信你们听到这一点一定很高兴。我认为，最重要的是理性。我总是把智慧和才能看作发动机的马力，但是输出功率，也就是发动机的工作效率，则取决于理性。那么，为什么一些聪明（高智商）的人在做事情的时候却不能获得他们应得到的结果呢？这涉及一个人的性格、气质和习惯等方面的因素，涉及行为是否合理，是不是自己在妨碍自己。就如我说过的，这里每一个人都完全有能力做我所做的任何事情，甚至做比我做的多得多的事情。因此，我给你们提一个小小的建议：选择一个你最钦佩的人，把你钦佩他的原因写下来，不要把你的名字写在里面；然后，再写一个你最讨厌的人的名字，写下那个人身上使你拒之千里之外的那些品质。我建议你们观察一下，你们所钦佩的人的行为，并使这种行为成为你们自己的习惯；你们也要观察一下你们讨厌的人身上应受到斥责的东西，并下决心不犯同样的毛病。如果做到了这一点，你们将会发现，你们已经能够开足自己所有的马力了。"美国成功心理学家希尔博士曾经说过："播下一个行为，就会收获一个习惯；播下一个习惯，就会收获一种性格；播下一种性格，就会收获一种命运。"行为、习惯、性格是成功的金钥匙，而不良的行为习惯和性格，则是通向失败的敞开的大门。

五、期权、期股与企业激励机制创新

在现代企业里，伴随着所有权与经营权的分离，所有者与经营者分化为具有不同目标函数的利益集团，这为追求自身效用最大化的经营者采取"道德风险"行为提供了最基本的经济刺激，经营者这一自利行为偏离并损害了所有者的利益。在所有权极其分散，进而在所谓"所有权空壳化"的"内部人控制"的企业里，这一偏离显得尤为突出。在现代厂商理论中，经营者利益对所有者利益的偏离（或侵蚀）构成代理成本，它的存在可看作所有权与经营权分离必须付出的代价。如何矫正经营者行为，激励经营者最大限度地为所有者努力工作，是降低代理成本的关键。逻辑上一个可能的办法是，将经营者利益尽可能地整合到所有者利益中去，并在两者之间建立敏感的正相关关系。在这个意义上，授予经营者一定数量的期权或期股可以为经营者利益与所有者利益的融合提供一条途径。事实上，这种以股权为基础的激励工具的确为企业激励创新开辟了新路。具体地说：首先，与其他激励工具相比（如固定薪金、奖金和职位的提升），期权与期股使经营者利益与所有者利益具有更加直接的联系，它们一定程度上的融合改善了所有者与经营者的利益矛盾关系。

其次，在所有者看来，激励、监督经营者的最大困难来自两者信息的不对称，所有者不能捕捉到所有信息，由此也根本不能设计出一个完美合约以约束经营者的行为。然而，授予经营者期权、期股则部分地解决了这个难题。因为按照有效市场理论的一般假设，股票价格反映了市场和企业的所有信息，观察股票价格水平和变化轨迹就可以大致了解企业的经营状况和发展趋势。因此，所有者将期权与期股授予经营者，可以减少收集信息的种种困难，降低代理成本，通过观察股价就可以获得所需的相关信息。

再次，传统的激励机制更侧重于考虑从外部给经营者压力，这些压力既来自企业内部董事会、监事会的监督，也来自产品市场的激烈竞争。然而，随着经营者逐渐建立起相应的适应性对策，如在企业内部成功构筑起关系网，在产品市场上确立起暂时的优势等，这些压力会逐渐减轻以至消失。但是，对于持有大量期权、期股的经营者而言，他在很大程度上已开始为自己工作，只需股份的升跌而无须其他外在的干预就会促使其自觉地调整自己的工作努力程度。就激励创新的内容而言，期权、期股将经营者外在的压力转化为内在的动力，从而给经营者一个较为稳定的、有效的激励刺激。

最后，长期以来，人们设计激励措施无不以矫正经营者行为、减少其对所有者利益的侵蚀为出发点，而对企业家的价值创造和价值体现重视不够。然而，企业家的才能已成为除资本、技术以外的最重要的竞争要素，特别是，按照熊彼特的创新理论，企业家的创新才能才是赢得竞争的关键所在。在这一点上，期权、期股具有与其他激励机制所不同的性质，具体说来，股价会对企业的所有价值，包括无形资产特别是企业家才能做出综合评价，在相同条件下，市场会对经营者的才能较高的企业做出较高的估价，其差异即体现企业家的价值创造。另外，所有

者（股东）对才能较高的经营者有较高的信任度，即便是一项远期的项目策划，只要所有者对经营者有足够的信心，股价也会对此立刻予以反映。上述这一切都可综合地在经营者持有的期权、期股上得到具体体现，使企业家价值体现与所有者利益获得一个共同的支点。

六、学会"听"话

在人与人的交流中，"说"与"听"是同一个过程，但你不认真"听"，会使交流效果大打折扣。也许你所用的字眼是中性而不具判断性的，可是你使用的语气、声调、身体语言和其他矫饰姿态，却传送出了负面信息。因此，你倾听时的态度就直接影响着你们的互动关系。"听"是一种沟通技巧，是可以练习、掌握并不断完善的，如果你能将以下十点记在心里，相信你能在交往中获益。

（1）用心听、认真听。听时，你要精神集中地用眼睛正视对方。切忌眼神游走与精神松懈，这都会影响说话者的情绪和思路；在听人说话时，你要呼应对方，比如用"嗯""啊""是"来让对方知道你很专心地在听。有时点头、微笑一下都能表示你在认真地听。

（2）练习以中立心态去听。你要对自己听的心态有个调整，即对于说话者的每一项陈述都要以下述心态去听：

①坚持不制止、不控制；

②坚持不建议、不更正；

③坚持不赞美、不批评；

④我只听我所需要的；

⑤表示同意，使说话者有"吾道不孤"的感觉，但永不反客为主；

⑥要表示支持，但不要怜悯，不要让说话者有自怜的感觉，如果你用非中立的心态去听，往往会说："你为何这么做""这份报告你迟交两天了""你还没考完试吗"等；但有中立心态的人的做法是："我看到你把标度盘转到××度了""我注意到你把报告放在我的桌子上了""我看到了你的日历，知道本周有考试"，这些客观的想法和说法没有任何的判断性，不会误导他人的言行和思路。

（3）听的重点是在交流中可以使用说话者的部分词汇并重复它。说话者："然后机器停了，每个人都搞糊涂了。"听者："搞糊涂了？"这样的好处在于听者暗示说话者："为什么大家搞糊涂了？这是我最关心的。"

（4）需要查证的要用摘要性提问。找个说话空当，把对方刚说过的内容简要地说一遍，目的是向说话者核实并问说话者："这样的内容是你真正的意思吗？""我这样理解对吗？"

（5）理清说话者的主题。通过重复你个人的理解方式来协助说话者弄清下述内容：①问题与症结；②提问与结论；③重要的少数与琐碎的多数；④可补救的改进与无能为力的事。

（6）找出深层次话题。找出说话者所描述的这一议题与他的其他人生经历有何共通之处。"你有过类似的情况吗？""你跟这个人有其他过节吗？"通过这些，了解说话者的人生经历。

（7）提醒明显的疏漏之处。交谈一会儿以后，你或许会发现他的谈话有明显的疏漏。但这些问题又是你非常想知道的，你可以说："真有意思，但你至今还未谈到你的老板。"这样就可以引发他回答问题，哪怕只是解释为何不提，也足见他对其老板的态度。又如："我注意到一提到那次会议，你就很快转变话题。"就使他不答不行了。

（8）提醒中断之处。说话者遗忘话题，需要你提醒一下，维持谈话的完整性。

（9）注意情感的呼应。有时候不妨问问说话者对于该事的感受，这可能很有用。它可使你与说话者有情感呼应。如你听到他讲不称心的事时说："我打赌这事让你极为失望"或"你谈到它时都动怒了"。他会在情感上有所呼应，哪怕只报以一个无奈的苦笑。

（10）你想结束讲话时的提问。这通常是结束谈话的技巧。"下一步你打算怎么办？""你将做什么决定？""你下一步的计划是什么？"

七、古人领导艺术的故事

1. 宽容待人，不拘小节

楚庄王有一次大宴群臣，令其爱妾许姬敬酒，恰遇风吹烛灭，黑暗中有人拉了许姬飘舞起来的衣袖，许姬顺手摘下那人的帽缨，并要楚庄王掌灯追查。楚庄王说："酒后狂态人之常情，不足为怪。"并请群臣都摘下帽缨后再掌灯。不久，吴国侵犯楚国，有个叫唐狡的将军屡建战功后，对楚庄王说："臣乃先殿上绝缨者也。"宽容，这是领导者的一种美德和修养。"宰相肚里能撑船"这句俗语就形象地说明领导者要有宽广的胸怀和气量。倘若楚庄王没有宽广的胸怀和气量，就不可能有卫国戍边中战功显赫的唐狡。领导宽容待人，就是在组织内部创造友好和谐的气氛、民主平等的环境，这既是工作顺利开展的重要保证，也有助于解除下属的后顾之忧并最大限度地发挥他们的聪明才智。

2. 技能是小，用人为大

刘邦在打败项羽的庆功宴上向群臣说道："夫运筹帷幄之中，决胜千里之外，吾不如子房；镇国家，抚百姓，给饷馈，不绝粮道，吾不如萧何；连百万之众，战必胜，攻必取，吾不如韩信。三者皆人杰，吾能用之，此吾所以取天下者也。"

毛泽东同志曾指出："领导者的责任，归纳起来，主要是出主意、用干部两件事。"这"用干部"就是"用人"之意。一个领导者各方面的才能并不一定都要高于下属，但在用人方面的才能却要出类拔萃。知人善任，做到活用人、巧用人、用活人、用好每个人，这是领导者成功的一个关键因素。

3. 感情投资，事半功倍

《三国演义》第四十二回长坂坡一战，刘备被曹操打得丢盔卸甲、仓皇逃命，连爱子阿斗也陷落敌阵。当赵子龙冒死救出阿斗来到刘备面前，把阿斗交还给他时，刘备却将其丢一旁："为汝这孺子，几损我一员大将！"也许刘备爱子不如爱将，也许刘备"口是心非"耍诈术，但不管怎样，我们的着眼点应该放在刘备这一行为所产生的后果上——使赵子龙感到在刘备的心目中，他的位置比阿斗更重要，从而激发了赵子龙为刘备打天下的热情。刘备不但善于抓住任何一个机会"感情投资"，而且方法独到，确实值得每个领导者借鉴。

4. 令行禁止，以身作则

《三国演义》第十七回记载了曹操"割发代首"的故事。曹操出兵攻打张绣时，恰逢麦熟季节，沿途百姓因兵至而纷纷逃避，不敢割麦。曹操知晓后便严申军法："大小将校，凡过麦田，若有践踏者，皆斩首。"不想曹操乘马正行，忽然麦田中惊起一鸠，那马眼生，窜入麦田中，践踏坏了一大块麦田。曹操即叫来军主簿，拟议自己践麦之罪。主簿问："丞相岂可议罪？"曹操答："吾自制法，吾自犯之，何以服人？"于是拔剑就要自刎，众人急忙拦住并以"法不加于尊"的《春秋》古训来说服曹操。曹操沉吟良久，终于"割发代首"。尽管后人说这是曹操故作姿态，但我们不得不承认这一"示范行为"所产生的效果：从此曹操成为令行禁止、威震千军的人物。

5. 容人之短，用人之长

美国南北战争前期，林肯总统一直任用那些没有缺点的人任北军的统帅。可事与愿违，他所选拔的这些统帅在拥有人力物力优势的情况下，一个个接连被南军将领打败，有一次几乎还丢了首都华盛顿。林肯很受震动，经过分析，他发现南军将领都是有明显缺点同时又具有个人特长的人，南军总司令善用其长，所以能连连取胜。于是林肯毅然任命格兰特将军为总司令。当时有人告诉他，此人嗜酒贪杯，难当大任。林肯何尝不知道酗酒可能误事，但他更清楚在诸将领中，唯格兰特将军是决胜千里的帅才。后来的事实证明格兰特将军的受命正是南北战争的转折点。人的成长受多种因素的影响和制约，因此一个人诸方面发展是不平衡的，必然有所长和有所短。一个人如果没有缺点，那么他也就没有什么优点。现实的情况是：缺点越突出的人，其优点也越突出，有高峰必有低谷。一个领导者在用人时倘若能有"容人之短"的度量和"用人之长"的胆识，就会找到帮助自己获取成功的满意之人。

6. 闻"合"要慎，闻"争"则喜

20世纪初，流传着美国通用汽车公司总经理斯隆的一则故事。他在一次高层决策会议结束时说："诸位先生，在我看来，我们对这次决策都有了完全一致的看法。"与会者频频点头表示同意。斯隆接着说："现在我宣布休会，此一问题延到下次会议时再议论。我希望下次会议能听到相反的意见，这也许才能使我们做出全面而正确的决策。"当时该公司之所以成为世界汽车业之魁首，与他们重视相反意见不无关系。优秀的领导者在做出任何重大决策之前，绝不武断拍板，总是希望听到相反的意见，其中的原因主要有四点：首先，相反意见的提出就等于有了更多的可供选择的方案。倘若只有一种方案，别无其他选择，"一锤子买卖"，则具有很大的风险性。其次，能进一步优化决策方案。不同意见之间互攻它短，各扬已长，就使各自的利弊得以充分显现，以便于取长补短，防止"一失足成千古恨"。再次，不同意见争论的过程就是一个统一认识的过程。一旦决策，就能齐心协力地实施，既减少了阻力，又有利于发挥大家的主动性和创造性。最后，"智者千虑，终有一失"，在实施过程中一旦发现决策有误时，原来的相反意见往往就是一个现成的补救方案，不致临渴掘井。卓有成效的决策，往往不是从"众口一词"中得来，而是从互相冲突、七嘴八舌的意见中筛选产生的。胸怀宽阔，谦虚待人，闻"争"则喜，善于从相反意见中吸取有益的营养，这些是每个领导者应具备的素养。

八、组织变革的最新发展——行动实验室

所谓行动实验室，就是通过短期的、紧张的团体奋斗来压缩时空，促使公司把那些已谈论多年、但一直未能实施的改革方案付诸实践。在庞大的组织结构外另辟一块不受其影响的试验田，按照全新的规则，构想全新的战略，并迅速加以推广实施。随着业务的增长和规模的扩张，企业就会逐渐积淀起深厚的企业文化和行为规则；在这种和风煦日的氛围中，所有事情都按部就班，新的规则遵照既定程序自上而下缓慢推行，经验和惯例就像一个沉重的包袱压在员工们的心中，大家都不敢越雷池半步，所有结果均取自中庸之道，企业不知不觉中失落了原有的锐气和灵性。怎么办？大公司的老总们都在苦思良策。

1. 壳牌的行动实验室

荷兰皇家壳牌公司惯常的管理变革方式是：首先进行精心的分析和策划，然后尽力取得一致意见并贯彻实施。这种方式无法使组织结构在各个环节上都向预定的方向转变，结果到20世纪90年代中期，像许多其他大公司一样，壳牌公司总有未能全展其勃勃雄心的感觉。

例如，壳牌在马来西亚的分公司有 6000 人，年销售收入 60 亿美元。马来西亚的国家石油公司（Petronas）的下游产品部分刚刚私有化，使得竞争加剧，分公司在马来西亚汽油市场上的份额日渐下降，正陷入有史以来的首次危机。总经理克里斯·奈特（Chris Knight）希望能找到良策，为下游产品市场和分销业务开拓新的领域，以扭转不利局面。刚开始他们采取了降低成本的措施，这虽然增加了收益，但却并没有提高加油站的吸引力，壳牌加油站的造型吓跑了日益挑剔、日渐富有的消费者；另外，要想为新设的加油站争取到最佳地段也越来越困难。壳牌与国家石油公司的微妙关系也使事情复杂化，一方面，壳牌与国家石油公司竞争下游产品业务；另一方面，作为国有石油公司，国家石油公司拥有全国矿产资源的所有权，壳牌不得不与它合作，协商开采和加工上游资源的合同份额。从这一点可以看出，壳牌在马来西亚的业务实际上是在国家石油公司的掌握之中，难题不仅是要找到一个办法，而且要找到一个恰到好处的处理他们之间这种既竞争又合作的关系的办法。奈特先生希望壳牌的服务形象和战略目标都有所改变，而且要尽快改变，不能再像过去那样，需等上两年或两年半的时光。为此他采取了较为激进的措施，为这项任务创立一系列行动实验室。壳牌马来西亚分公司创立的第一个实验室负责通过把服务对象由消费者调整为壳牌的 1000 家加油站和 12 000 位商业客户，来对市场份额的侵蚀过程进行逆向分析。第二个实验室的任务是分析壳牌是否有可能通过与国家石油公司统筹规划加油站而成为一个服务范围更广泛的后勤伙伴。奈特先生只给了研究者 60 天的时间来完成这两项实验行动，而不是用两年时间来进行分析和计划。为了使独到的创意免受日常业务流程的干扰，奈特先生为实验大开绿灯，独辟温室。实验室成员职能交叉，来自能代表股东组织落实行动的各个层级。成员们由非正式领导人领导，并配有专人帮助他们明确实验规章，以突破那些以前妨碍变革的成规陋习，如假设、条件等。另外还邀请了像经销商或国家石油公司的官员一类的局外人员一起参与，奈特先生和另外两名管理人员则充当保护人，以保护实验程序，并对其加以测评。通常，他们发现自己也不由自主地参与到实验中，帮助参与者分析组织结构中的潜伏障碍。现在到了最困难的时候，这时需要给成员们一沓白纸，并让他们确信失败了也无关紧要，从而为他们创造一个全新的氛围，以减轻心理压力。刚开始，参与者无一例外都对此半信半疑，他们通常都会问："确实没有关系吗？"或者是"潜在的议程是什么？"当实验团队向保护人和其他局外人寻求对策时，他们有代表性地遇到了所有那些互相矛盾的观点，正是这些观点使问题多年得不到解决。这时压力加大。最后实验成员终于认识到谁都没有现成答案，经理们确实是在寻求帮助！他们必须自己想出一个解决之道。参与者经常需要有人指点突破这层感情障碍，才能自信地坚持推行最初那些大胆的设想。

所有这些表明了一个看似矛盾，其实正确的道理：如果一项行动实验没有遭遇挫折和失败，则说明它对原有流程的改变力度不够。由于人们倾向于把困难往后拖，所以大多数实验都是在最后几周的高压之下才真正启动，到那时，实验组通过挖掘事情的本质、强化内聚力和处理意外挫折，已经积蓄了力量。平时的报告中交织着艰辛和真知灼见，但只有在团队形成了创新的观点时实验行动才取得突破。一般，实验组成员进入行动越迅速，则达成观点也越快。保护人将实验室视为"安全港"，但对参与者而言这个安全港并不是一个舒服的所在，他们经常有走钢丝绳的感觉，因为实验结果可能不够气魄，也可能过于胆大妄为，不管偏向何方，他们的职业前途均命悬于此，十之有九的行动实验都偏于急进方案。

再如壳牌巴西分公司的航空实验室，主要是向喷气式飞机出售石油制品。在巴西，喷气机用油一直按约定俗成的固定比例配售给大的航空公司和私人飞机。由于私人飞机的飞行员总是处在食物链的末端，石油公司只有在满足大航空公司的胃口以后，才会想起他们，结果使这些飞行员的日程安排长期得不到保障，他们不得不忍受 VIP 客户们的抱怨。实验邀请这些飞行员参与一些在线研究，结果不仅找到了加价供油服务的办法，而且也为 VIP 客户们增加了服务机会。来自实验室外的保护人和其他股东最初对这项提议并不十分热心，因为市场分析表明，这项提议不过是为少数几个飞行员着想，只能带来区区几百万美元的收入，看不出有什么让人兴奋的地方。但实验组成员坚持这样做，因为他们确信这样做可为其他细分市场树立榜样，也可为整个组织树立榜样。最后，他们打定主意与一家机场合作来实施这项战略，并邀请资深经理一起参与。与圣保罗机场达成合作协议后，实验组全力以赴，群情激昂地花了一个礼拜订出一份服务菜单，通知供油组，为私人飞行员建立一套特制的 VIP 设施，并完善商业服务和供给。他们还邀请资深经理们早上 5：30 到机场视察实验过程，在那天，壳牌以附加价售出了平时两倍的石油制品，排队时间由数小时缩减到数分钟，飞机加油后还被清理干净，重新规整好。驾驶员尝到 VIP 服务的甜头后，他们希望得到更多类似的服务就不足为怪了，这促使壳牌公司将这种服务推广到全国各地。现在私人飞机石油市场带来的净收益是两年前的 10 倍多，运输队也以其创新和快捷而闻名遐迩。壳牌公司借机将其专用油料推广到摩托车手和商业客户。通过这次共同的经历，实验参与者和资深经理都得出一条重要经验：商战上的成功既取决于卓越的创意，同样也取决于团队的责任感。当他们犹豫是否要按计划推行新战略时，每个人都对完成实验负全部责任。一位参与者曾说："并没有命令或事先计划好的东西可以遵循，我们是在自己创造计划，而这并不是壳牌采取战略行动的惯常办法。"

2. 康明斯的发动机实验

无独有偶，世界上最大的柴油发动机制造商康明斯公司也曾有过一次在新战略中我行我素的经历。1997 年年中，公司的领先地位旁落，公司领导者正想通过"顾客终生价值"战略来寻求新的竞争优势。所谓"顾客终生价值"就是强调拥有一台高品质的康明斯发动机，其寿命周期内的全部费用又比竞争对手便宜。

为此，康明斯不仅需要把价格降低20%，而且还要在整个公司 20 000 名员工中，包括设计、制造、经销各环节推行终生服务的概念。按照公司原有的经验，要保证发动机的高品质，所有零部件制造都需在公司内部完成，这是公司至高无上的教条。实验组的每个成员，包括协调员、制造监管员和厂长们都需对这一教条提出挑战，他们仅用了几个礼拜的时间，就通过将所有加工厂移交给供应商，与供应商形成了联盟，康明斯则集中精力做关键部件的"集中装配"，并负责监督控制整个流程的质量。这是一个极富创意的办法，既能避免裁员，又能实现灵活制造。早期结果表明，这项新战略为公司开创了全新的市场潜力和通往盟主的道路，同时还使公司重新取得成本和生产能力方面的竞争优势。

本章本节重点介绍了一些具有时效性的、实践意义的热点问题，为积极组织行为学的发展提供了必要的实践依据。在此后的研究中，我们会加入更多的案例分析，与实践相结合的积极组织行为学的研究才能有更好的说服力。

第四章　与积极组织行为学相关的重要概念

第一节　积极组织行为学概论

一、积极组织行为学的研究背景

对积极组织行为学的研究发展有着重大影响的两个方面是：第一，积极心理学运动的开展；第二，组织行为学领域的研究。

（一）积极心理学运动

心理学领域的发展围绕着三个研究方向：（1）为普通人的幸福谋福利；（2）诊断和治疗心理疾病；（3）发现和挖掘人的心理潜能以及培养天才（Seligman，ME and Csikszentmihalyi，M，2000）。这说明了心理学的研究不仅包括消极取向的部分，也包括积极取向的方面。然而，第二次世界大战以后，随着各方面问题的出现，心理学的发展背离了其本来的目的，将着眼点聚焦于一些心理健康问题的诊疗，比如，临床心理学主要是预防及舒缓心理上的困扰和心理疾病的；社会心理学关注社会惰化、种族主义和侵犯及顺从行为等；认知心理学关注人们做结论时候的偏见和误差等。心理学这一逐渐消极化的发展趋势给人们带来了不安和反思。以原美国心理学会主席塞利格曼为首的一小群心理学家开始意识到开创一种积极的、用于发掘人类优点的研究取向的必要性和重要性。因此，他们于1998年发起了积极心理学运动，其目的就是想把心理学研究中的至少一部分侧重点从生活中最糟糕的事物转移到生活中的一些最美好的事物上来，并采用科学方法去发掘和促进那些让个人、群体、组织和社区进步的因素。

究竟什么是积极心理学？美国当代著名的心理学家塞利格曼、谢尔顿（Kennon M. Sheldon）和劳拉·金（Laura King）的定义道出了积极心理学的本质特点："积极心理学是致力于研究普通人的活力与美德的科学。"积极心理学主张研究人类积极的品质，充分挖掘人固有的潜在的具有建设性的力量，促进个人和社会的发展，使人类走向幸福，其矛头直指过去传统的"消极心理学"（Sheldon，KM and King，L，2001）。它是利用心理学已有的实验方法和手段，来研究积极的情绪体验、积极的人格特质、积极的心理过程等诸多积极方面的心理学思潮（李金珍、王文忠、施建农，2003）。

综上所述，积极心理学是研究人的发展潜力以及发掘人及生活中的美德的心理学思潮。积极心理学对很多学科产生了深远的影响，比如社会科学、经济学、管理学等，它的发展给那些传统学科提供了新的研究视角。

（二）传统组织行为研究的影响

霍桑实验改变了以前科学管理对于人是"经济人"的假设，从此管理理论开始注重对人的特性研究，以及考虑员工的积极特性与绩效之间有什么样的关系，这些推动了组织行为研究的发展。尽管这是个良好的开端，然而传统组织行为学领域的研究仍然局限于研究和改善组织中一切"不足"的方面，而忽视利用和培养组织中"有利"的方面。那时候的研究大多集中在如何改善管理者、员工的消极负面的情绪以及工作效率低下等问题上，比如，如何应对工作倦怠，如何疏导不良的情绪，如何激励懒惰的员工等。这种局面出现的原因有：

第一，对人性的负面假设。"经济人"的假设认为，个体工作是为了物质报酬和私利，而不是他们自身对工作的热爱。美国心理学家道戈拉斯·麦格雷戈（Douglas McGregor）以"经济人"的理论假设为基础，提出了著名的"X"理论，这个理论认为，人生性以自我为中心，漠视组织的要求；人生性宁愿接受领导的支配，不愿主动承担责任；人生性缺乏进取心，反对变革，把安全看得高于一切；人生性易受欺骗、易受煽动。管理人员需要对组织成员采取强迫性的控制和指挥，并以金钱奖励或以惩罚相威胁等方法，使他们为实现组织目标而努力。同时他又指出在管理实践中，对组织成员采取强迫威胁和严密监督（通常是隐蔽的）、严格管理或采取随和态度以顺应成员要求进行温和管理，都难以奏效。

第二，费用效应分析理论的影响。在一些学者看来，传统的组织行为研究过于强调成本和收益的权衡，这种受"费用效应分析"理论影响的价值取向被称为"忠于管理的观点"（Wight，2003）。这种收益成本权衡使传统组织行为学在应用研究中过分关注组织研究中的消极方面，即过度聚焦于员工的消极、倦怠以及不利于组织的行为所造成的成本代价（侯奕斌、凌文辁，2006）。

第三，负面事件的优先效应原理。同类的事件往负面不利情况发展相比于往正面有利情况发展对人的影响更大。这一原理对组织行为的研究造成的影响就是，如果管理者或者研究者忽视组织中积极有利的因素，可能只是产生后悔或者失望这种结果；如果忽视组织中消极不利的因素，可能会威胁到组织的生存和发展。因此这也是组织行为的研究者更倾向于关注组织中的消极不利的一面的原因。

受到积极心理学等思潮的影响，一些组织研究的学者开始反思，是否可以将积极的观念引入传统的组织研究领域。于是，以美国密歇根大学商学院为首的积极组织学术研究小组开展了积极组织学术研究（positive qrganizational scholarship，POS），希望能够用崭新的视角去分析组织现象，它主张发展个体优势，以组织及成员的积极变量为主要的研究内容，积极探讨激发组织活力的方式。

近些年，许多研究者发现以人为本，以员工的幸福为出发点，通过积极培育员工的优秀品质，发现和挖掘员工的潜能来提高组织的绩效是非常有效的一个途径（潘孝富，2008）。POS主要表现为三个特征：积极性（positive）、组织性（organizational）、学术性（scholarship）。（1）积极性指组织内的积极因素。比如良好的组织结构，能促进个体、团队、组织往积极的方向发展的因素，以及组织里同事间良好的人际关系等。（2）组织性就是研究与组织相协调的内外部环境因素。例如在复杂的环境下，通过提高管理者和员工适应环境的能力，挖掘组织中可以应对环境复杂性的积极因素来产生有利于组织的结果。POS使原有但被忽视的积极状态、过程和结果得到关注，来应对环境与组织之间的交互影响，并对这种过程中积极性产生的原因和可能导致的结果进行解释。（3）学术性指在已有研究和理论的基础上，建立与组织积极性有关的理论体系，并将其学术化和定义化，为理论和实践做补充（曾晖、韩经纶，2006）。

POS修正了传统组织行为研究的消极取向，这一思潮的兴起，给予研究者们研究组织行为的新视角，使得他们开始关注和探寻组织中的积极方面，比如带动了积极组织行为、心理资本、亲社会动机等许多有利于组织行为的研究。

（三）积极组织行为的定义

自 2001 年以来，卢桑斯在与其同事的研究中，通过对传统组织行为的反思和积极心理学的应用，提出了积极组织行为学（POB）。它是以积极心理学的应用为基础，运用全新的视角来研究组织行为学的积极方面的组织行为学模式。卢桑斯认为，POB 旨在发现和挖掘组织中的人力资源优势和员工的心理能力，并且使这些积极的优势变成可测量的、可开发的且可以用来改善组织的绩效的因素。

卢桑斯虽然给积极组织行为学下了一个定义，且关于这一构念的理论阐述也有许多，但是学者们对于这一构念的具体内涵还没有一个统一的说法。POB 的研究更倾向于考虑有什么因素能够影响员工的积极组织行为，而不是对这一构念本身进行研究探索。在这种情形下，学者潘孝富首开国内外研究之先河，以生产型企业员工为研究对象，将员工积极组织行为定义为：增益或促进组织功能正常发挥，并能导致个体和组织效能提高的员工组织行为（潘孝富、秦启文，2009）。

二、积极组织行为与相近概念的关系

（一）积极组织行为与组织公民行为

美国印第安纳大学的丹尼斯·欧根（Demnis Organ）教授及其同事首次创造性地提出了"组织公民行为"这一术语。他们将组织公民行为定义为：未被正常的报酬体系所明确和直接规定的、员工的一种自觉的个体行为。这种行为有助于提高组织功能的有效性。这种行为一般都超出了员工的工作描述，完全出于个人意愿，既与正式奖励制度无任何联系，又非角色内所要求的行为（Smith，C A，Organ，D W and Near，J P，1983）。其内涵包括 4 个方面：第一，员工会做一些职责规定之外的工作，直接的或者间接的有利于组织的事情；第二，这种行为具有自发性；第三，这种行为不在正式报酬体系规定之内。第四，这种行为对于组织的有效运作和长久发展是非常有益的。

积极组织行为是一切正面的、积极的、主动的能提高组织绩效的行为，它和组织公民行为都表现为一种自愿的、主动的利组织行为；二者的区别在于，积极组织行为的范围要比组织公民行为的范围广，它既包括了工作制度和报酬体系规定之外的利组织行为（又称角色外行为），同时也包括了工作角色内的利组织行为，而组织公民行为则只包括前一个方面。

（二）积极组织行为与工作投入

作为这一概念的最早提出者，美国心理学家卡恩（Kahn）（1990）将工作投入定义为"组织成员控制自我以使自我与工作角色相结合"，它包括认知、情绪、生理 3 个方面（Kahn，WA，1990）。在卡恩看来，自我和工作角色重合的程度与工作投入的程度有关：当工作投入较高时，自我和工作角色就很好地重合在一起，并在角色中展现自我；相反，当工作投入较低时，个体和工作角色重合较少，无法达到工作角色所需要的绩效水平，并且还可能产生离职的意向。一些学者从工作倦怠的对立面给工作投入进行了定义，即工作投入是一种与工作有关的状态，在这种状态中员工表现出积极、完美的情绪和认知，它由活力（vigor）、奉献（dedication）和专注（absorption）3 个维度组成（Maslach，C，Schaufeli，WB and Leiler，M P，2001）。美国学者布瑞尔（Brill）等人（2001）将工作投入定义为：员工对工作的强烈责任感和承诺，并觉得自身对工作绩效负有重大责任，它包括 3 个维度，责任感（perceived responsibility）、承诺（commitment）和绩效影响知觉（perceived influence of job per-formance）。学者徐艳等人（2007）

认为工作投入是指在心理上表现为对工作的认同和重视，在行为上表现为积极参与工作，并认为工作投入由兴趣导向、工作热忱、心理认同和积极参与四个因素组成（徐艳、朱永新，2007）。

从上述的归纳可知，工作投入是一种角色内的心理状态，会表现出利组织行为，它属于积极组织行为的一部分。积极组织行为还包括角色外的利组织行为。

三、积极组织行为的相关研究

积极组织行为学在人力资源管理和组织行为学研究领域中是一种新的研究取向，其发展是建立在传统组织行为学消极研究取向基础之上的，强调对组织内个体的积极心理变量和人力资源优势的开发和应用。因为这个构念的新颖性，现在关于积极组织行为的研究并不是很多，目前已有的文献主要从以下两个方面来探讨积极组织行为：

（1）积极组织行为的内在结构。学者潘孝富以生产型企业的员工为对象，进行实证分析得出，积极组织行为的内在结构是由投入行为、负责行为、主动行为、创新行为、助人行为和谋取和谐行为六个因素构成的（潘孝富、秦启文，2009）。

（2）积极组织行为的影响因素。个体层面，比如积极特质论者认为，有积极特质的员工更易表现出积极组织行为，并能导致高绩效；如大五人格特质论者认为，员工的责任心、是否具有良好的人际关系以及对工作的情感投入是积极组织行为的影响因素（Ozer，D J and Benet-Martinez，V，2006）。学者张伶等人研究指出外倾性人格的员工更易表现积极组织行为（张伶、聂婷，2011）。组织层面，比如学者刘筱芬通过对服务性企业的实证研究得出，组织公平感、组织归属感、组织支持感、组织自尊、组织形象这5个因素决定了服务业企业员工的积极组织行为（刘筱芬，2012）。学者张伶等人研究指出，工作匹配与员工的积极组织行为正相关，而工作压力以及工作—家庭冲突与员工的积极组织行为负相关，且工作—家庭冲突在工作压力，工作匹配和员工的积极组织行为中起调节作用（张伶、聂婷，2011）。

四、关于 POB 所包含的标准

积极组织行为学（POB）起初被定义为："为提升今天工作场所中的绩效，针对那些具有积极导向的、可测量的、可开发的、可有效地管理的人力资源优势和心理能力所进行的研究及其运用。"因此，一项心理优势或者能力要被包含在我们所说的POB概念之中，它必须是积极的，并且对组织行为学来说是相对独特的。但更重要的是，它必须符合科学的标准：建立在研究的基础上，可测量，是状态类的个体特征或可以开发的，对工作绩效有积极的影响。我们所选择的这一途径，与临床医学和组织科学中越来越强调"有证据支持的实践"的趋势是一致的。

POB 标准有着极其重要的用途，其目的不仅仅是为新的研究潮流或人力资源管理时尚树立品牌或抢占市场。与积极心理学类似，我们认识到了继续研究消极导向构念的重要性。但是，我们也认为，POB 代表着一种范式的转移，而且这一转移有潜力改变组织行为学、人力资源管理领域的研究和实践。因而，下面我们将更详细地讨论 POB 包含的每一项标准及其背后的基本原理。

（一）POB 的包含标准：积极性

缺陷—疾病模式在临床心理学中得到广泛应用，但它对幸福（well-being）的关注不够，也未能让我们对幸福有更深入的理解。与之类似，虽然没有达到同样的程度，传统的消极导向的组织行为学理论和方法更关注无效的领导、不道德的雇员、压力和冲突、功能失调的态度和行为，以及反生产的组织结构、战略和文化。在今天的工作场所中，缺乏真正的高绩效、持续的学习和发展、积极主动的战略变革与调整，这是一个得到普遍承认的事实。我们认为，这种消极途径是这一现象出现的重要原因之一。正如所讨论的"人才战"的视角，这种途径充其量只能让组织和组织成员具备一些生存技能。这些技能只能帮助他们减少错误事情的发生，而不能帮助他们更有效地做正确的事情，因此，最终只能帮助他们在一段时间里维持平庸的绩效。然而，在今天激烈的竞争环境中，平庸的绩效已经不再足以维持组织的可持续发展。

针对今天的环境和组织行为学领域的状况，大家不禁会问：如果我们只是从消极途径的发现中进行推论，能更好地理解积极性吗？不幸的是，答案远非那样简单。例如，许多年前美国心理学家弗雷德里克·赫茨伯格（Frederic Herzberg）就指出，不满意的下降并不意味着满意的增强，因为这两种态度可能受不同因素的影响。换句话说，积极构念和消极构念并不一定是同一个连续体相反的两端。恰当地说，积极构念和消极构念是两类不同的构念，二者各有自己的连续体、前因变量和维度。在 POB 中，我们只不过想努力去认识和强调积极性，尤其是那些符合标准的心理能力，这些积极性是现在与未来的工作场所可能有的，而在很大程度上又未被利用的力量。

（二）POB 的包含标准：以理论与研究为基础

消极途径，显而易见是不完备的，这导致了直觉上对积极性的重视，从而鼓励了积极导向的自励图书的流行，如肯尼斯·布兰查德的《一分钟经理》、斯蒂芬·科维的《高效能人士的七个习惯》。尽管这些畅销书填补了一个有意义的空白，推动了积极性的发展，但它们提供的科学的理论或研究支持，即使有的话，也非常有限。甚至当报告的是描述性结果时，它们也没有达到科学上的严谨与有意义。能站得住脚的为最低标准的知识，即能让人了解是什么导致了这样的结果。有时，这些畅销书还提供自我评价问卷，它们可能有表面效度，也可能有所创新，填答起来也比较有趣。但是，它们缺少通过实证研究得到的构想效度。当在工作场所中运用这些问卷时，就存在内部效度和外部效度上的风险，用它们测量出来的结果也往往与实际情况不完全一致。

例如，有些实践者鼓吹某一特定的干预措施曾经是有效的，但他们往往没有认识到，在一种情境中有效的东西并不一定能概括推广到其他情境中去。更重要的是，实施过干预并不一定意味着所观察到的改变就是由它引起的。而这只能通过实验性的研究来寻找答案。正如（Pfeffer & Sutton，2006）指出的那样，管理者对什么"处方"起作用，什么"处方"不起作用常常是非常模糊的，他们也懒得去搞明白这些事情。许多管理者渴求"灵丹妙药"，而并不关注是否有足够的把握能在组织中继续采用这些措施并提供支持。

用积极心理学而不是这类流行书作为标准，POB 坚持通过科学途径来判断所包含的内容是否积累了能站得住脚的、有影响力的知识，从而有助于领导力和人力资源的开发以及绩效的提升。这就是我们的工作方式，通过这种方式，我们确信自己在研究正确的（应该研究的）构念，也能长时间对可持续发展与绩效的提升做出贡献。

（三）POB 的包含标准：有效的测量

测量一直是科学研究与应用的核心。可靠的、有效的测量工具的存在，将组织行为学尤其是 POB 纳入了科学的范畴。有了这些有效的测量工具，系统分析、预测和控制变得可行。另外，在积极心理学的引导下（Lopez & Snyder，2003，对大量积极心理评价工具进行了详细总结），POB 要求：一个构念要被 POB 包括，必须有可靠的、有效的测量工具。这一标准排除了许多有趣的，但却高度哲学化、不能进行操作并测量的元构念（metaconstruct），同时也排除了许多流行的畅销书所倡导的、为了成功应具备的"软"品质和积极特征。

（四）POB 包含标准：是状态类的个体特征

在人力资源管理中，有多种在研究基础上得出的甄选工具，如很多人格特质已经被证明与绩效类、态度类的工作结果相关。从法律的角度来看，用这些人格特质作为甄选工具是完全合理的，如大五人格特质、核心自我评价、盖洛普的才能和优势模型，以及认知心理能力。

同样，在积极心理学运动中也是特质类的优势与美德占主导，而且特质类的个体特征在很长一段时间内具有相当的稳定性。与那些由基因决定的因素不同，积极的心理特质具有一定的伸展性。因此，如果有理想的情景因素、特定的触发事件或深入的心理治疗的话，这些心理特质是有可能成长和发展的。然而，由于短期内难以改变，这些积极特质在人力资源管理中也很难开发。

高离职率、追求持续改进和陡峭的学习曲线已经成为当今工作环境的典型特征。在这种环境中，创造和培养工作才能、特征优势、积极品质，以及其他相对稳定的人格特质需要付出长期努力，但在很多时候这即使是可能的，却也是不经济的。一般来说，这类持久的才能、优势，特别是人格特质，应该在人的早期开发，并在工作之前开发完成，所以更应该由教育机构来培育。在工作领域中，这类特质更应该是有效招募、甄选与配置方面所关注的焦点。

挑选合适的人并把他放在正确的位置上（也就是说，正确匹配），对有效管理人力资源来说是很有必要的，但话又说回来，仅这样做是不够的。人的开发与潜能所具有的弹性，远比人们主观假定的要大得多。依此类推，仅仅开发知识、技能和技术能力也是不够的。在我们所倡导的 POB 中，只包括那些状态类的、具有伸展性的积极心理能力。由于是状态类的个体特征（而不是特质类的个体特征），这些积极的心理能力是能够开发和提高的，并且可以通过相对简短的培训项目、在职活动和高度聚焦的短期"微干预"来实现。"是状态类的个体特征"，这一标准可能是 POB 与积极心理学、POS 的最大区别，POB 的构念中都是状态类的个体特征，而积极心理学与 POS 中占主导的构念都是特质类的个体特征。

心理资本是工作场所中的可开发的状态类个体特征，除了符合这一点之外，值得一提的是，POB 对积极心理能力提出了新的要求，即它不仅应该可以预测绩效，而且还应该可以为 POB 的状态类个体特征和期望的绩效结果之间的因果关系提供支持。正如上文"基于证据的管理"所提到的，这种因果关系只有在实验干预研究中对 POB 的因素进行操纵才能得到证实。采用微干预来开发这些状态类的个体特征，并在实施前后分别对状态类的个体特征进行测量（尤其是和一个随机分配或匹配的控制组进行比较时，控制组要么没有实施干预，要么实施的是另一种最合适的替代性干预），这样才能证明这些状态类的个体特征是否是可以开发的。

如果在实施微干预之前和之后，分别对实验组和控制组的绩效进行测量，就能得出这样一个结论，状态类的个体特征能导致绩效的提升。相比较而言，人格特质的稳定性限制了它们在工作场所中的解释力。尽管出于各种原因，我们应该重视特质类的个体特征，比如在进行职业规划和绩效管理的时候；但心理资本中的那些可开发的状态类特征的价值却经常被忽视。通过强调状态类的个体特征而不是特质类的个体特征，POB 为人力资源开发和绩效管理提供了新的机遇和方向。

五、本书对于积极组织行为学的研究

抛开以往病态的无效的组织模式，转而运用一种关注人和组织积极特性的全新视角来看待工作场所，也就意味着用新的视角来看待组织行为学。塞利格曼（2000）和他的同事提出了积极心理学，并将之界定为一门积极的主观体验的科学。他们认为心理学早期侧重于消极方面的研究是历史所造成的，符合那个时代的要求。然而，他们也指出个体能够在危难的时候应对挑战并保留其正直和刚毅的品质。这其中，诸如勇敢与乐观等特征似乎可以减缓痛苦经历给个体所带来的负面影响。因此，塞利格曼和席克珍特米哈依认为，积极心理学的任务或使命就是要同时关注人类的优势和积极的制度。

在组织行为学领域，卢桑斯（2002a，2000b）首先开创了积极的研究取向，并提出了积极组织行为学（POB）的概念。他们指出，积极组织行为学研究的主要任务是在工作中发挥人的优势，而不仅仅是管理他们的缺点。卢桑斯认为，积极组织行为学研究的心理状态应该是能够被有效测量，并且具有可塑性，也就是说借助组织的干预措施可以提高个体的工作绩效。因此，卢桑斯认为，诸如希望、自信和韧性等心理状态是符合上述标准的。

学者卡梅伦（Cameron）及其同事提出了新兴的积极组织学术研究（POS），主要探讨什么是组织中积极的因素，包括确定人们的优势、开发韧性与恢复力、激发活力、培养杰出的个体等。积极组织学术运动旨在了解人类的卓越和出色的组织绩效。积极偏差作为积极组织学术研究的核心部分，是指个人和组织以特殊方式蓬勃发展和繁荣的过程。

众多研究者以积极的视角对组织生活进行了研究，通过本书的学习，我们可以发现该领域中许多不同研究视角与观点存在的差异，同时也能够了解该领域发展的脉络。在本书中，某些章节以积极心理学作为其出发点，某些则以卢桑斯的积极组织行为学为出发点，还有一些则是以积极组织学术研究为出发点。我们接纳这些差异的存在，并坚信这些差异能够丰富整个积极组织领域的研究，我们也认为没有必要将积极组织行为学固定在一个狭隘的范围内。对于众多实践者和研究者来说，在组织行为学领域将积极取向的研究提升到应有的地位还有很大的空间。事实上，我们希望在未来的某一天，积极组织行为学在组织行为学领域能够得到全面而深入的发展，从而实现积极取向与消极取向研究达到平衡。

与此同时，我们也面临着挑战。其中最重要的一个挑战就是判定什么是积极因素。在积极组织行为学领域，我们采纳兼容并包的观点并相信积极的状态、特质和过程存在很大的研究空间。另一个有争议的问题是我们是否应该将研究仅仅限制在对积极结果的研究上。尽管人们已经在开展对积极结果的研究，而且此类研究也受到了重视，但我们仍然倡导一种均衡的观点。对积极的状态、特质和过程的研究应该采用适宜的形式，决不能以牺牲消极方面的研究作为代价（Lazarus，2003），例如，极端的积极状态会导致消极的后果。另外，对效价（valence）的作用我们必须进行探究，这是因为它对这个人是积极的，而对另一个人来说可能会是消极的。效价的不可分性是社会背景很重要的一部分，它塑造了人们的个体经验，这些经验既有积极的也有消极的。同时，我们也需要对一些积极和消极共存的变量，以及它们之间的相互作用进行更深入的了解。而那些能够起到预防或缓冲消极结果作用的积极的状态、特质和过程理所应当成为积极组织行为学研究的一部分。尽管如此，我们也不应放弃工作中功能失调和苦难遭遇的研究。这是因为了解、解决和防止消极结果的发生对组织行为学来说是必要的，也是非常重要的。我们只是主张应给予积极取向的研究均等的发展机会，这对于组织行为学研究领域充分的整合是非常必要的。

在学科的完善过程中，考虑科学的严谨性就显得尤为重要。此外，测量方法也是必须注意的问题。尽管前面提到积极组织行为学研究领域内存在的差异是积极的，但它也给我们一个提示，那就是，我们必须确保恰当、一致地对这些变量进行界定和测量，从而让我们都能够理解研究结果的意义。最后，在我们努力探讨最优的个体、团队和组织机能这一领域时，多层次分析则是必要的，而随着时间的变化，我们在研究中也应该采取纵向的研究设计。

第二节　心理资本与管理心理学

一、心理资本

（一）心理资本理论的起源

20 世纪 90 年代美国著名的心理学家塞利格曼在许多学者还在研究沮丧、焦虑、崩溃、紧张等消极病态心理时，发起了积极心理运动，同时引入了积极心理的概念，"我们的任务不仅是弥补已经被破坏的（个体心理状态），而且是培育美好的（个体心理状态）"。他在 2002 年首次提出了是否有心理资本存在的问题。基于塞利格曼的研究，卢桑斯和他的同事开始发展涵盖心理资本理论的积极组织行为学，并提出了积极组织行为学内容的标准：积极的，建立在研究的基础上；可测量，是状态类的个体特征或可以开发的，对工作绩效有积极的影响。2004 年，卢桑斯等人指出符合此标准的心理资本的构成要素为自我效能感、自信、希望、乐观、恢复力。并强调心理资本各要素是可测量的、可无限发展和能够管理的。

（二）心理资本概念的界定

在明确了心理资本的构成要素后，卢桑斯等人给出心理资本的定义："个体一般积极性的核心心理要素，具体表现为符合积极组织行为标准的心理状态，它超出了人力资本和社会资本之上，并能够通过有针对性的投入和开发而使个体获得竞争优势。"2007 年卢桑斯等人又对此定义做出了修订，认为心理资本是指个体积极心理的发展状态，具有以下特征：（1）拥有自信或自我效能感，在承担具有挑战性任务时能够做出必要的努力；（2）乐观，对现在或未来的成功有积极的归因；（3）充满希望，一直坚持目标，在必要时重新选择途径来获取胜利；（4）非常坚强，能够自我恢复，在受挫或遇到困难时坚持、复原，甚至取得成功。在现有的文献中，心理资本这一名词最早出现在美国经济学家戈德史密斯（Goldsmith）等人的文章中，他们将心理资本视为个体对自己和工作的态度、伦理取向及对生活的总的看法。经济学家莱彻尔（Letcher，2004）的研究则是将心理资本等同于大五人格特质。戈德史密斯和莱彻尔主要从劳动经济学角度进行分析，试图找到能够解释工资差别的劳动力市场之外的因素，他们并没有给出心理资本的概念，也没有区分这种心理特质或态度是积极的还是消极的，因此与卢桑斯等人有关心理资本的概念是有本质不同的。卢桑斯等人关于心理资本的研究基本得到了学术界的认可，其心理资本的内涵具有广域性，能够对个体和组织绩效产生积极影响的心理状态都可以纳入心理资本的范畴。因此，对心理资本核心内容的拓展和结构的调整及其中国化成为当下研究的热点。

心理资本的概念最早出现在经济学、投资学和社会学等文献中。2004 年卢桑斯等人以积极心理学和积极组织行为学为基础，在对经济资本、人力资本和社会资本进行对比分析后，首次提出了以个体"积极心理力量"为核心的"积极心理资本"的概念。自此心理资本便开始引起人们的研究兴趣。

总之，对于心理资本概念的研究可以分为三种倾向：第一种观点是特质论，认为心理资本是作为个体的内在特质而存在的；第二种观点是状态论，认为心理资本是一种心理状态；第三种观点是综合论，认为心理资本是一种同时具有特质性和状态性的心理素质。阿瓦里奥（Avolio）

等人（2006）在探讨心理资本的内涵时，使用了"类状态"（state-like）这一概念，认为心理资本既具有状态性（可通过干预措施来开发），又具备特质性（相对比较稳定）。目前有关心理资本的概念研究以状态论为主，综合论作为新的研究趋势对未来的心理资本内涵研究有着重要的启示作用。

（三）心理资本的理论基础——积极组织行为学

传统的组织行为学研究更多地关注组织及其成员的消极方面，如怎样引导和激励消极、懒惰的员工；如何纠正不良的工作态度和行为；如何更有效地管理冲突和应对压力及倦怠。以工作领域中的绩效改进为目标，结合以往研究中严重的消极倾向，著名管理学家和组织行为学家卢桑斯于2002年提出了一种全新的积极取向的组织行为研究模式——积极组织行为学。具体而言，积极组织行为学是对积极导向的、能够被测量、开发和有效管理，从而能改善和提高工作绩效的人力资源优势和心理能量的研究和应用。卢桑斯认为积极组织行为学研究的概念不仅与积极性相联系，而且存在有效的测量方法并且易于开发，最重要的是有助于提高工作绩效。其中易于开发这一点要求积极组织行为学所包括的概念是状态性的，因此就排除了传统组织行为学中人格、态度和动机等特质性变量。2004年，卢桑斯等人以积极组织行为学的观点为思考框架，在分析了经济资本、人力资本和社会资本的特点和区别后，进一步提出了以强调人的积极心理能量为核心的"心理资本"的概念，使人们开始关注心理资本及其对领导者和员工的影响效应。

（四）心理资本的构成要素与测量方式

卢桑斯等人（2005，2007）从积极组织行为学的角度出发，将心理资本界定为个体的积极心理发展状态。这种状态符合积极组织行为学的标准，能够通过有针对性的投入和开发而使个体获得竞争优势。与一般特质不同，心理资本是一种重要的个人积极心理能量，是个体在特定的情境下对待任务、绩效和成功的一种积极状态，对个体的认知过程、工作满意感和绩效均能产生显著的正向影响。心理资本强调个体的积极性和优点，关注的重点是个体的心理状态。另外，心理资本还具有投资和收益特性，可以通过对它的投资和开发来改善绩效进而提升组织的竞争优势。根据上述心理资本的定义及特点，目前识别及分析出来的心理资本要素包括希望（hope）、自我胜任感（self-efficacy）、乐观（optimism）和韧性（resiliency）等。

心理资本的构成要素及其测量方式理论并没有形成统一的认识，戈德史密斯认为心理资本包含自尊和控制点两个方面，而控制点通过自尊来影响工资，因此，以自尊作为心理资本的测量方式。莱彻尔则选择五大人格因素模型作为心理资本的测量方式。以卢桑斯为代表的学者们在做实证研究中所用的量表和维度最初也不统一。前期研究中大部分学者使用的是前人的量表，这些量表虽然单独测量某一维度，其信度和效度得到了验证，但对心理资本整体而言，其信度和效度并没有得到验证，且大多数量表以前并不是用在管理领域的，而是测量与积极心理相反的消极病态心理。后来卢桑斯等人开发了PCQ-24，在前人研究的基础上做了有效的改进，能够较好地反映心理资本的特性，其信度、效度已得到验证。同时，卢桑斯等人以中国员工为样本的数据证明了心理资本的四个维度及其量表在中国的实用性。

目前心理资本的测量方式有三种：（1）自我报告法，即主要通过心理资本测量问卷来收集心理资本状况的资料，也可采用实验法进行数据采集；（2）观察法或专家评价法，即通过第三方获得被评价者个体心理资本方面的资料；（3）结果变量的测量，即通过测量与心理资本相关的结果变量间接了解心理资本的状况。

国外学者对于心理资本的测量研究较多，但由于对心理资本的内涵和结构的理解不同，各种测量工具的开发也各有差异。1997年戈德史密斯等人编制了第一个心理资本量表，认为心理资本即是自尊；贾奇（Judge）等人（2001）和科勒（Cole）（2006）认为，心理资本由自尊、自我效能感、控制点和情绪稳定性等要素构成，并据此开发了《核心自我评价构念量表》；杰森（Jensen）（2003）开发了《心理资本评价量表》，认为心理资本包含希望状态、乐观状态、自我效能感和复原力四个维度，此量表与后来卢桑斯等人（2005，2007）开发的《心理资本问卷（PCQ-24）》和埃维（Avey）等人（2006）编制的《心理资本状态量表》的结构要素相类似；莱彻尔（2004）认为心理资本就是"大五人格"，包含情绪稳定性、外向性、开放性、宜人性和责任感，并在此基础上开发了《大五人格（心理资本）评价量表》；蓓姬（Page）等人（2004）在四大结构要素（希望、乐观、自我效能感、恢复力）的基础上，又引入了诚信，形成五大要素，开发了《积极心理资本评价量表》；拉森（Larson）等人（2004）开发了《心理资本量表》，这个量表把心理资本分为自我效能感、乐观和恢复力三个维度；卢桑斯等人又在2006年开发了另外一套心理资本的量表，把心理资本分为希望、乐观和恢复力三个维度，而杰森（Jensen）等人（2006）开发的《心理资本状态量表》也支持了三维结构的观点。

国内对心理资本的测量研究主要集中在修订国外心理资本量表上，旨在使之向本土化靠拢。如，温磊、张玉柱等人（2009）对卢桑斯的心理资本问卷（PCQ-24）进行了修订。真正的本土化心理资本问卷的开发很少，目前主要有柯江林、孙健敏等人（2008）以组织雇员为测量对象的《本土心理资本量表》。研究表明此量表具有良好的信效度，且与西方心理资本量表相比较，信效度更好。总体而言，心理资本作为优势心理能力的核心体，不仅应该加强本土化问卷的开发研究，而且也要扩展其研究领域，开发出不同人群的心理资本量表。

（五）心理资本的开发

心理资本的概念提出以后，卢桑斯等人在相关理论和实证研究的基础上，对心理资本管理和开发的措施进行了深入的探讨，并进而提出了一整套极具操作性的心理资本微观干预方法，从而初步解决了对个体和组织的心理资本存量及质量进行干预的问题（王雁飞、朱瑜，2007）。研究显示这套方法能显著提高受训者的心理资本水平，同时也能明显改善他们的工作满意度和工作绩效（Luthans，Avey，Avolio，2006）。

（1）树立希望。希望的树立和培养主要有三种策略，即目标设计、确定实现目标的途径，以及应对困难和障碍。在具体的培训过程中，培训师首先让受训者确定一个对个人而言非常有价值的目标。理想的目标设计应包括具体明确的终点指标（便于衡量最终是否成功达成了目标）和具体细分的子目标。将目标分解为容易管理和实现的多个子目标，可以使个体享受每个阶段性成功的乐趣。个人目标确立之后，就需要进一步确定实现目标的途径。培训师首先鼓励受训者想出尽可能多的途径，而先不管这些途径是否具有可操作性。然后让他们组成小组，以便使个体能倾听他人对不同途径的意见和建议，同时也为他人提意见。最后一步是详细盘点各种途径（如考虑采取每种途径所需的资源）。经过权衡之后，受训者将会放弃那些不现实的途径，同时也确认了少数切实可行的途径。树立希望的最后一个阶段是提高受训者预见困难、为实现目标做好准备以及克服困难的能力。培训师会向受训者提供一些指导，并给他们一些时间思考完成目标讨程中可能会遭遇的困难。经过自我反思之后，受训者再次组成小组，以使得到其他人对潜在困难及其克服方法的不同观点。经过这一过程，个体将最终确定实现预定目标的途径，并形成应对潜在障碍的计划，同时也会准备其他的应变计划，以防原先的计划不能奏效。

（2）提高自我胜任感。班杜拉认为自我胜任感形成及变化的信息源包括直接经验、榜样作用（替代性经验）、社会说服和情绪唤醒四个方面。个体知觉到自己的行为取得了成功能提升胜任信念，同时会更从容地预期将来的结果（当成功是通过个人努力而非轻而易举获得时，其效果尤为显著）。个体看到与自己水平相仿的人取得成功，其自我胜任感也会得到提高。社会说服作为自我胜任感的信息源之一，是指来自他人的积极鼓励或成绩反馈。另外，个体的情绪状态也会影响自我胜任感。积极情绪支配下的个体更可能发愤图强以应对外界挑战，而沉浸在消极情绪中的个体则很有可能反应功能失常。心理资本干预中自我胜任感的提升方法即以上述观点为基础。在这个环节中，培训师以前述个体设定的个人目标为基础，让受训者亲身体验成功，鼓励他们通过互相交流的方式分享成功的经验，并运用唤醒和社会说服的技巧来调动受训者的积极情绪及认知资源，从而建立和提高他们制订并实施合理的计划以达成预定目标的信心。

（3）培养乐观精神。上述希望及自我胜任感的干预措施事实上也有助于培养个体的乐观精神。例如应对障碍计划的制订为受训者形成积极预期和培养乐观精神奠定了良好的基础，特别是在他们确信该计划能成功地应对潜在的障碍和困难时，其对积极结果（即目标能够实现）的预期便会大大提高，而对消极结果的预期则显著降低。随着计划的实施，当实际情况表明所制订的计划确实能有效地克服各种障碍时，个体的心态将会变得更加积极。而小组中其他成员的成功与积极鼓励也会对个体产生正面影响，促使其以更加乐观的状态去完成预定目标。

（4）增强韧性。研究表明影响韧性的因素包括三种：①资源因素，指那些有助于提高个体韧性水平的保护性资源；②风险因素，指那些会降低个体韧性水平的因素；③影响过程因素，指外界因素对个体认知、情绪及行为的影响过程。与之相对应，增强韧性的方法有增加资源、规避风险和干预影响过程等。具体而言，首先，培训师让受训者尽量详尽地列出可用于实现个人目标的资源，并鼓励他们尽可能充分地利用这些资源。然后，让受训者判断实现目标的过程中可能会遭遇的障碍，并制订出相应的避免或克服障碍的方案。最后，让受训者对自己在面对逆境时可能会产生的想法和情绪体验进行批判性反思，并思考如何采取最优的方式来应对逆境达成目标。

（六）心理资本的干预和管理

1. 心理资本的干预

卢桑斯等人在2006年推出了将心理资本的干预浓缩在1-3小时的培训中的微观干预方法。首先，参与者进行目标设计、目标分解、方法框架设定、成果形式确定；然后，参与者则需提供达到目标的多种途径，这一环节可采取头脑风暴法，便于听取他人意见。接下来，把所有的方法列一个清单并认真考虑每个方法所需的资源，删除不现实的方法。紧接着，要求参与者思考潜在障碍及其克服策略，提前识别障碍。这样，希望水平得以提升。在这个过程中，当目标和分目标实现时，参与者之间相互分享了想象中的成功的经验，这便可以提升自我效能感。同时，也能够提升乐观水平，如参与者预测潜在的障碍，然后找到多种方法来减少障碍的影响。最后，参与者要识别、预测最近在工作领域的挫折，并明确分析哪些因素是可以控制的，哪些是不可以控制的，并利用自己所有的可用资源选择要采取的应对行为。这样可以较快地获得更高的恢复力水平。卢桑斯等人在2008年以网络为媒介对此方法进行了验证，结果表明，实验组成员的心理资本有显著的增加，而控制组通过无关干预却没有表现出明显的增加，说明心理资本是可以通过短期干预实现提升的。

2. 心理资本的管理

发展自我效能感。让员工体验成功，以提升他们完成任务的信心；给予员工间接经验或示范；受尊重的、有能力的个体对员工进行社会说服；常对员工进行心理或生理唤醒。

提升希望水平。设置有挑战性的目标并使之清晰化；将目标分解成可完成的小步骤；设计多种解决方案；让员工享受工作过程，在出现问题时能够一直坚持；让员工熟悉何时变动方案及何时重新修正目标。

发展乐观的态度。宽容过去，接受过去的失败和挫折；欣赏和满足于现在积极的方面；将未来的不确定性视为发展和取得进步的机会，并积极应对。

发展恢复力。首先，企业要有能够提高员工个体自我恢复力的合理规划：风险防范措施，预防和减少员工的压力和风险；资源集聚策略，尽可能地增加员工个体和企业可获得、可利用的资源；过程中心策略，聚集系统能量，运用人的资源来管理危机。其次，积极情感（大笑、微笑等）是构建自我恢复力的要素。

（七）对心理资本的总结以及展望

1. 总结

积极心理学的提出开启了幸福的大门，而心理资本的发展更是为我们提供了成功的源泉。心理资本作为一种低风险、低成本、高投资回报率的积极潜能开辟了组织研究的新路径，标示了人力资源管理的新方向。就目前而言，心理资本的研究趋势可以概括为以下几点：①探讨心理资本作用机制。除了目前研究较为广泛的主效应模型、缓冲效应模型及调节效应模型，动态效应模型的提出为心理资本作用机制的探讨拓展了新的思路。②探索心理资本的影响因素。对心理资本的研究大多集中在其结果变量的领域，极少去探讨影响心理资本的因素，因此加大对心理资本的前因影响变量的研究将是未来的研究趋势之一。③拓宽心理资本的结构分类。心理资本结构理论目前只是一个初步模型，学术界对其尚未达成一致观点。除了已经被证实完全符合积极组织行为学标准的积极心理结构——信心、希望、乐观及韧性外，不少学者相继将工作契约、心理自主权、智慧、勇气、宽恕和信任纳入心理资本的结构中。近来，工作幸福感的提出和发展又为我们引入了新的结构。④尝试认知神经基础研究。近来有学者探讨了心理资本在领导者中的作用，发现优势领导者的心理资本及希望、乐观、坚韧性和自我效能水平明显高于一般领导者，并且其脑电相关电位存在差异，这为心理资本在认知神经基础方面的研究开辟了新路。⑤推行本土化研究。心理资本这一概念是在西方文化背景下提出的，因此我国员工的心理资本是否与西方的一致还有待探讨。心理资本研究拓展了积极心理学的应用，架构了积极心理学与组织行为学之间的桥梁，开启了成功和幸福的大门。心理资本作为一种动态的发展性资源，其研究极具前瞻性和影响力，相信其未来的应用前景必将一片光明。

2. 展望

心理资本理论自从提出到现在，突显了在人力资源管理中的独特性、重要性和优越性，但尚属起步阶段，还有许多内容有待深入研究：

（1）心理资本的影响因素的研究。由于个体的自然性、遗传性因素、后天社会化因素及社会实践等不同，目前关于心理资本的影响因素的研究较少。但心理资本影响因素的分析，尤其是组织变量，如组织动态性、组织文化、工作设计等；个体变量，如人力资本和社会资本对心理资本的影响，势必会成为未来研究的一个方向。

（2）心理资本管理和干预的深入探索。现有的关于员工心理资本管理和干预的研究处于初级阶段，还有大量需要进一步研究的重要内容，例如，对员工进行一次心理资本干预形成的结果是长期有效，还是会出现阶段性的反复；心理资本的发展和干预怎样结合才能达到最有效。

（3）心理资本中国化的研究。国内有部分学者对心理资本中国化已做出了研究，但如何抓住最关键的中国特色（如中国情境下的关系、面子等因素）是解决这一问题的重点和难点。

二、管理心理学

（一）管理心理学产生的社会背景与历史背景

1. 社会背景

对管理心理学的研究，是从 19 世纪末 20 世纪初开始的。1959 年美国心理学家海尔（M. Haire）提出把工业心理学划分为人事心理学、人类工程学和工业社会心理学。他的观点得到了学术界的公认。工业社会心理学就是我们现在所说的管理心理学。

（1）管理心理学是生产斗争的产物。从 19 世纪 70 年代开始，资本主义由自由竞争逐步向垄断转化，到 19 世纪末 20 世纪初，垄断资本主义已经形成。资产阶级为了巩固垄断地位，获得更多的剩余价值，在商品生产中击败自己的对手，便物色了大批心理学家，专门从事提高工作效率和经营决策的研究。1961 年，美国心理学年鉴发表了美国心理学家弗鲁姆（V. H. Vroom）和海尔撰写的综述评论《工业社会心理学》。在这篇评论中他们指出了工业社会心理学的两个基本研究模型，一是以个体为分析单元，研究劳动的社会环境对个人动机态度和行为的影响；二是以社会系统为分析单元，研究工业系统的结构和功能、企业中上下级的关系、生产班组和较大组织系统的社会心理现象与规律。此后，相继又有很多管理心理的论文和专著出现。它们迎合了垄断资产阶级的需要，客观上也促进了生产力的发展。

（2）管理心理学是阶级斗争的产物。随着垄断资本主义的形成，无产阶级和资产阶级的矛盾日益尖锐，资产阶级为了缓和阶级矛盾，掩盖更加残酷的剥削方式，达到笼络人心的目的，于是集中心理学家研究人际关系、团体组织与领导行为。这方面的研究成果，也是形成管理心理学的重要组成部分。

阶级斗争的最高表现形式是战争。在两次世界大战中，各国的统治阶级，为了取胜都大大加强了心理学在军事管理上的应用。1917 年 4 月 6 日美国对德宣战后，马上成立了 17 个战争心理研究委员会，对招募、训练士兵，选拔、培养军官等进行了系统的研究；在第二次世界大战中，美国国防部明确要求心理学家准确提供士兵的能力、智力参数，以作武器装备设计的依据。到 1943 年美国训练了 1200 多名高级人事心理学工作者。德国在搞总体战时，在政府内设立了心理参谋团，直属最高统帅部指挥。心理参谋团对军事动员、军事领导、军事生活、战斗心理等方面综合进行研究，使管理心理学在军事领域中初步建立。

（3）管理心理学是科学试验的产物。20 世纪 20 年代。在美国芝加哥郊外有一个隶属西方电器公司的制造电话交换机的霍桑工厂。尽管该厂有较完善的娱乐设施、医疗制度和养老金制度等，但是工人仍愤愤不平，生产效率也不够理想。为了探求工人不满、生产效率不高的原因，美国国家研究委员会组织了一个由心理学家和其他方面有关专家参与的研究小组，于 1924 年 11 月进入霍桑工厂进行试验研究。试验研究的中心课题是：生产效率与工作物质条件间的相互关系。在两年多的时间里，研究小组做了多个试验，但并没有找到问题的症结。1927年美国哈佛大学著名的心理学教授梅奥应邀重新组织了一个试验小组，到霍桑工厂继续搞试验研究，直到1932年"霍桑实验"才告以结束。

2. 历史背景

管理心理学是和现代生产力、生产技术相联系的社会化大生产的需要分不开的。由于生产力的飞跃发展和生产关系中劳资矛盾的尖锐化，在资产阶级提出寻求新的管理理论与方法的同时，科学的进步与发展，也为管理心理学这一新的学科理论的形成提供了可能条件。在这个时期，心理学、社会学等学科理论均有了长足发展，相继出现了心理技术理论、群体动力学理论、社会测量理论及需要层次理论等。在20世纪初期，社会心理学及社会学等均已发展成为独立学科。上述这些学科理论的形成与发展，为管理心理学奠定了比较充分的理论基础，使管理心理学的产生由必需变为可能。

中国古代就有丰富的管理心理学思想。例如，春秋末年军事家孙武在《孙子兵法》一书中就写道："道者，令民与上同意也，故可与之死，可以与之生，而不畏危。"孙武强调领导与下属之间意愿协调一致的重要性，这在今天看来也是十分重要的管理心理学原则。

19世纪末，资本主义得到发展，生产规模日益扩大，对企业的管理也更为复杂，劳动组织和合理安排也提到科学研究的日程。这时出现了科学管理的学院，其代表人物是泰勒。泰勒着重研究了工人操作合理化的问题，但他把人看成"经济人"，忽视了人的社会性。

第一次世界大战对管理心理学的发展起了促进作用，参战各国都力图利用心理学原则来改进管理、提高生产为战争服务。例如，制订人员选拔和训练的方法，研究最有效的组织形式，调整工人与管理人员的关系等。战后，工业生产的发展提出了一些新的问题，如人在生产中社会性因素的作用等。以社会心理学家梅奥为首的一批专家进行了霍桑实验，提出了"社会人"的思想。他们认为，单靠物质刺激不能保证调动工人的积极性。良好的人际关系、有利的社会条件与工作效率有更密切的关系。此外，他们还提出了非正式组织在群体中的作用。

第二次世界大战中工程心理学的发展，强调研究人机关系，同时也提出了解决人与人关系、人与组织关系的问题。战后，许多学者总结了战时的经验，考虑到有必要建立一门研究人的行为的综合科学，认为可以把人与社会、人与生产中的诸因素统一加以考虑。于是1949年在美国芝加哥大学的一次讨论会上，便提出了"行为科学"这一名称。其后美国福特基金会给予了经济上的支持，在许多大学中开展了有关行为科学的研究，并出版了行为科学杂志。

由于行为科学这一名称过于广泛，有人把医学中的行为研究、动物行为研究等也包括在内，不能突出与生产管理有关的工作。所以后来有不少单位与专家采用组织行为学或组织心理学的名称，专指在一定组织内活动的个体和群体行为的研究。在中国则多用管理心理学的名称。

（二）管理心理学的定义

管理心理学是把心理学的知识应用于分析、说明、指导管理活动中的个体和群体行为的工业心理学分支，是研究管理过程中人们的心理现象、心理过程及其发展规律的科学。

在我国企事业单位档案管理工作中，由于档案管理工作的枯燥性、复杂性、烦琐性，往往容易导致管理人员情绪低落、成就感不高，从而产生职业倦怠。将管理心理学运用到档案管理中可以最大限度地调动档案工作人员的主动性、积极性和创造性，提高工作绩效，完善和优化我国档案管理机制。

（三）管理心理学在我国的发展

管理心理学在我国一直是一个空白点，很少有人研究，新中国成立后，管理心理学研究曾一度中断，直到 20 世纪 70 年代末 80 年代初，才重新起步。1978 年至 1980 年，一些理论工作者和实际工作者对行为科学做了大量介绍和评论，成立了行为科学研究组织，开展了中国式行为科学和管理心理学的探讨。之后，我国企业界、学术界和社会各界，更加广泛地开展了对行为科学与管理心理学的研究活动，并尝试把有关理论应用于企业管理的实践，有力地促进了现代管理水平的提高。20 世纪 80 年代以后，我国许多高校成立了管理系和有关的研究组织，开设了"行为科学""管理心理学"等课程。近 20 年来，我国管理心理学研究取得的成就主要体现在以下几个方面：

（1）建立了学术组织和教学与研究机构。中国心理学会工业心理专业委员会成立于 1980年。在成立大会上，心理学工作者一致认为，中国的工业心理学研究可分为两个大的方面，即工程心理学与管理心理学。工业心理专业委员会是一个完全由工业心理学工作者组成的专业性较强的学术团体，对成员资格有较严格的要求，目前该专业委员会的成员有几百人。中国行为科学学会成立于 1985 年，名为"行为科学学会"，实际上是组织行为学会。该学会对成员资格的要求并不十分严格，除了心理学和管理学专业工作者以外，大部分成员是各类企业的领导人，现在全国分会达 24 个，成员逾千人。目前，我国有两个工业心理学的专门研究机构从事管理心理学的研究。一个是中国科学院心理研究所的工业心理研究室，另一个是杭州大学心理系的工业心理专业。此外，还有一些高等院校的管理学院也从事管理心理学的教学和研究，但人员不够集中，只是个别人独立开展研究工作。

（2）翻译和编写了一批管理心理学著作。我国的管理心理学研究，是从介绍和翻译国外，尤其是美国的工业与组织心理学著作和学术动向开始的。从 20 世纪 80 年代起，我国翻译出版了一些国外较有影响的著作，如马斯洛的《动机与人格》、夏恩的《组织心理学》、麦考密克等人的《工业与组织心理学》，以及一些以"组织行为学"命名的其他著作。1985 年，我国学者自己编写的第一部《管理心理学》教材正式出版。随后，我国陆续出版了不少管理心理学和组织行为学的著作。据不完全统计，目前这类著作有近百种。这些著作的出版，满足了管理院校教学和培训企业干部的需要，为管理人才的培养和促进企业管理的科学化做出了重要贡献。

（3）开设了管理心理学课程。20 世纪 80 年代以后，大多数管理院校都为在校生开设了管理心理学课程，并为企业管理人员举办了各种讲习班。除专门培养工业心理学专业人才的院系和研究机构外，全国各主要大学的管理学院和管理系几乎都开设了这门课程。虽然课程的名称有所不同，有的称"管理心理学"，有的称"组织行为学"，但基本内容并无很大区别。更重要的是举办了大量的讲习班，向企业领导干部和管理人员讲授管理心理学的基本知识。例如，杭州大学心理系自 1980 年至 1990 年，每年都举办 2 至 3 期讲习班，学员都是来自全国各大中型企业的高层和中层管理人员，培训人员在千人以上；中科院心理所举办的管理心理学函授班也有近万人参加；其他高校也经常举办同类的讲习班。如果加上各省、自治区、直辖市行为科学学会举办的讲习班，培训的范围则更广。应当指出，这类讲习班对于在企业中普及管理心理学知识起了很大的推动作用。

（4）开展了多方面的研究工作。我国的管理心理学研究工作者虽然人数不多，研究课题还不可能涉及管理心理学的全部领域，但却能集中于一些重要领域，包括激励、领导、决策和跨文化研究等方面。我国的管理心理学研究，虽然主要还是在吸收国外研究成果，并在此基础上结合我国企业存在的问题开展研究工作，但已经初步形成了自己的特色。具体表现在以下几个方面：①研究工作较多采取现场研究方式，较少在实验室内进行；②调查的对象很少是本专科学生，而主要是企业的管理人员和职工；③许多研究是与企业管理人员合作进行的。

（四）管理心理学与组织行为学的联系和区别

1. 管理心理学与组织行为学的联系

从组织行为学的发展来看，组织行为学可以看作管理心理学的新发展。管理心理学与组织行为学在研究的目的、对象、内容和理论来源方面是一致的。具体表现在：

（1）研究的目的相同。即通过对组织中人的心理与行为的研究，揭示其规律，并以此规律指导个体、群体或组织的行为，达到组织的预期目标。

（2）研究的对象一致。管理心理学与组织行为学都把行为与心理作为自己的研究对象。当组织行为学研究一定组织中人的行为特点及其规律时不可能不涉及人的心理，当管理心理学研究管理过程中人的心理特点及其规律时不可能不涉及人的行为。

（3）研究的内容大同小异。管理心理学与组织行为学的内容构架基本相同，如都包括个体问题、群体问题、激励问题、领导问题、组织文化与变革问题等。

（4）理论来源相同。虽然组织行为学的理论来源比较宽广，但很多理论来源与管理心理学的理论来源相同，如心理学、社会学、人类学、教育学、生理学等，其中心理学是一门主要学科。

2. 管理心理学与组织行为学的区别

虽说管理心理学与组织行为学在诸多方面是相同或一致的，都是边缘学科和应用学科，很多学者也容易将两者混同起来，但它们还是存在一些差别的。两个学科的区别集中表现在研究对象各有侧重和其理论基础及应用范围的不同。管理心理学在侧重研究管理中的心理活动规律性时，离不开行为研究；组织行为学在侧重研究组织中的行为规律时，也离不开心理研究。管理心理学侧重于把心理学的原理原则应用于管理，主要是研究行为内在的心理活动规律性，并相应地采取管理对策，侧重于实践和应用；而组织行为学则主要研究作为心理的外在表现的行为在组织中的发展规律性，侧重于学术和理论研究。组织行为学的理论源泉比管理心理学更广泛，它不仅来自心理学，还来自社会学、人类学、经济学、生物学和生理学等；其应用范围也更为广泛，它不仅把心理学原理应用于组织管理，而且把社会学、人类学、经济学、生物学和生理学的原理也应用于组织管理。组织行为管理是各级领导者对下属行为的分析和影响过程，是管理工作的核心、领导工作的本质。管理心理学以组织中的人作为特定的研究对象，重点在于对共同经营管理目标的人的系统的研究，以提高效率，在一定的成本控制条件下，最大限度地调动人们的积极性和创造性。当今的管理心理学都是以人本思想为前提的。它有助于调动人的积极性、改善组织结构和领导绩效，提高工作生活质量，建立健康文明的人际关系，达到提高管理水平和发展生产的目的。

积极组织行为学是由组织行为学发展起来的新领域，可想而知，管理心理学也对积极组织行为学有着不可或缺的意义。

第三节 积极心理学与积极心理治疗

一、积极心理学

（一）积极心理学的定义

积极心理学是对人类积极的、正面的经历以及人的性格特征、长处和福祉的科学研究。它也是对能给人、小组和机构带来进步或使三者能够发挥最佳功能的环境、氛围和过程的学习。积极心理学是心理学史上具有革命意义的学科，其研究对象是普通人的心理活动，针对大部分人的心理状况来指导人们如何追求幸福生活。

积极心理学是利用心理学目前已经比较完善和有效的实验方法与测量手段，来研究人类的力量和美德等积极方面的一种心理学思潮。积极心理学主张应该对普通人如何在良好的条件下更好地发展、生活，如何使人的潜能得到充分的发挥等方面进行大量的研究，要求心理学家用一种更加开放的、欣赏性的眼光去看待人的潜能、动机和能力。在以往的心理学研究中，我们所熟悉的字眼都是焦虑、狂躁、妄想、幻觉、忧郁等，以及对死亡的恐惧，而很少关注健康、勇气、乐观、希望、快乐、信仰、毅力等。有资料显示，近两个世纪以来，关于积极情绪与消极情绪的文章比率大约是 1 : 14，似乎大多数心理学家的任务是理解和解释人类的消极情绪和行为。而事实上，心理学不应仅对损伤、缺陷和伤害进行研究，也应对人类自身所拥有的潜能和优秀品质进行研究，关注人性中的积极方面，致力于帮助普通人生活得更健康、更美好，以增进人类的健康、幸福，促进社会的繁荣。

（二）积极心理学产生的背景

积极心理学的研究最早可追溯至 20 世纪 30 年代推孟关于婚姻幸福感的研究，以及荣格关于生活意义的研究。第二次世界大战中断了积极心理学的研究，战争及战后心理学的主要任务变成了治愈战争创伤和治疗精神疾患，研究心理或行为紊乱的秘密，找到治疗或缓解的方法，心理学似乎遗忘了对人的积极情绪的研究。20 世纪 50—60 年代，马斯洛、罗杰斯等人本主义心理学家开始研究人性的积极一面，对现代心理学的理论产生了深远影响，在一定程度上引起了心理学家对心理活动积极面的重视。但正如塞利格曼所言："当一个国家或民族被饥饿和战争困扰的时候，社会科学和心理学的任务主要是抵御和治疗创伤；但在没有混乱的和平时期，致力于使人们生活得更好是更重要的使命。"所以在当时的背景下，人本主义心理学家并未使主流心理学的研究主题发生根本转移。

在 20 世纪的最后 10 年中，心理学家开始关注对心理疾患的预防。研究者发现，对于抵御心理疾患起缓冲作用的是人类的力量：韧性、人际关系、技能、创造力、勇气、乐观、信仰、希望、对未来的憧憬、洞察力、才能和智慧等。因此，积极心理学并不是不研究人的心理问题与疾病，但它更强调研究人性的优点与价值，探索人类美好的生活以及获得美好生活的途径与方法，采取科学的方法与技术来理解人类的复杂行为，其目的就是开发人的潜力，激发人的活力，促进人的能力与创造力，并探索人的健康发展途径。因此，研究人性的积极方面，研究人类的力量和美德，并探索如何增强人性中的积极层面，帮助人们不断地发展和完善自己，这将是更具有理论价值和现实意义的事情。基于上述理论背景，塞利格曼提出要研究积极心理学，帮助人们过更快乐、更积极健康的生活。

（三）积极心理学的意义

积极心理学的核心思想在于强调人本身所固有的积极因素，强调人的价值与人文关怀，主张心理学的研究要以人实际的、潜在的、具有建设性的力量、美德和善意为出发点，用积极的心态对人的心理现象做出新的解读，寻找其规律，从而激发人自身内在的积极力量和优秀品质，并利用这些积极力量和优秀品质来帮助普通人或具有一定天赋的人最大限度地挖掘自身的潜力并获得幸福的生活。积极心理学自诞生以来对心理学的发展产生了巨大的影响，主要表现在以下几个方面：

（1）扩展了心理学的研究对象。在过去的近一个世纪中，起主导作用的是悲观主义人性观所决定的消极心理学研究模式。特别是第二次世界大战以后，西方心理学家把自己的研究重点放在了心理问题的研究上，心理学变成了专门致力于纠正人生命中所存在的问题的科学，如心理障碍、婚姻危机、毒品滥用和性犯罪等。塞利格曼认为，这种消极的心理学偏离了心理学的主要使命——使普通人生活得更有意义和幸福，过分关注了"问题"而忘记了人类自身所拥有的积极力量和品质，背离了心理学存在的本质。积极心理学坚持积极的价值观取向，认为人的生命系统是一个开放的、自我决定的系统，它既有潜在的冲突，更具有自我修复、完善和不断发展的能力。个体一般都能决定自我的最终发展状态，并过上一种相对满意、有尊严的生活。因此，积极心理学致力于对人的积极认知过程、积极情绪体验、积极人格特点、创造力与人才培养等问题的研究，致力于探索人类美好的生活以及获得美好生活的途径与方法。就具体的研究对象而言，积极心理学的研究涉及三个层面：在主观水平方面研究积极的主观体验，诸如幸福感、满足和满意、希望和乐观、充盈和快乐；在个体方面，研究积极的个体特质、爱的能力、勇气、人际交往的技巧、审美能力、创造力、毅力以及关注未来、灵性、天赋和智慧；在群体方面，研究公众品质、责任、利他、关爱和有职业道德的公民社会组织，包括良好的社区、有效能的学校、有社会责任感的媒体等。积极心理学的研究使越来越多的心理学家意识到消极心理学研究模式不可能真实、全面地理解与解读人的本质，关注人性的积极层面更有助于对人性的深刻理解。越来越多的研究表明：幸福、发展、满意是人成就的主要动机，人类积极品质是人类赖以生存与发展的核心要素，心理学需要研究人的优点和价值。这对于重构心理学的理论基础与研究视野具有重要的启发意义。

（2）发展了心理学的研究方法。一方面，积极心理学在研究方法上承继了西方主流心理学的实证主义方法论取向，借助了主流心理学在其发展过程中所积累的一些方法，如实验法、量表法、问卷法和访谈法等。但另一方面，积极心理学也借鉴了人文心理学的研究方法，学习和继承了质化研究的一些优势和长处，吸收了经验性、过程定向研究方法的一些优点，并不断创新研究方法。强调崇尚人文精神与科学技术的统一，显示了积极心理学比传统主流心理学更宽容、更灵活、更多样的方法论特点。因此，我们可以做出这样的描述：积极心理学不仅是对消极心理学研究对象和内容的超越，也是对其研究方法的超越和创新。这样，积极心理学才不会成为一种狭隘的心理学，才能更好地促进心理学的发展和繁荣，为心理学的整合奠定基础。

（3）改变了心理学的研究目标。精神分析、行为主义等西方主流心理学流派把普通人作为标准常模，其目标是把小部分有"问题"的人修补成大多数没有问题的普通人，其研究焦点集中于如何测评并治愈一个人的心理疾病。因此出现了大量人类消极心理层面的研究以及离婚、死亡、性虐待等环境压力对个体造成的负面影响的研究，心理学变成了专门致力于纠正人生命中所存在问题的科学。心理学的核心任务也变成了对问题的修复：修复个体损坏的习惯、动机，其至思想。消极心理学期望通过修复人类的损坏部分来达到心理健康的目标，虽然取得了很大的成就，但也导致了现代心理学知识体系的"巨大空当"以及"心理科学的贫困"。在积极心理学看来，心理学的目标并不仅仅在于解决人心理或行为上的问题，而是要帮助人形成良好的心理或行为模式。依靠对问题的修补并不能为人类谋取幸福，没有问题的人并不意味着一定是个健康、幸福的人。心理学必须转向于人类的积极品质，通过大力提倡积极心理来帮助人类真正到达幸福的彼岸。积极心理学在理念上有一个理想的常模，其目标是把所有人尽可能地建设到一个他们所能达到的理想状态，使其都能过上幸福的生活。尽管面临种种困难，但积极心理学就是要开发人的潜力、激发人的活力、促进人的能力与创造力，探索使个体、团体、社会良好发展的因素，并运用这些因素来增进人类的健康、幸福，促进社会的繁荣。积极心理学"真正恢复了心理学本来应有的功能和使命，这体现了一种社会意义上的博爱和平等"，这既是对人性的一种尊重和赞扬，又是对人类社会的一种理智理解。

二、积极心理治疗

（一）积极心理治疗的定义

积极心理治疗（positive psychotherapy）致力于人自身的积极力量，提倡用一种积极的心态来对个体的心理或行为问题做出新的解读，并在此基础上通过激发个体自身的内在积极潜力和优秀品质来使个体成为一个健康人。

塞利格曼指出："积极心理学的目标就是要促成心理学的焦点转向，由关注修复生活中最坏的事物转向同时建设积极的品质。"这一观点体现了积极心理学的一个基本思想：心理学的兴趣和研究焦点不应该仅仅是那些抑郁、苦难、疾病和伤害的体验，还要包括满足、健康和幸福等内容，这些才是对人类的经验更加全面的认识和理解。此观点尤其关涉心理治疗领域。对于心理治疗师来说，干预不仅仅是为了减轻痛苦，消除症状，更应该增进来访者的幸福和满足。这是心理治疗本质的目标，同时也可以起到预防、缓冲，甚至自愈的作用。积极心理学的这一思想为心理治疗提供了基本的理论预设和方法论指导。

（二）积极心理治疗的理论观

积极心理治疗首先是以反消极心理治疗模式的姿态出现的，其对传统消极心理治疗的"反"是从价值观到理论及方法的改变。

如班卡特（P. Bankart）所言："心理治疗的过程和实质从根本上是由治疗师用来赋予他自身的生命以意义的那套价值观塑造的。"从某种程度上说，心理治疗模式的选择最终基于治疗师对人性的基本理论预设。以人性的优点与美德为出发点的积极心理学家，其心理治疗观必然也是将人的积极的、建设性的成长潜能作为基本的理论预设。

塞利格曼指出："治疗师们处理心理疾病时总是在一种修复损伤的'疾病－病患'框架下进行——受损的习惯、受损的驱力、受损的童年、受损的大脑。"而积极心理治疗则不仅是研究那些受损的部分，而且致力于研究人类的积极品质和美德；治疗不是修补错的，更是致力于发掘、培养、建构起那些积极的、正面的力量；通过发挥人类正向或积极的潜能——幸福感、自主、乐观、智慧、创造力、流畅感、快乐、生命意义等，以帮助来访者克服障碍。

积极心理学的人性观中其实暗含了一个治疗取向的问题：既然来访者自身具有美德和力量，则其本身即是最好的专家；治疗师的任务就是帮助来访者倾听自己内在的声音，发掘自身潜力。因此，与传统的医学治疗模式相比，积极心理治疗具有四个基本的理论假设：其一，积极临床

81

心理学关注生活中的日常问题，以及积极心理因素在减轻精神症状中的作用；其二，心理疾病与非病态心理问题二者没有类别差异，只是程度不同，心理的疾病到健康是一个连续统；其三，心理疾病不能等同于生理疾病，是与环境交互作用产生的；其四，治疗师的角色是教育者、咨询者、社会活动者，而不是医生，能够为来访者提供援助的也不仅是咨询室或医院。因此，治疗的任务是促进来访者发现自我的积极品质；治疗的目标不是如何判定来访者的症状，寻找痛苦的根源，而是帮助他们向积极健康的方向演进。提升来访者的幸福感，其实质就是在治疗病症，减轻痛苦；促进他们优秀个性品质的发挥，就是在解决心理问题，改善生活质量。因此，心理治疗师的任务"不仅是在减少负面因素，更是帮助来访者建立起愉快的、充实的、有意义的生活"。

这种治疗取向实质上蕴含并表达了积极心理学的一种元理论观点：人类作为自组织系统，具有朝向成长、发展、和谐的内在倾向。这一倾向是前摄的，并不会自动发生，它需要适合的社会环境。如果缺少环境支持，就可能产生负面结果。因此，心理治疗师所要做的就是为他们提供这样一个帮助他们发现内在自我的情境和过程。

在这一价值假设下，在方法上，积极心理学认同"心理治疗是奠基在科学之上的艺术"。科学并不是心理治疗的全景，心理治疗本身是一门艺术，是一种更深层次的表达——自身与他者联结的能力、成为完整的人的能力、能够面对存在困境的能力。因此，积极心理治疗是结合了科学和艺术的治疗体系。一方面，它认同并采用科学的研究方法，将治疗建立在科学的基础之上；但另一方面，它认为在治疗过程中咨—访二者之间的关系更为重要，即治疗成功的关键取决于治疗师的价值观和态度表达。这是一种帮助来访者重新理解生命意义和价值的艺术，而这是科学所无法实现的。

（三）积极心理治疗的方法论

塞利格曼曾将积极心理学喻为"一把大伞"，借用这一比喻，积极心理治疗技术也可谓是结合了当代各种治疗方法的一把"大伞"。伞柄是积极心理学的核心价值观，伞骨则是各种为实现积极心理治疗采用的各种方法和技术。

1. 积极心理治疗的方法论进路

虽遵循同一价值核心框架，积极心理治疗也由于各派系的理论取向及研究背景不同而展开了几条不同的方法论进路。

从主流心理学角度出发，塞利格曼等人建立了一套"积极临床心理学"理论，该理论认为，人类有着改变的力量，就是美德与人格力量。美德主要有 6 种，其下有 24 种人格力量特质。他们对心理问题与精神疾病的病因学提出的假设是：积极的人类美德与力量是对抗心理病理发生的有效缓冲器，某种美德或力量的缺失可能才是真正的心理失调错乱的根源。因此，发现、促进、提升个人的积极人格特质与美德是心理预防、干预最重要的途径。

从人本主义心理学角度出发，有的学者坚持将人的"自我实现的内在潜能"作为其元理论观点，认为每个人都有朝向成长和乐观发展的内在动力。人的自我实现潜能既可能得到社会环境的帮助和促进，也可能在其中受到伤害，这正是心理问题的源头。治疗师的角色和任务就是帮助来访者倾听他们内在的声音，使他们学会从内在的而非外在的角度出发评价自我体验。

从现象学、跨文化角度出发，德国学者佩塞施基安（Peseschkian）也发展出一整套积极心理治疗的理论和技术。佩塞施基安积极心理治疗的基本观点是：人人都具有两种基本能力——认识能力和爱的能力。人的心理疾病是由于这两种基本能力在不同的文化条件下分化为每个人的现实能力时而发生冲突的结果。因此，积极心理治疗的立足点就在于激发被治疗者的这两种积极的基本能力。但佩塞施基安的理论并未得到当前主流积极心理学的认可。有些英美学者认为其观点并非来自主流积极心理学传统，它的"积极"实质来源于"实在"一词，即"事实和给定""事实和给定之物不一定必然是障碍和紊乱，而是每个人与生俱来的种种能力。"这与主流积极心理学对"积极"的理解是不同的。有的学者说："这是对当代读者的一种误导……从积极心理学视角出发，我们认为佩塞施基安的积极心理治疗不是积极心理治疗。"

2. 积极心理治疗的方法与技术

理论进路的不同决定了积极心理治疗的具体方法和技术体现出积极的"拿来主义"特点。塞利格曼等人的"积极临床心理学"遵从一般的分类描述性科学临床研究，更致力于建构一套与医学治疗模式相对应的分类体系，建立可靠的、稳定的、合理的评估方法，开展前瞻性的纵向研究、经验方法以及干预的有效性研究等。他们编撰了《性格力量与美德：分类手册》（*Character Strengths and Virtues：A Handbook and Classification*），与以临床精神障碍为核心的美国精神疾病诊断标准（DSM）相对应。《性格力量与美德：分类手册》以人类的力量为核心，界定了人类力量与美德的概念，制订了人类美德与人格力量的分类目录，为构建和采纳积极临床心理学模式提供了可操作性基础。同时，塞利格曼也提出了一些积极临床心理学的心理治疗策略，如有效的心理治疗策略为关注权威形象、构建和谐关系、学习言语技巧、付费治疗、信任他人、鼓励病人自我暴露、为问题命名、学习语言表达小技巧等，而深度策略则是灌注希望、构建缓冲力量，以及叙事。这些策略也体现出他对人文取向的心理治疗方法的借鉴和采纳。美国学者约瑟夫（Joseph）和林利（Linley）等人的积极心理治疗则主要采用并深化了"来访者中心疗法"，但与人本主义不同的是，他们只是在理念上采纳了来访者中心疗法的基本概念和观点。他们认为在心理治疗过程中，治疗师应尊重来访者的实现潜能，关注其积极品质，创造无条件尊重情境，注重咨—访之间的互动关系。只要是在这一核心理念框架之下，各种技术都是可以采纳的。他们编制了一些测量量表（如幸福感量表、简短抑郁—快乐量表）等运用于心理治疗，将来访者中心疗法与认知行为主义、存在主义，甚至东方的禅修等多种心理治疗方法结合起来，反对宗派主义，提倡治疗方法的多元化，体现出"问题中心"的方法论取向。

（四）积极心理治疗的问题及其思考

有人把积极心理学的兴起看作一场拯救心理学的革命，有人认为它不过是"似曾相识燕归来"。作为心理治疗中的新成员，积极心理治疗有必要对自身存在的问题进行反省和思考。

1. 积极心理治疗向何处去

积极心理学正处于发展的十字路口，积极心理学未来发展会有四种可能性：一是与消极心理学在元心理学层面上完全合并而彻底消失；二是与消极心理学在元心理学层面上部分合并，即如同当前状况，研究者们认可两种心理学的观念，但研究焦点和方法依然并驾齐驱；三是积极心理学不能带来大家所期待的整合，而逐渐成为一个边缘化的领域。当前的积极心理治疗也面临着同样的困境和机遇。如前所述，积极心理学虽然从最初的人性观预设、理论观点就走上了与传统心理学不同的道路，但在心理治疗领域，积极心理学与传统心理学有着共同的目标——帮助来访者减轻痛苦。且不可否认的是，经过数十年的摸索和实践，在这一领域，医学治疗模式已然在理论的成熟度、技术可操作性上更具有优势，对于某些心理病症可能更加有效。因此，要全盘否定或取而代之是不可能的，积极心理治疗要能够获得长久健康的发展，最好的路径就是与之有效整合。

我们认为，二者的整合可以有四条进路：首先是治疗目标的整合。如果说医学治疗模式是让人们从"–5"到"0"，那么积极的治疗模式的目标则是从"+2"增进到"+6"。从心理连续统来考察，二者可以形成一个完整的整体，因此心理治疗的目标不仅是为了治愈来访者的心理伤痛，而且可以让他们生活得更加幸福。它并不是像传统心理治疗一般只关注病症的解决，也不是如积极心理学所认为的不重视症状及其原因，而是一个从解决问题入手帮助来访者走向幸福的历程。

其次是治疗思维的整合。医学模式以心理病理学为焦点，长期受传统概念化训练的治疗师们已经形成较为固定化的思维模式：他们关注的消极的"症状"及其建立在病理学之上的治疗方法，都已经内化为治疗的解决图式。积极的心理治疗以力量为关注点，在心理病理学的术语上，在对于"症状"的解读上，在寻求解决方法的思路上，都与传统的医学模式大为不同。但这两种思维模式其实是可以互为补充、相互促进的。治疗师在对来访者进行单维性症状测量的同时，也要测量其力量和积极特质；不仅应做出DSM的症状鉴别判断，也可以根据《性格力量与美德：分类手册》寻找他的积极因素。

再次是治疗方法的融合。传统心理学与积极心理学在治疗理念上的不同，并不能阻碍二者方法手段的相互借鉴与交融。如塞利格曼提出的有效的心理治疗策略对于传统心理治疗师而言就并不生疏，他们在日常的工作中经常会加以使用；再如焦点解决短期治疗（SFPT），其理论核心就是强调对事物的积极解释，通过改变认知、强化正面行为等行为主义的方法来帮助来访者寻找自身的积极力量，解决心理问题。

最后是对治疗因素的再认识。这里主要指的是来访者的消极的心理因素。消极的心理因素并不意味着其作用也是消极的，从进化论的观点看，消极情绪和经验对人的心理也起着一定的保护和提醒的作用。虽然早期的积极心理学认为这些不应该是研究的重点，对于心理治疗而言，更重要的是积极的力量和希望。但消极因素并不是没有意义，完全忽略是不应该也不允许的，一些学者的研究给我们一定的启示：如何对其做出合理的解释才是关键所在。因此，在心理治疗领域，必须把二者综合起来考虑。事实上，积极心理学自身也体现了这种悄然的转向：早期的积极心理学只关注积极品质，近五年来更多学者开始致力于人类心理的积极和消极两方面的研究。这种消极—积极—综合的趋势可以给积极心理治疗以新的启示。

2. 经验主义和人文主义方法论的整合问题

在积极心理学内部，其以经验主义为基础的和以人文主义为基础的两种方法论以其各自背景的不同，体现出了既统一又分裂的割据局面。以人的体验为核心的积极心理学一开始就举起科学的大旗，旗帜鲜明地站在了经验主义的立场之上。塞利格曼就曾经努力证实"积极心理学就是以良好的经验科学法则为本质特征的""我们，可以毫不脸红地说，首先是科学家。我们努力寻求支持与促进的工作，不是别的，正是可复制的、累积的和客观的"。这一方法论的表述，正是为了与现象学方法的人本主义相区别，以维护积极心理学的创新性和独立性。确实，阅读当代美国心理学的文章可以发现，许多积极心理学的文章是基于数据支撑的。然而在心理治疗领域，有一些问题无法回避，如"美德""力量"等这些涉及价值的核心概念是否能以科学的方式测量程度、证明正负？如何在治疗过程中予以恰当的操作性定义并加以运用。塞利格曼提出的三种深度策略，其意义和方法是直觉的、模糊的。一些学者认为这是"无法加以研究、训练和发展的"。其实，作为重视体验的心理流派，积极心理治疗是无法完全与现象学研究方法、质化的研究方法割裂关系的。

事实上，实证主义方法和人本主义方法是可以恰当结合的。前者关注个人层面的力量和美德，重视科学、量化、客观，是积极心理治疗操作性层面的重要途径；后者强调环境的影响，重视咨—访关系在治疗过程中的作用，其中表现出的人文关怀和人本精神，是积极心理治疗价值观层面的重要指导。如果将二者结合起来，核心思想坚持积极心理治疗观，治疗方法兼容并蓄，则积极心理治疗可能获得更大的成长空间。

除了研究方法层面外，从心理治疗的具体层面上说，积极心理治疗一直在探求一条科学与艺术相结合的治疗之径。的确，临床的心理治疗必须遵从一定的科学规律，心理治疗师首先必须是"科学家"，但他又可以表现出艺术家般灵动、敏感、独具个性和魅力的一面。这也给我们带来更多启示。心理治疗应是以问题为中心的，其解决途径不仅可以是科学—艺术的，同样也可以是哲学—技术的，宗教—常识的。在理论探索方面，心理治疗应力求科学性、哲学化、常识性，而在实际操作层面，则应建立综合性心理治疗模型，把握一切可用的、合理的手段，解决实际问题。

3. 积极心理治疗的普适性问题

毋庸置疑，经过 20 多年的发展和心理学界的大力推动，积极心理学已经由热门成为主流之一，心理治疗领域也出现了众多研究成果。但因为研究成果主要来自西方心理学界，引发了我们这样的思考：这些成果也同样适用于东方人群吗？首先，积极心理学的诸多概念，如心理幸福感、主观幸福感、力量特质等，是存在跨文化差异性的，某些在西方被认为重要的概念或特质在东方社会文化中则未必适用。如什么是幸福或不幸福，幸福或不幸的原因是什么，哪些是积极特质，哪些积极特质在治疗中的作用更大等，这些观念的认识是由社会文化价值体系建构的。因此在心理治疗的理论和方法论研究中不得不考虑到社会文化的影响，对于核心概念及方法等，亦需要做出跨文化的考量。其次，当前积极心理学许多积极特质的量表和积极干预方法的研究中，样本主要来源于西方白人大学生和网络，其结论具有一定的文化局限性，推广性尚值得商榷。因此，在引入或借鉴西方积极心理学量表作为测量工具时，必须持谨慎的态度，要考虑到其间可能存在的文化差异性及适用性。尤其是对于一些具体的治疗方法，更要考虑其是否适用于中国人群。如塞利格曼通过一系列实验证明了"积极疗法"（positive psychotherapy）的有效性，但其中的"感恩访问"，即通过写信并亲自登门拜访，将感恩大声朗读出来的形式则未必适用于更为含蓄的东方人，不易为来访者所接受。因此，对西方积极心理学理论、方法和研究成果需要有一个本土化的过程，同时更重要的是考虑如何将东方文化的精华融入积极心理治疗的范式之中，发展出更加适合东方人的积极心理治疗理论、方法。

积极心理治疗作为心理治疗的"另一支利箭"，为这一领域所带来的，与其说是理论、方法和技术上的改变，不如说是一种新的视角和新的任务。我们也希望，它能够带领当前的心理治疗走向更为宽广而深刻的发展空间。

第四节　自我效能感与主动性人格

一、自我效能感

自我效能感是美国著名心理学家班杜拉于 20 世纪 70 年代在其著作《思想和行动的社会基础——社会认知论》一书里提出的概念，他并在其以后的著作中逐步形成了自我效能感理论的框架体系。从 20 世纪 80 年代中期开始，工业和组织心理学家逐渐开始关注自我效能感在组织行为领域中的应用研究，比如自我效能感与工作绩效、工作态度及相关工作行为关系的研究。近年来，有关研究还呈现出逐年增多、研究范围逐渐细化的趋势。目前，世界经济结构的调整、市场竞争的日趋激烈、组织变革的频繁，以及科学技术的不断发展，都迫切要求人们不断提高工作或职业的自我效能。

（一）关于自我效能感本质和内涵的研究

从班杜拉提出自我效能感概念以来，学术界对自我效能感本质和概念体系的认识呈现出多样化和多角度的态势。

1. 对自我效能感本质的认识

自我效能感指的是"个体对影响自己生活的事件，以及对自己的生活水平施加控制力的信念"，也即"个体对自己能够按指定水平来执行某个行动的信心"。管理者的自我效能感是指"管理者对能否利用自己的能力或技能去完成管理任务的自信程度的评价"。因此，自我效能感并非一个人的真实能力，而是这个人对自己行为能力的评估和信心。班杜拉认为自我效能感是对自己的能力进行衡量与评价的结果，而这种结果又转而调节人们对行为的选择、投入努力的大小，并且决定其在特定任务中所表现出的能力，即自我效能感是一个动态的概念，并随新信息的获得而发生变化。一种行为的启动和行为过程的维持，主要取决于行为者对自己相关行为技能的预期和信念。高自我效能感将产生出足以争取成功的努力，成功的结果将会进一步强化自我成功的期望；反之，低自我效能感可能造成提前停止努力，导致失败，并由此削弱对自己胜任力的期望。也就是说，对于先天素质基础相近的人，那些对自己不信任的人则往往与成功无缘。

2. 对自我效能感内涵和分类的主要观点

目前，自我效能感一般分为特定的自我效能感和概括化的自我效能感。班杜拉认为自我效能感反映的是个体在从事特定水平的特定任务时的能力信念，所以，其有时又被称作特定的自我效能感。特定的自我效能是一种暂时的期待，意味着在个体投入努力之前对于成功的可能性的判断，与绩效有着密切的关系。大量研究证明特定的自我效能感是员工绩效的可靠预测指标，可以解释与工作行为相关的28%的员工问题，并且有大量的实证研究表明在组织情境中对自我效能感进行干预会显著地促进任务绩效。自我效能感还可以被视作一种特质，一些学者提出概括化的自我效能感是个体特有的、稳定的认知，反映了个体在不同的成就情境中，对自己是否具有成功完成工作要求能力的期望，具有高概括化自我效能感的个体则更可能在不同的情境中成功。概括化的自我效能感以特定的自我效能感为基础，通过在不同领域中的成就行为而得到。近年来，由于群体在组织中的地位越来越高，于是又衍生出了群体效能感的概念，一些研究探讨了群体效能感与工作行为及其他变量之间的关系，发现了群体效能感显著的中介作用。

（二）自我效能感在组织行为中的前沿地位和热点研究领域

1. 自我效能感测量的理论研究和工具开发面临的挑战

自我效能感的测量需要直接针对所研究领域的工作活动和行为，它不是一个人直接对自己某方面能力的评估，而是对某些特定活动和行为能够做得怎么样的自我评估。故要测量自我效能感，首先要确定所研究的具体任务领域；其次，要确定这种任务领域所包括的系列活动，且这些活动必须能够涵盖所研究任务领域的所有方面，以及必须具有一定的难度。这就是自我效能感测量所必须遵循的两项原则，即"领域特殊性"和"领域完整性"。传统自我效能感的测量主要包括两个部分：水平和强度。这两种测量形式要求被试者首先判断自己能否完成该项工作活动（水平），然后，再判断自己完成这项活动的信心有多大（强度）。到20世纪90年代中后期，一些研究者发现，用单一、多等级的李克特量表测量自我效能感也同样有效。班杜拉对此也表示认同。所以，现在的研究者在测量自我效能感时，一般采用单一的李克特量表形式。由于自我效能感处于情景依赖的条件下，在水平、强度和广度等方面都呈现出不断动态变化的特点，因此，探索适应动态变化的量化测试量表和工具具有较大难度，并日益成为组织行为学领域的前沿课题。

2. 员工自我效能感和绩效的相关性研究

自我效能感是目标与工作绩效的中介机制，近年来，工作动机理论出现了融合的现象，产生了很多综合性的激励理论。同时，在实证研究中也表现出跨理论的趋势。一些学者认为这是由于理论本身存在结合点，才使其逐渐地在目标—自我效能感—工作绩效这条逻辑主线上达成一致。实证研究也表明，目标设置通过自我效能感这一中介能对员工的绩效产生影响。目标设置是现代工作动机研究领域里的中心滑梯，其通过影响行动的方向、紧张与持续的时间来影响行动。在组织情景中存在两种类型的目标：组织目标与个体目标。具有挑战性且同时又可以达到的组织目标才能发展成为个体目标，如再加上高自我效能感的配合就会形成非常强的动机力量，从而产生高绩效。自我效能感在其中起着关键的作用，既是根据外部标准（即组织目标）进行自我评价的基础，又是建立及调整个体目标的主要依据。

工作复杂性是自我效能感与工作绩效关系的重要调节变量。不同水平（低、中、高）的任务都反映出自我绩效感与工作绩效的显著相关，但任务复杂性越高，自我效能感与工作绩效之间的关系越弱。自我效能感作用的前提是行为者必须获得关于其所从事任务的信息，而不同的任务在复杂性水平上的差异很大。高复杂性的工作要求行为者具备更多的知识，进行认知加工，坚持个体的投入。所以，不同的任务复杂性可影响到自我效能感的判断。

以上研究结论认为，任务复杂性对自我效能感与工作绩效之间的调节作用可通过以下潜在机制发挥作用：①任务策略。个体在不同复杂性水平的任务中所形成的应对策略的性质与快慢存在差异，高自我效能感的个体比低自我效能感的个体形成的策略更有效。②关注倾向。复杂性不同的任务所要求的认知活动的适应水平也不同。在复杂任务中，有自我倾向的个体更会停留在其个体缺陷方面，并将环境的要求看得比实际情况更悲观，结果会令其更多地去关注个体的缺陷及可能出现的不利结果，而没有将注意力置于任务所要求的有效策略方面。③能力概念。持发展观的个体更倾向于在复杂任务中，具有较高的自我效能感并发展有效的应对策略。④学习阶段。在复杂任务中，自我效能感与学习的不同阶段的关系是不一样的，自我效能感在学习的早期阶段具有更重要的作用；而在学习的晚期阶段，个体对任务已很熟悉，工作变成了一种常规性的过程，这时自我效能感的作用便会下降。

（三）自我效能感的干预方式研究

目前，对个体的自我效能感进行干预的方法主要有三种：①给个体提供有关任务特征、任务复杂程度和任务环境等信息，并指导其如何更好地控制这些因素；②提供培训以直接提高个体工作能力，或指导个体如何恰当地运用能力去完成工作；③帮助个体了解完成任务所需的行为策略、分析策略和心理策略。前两种方法主要包括一些常规的做法，如在职培训、工作模拟和示范、运用评价技术和设置评价中心，以及实施导师制、开展咨询、进行工作轮换和实习等。但由于自我效能感是个体对自己完成任务或工作的自信程度的评价，因此，个体因素对其自我效能感的改善至关重要。上述第三种方法主要是针对那些可塑的和内在的因素，且这些因素是个体可控的，并对自我效能感有最为直接和明显的影响。这种方法主要包括：运用咨询和指导等劝阻形式，帮助个体理解行为策略（如观看示范）、分析策略（如参与决策程序）以及心理策略（如放松心理）的优势与不足，并学会适时加以综合运用。同时，通过培训改变个体错误的归因，提高其动机水平；设置合理的阶段性目标，以使其获取成功的经验；运用积极的反馈方式，使个体感觉到组织的积极支持等。

（四）相关研究存在的问题及其发展趋势

尽管自我效能感的理论和测评已经成为组织行为学领域中的热点问题，并获得了广泛的应用，但已有的研究热点和研究方法还不可避免地存在着一些问题，需要逐渐完善。

（1）应用领域逐渐从教育领域转向组织管理领域。目前，自我效能感理论主要在教育领域中得到重视和应用，且有关应用集中在自我效能感是如何影响学生的学习动机、付出的努力以及学习成绩的提高上的。这主要从两个角度来研究，即教师教学自我效能感与学生学习自我效能感，以及自我效能感在大学生职业选择中的应用研究。近年来，此应用范围逐渐扩展到组织管理领域，管理自我效能感的研究逐渐跃入学术界的视野。美国学者罗伯逊（Robertson）等人进行的现场研究、荷兰学者科曼（Koeman）等人对荷兰女性管理者的研究，以及美国学者博亚特兹（Boyatzis）对在 12 个国家的不同组织中的 41 个不同职位上工作的 2000 名管理者进行的研究，都证明了管理自我效能感与管理绩效之间存在着明显的正相关，但对两者之间的作用机理还亟待研究，这也恰恰成为未来的研究热点之一。具体来看，管理组织效能与胜任力素质之间的关联、自我效能感与员工职业发展、管理自我效能感与员工招聘和培训，以及管理自我效能感与组织绩效等将成为组织行为学和管理学未来研究新的重要前沿性问题和难点问题。

（2）对如何测量管理自我效能感还没有达成共识，对自我效能感的测量并不是测量个体拥有多少技能，而是测量个体运用所拥有的技能去完成特定工作行为的自信程度，所以要开展有关测量首先要确定所研究的具体任务领域。这是因为不同的任务领域，自我效能感的测量是不同的，也就是说没有一个统一的、普适性的自我效能感量表。其次，由于中西方存在着文化差异，经济发展水平相差较大，管理者的核心任务可能有所不同，这也会对自我效能感的测量带来偏差。如中国社会相对来说是一个人情与关系趋向的社会，因此，处理人际关系协调可能对中国管理者就显得更为重要。要研究测量中国企业管理者的自我效能感，首先必须确定其需要完成哪些核心任务。

（3）偏重模拟研究，现场研究少。西方国家的有关学者多采用实验室模拟的研究方法，但实验对象多为心理学专业的大学生，故其研究缺乏普遍性。尽管模拟研究可以揭示因素之间的关系，但是模拟研究毕竟不同于现场研究（尤其在组织行为研究领域），因此，如果缺乏现场研究的成果，就可能削弱自我效能感理论对组织管理的实际指导意义。

（4）自我效能感的实证干预研究比较少。如果干预研究的问题解决不了，将会限制自我效能感理论在工业和组织行为研究领域中的效用。

（5）复杂任务领域自我效能感研究和现场研究较少。目前，如何准确地测量个体在复杂任务领域的自我效能感，以及职业自我效能感还有待深入研究。

随着工作团队、虚拟组织和无边界组织等新型组织的不断涌现，组织中所需的人力资源是高度必需与自主存在的（即自我指向与自我控制），从而使自我效能感理论在组织理论研究中拥有核心地位以及广泛的应用前途。近 20 多年来，研究者们对自我效能感广泛关注，并取得了丰富的研究成果。在未来，该理论势必还会得到更多的关注和应用，如从研究一个大学生的成才（具体到不同学科、类型和素质不同的学生）到一个企业员工的职业生涯设计和管理层的有效管理，再到各种人群，包括一些有心理障碍的人群的治疗，或者是儿童教育，无论是商业领域、教育领域还是生理学领域自我效能感都存在着研究的可能性和必要性。可以预见，今后自我效能感研究在组织行为领域将具有重要的学术价值和广阔的应用前景。

二、主动性人格

随着积极心理学运动的兴起，积极组织行为学产生并迅速发展。积极组织行为学主要是通过激发和运用员工积极的优势和心理能力，以促进组织的快速健康发展的。在这个背景下，越来越多的研究者开始关注员工的个人主动性这一积极力量，而作为个人主动性的重要心理驱动——主动性人格，由于对工作绩效、职业生涯、创业、领导力等均有积极的影响，因此，成为积极组织行为学一个新的研究视角。

长久以来，组织行为学将研究重点放在对员工负面障碍问题的解决上，主要研究如何激励那些处于边缘状态的缺乏工作动力的员工；如何有效地解决工作中的冲突、压力和工作倦怠；如何改进不良的态度和对组织变革的抵制等。直到2002年，在积极心理学运动的影响下，卢桑斯提出了积极组织行为学概念后情况才发生改变，人们开始把研究重点转移到员工的积极优势和心理能力上来。受此影响，员工的主动性这一积极力量受到越来越多的关注。同时，主动性人格也进入研究者的视线，成为积极组织行为学新的研究视角。

（一）主动性人格的内涵以及特点

根据互动论，人并不总是被动地接受环境因素的制约的；相反，他们可以有意识地和主动地改变外部环境（既包括物理环境，也包括社会环境）。贝特曼等人（1993）将个体主动改变环境的行为视为一种相对稳定的个人特质或行为倾向的结果，他们将这种特质称为主动性人格，意指个体不受情境阻力的制约，主动采取行动以改变其外部环境的倾向性。另外，与其他类型的人格特质相类似，尽管具体的主动行为可能存在着一定的差异，但它们都反映了一种基本的行为趋势或倾向。

美国学者斯潘塞（Spencer）（1993）提出了西方企业家通用胜任特征模型，包括：自信、指挥、主动、捕捉机遇、寻求信息、组织意识、影响他人、自我控制、自我教育。我国学者时勘等人分别对通信业高层管理者、家族企业高层管理者的胜任特征模型进行了探讨，研究结果显示，这两类管理者胜任特征模型中均包含主动性。学者潘文安（2005）的研究结果显示，我国IT业项目经理人胜任特征模型包含行为主动性。博尔曼（Borman）认为，工作绩效包括任务绩效与关系绩效，任务绩效是指员工任务完成情况或职务履行结果，即员工通过直接的生产、服务活动对组织所做的贡献；而关系绩效并非直接的生产和服务活动，而是构成组织的社会、心理背景的行为，例如工作中的主动性、合作性、利他行为。这些研究表明，在组织管理中，主动行为、个人主动性具有十分重要的作用。

此外，坎贝尔（Campbell）（2000）在总结以往相关研究的基础上，认为具有主动性人格的个体具有以下五方面的核心特征：（1）能够胜任自己的工作，展现出高水平的专业技术、组织和问题解决能力以及卓越的绩效；（2）具有人际胜任力、领导能力和可信赖性；（3）表现出高水平的组织目标承诺和对组织成功的责任感，具有与组织相一致的价值观和积极的工作态度；（4）拥有积极进取的品质，如主动性、独立判断、高水平的工作投入及工作卷入、勇于说出自己的想法等；（5）展现出正直、诚信的品质，并具有更高的价值追求。

（二）主动性人格在组织行为中的应用研究

通观国内外的研究情况，主动性人格已经应用到组织行为中的许多领域，如职业生涯成功、工作绩效、创业、领导力、新员工适应性、职业倦怠、团队效能等方面。

1. 主动性人格和职业生涯成功

传统职业生涯成功往往等同于薪资提高、职位级别提升等，而忽视了人们的心理感受，这已经不能涵盖现在职业生涯成功的所有内涵。赛博特（Seibert）等人指出，职业生涯成功应该通过内外评价标准进行研究。外部职业生涯成功也称客观职业生涯成功，是指从工作中获得的工具性报酬以及客观的可观察的职业成果，一般是通过薪资水平和晋升次数来衡量；而内部职业生涯成功也称主观职业生涯成功，是指个人根据自己的职业目标和期望所做出的积极主观评价及感受，主要通过职业满意度指标来衡量。

赛博特，克兰特（Crant）和克拉默（Kraimer）（1999）在贾奇（1995）提出的职业生涯成功模型的基础上，运用层级回归方法控制了无关变量后，发现主动性人格对职业生涯成功有积极影响和明显的预测作用。2001年赛博特等人探求造成这些结果的原因，并建立了一个主动性人格和职业生涯成功间行为作用机制的模型。研究者将职业生涯成功分为内部（职业满意度）和外部（薪资和提升次数）两种衡量指标，并假定主动性人格通过3个行为变量（申诉、创新、职业进取）和一个认知变量（政治知识）来影响职业生涯成功，运用纵向研究和结构方程验证了此模型。该研究发现主动性人格与创新、政治知识、职业进取有着较强的正向关系，创新、政治知识、职业进取又对职业生涯进步和职业满意度有着积极影响。此研究表明，特定的主动性行为能够给职业生涯成功创造有利条件，给个人和组织的发展带来更多启示。

贝林（Berrin）等人（2005）在一项关于人格组织环境一致性、人格工作一致性与职业生涯成功的研究中，进一步研究了主动性人格与职业生涯成功关系的一些中介变量。研究结果表明当个体的人格与组织一致性较高时，主动性人格与职业满意度间存在显著相关；具有主动性人格的个体，其价值观与组织相符，而且能力可满足组织需要时，主动性人格与职业生涯成功存在显著相关。

2. 主动性人格与工作绩效

许多研究证明主动性人格对工作绩效有显著的预测性。克兰特（1995）通过对131名房地产推销员为期9个月的纵向研究，以他们的房地产销售数量签订的合同清单、获得的佣金收入作为其客观工作绩效指标，检验了主动性人格与客观工作绩效间的关系。研究者在控制了经验、尽责性、外向性、社会赞许性之后，发现主动性人格解释了个人工作绩效8%的变异。此研究表明，主动性人格可以有效地预测个体的工作绩效。汤普森（Thompson）（2005）从社会资本角度，提出了一个主动性人格通过中介对工作绩效影响的模型。汤普森认为，一方面，关系建构可以直接促进个体工作绩效的提高，例如，员工可以通过与上级建立良好的关系从而提高上级对其绩效的评定；另一方面，关系建构为员工提供更多的社会工作支持，使他们在工作中能容易采取主动行为，从而提高其工作绩效。汤普森将来自教育、保险，银行等不同行业的126名员工及其直接上级作为研究对象，并由员工的直接上级来评定其工作绩效，研究结果支持了此模型。汤普森选取多种不同行业的员工为被试，把克兰特的研究结果推广到更广泛的工作环境中；汤普森的研究表明主动性人格不仅会影响客观量化的绩效指标，也会对上级的主观评定产生影响；

同时还证明了，主动性人格通过相应的中介行为变量来影响个体的工作绩效。

柯克曼（Kirkman）和罗森（Rosen）（1999）对来自4个不同组织的101个正式工作团队进行了现场研究。研究数据表明，团队水平的主动性与团队授权呈正向关系，并且团队主动性对一些重要的团队结果有着积极影响，包括团队生产率与客户服务。高主动性的团队有较高水平的工作满意度、组织承诺、团队承诺。此研究首次探讨了团队水平的主动性，研究证明了主动性对工作团队的重要性，主动性与团队生产率、客户服务之间的强烈关系表明了高主动性团队比低主动性团队更有效率，更容易获得较高的工作绩效。

3. 主动性人格与创业

从以往的研究中发现，主动性人格对个体的创业意向，创业过程以及创业结果均存在一定的正面影响。以大学生和MBA学员为研究对象，考察主动性人格与创业意向之间的关系，研究发现，主动性人格与创业意向间存在正相关；而且在控制了性别、教育水平，以及父母一方为企业家等额外变量之后，层次分析的结果表明，主动性人格解释了创业意愿17%的变异。贝赫勒（Becherer）等人（1999）以215家小公司的总经理为被试者，探讨了主动性人格与创业行为之间的关系。研究结果显示，公司总经理的主动性人格与公司销售额呈显著正相关。基崔（Kichul）等人（2002）同样采用小型企业总经理为样本，研究了创业过程中创业者的人格、战略定位和创新性间的相互关系。结果发现，先攻型战略是创业者的主动性人格影响创业过程中的创新行为的中介变量。学者陈美君（2009）对大学生主动性人格与创业关系的研究表明，主动性人格对创业意向有显著的预测作用；创业态度和创业自我效能感在主动性人格与创业意向间起部分中介作用。

4. 主动性人格与领导力

研究表明，主动性人格与个体领导能力间有显著的相关，领导者的主动性人格会影响他人对其领导能力、领导效率的感知。贝特曼和克兰特（1993）通过对MBA学员的研究发现，个体主动性人格量表上的得分与被同伴知觉为变革型领导之间存在显著相关。戴尔哥等人（1998）研究了美国总统的主动性人格得分和魅力型领导及总统业绩评定间的关系，研究发现，主动性人格得分与总统的魅力型领导评定和业绩评定均存在显著正相关。贝特曼和克兰特（2000）对主动性人格与魅力型领导知觉间的关系进行了研究，层级回归的结果显示，主动性人格所解释的变异，比诸多额外变量（大五人格因素、角色内行为、社会称许性）分别解释的变异要大。

5. 主动性人格与新员工适应性

有研究采用纵向设计考察了组织进入过程中主动性人格、进入前的知识等因素对新员工适应性的影响。其中适应性的指标包括工作熟练度、角色清晰性、工作团体整合和政治知识等近变量以及组织承诺、工作撤出行为和离职等远变量。结果发现：主动性人格与工作熟练度、团体整合及政治知识均存在显著的正相关，并且工作熟练度对主动性人格与工作撤出行为的关系具有部分中介作用，工作团体整合对主动性人格与组织承诺的关系具有部分中介作用。可见，主动性人格有助于新员工尽快地掌握工作和融入新的工作团体，进而改善他们的相关工作态度和行为。

主动性人格是积极组织行为学研究中尤为重要的定义，把握主动性人格的相关知识会使我们更全面地了解积极组织行为学。

第五章 积极组织行为学的动力学

第一节 积极组织中的压力

一、压力的产生

压力（stress）研究方面最权威的学者、心脏病专家罗伯特·埃利奥特（Robert Elliot）给出了解决压力的处方："第一条戒律，别为小事烦恼；第二条戒律，所有的事情都是小事。如果你无法对抗也无法逃避，那么就顺其自然。"然而目前组织中真正出现的情况是，"小事"困扰着员工，员工也没有"顺其自然"。压力已经成为当今最流行的词语和理所当然的关注焦点。

二、当代环境的要求

相当多的证据表明，大多数经理人有工作压力，而近来的环境正使这一情形变得更糟。例如，全球化和战略联盟使管理者奔波旅行的压力以及频繁搬家的情况剧增。由先进信息技术带来的另一个重要的环境影响催生了一个新概念——技术压力（technostress）。民意测验表明，爆炸式的技术发展给各层次的员工都带来了种种问题：

①隐私丧失；

②信息泛滥；

③缺乏面对面的接触；

④必须不断学习新技能；

⑤由于缺少知识而不能获得晋升。

虽然近些年来对安全和隐私的需求已经有所增加，许多雇主仍然对雇员进行紧密的监控，以防雇员窃取公司信息，或由于浏览与工作无关的网页而致使生产率下降。最近一项关于工作场所表现的调查发现，几乎有四分之三的雇主至少会在某些时候监控雇员对于网络的使用。正如太阳微系统公司的首席执行官斯科特·麦克尼利所言："你没有隐私，接受现实吧！"除了全球化和先进信息技术，有证据表明劳动力的多样化也会导致特定的压力问题，不断被迫加班的员工表现出更高的压力水平。调查指出，只有不到三分之一的美国人的工作方式是传统的每天朝九晚五，相对于其他发达国家，美国人的休假时间要少很多（美国只有两周，而意大利有六周，英国有四周，日本也有三周多）。近期的研究表明，对于一些管理人员而言，过多的工作时间，有时甚至放弃法定的假期，这一切都是他们自己强加给自己的，他们因此而获得了金钱和心理上的奖励。但是，也有证据表明，长时间的工作以及竞争性的工作压力正在透支他们的生命。近期研究指出，工作要求与精疲力竭有直接关系，而且一项大规模的调查发现，如果要求在下面两者之间进行选择——工作两周并付给额外报酬，或休假两周——美国人中选择后者的人数是前者的两倍。

压力不仅对于受害者本人及其家庭有极坏的影响，而且对组织的损害也很大。纽约医学院压力协会会长最近在提到美国工作场所因为压力所付出的代价时指出：

通过对缺勤率、员工离职率、直接的医疗费用、员工的薪水及其他法定的费用、生产率下降、事故等方面的估算，估计每年将近有 2000 亿到 3000 亿美元的损失，而且这些问题在整个公司分布很广，从邮件收发室一直到管理层。

欧盟同样感受到了这种压力。欧盟最近的一项报告指出，压力是第二大最常见的威胁职业健康的病症（背痛位居第一），在欧盟，工作日缺勤中至少有一半可以归为压力。也就是说，工作场所的压力似乎越来越糟，代价不断增加。然而，在详细讨论压力的问题之前，我们有必要介绍一下压力的确切含义。

三、什么是压力

通常，压力被认为是一个贬义词。人们认为压力是由一些不好的东西引起的（例如，一个大学生被留校察看，爱人病得很重，或者老板正式批评下属的绩效太差）。这样的压力的确带来苦恼。但是，压力也有好处，例如，一个大学生名列教务主任的表扬名单上；一个有魅力的、令人尊敬的熟人邀你面谈；一个员工获得了晋升。这样的压力就是良性压力（eustress）。括号中的这个词是压力研究的先驱从希腊词根 "eu" 创造来的，意味着 "良好"。关于工作场所的压力，近来康奈尔大学的研究者们完成了一项针对 1800 名经理人的大型研究，明确了 "坏" 压力的例子，如办公室政治、官僚主义、停滞不前的职业生涯；也明确了 "良性" 压力的例子，如增加工作职责带来的挑战、时间压力和高质量的任务。最近的一项元分析发现，障碍性压力源（hindrance stressors）（组织政治、官僚主义、角色模糊，以及一般来讲可能会阻碍个人成长和目标达成的不必要的要求）对动机和绩效有消极的影响；另一方面，挑战性压力源（challenge stressors）（高工作负荷、时间压力、高度问责，以及一般来讲被看作为了学习和成就而需要克服的障碍）对动机和绩效则有积极的影响。

另一种有趣的描述区分了两种类型的能量——"紧张能量"（tenseenergy，一种压力驱动的状态，可以用一种对压力和焦虑的持续感知来形容）和 "平静能量"（calmenergy，一种压力释放的 "畅流" 状态，表现为较低的肌肉紧张度、意识警觉、平静的身体感觉、创造性智力的增强、身体活力以及深深的幸福感）。也就是说，可以从许多不同角度来看待压力，而科学词典里所描述的压力是最不精确的。压力这个词也可以和过失（sin）这个词做比较：两个词都很简短，都是关于情绪的词，但都可以用来指代那些需要很多词才能说清楚的事情。

美国学者伊万切维奇（Ivancevich）和马特森（Matheson）把压力简单定义为 "个体和环境的交互作用"，然后继续详细定义压力在工作方面的含义 "一种适应性反应，受个体差异或心理过程的调节，即任何外部（环境的）行动、情境或事件导致的人在心理或生理方面出现的极端结果"。注意，这个定义中有三个关键成分：（1）它指的是对情境或事件的反应，而不是情境或事件本身；（2）它强调了压力可能受个体差异影响；（3）它着重指出 "过度的心理或生理要求"，因为只有特殊或不一般的情境（与小的生活调适相对）才能够真正产生所谓的压力。

在另外一个定义中，美国学者比尔（Bill）和纽曼（Newman）把工作压力定义为 "因为人与其工作的相互作用而产生的一种情况，表现为人自身发生了变化，这种变化迫使人们偏离了正常的功能"。这样压力就可以定义为对于外部情境的一种适应性反应，它导致了组织成员生理、心理或行为上的变化。

同样重要且需要指出的是：

压力不是简单的焦虑。焦虑仅仅是情绪和心理范围的变化，而压力还引起了生理方面的变化。因此，压力可以伴有焦虑，但是两者并不等同。

压力不是简单的神经紧张。和焦虑一样，神经紧张可能是由于压力，但是二者并不相同。无意识状态下人们会表现出压力，但有些人能够很好地进行"控制"，而不会表现出神经紧张。

压力不一定是破坏性的、不良的或是需要避免的。良性压力并不是破坏的或者不良的，而是人们需要得到而不必要避免的东西。当然，关键在于一个人如何处理压力。压力总是不可避免的；苦恼是可以预防和有效控制的。

四、整体压力模型的扩展

行为研究中的积极运动强调了情感、态度和行为等因素，相对于传统研究把重点放在病理学上而言，积极运动所强调的情感、态度和行为等因素可帮助人们提升幸福感、发展积极的方面，甚至可以促进组织繁荣；而病理学研究取向则会使个体缺少让生活更有意义的积极特征。研究者已经对人们在面临灾难和逆境时如何生存和应对这一问题有了相当多的了解和认识，但对一般人在复杂环境下如何苗壮成长却知之甚少。积极心理学主张除了要修正工作和职业生涯中的消极方面以外，构建积极的个体和工作场所品质更是当务之急（Seligman & Csikszentmihalyi，2000）。因此，对这些可以提升工作业绩的个体积极品质的研究和应用称为"积极组织行为学"（Luthans，2002）。

工作压力模型提供了一个极好的思路来解释工作中的需求是如何表现出积极和消极反应的，而这些压力反应最终又是如何影响工作结果的。我们将讨论有关工作和压力研究的一些新方向，这些新的研究方向和积极组织行为学所倡导的内容是一致的。我们的组织框架是整体压力模型（holistic stress model），在该模型中既包含积极的压力反应，也包含消极的压力反应，而压力反应的形式可以是心理状态、情绪、态度和行为等形式。本章主要关注积极的压力反应以及这些反应对工作绩效和健康的影响。我们将通过对积极概念的详细解释来进一步拓展整体压力模型。同时，期望调整（expectation alignment）这一概念在压力反应和后果变量之间扮演调节变量的角色。

在此，我们将简要阐述此模型的核心原则，包括：

（1）工作要求或工作压力源在本质上是中性的。

（2）对任何既定的工作要求或压力源的认知评价会同时产生积极和消极的压力反应。这种对工作要求的回应是基于个体对工作中某一事件或某一目标所产生的喜好程度或厌恶程度而产生的，因而这种回应具有积极效价或者消极效价。

（3）个体差异或个体特质会影响其对工作要求评价的方式，因此，个体差异或特质在工作要求和压力反应间起调节作用。

（4）积极的压力反应和消极的压力反应都是复杂的，并且这两种反应是混合在一起的。因此，这些反应会以各种不同的生理、心理和行为指标来显现。对于任何特定的工作要求也都会呈现出不同程度的积极反应指标和消极反应指标。

（5）个人能够选择方法以消除或减轻他们对工作要求所产生的消极反应，或者加强或潜在地抑制他们对工作要求所产生的积极反应。这些方法既可以侧重于对工作要求的感知，也可以侧重于对压力反应的感知。

（6）积极反应和消极反应对工作中后果变量有不同的影响。

（7）压力反应和结果变量之间的关系会受到组织中显性契约和隐形契约的影响，这是因为显性契约和隐形契约影响到工作中员工被期望做的事情以及员工所真正接纳的事情。

虽然组织行为学领域已经涉及了一些积极的构念（比如满意度、公民行为、正向情感等），但是这些构念往往嵌入在压力的功能性障碍和病态模型之中。以此为鉴，积极组织行为学应该避免已有工作压力模型的缺陷。对于人类行为而言，积极组织行为学必须提供更加均衡的观点从而增加其可信度。而我们认为，整体压力模型通过对积极取向和消极取向的整合回应了这种呼声（Wright，2003）。

（一）压力和负性压力：基本的理论基础

压力是指个体在高要求或紧急情境下自然产生的身心反应，这种身心反应可能是长期性的，也可能是偶然性的（Quick et al.，1987）。这种对压力定义的界定，其优势在于它提出了一个我们常见的刺激—反应框架（stimulus-response framework）。暂且不说对压力的不同描述，我们可以把压力看作一个对情境做出反应的过程。这里面的情境也就是那些能够引起个体身体上或心理上反应的刺激，通常被称为压力源或要求。工作要求主要表现为角色要求、人际要求、体能要求、工作政策和工作条件（Bamett，1998；Quick et al.，2000）。

当一个人遇到压力源时，他会就其对于幸福的重要性进行评估，这一评估过程实质上就是认知的评估。当个体对所感知到的压力源进行评估时，其危害性或伤害性会产生消极的反应，这种反应通常被称为负性压力（distress）。而对负性压力的研究大多数集中在它与不良健康之类的后果变量、旷工和离职行为等关系的研究（Quick et al.，2000）。就此而论，负性压力是消极的、功能失调的（即"坏"的压力）。

（二）良性压力：对压力的积极应对

有人指出除了有负性压力之外，还有正性的压力（Selye，1976a，1976b），这种正性的压力被称为"良性压力"，经常与健康、积极的后果变量联系在一起。如果人们把遇到的压力所带来的后果看作积极的，即压力可以维持或提升他们的幸福，或者有助于他们这样做，那么这就出现了对压力源的积极评估。作为对压力积极评估而产生的积极反应的指标，他们建议采取积极或愉快的心理状态和态度。在对良性压力的研究中，一个主要问题就是同时建立积极的和消极的心理状态，而不是仅仅通过对负性状态的忽视来展示良性压力。积极（良性压力）和消极（负性压力）状态并不是代表一个连续体相反的两端，而可能是两个截然不同的构念，这就需要我们采用相互独立的多元指标对它们进行测量。

我们用浴缸作为比喻来阐释良性压力和负性压力两个不同构念的要点所在。当我们准备洗澡时，最起码我们首先要考虑两件事情：一是浴缸中水的多少，二是浴缸中水的温度。浴缸中水的多少主要取决于两个因素：浴缸的进水量和随着时间的推移浴缸所排出的水量。同样，同时流入浴缸的热水流量和冷水流量决定了浴缸中水的温度。如果我们把对压力的研究比作对浴缸中水的研究，那么我们目前的研究取向就好比是只对浴缸中的冷水阀进行研究——即对负性压力的研究。我们对冷水的来源有很深入的了解，我们可以告诉人们如何减少浴缸中冷水的流入量或增加冷水的排出量。此外，我们对于长时间坐在盛满冷水的浴缸中对个体生理、行为和心理层面所造成的后果也有相当多的了解。我们对于冷水（负性压力）的了解很重要，但这并不能对浴缸中的水（压力）有一个全面的了解。一个比较完整的模型需要认识到浴缸中确实有两个水阀——冷水阀和热水阀，并且这两个水阀都是必要的，这样才能达到合适的水位和水温，从而能够有舒服的洗澡体验。

积极组织行为学围绕着包括价值的主观经验进行研究。这种结合主观经验的压力研究取向是一种最常用的认知评价取向。这在理查德·拉扎勒斯（Richard Lazarus）（1966）的研究中有所体现。这种对压力理解的认知评价取向其实质在于人们对所遇到的压力源会有不同的反应，这取决于他们对相关压力源的评估是积极的还是消极的。虽然拉扎勒斯承认了存在积极的压力反应，但他和绝大多数的压力研究者一样，把研究的重点仅仅放在消极的压力反应上。

当一个人遇到压力时，他会就其对于幸福的重要意义来进行评估。拉扎勒斯和福尔克曼（Folkman）（1984）认为，如果个体认为对压力源的评估和幸福相关，那么由于个人因素和情境因素的影响，这种评估就会很复杂。他们从本质上描述了两种类型的评估和相关的反应模式：积极的评估和紧张的评估。

如果人们对遇到的压力所产生的后果作积极的解释，那么就会发生积极的评估。也就是说，如果所遇到的压力可以维持或提升人们的幸福感，或者保证他们可以那样做，那么就会产生对压力的积极评估（Lazarus & Folkman，1984：32）。拉扎勒斯和福尔克曼建议采用积极的或令人愉悦的心理状态作为积极评估的指标（比如愉快兴奋）。

紧张的评估也可以被认为是消极的评估，其中包括伤害/损失、威胁和挑战。伤害/损失评估是指压力已经对人造成一定的危害或损伤（例如受伤、病痛、失去爱人或伤害自尊）。威胁评估则是指伤害或者损失虽然还没有发生，但个体已经有所预知。挑战评估则是在当压力所产生的后果对个体而言具有获益或发展的可能性时才会出现。他们提出应该采用一些与积极评估指标相同的积极或愉悦的心理状态作为挑战评估的指标（如愉快兴奋）。

拉扎勒斯和福尔克曼（1984）并不把挑战和威胁看作一个单一连续体的两个方面。他们认为，面对同一压力源，挑战性反应和威胁性反应可以同时发生，它们既是独立的又是相互关联的两个构念。虽然威胁很明显是负面的评估，但挑战则被认为是一种积极的评估（它们有共同的评测指标）。

据此，积极反应和消极反应作为同一要求或压力源所产生的结果可以同时发生，并且积极反应和消极反应是彼此独立但又存在关联的两个构念。因此，对于任何特定的要求，个体可以同时产生一定程度的积极反应与消极反应，这与拉扎勒斯和福尔克曼（1984）的观点是一致的。他们认为，任何有关压力或情绪的心理学、生理学理论把这种反应定位成单维的不均衡状态或者生理唤醒是不成立的，或者说至少是不完整的。他们是根据有关情绪和自主神经系统活动的研究（Elkmanetal.，1983）以及在唤醒条件下荷尔蒙反应的研究（Frankenhauser et al.，1978；Mason，1974）来提出这一论断的。越来越多的证据表明，我们的大脑确实会同时获得积极的和消极的两种不同的情绪体验（Davidson，2000；Tomarkenetal.，1992；Wheeleretal.，1993）。

在这一点上，为了和对认知评价的阐释保持一致，所建立的模型并不会把要求或压力源贴上挑战（积极）或威胁（消极）的标签，虽然已经有其他研究者把那些对个体存在潜在利益的压力源标记为挑战性压力，而对那些限制或妨碍个体工作成果的压力源标记为阻碍性压力（Boswell etaL，2004；LePineetaL，2004）。整体压力模型主张，任何特定的工作要求都可能是挑战压力和限制压力的影响因素，而对它们的评估将显现出一系列的积极的和消极的情绪、态度及行为。因此，我们相信对工作要求采取不同的评价方法有助于我们理解个体差异是如何影响压力源与反应之间的关系的。所以，当悲观者和那些低自尊的人遇到工作要求时可能会表现出更强烈的消极反应，而那些乐观者和高自尊的人面对同样的工作要求则会表现出更多的积极反应。

良性压力反映了个体通过对某一情境或事件的认知评估，认为这种情境或事件对个体而言具有益处或者可以提升个体幸福的水平。大多数的工作情境都会引起个体综合的积极和消极反应。例如，一个近期刚被提拔的员工会因为自己的工作成绩得到认可而产生愉悦感和满意感，也会为自己在今后工作中拥有实现新目标和新挑战的机会而兴奋不已。而同时在面对同样的情况时，个体也可能因为和升迁相关的额外报酬不足而产生一定程度的失望；或者因为必须要告知朋友、家人和同事，虽然被提拔但工作地点要搬迁到另一个城市，个体会开始产生焦虑情绪。相反，如果一个人刚刚失业，则可能会因此而产生敌对情绪，而且会因为寻找新工作的不确定性而产生焦虑。但与此同时，他们可能也会因为离开负担过重的工作而感到宽慰，或者认为这样可以拥有更多的时间去陪自己的家人。

因此，积极反应和消极反应在本质上是独立的、有差异的、多元化的，并且有可能存在交互作用。通过简单观察没有发现消极反应就假定存在积极反应，用这种过分简单化的方法来了解压力源、压力反应和反应后果是不可行的。因此，只有同时对良性压力和负性压力进行评估，才可能比较全面地了解压力反应。

（三）对整体压力模型的支持

学者已经在对医院护士、家庭护理人员、大学教授、牧师和辅助生活中心员工的研究中检验了整体压力模型（Gooty et al.，2005；Little et al.，2006；Nelson & Simmons，2003，2004；Simmons & Nelson，2001，2005；Simmons et al.，2001，2003）。对于工作要求和压力源，学者已经在角色模糊、工作—家庭冲突、家庭—工作冲突、病人死亡和工作负荷等方面开展了相关的研究。所有的研究均表明压力源与后果变量（比如对健康的感知、主管评定的绩效等）之间没有直接的关系。

学者采用希望、积极情感等积极的心理状态作为良性压力的指标，而采用工作疏离感、消极情感、焦虑和愤怒等消极的心理状态作为负性压力的指标。虽然学者的一些研究表明了良性压力存在二阶因素，但是我们仍然不能够证实这个完整的模型。在学者的研究中希望个体愿意和有办法完成工作中有价值的任务（Snyder et al.，1996）是反映良性压力的最有效的指标。而工作满意度和主管满意度则对工作中的希望有显著的预测作用。希望和个体对健康感知的自我报告之间存在显著的正相关关系。然而，学者早期的研究发现希望与主管评定绩效之间的关系模棱两可。

在整体压力模型中具有重要作用的个体差异变量是相互依赖的（Nelson et al.，1991；Quick et al.，1990）。根据依恋理论可知（Ainsworth & Bowlby，1991；Bowlby，1982，1988），相互依赖性是一种特质。它是一种健康的、安全的依恋形态，它既能够使个体自主地、舒适地工作，也能够使个体在适当的时候从他人那里寻求帮助。学者在对家庭护理人员的研究中发现，希望在相互依赖和健康感知之间的显著正相关关系中起到完全中介作用（Simmons et al.，2003）。学者推断，并不是希望对那些相互依赖的人的健康具有重要的影响效果，而是那些相互依赖的人更倾向于满怀希望，所以他们会健康。学者最近对 161 名援助生活中心的员工进行的一项调查研究表明，相互依赖的个体可以从上级主管的信任中获得与工作相关的益处、对健康的感知、主管眼中卓有成效的工作表现以及对组织的情感承诺（Gooty et al.，2005）。

最近学者试图把整体压力模型从单一的心理状态层面扩展到包括良性压力和负性压力的行为指标层面。在一项对牧师的研究中，学者采用宽恕行为、积极情感和投入作为良性应激的指标，而采用报复行为、消极情感和工作倦怠作为负性压力的指标（Little et al.，2006）。作为此研究的一部分，学者要求牧师回忆他们最近一次某人惹怒自己的情形。问卷中用来测量宽恕行为的项目有"我给他们一个新的开始的机会，重新建立新的关系"和"我努力变得更加友善和关心体贴"；用来测量报复行为的项目有"我报复他们"和"我告诉他们，他们做错事了"。与学者的预想相反，他们发现牧师的宽恕行为与其健康的感知之间并没有显著的关系。只有积极的情绪和报复行为对健康的感知有显著的预测作用。

通过事后比较分析得出，对报复行为影响最显著的变量是投入（Britt et al., 2001）。虽然投入对健康没有直接的影响，但可能会通过与报复行为的负向关系而对健康产生间接的影响。对工作有强烈的责任感和承诺，会对个体实施报复行为具有一定的调节作用。而工作中的投入这种令人愉快的状态，就像解毒剂一样能够缓解个体面对压力源时可能采取的对他人的报复行为。

虽然学者还没能够检验整个模型，但是发现了各种压力源与其后果变量（如健康、工作绩效）之间的关系，在这些关系中积极和消极的心理状态、态度和行为等起到中介作用的效果。在模型中，作为压力反应的前因变量，个体差异的作用也得到了部分验证。我们可以将情绪作为良性压力和负性压力的指标，并确定其他的行为指标，从而扩展品味良性压力（savoring eustress）的概念，提出一些在积极或消极反应与结果变量之间可能存在的调节变量，从而使整体压力模型得到进一步扩展。

（四）积极情绪和行为——良性压力的指标

尽管到目前为止，对整体压力模型所做的研究已经包括了大量的心理状态变量，但是情绪变量尚未纳入其中。情绪作为对工作要求认知评价反应的有效指标，在整体压力模型中有其重要价值。

情绪可以通过个体在相对短的时间跨度内所表现出的多种反应倾向来加以界定。情绪占领着意识的最前沿，而且始终都有一个目标或者焦点。因此，情绪需要进行认知评估，并且情绪与个体行动准备以及个体根据环境而做行为上的改变有关（Fredrickson, 2002; Frijda, 1999; Lucas et al., 2003）。不管是积极情绪还是消极情绪，其效价（valence）取决于当它们被激活时是否会促使个体产生趋避行为，因此，那些能够引起个体产生趋近行为的情绪被认为是积极的（Lucas et al., 2003）。对积极情绪的研究表明，高兴、满足、爱、兴奋和幸福是可以纳入整体压力模型的良好指标。

（五）产生和品味良性压力

学者先前曾提出，应把研究的重点从强调"预防负性压力管理模型"（preventive distress management model）向强调产生良性压力管理模型（generative eustress management model）转变（Simmons & Nelson, 2001）。管理者要尽可能认识到工作环境中的哪些方面是让员工值得投入身心的，而且更重要的是要认识到为什么个体认为这样工作很愉快，以便管理者改善相应的工作环境使员工感觉工作愉悦。与早期预防压力（负性压力）管理概念相似（Quick et al., 2000），产生良性压力管理模型是管理者在与员工共同工作时可采用的最具前瞻性的方法，该方法可以突出工作中的积极因素。

最近几项关于快乐–高效员工假设的研究也为发展良性压力产生模型的必要性提供了支持。其中一项研究发现，对特质性情感采用基于愉快的测量方法可以预测不同等级的员工工作绩效，尽管在研究中对特质性情感采用此方法并不合适（Wright & Staw, 1999）。在对47名服务人员进行的另外一组研究表明，个体心理健康程度可以预测其工作绩效（Wright & CroPanzano, 2000）。遗憾的是，在这项研究中关于心理健康的操作性定义并没有包括消极事件（例如，你经常会感到抑郁或很不高兴吗？），研究结果再次支持了现行主流的负性压力模型。

学者也提出了品味良性压力的概念。从字面上看，品味压力的积极方面也就意味着要求我们要么满怀希望去欣赏积极压力，要么带着满意或快乐而仔细研读它（Nelson & Simmons，2004）。品味良性压力是与应对负性压力相对应的，它是一个和应对负性压力相关的但又相对独立的机制。作为对感受负性压力的反应，应对（coping）包括个体在自我调节过程中认知、情绪和行为上的一系列自发性活动（Ashkanasy et al.，2004）。个体为了减少或消除负性压力而采取的策略，既可以是以问题为中心的，目的在于如何处理所感知到的负性压力源，也可以是以情绪为中心的，目的在于如何处理所感知的负性压力体验以及其他相关后果（Lazarus & Folkman，1984）。

一些研究者使用积极应对的概念来试图关注积极的方面（Folkman & Mo Skowitz，2000）。与整体压力模型相一致，积极应对认为当个体处于压力时，积极反应和消极反应（如情感）会同时出现。但是所提出的研究方法取向不同，积极应对认为积极反应和消极反应是由不同的事件（压力源）产生的，而且积极反应是一种应对策略，或者说是一种适应负性压力以及其负面影响的方法。就这点而论，学者认为积极应对仍然停留在压力的病态模型之中。

弗雷德里克森（Fredrickson）所提出的积极情绪扩展和构建理论认为，积极情绪可以拓宽人们习惯了的思维方式和行为模式，从而为个体构建长期有效的应对方法（Fredrickson，1998，2002）。积极情绪体验能够帮助个体变得更具创造性、社交性，并最终成为健康的个体。心胸宽广的应对这个概念只是扩展和构建方法取向的一部分，尽管这个方法极具吸引力，能够帮助个体应对困难，但是它最终仍然是从一种负性压力模型或者病态模型的角度来加以界定和实施的。

尽管目前已有大量关于应对负性压力的研究，但是关于积极的情感调节研究却相对较少。不过，有研究表明积极的情感调节过程和消极的情感调节过程是相互独立而且存在显著差异的（Bryant，1989；Larsen，2000）。拥有积极情绪的人们通常趋近于接触他们认为能够引起这种积极体验的事物，而避免与那些阻碍这种积极体验产生的事物接触，并以此来试图维持这种积极情绪。然而，也许有些时候人们会试图抑制自己的积极情感，让自己冷静下来并重新审视自己。例如当他们预感到自己将要投入一个艰难的任务中去，或是将要与某个重要人物打交道时，他们可能就会这样做（Wood et al.，2003）。

今后的研究应该考察个体是如何识别自身的积极情绪和消极情绪、心理状态以及行为的。因为已有研究已经对人们如何回避或应对消极的事物进行了探讨，我们希望今后的研究把个体如何产生或品味积极压力作为研究的重点。

对于工作压力和幸福的研究应该被看作一整套理论与模型，其中每一个理论和模型都强调一种有意义的过程或现象，因此，压力就成了工作体验。通过构建一个综合的、全面的压力模型，此模型包含了管理者和学者共同感兴趣的各种构念，积极组织行为学对压力和健康的研究将会提出非常有价值的研究视角。积极组织行为学的另外一个最重要的贡献在于它可以使本领域的研究重新恢复平衡。整体压力模型的提出就是为了对工作中积极方面和消极方面提供必要的平衡。在未来的积极组织行为学研究中，当我们对所感兴趣的某一研究领域进一步研究时，应该将积极的构念和消极的构念都纳入其中。

第二节 积极组织中的冲突

组织冲突（organizational conflict）是指组织内部成员之间、成员个人与组织之间、组织中不同团体之间，由于利益上的矛盾或认识上的不一致而造成的彼此抵触、争执或攻击的组织行为，是一个从知觉到情绪，再到行为的心理演变过程。

冲突作为一类社会现象无所不在，它一直是政治学、社会学、心理学和经济学等学科的研究对象。相比而言，组织理论虽然没有忽视对冲突的研究，但远不如上述几个学科研究得深入和全面。作为一种人与人相互作用的系统，组织中某些关系的不协调必然导致冲突的客观存在，因此对组织冲突的研究就显得尤为重要。遗憾的是，组织理论本身的日新月异与组织冲突研究的缓慢进展形成了鲜明的对照。鉴于此，从组织理论的角度，回顾了近 30 年有关组织冲突的文献，对组织冲突的动因、冲突升级与消减、冲突的效应和管理等基本问题进行了较为全面的综述，目的在于通过对前人研究成果的总结，来引起管理学者对这一领域的重视，并展望今后组织冲突研究的方向。

一、组织冲突研究的简单回顾

事实上，古典管理理论已经对组织中的冲突问题有所涉及。泰勒的科学管理理论主张雇主和工人必须来一次"心理革命"，变对抗为信任，共同为提高劳动生产率服务。法约尔的"14项原则"中，提出了"个人利益服从集体利益""报酬应当公平""重视合作和维护个人相互之间的关系"等观点，并强调了"纪律"的重要性。韦伯主张建立一种高度结构化的、正式的、非人格化的"理想行政组织体系"，认为这是对个人进行强制性控制的最合理手段和提高劳动生产率的最有效形式，并强调了组织的稳定性和纪律性。可见，古典管理理论的创立者们已经意识到组织中冲突的存在，但由于当时侧重于研究效率问题，对人的认知基本上停留在"经济人"假设的层次上，所以对组织冲突没有专门加以研究。梅奥提出"社会人"假设以后，学者对人的心理和行为进行了广泛研究，非正式组织、情绪、价值观、心理需求等概念的提出，为今后组织冲突的研究开辟了新的视野。

现代对组织冲突的广泛研究始于 20 世纪 60 年代，吸引了行为学家、社会学家和管理学家的目光。冲突逐渐成为组织行为与管理的一项重要研究内容，其成果散见于一些组织理论的书籍当中，如《组织理论与管理》《组织和管理》等。1967 年，美国行为学家庞第（Pondy）在其关于组织冲突的经典文献里描述了冲突过程的五个阶段，并建立了组织冲突的理论雏形。托马斯（Thomas）的文章集中发展了冲突的两个模型：①冲突的动态过程模型；②冲突的结构模型。帕特南（Putnam）和福尔杰（Folger）强调了沟通的重要性，而范德·弗利特（vande Vliert）更注重研究冲突的预防和升级。20 世纪 80 年代后期，我国港台学者开始了有关组织冲突的研究，20 世纪 90 年代以后，大陆学者也开始涉足这一领域，并得出了一些本土化的结论。《企业组织冲突管理》被认为是大陆第一部研究组织冲突的专著。

关于冲突和组织冲突的定义，是一个见仁见智的问题。托马斯认为，冲突是"一方感到另一方损害了或打算损害自己利益时所开始的一个过程"。芬克（Fink）认为，冲突是"在任何一个社会环境或过程中两个以上的统一体被至少一种形式的敌对心理关系或敌对互动所联结的现象"。特纳（Torner）将冲突定义为"双方公开与直接的互动，每一方的行动都是旨在阻止对方达到目标"。沃尔（Wall）和凯尼斯特（Canister）的定义是"冲突是一种过程，在这个过程中一方感知自己的利益受到另一方的反对或者消极影响"。因此，冲突可定义为行为主体之间因某种因素而导致的对立的心理状态或行为过程。学者们对冲突的研究分为五个不同的层次：一是自我冲突（personal），即冲突发生在个人自身；二是人际冲突（interpersonal）；三是群际冲突（intergroup），即群体与群体之间的冲突；四是组织之间的冲突（interorganizational）；五是国家或民族之间的冲突（international）。组织冲突重点研究发生在组织内部、对组织产生影响的冲突问题，主要涉及前三个层次的冲突；而后两个层次的冲突更多的是社会学、政治学、历史学抑或经济学感兴趣的内容。下文将按照图 5-1 所示的逻辑顺序展开讨论。

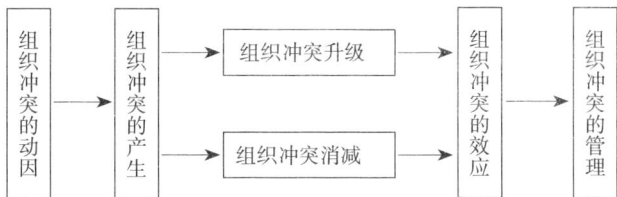

图 5-1　组织冲突研究的逻辑顺序

二、组织冲突的动因

对组织冲突动因的研究，到目前为止，已经有了较为丰富的理论和实证研究成果。关于冲突动因的分类，历来没有一个统一的说法。罗宾斯（Robbins）将组织冲突的动因分为沟通、结构和个人因素三类；沃尔和凯尼斯特将冲突的原因分为个人因素和个人之间的因素两大类，将后者又分为认知、沟通、行为、结构、先前的交互行为五类，并探讨了问题的性质与冲突产生的关系。下文按照个体特征、沟通、结构、权力、利益五方面论述，严格地说，这并不是对冲突动因的分类，因为它们相互之间并没有清晰的界限，例如政治活动既可以放入"权力"也可以放入"利益"来讨论。事实上，组织冲突的产生往往是多种因素共同作用的结果。

（一）个体特征

对产生组织冲突的个体特征的研究主要集中于个性（personality）、价值观（values）、个人目标（objectives）和角色（role）四个方面。个性是指个人的稳定性特征，个性差异越大，共性则越少，组织成员合作的可能性就越小，存在分歧、矛盾就越普遍。个性差异往往造成心理的（或感情的）冲突，而且通常是无意识的，这种冲突一旦引发，往往很难消除。

人的行为受价值观引导。价值观受到个性、阅历、工作性质、经济条件、社会地位、文化等多方面因素综合作用和影响，所以个人与个人之间、群体与群体之间价值观的差异普遍存在。这种差异导致双方在价值判断、目标、信仰等方面容易产生分歧和争议。与经济利益冲突经常导致妥协不同，价值观冲突很难协调，因为它们体现了基本的世界观的不同。在非营利组织中，这类冲突更为广泛。每个组织成员都有自己的目标，如果某人的目标和他人的目标存在竞争（例如，取得上司赏识），就很可能产生冲突。而且，当目标越高或欲望越强烈，就越容易卷入冲突当中。

美国心理学家罗伯特（Robert）最早对组织中的角色冲突做了研究。他认为，每个"焦点人物"都具有自身的"角色组"，角色组成员不断施加压力以改变焦点人物的行为，焦点人物往往在扮演的不同角色或者在承受的不同压力或期望之间寻求平衡，这一过程产生的心理冲突将影响人际关系和工作满意度。

（二）沟通

沟通是一种信息传递的过程，低水平的沟通往往造成协作困难，从而产生冲突。学者邱益中认为组织信息传递无效是以下几种原因造成的：①传递信息者对信息缺乏真正理解，或者信息本身就是模糊的，造成接收者最初接收到模糊的或者是被曲解的信息；②因信息传递工具功能障碍，或者信息发送者与接收者因思想、动机或认知方式不同而对信息产生误解；③因信息传递者和接收者双方互不信任、怀疑、敌对而引起的信息歪曲和人为破坏，或者因诸如恐惧、紧张等其他原因造成的曲解；④官僚性的组织机构使得信息传递常发生信息压缩或膨胀等失真现象。因此，因沟通不畅而引起对信息的误解常常成为冲突的重要来源。一个人的语言、面部表情、身体语言等信息往往被错误地归因于意图，继而可能成为冲突的来源。尤其在一方产生愤怒、讨厌或者不信任感时，误解会变得相当普遍。另外，在跨文化的沟通中，误解十分频繁。

此外，先前交互行为的历史也对沟通有重要影响。例如，过去某次失败的合作，会影响双方的情绪，使双方产生偏见和说辞，继而沟通困难，产生冲突。更严重的是，这种冲突易于持续下去，或者说过去的冲突会自我产生对新冲突的期待。

（三）结构

组织结构实际上建立了一种组织成员之间的互依关系（interdependence）。当互依关系伴随着认知差异或者目标分歧出现，或者互依关系限制了各方的行为、欲望或产出，冲突很容易产生。处于组织中不同位置、担当不同角色的成员，会对组织的发展有各自不同的看法，由此产生"局部思维"。这样，互依关系与局部思维同时存在，也会导致各方冲突的发生。因此，以功能为本的组织结构设计，把一个完整的企业组织切割成业务、财务、人事等许多部分，将不可避免地导致企业组织冲突的产生；而且，在同一层级和不同层级的群体之间，冲突都有可能发生。当结构建立了一种分配关系，更容易产生冲突，也就是说，一方的收益往往是另一方的损失。总是有人认为自己的收益相对于付出较小，这导致冲突发生的频率很高，除非一方是高度慈善的，资源是相当丰富的，或者双方没有认识到这种关系的本质。当结构建立了一种对"第三方"（third party）的依赖关系，也容易产生冲突，第三方的态度、喜好等很容易被传递到冲突双方之间的关系上。

然而，有些结构对组织冲突的管理有所帮助。如果组织结构加强了群体间的联系，或者为双方提供了一种合作动机和条件，将可以阻止某些冲突发生。

（四）权力

权力斗争是一个更为普遍的冲突来源。权力实际上规定了组织成员（个人或群体）在多大程度上占有稀缺资源或者让稀缺资源为自己服务，围绕资源安排所形成的心理契约、势力范围、影响力、指挥链、习惯与传统等往往成为冲突的诱因。因此，一方权力被另一方削减或者权力失衡会导致较弱一方对较强一方加以抵制，甚至把冲突看作提高权力的一种途径。

对权力加以运用来影响为获得欲求结果所做的决策，这被称为政治活动。"政治生活及其所引起的冲突通常是有关个人和组织经受痛苦的根源。"大多数学者认为，政治活动是一种自利行为，它包括很多不被组织认可的活动，例如常常为了自身利益而欺骗他人或玩弄他人，从而导致组织内部的不和谐。另一些学者则认为政治活动是一种自然的组织程序，用于解决组织内不同利益群体的分歧，恰当的政治活动有助于组织目标的实现。

组织中还存在以下两类典型现象："权威重复"和"破例"。前者是指面对同一个问题，谁具有最高权威或裁判权不明确，造成冲突。后者是指某些权威运用权力对组织制度的破坏，从而与循规蹈矩的组织成员发生冲突。

（五）利益

组织是需要协调的各种利益的混合体，组织中的利益包括个人利益、部门（正式组织）利益、小团体（非正式组织）利益等，主要是指经济利益，也包括诸如名誉、地位等非经济利益。不同个人或群体之间的利益对立，往往是组织冲突最基本的动因。人们之间关于利益的争执，主要集中于利益的分配上。最早研究的企业组织冲突问题是劳资纠纷，事实上是工人与资本家之间的利益分配之争。当他方的意图被视为与己方的利益相反，或者冒犯了己方关于公平与公正的原则，冲突就会发生。最明显的一个例子是报酬系统的设计，组织成员如果认为该系统违反了公平和公正的原则，冲突就不可避免。组织资源的稀缺性，包括空间、资金、设备及人员分配等，决定了利益争斗的客观存在，这时冲突被认为是争夺稀缺资源的零和游戏。

综上所述，我们利用表5-1对组织冲突的主要动因加以总结：

表5-1　组织冲突的动因总结

组织冲突的动因				
个体特征	沟通	结构	权力	利益
个性差异 价值观差异 个人目标差异 角色期望 角色压力	误解 信息传递无效 缺乏信任 失败的交互历史	互依关系 分配关系 对"第三方"的依赖关系	权力斗争 权力失衡 政治活动 权威重复与破例	利益对立 公平、公正原则 资源稀缺 报酬系统不完善

三、组织冲突的升级与消减

随着组织冲突的发展，可能出现两种结果，一种是冲突升级（escalation），另一种是冲突消减（de-escalation）。

（一）冲突升级

冲突升级是指整体上冲突强度的加剧，这种加剧具有以下特点：①策略由轻微到严重；②争论扩散；③各方更加投入冲突之中；④目标改变，从追求个人利益到破坏或惩罚他人。

冲突升级有许多不同的路径：①"进攻者＆防御者模型"（the aggressor-defender model），描述的是一方为了达到自己的目的主动扮演进攻者角色，从而将彼此置于冲突之中的过程。②"冲突螺旋模型"（the conflict spiral model），描述的是由于行动和反应之间的恶性循环而引起的冲突升级，其中包括报复性螺旋（retaliatory spiral）和防御性螺旋（defensive spiral）。这是最为典型的一类冲突升级模型，如图5-2所示。在"进攻者＆防御者模型"中，因果流是单向的，而在"冲突螺旋模型"中，因果流则是双向的。③"结构变化模型"（the structural change model），描述的是心理变化、群体变化以及冲突各方周围团体的变化等引起的冲突升级。这三种模型之间并不是互斥的，每一个模型都可以用来理解冲突升级的某个方面，比如，心理变化经常在冲突螺旋中起到重要作用。

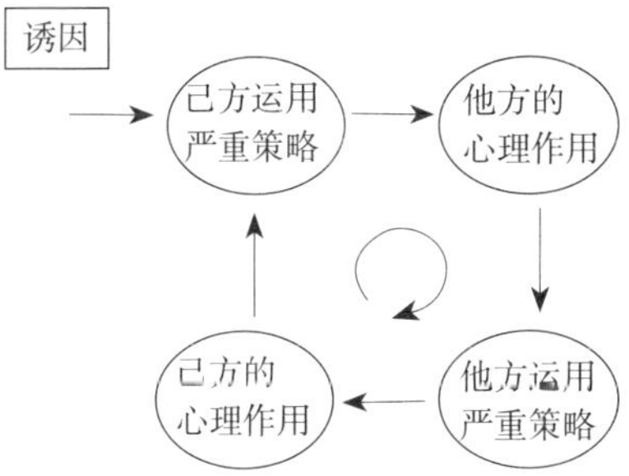

图5-2　冲突升级的螺旋模型

关于冲突升级的原因，已有文献的研究远远没有对冲突产生的原因的研究那么深入和详细，许多冲突研究一个很大的缺憾是认为冲突产生和冲突升级的原因差异很小。很多研究者认为冲突天生就有很强的升级趋势，也就是说，冲突的动因形成冲突升级的坚实基础，随后各方的交互行为助推了冲突的升级。然而，冲突产生和升级的统计模型说明，两者虽然是相互联系的过程，但决定冲突升级的因素和冲突发生的因素不同：环境和背景变量在冲突的产生方面可能起到更大的作用，而对于冲突升级来说，冲突双方之间的相互关系可能起到更大的作用。一旦冲突发生，博弈论、冲突螺旋模型和其他着重于"策略（战略）互动"的理论可能会为冲突升级提供更为丰富的解释。即使一些同样的因素影响冲突的产生和升级，但从冲突产生到冲突升级，这些因素对它们的影响是不一致的。然而很多已有的理论并没有对冲突产生和升级的原因做出区分。

冲突升级并不会永远持续下去，经验证据表明冲突程度对随着各方投入的增加而增加，随着维持冲突的成本的增加而降低。但是，另一方面，冲突程度又与冲突各方承受冲突成本的能力相关，冲突成本承受能力较低的一方更有可能首先将冲突升级到他所能承受的最大限度，实验证明了承受冲突成本的能力和一方的冲突升级行为成反相关。

（二）冲突消减

冲突发展的另一个倾向是冲突消减，即一方或双方开始采用一定的行动来表明他们愿意停止相互对立行为的过程。这里应注意，冲突消减不是冲突升级的反面，也就是说，消减不可能回归到冲突开始时的状态。和冲突升级比起来，冲突消减的理论和实证研究尚未引起人们的重视。

冲突的高成本、冲突导致双方身心疲惫，以及随着时间流逝，冲突各方回顾反思最初冲突的目的等都可能使冲突消减。此外，在不会被看作懦弱和导致对方进一步侵略性进攻的前提下，一方的让步和妥协也可能使冲突消减。在前文提到的三种模型中，如果一方对于另一方的进攻不做出回应的话，也能导致冲突消减。如果双方通过发出对对方表示友好的信号并采取一定实质行动，很容易缓解双方之间的紧张气氛。此外，强调共同点、表现出建设性的问题解决态度、向对方道歉、共同谈判来协商如何解决冲突等，都是有效的冲突消减方式。还需注意的一点是，冲突消减的目的不是冲突的稳定化，是为了消除冲突或降低冲突的程度，冲突的稳定化有可能引致冲突的长期存在，从而成为冲突升级的潜在风险。

四、组织冲突的效应

冲突常常被认为是"麻烦的信号"。组织冲突的效应首先体现在对组织成员的影响上，特别是对个人认知、情绪等心理因素的消极影响，这方面的研究成果最多也最全面。冲突可能造成个人的愤怒、紧张、焦虑、压力、对敌意的感知、社会情感的分离、挫折感等，从而造成工作满意率降低、动力不足和工作绩效下降。冲突双方变得敌对、扭曲和误解，信任感降低，经常质疑对方的意图，态度也变得更为消极。冲突还会导致当事人一些敌对性的行动，诸如回避对方、发泄情绪、对质、威胁、抗议、诉诸武力等。冲突还可能导致旷工增加、责任感降低和生产率下降。

组织冲突在群体层次上产生的消极影响也引起了学者们的注意。冲突容易造成部门将时间和精力用于在冲突中取胜而不是实现组织的目标；这样一来偏见便会增长，人们不能很好地理解冲突对方提出的观点，群体之间的交往和合作减少，协调变得困难。更为严重的是，群体之间的冲突往往导致群体凝聚力（group cohesion）增加，领导更为独裁，群体容易陷入群体思维（group think）的陷阱，使得群体决策往往不能按照理性的程序进行而产生决策失误。

关于冲突对群体和组织绩效的影响，学者们的观点可以划分成三类，称为"冲突观念的变迁"。20 世纪 30 年代到 40 年代，大多数学者认为冲突是暴乱、破坏、非理性的同义词，冲突的出现意味着群体内功能失调，必须加以避免，这被称为"传统观点"，至今仍有学者持此观点；20世纪40年代末至70年代中叶，学者们发现群体内的冲突是不可避免的，存在"对群体工作绩效产生积极动力的潜在可能性"，应当接纳冲突，这被称为"人际关系观点"；20世纪70年代之后，越来越多的学者鼓励冲突，认为一定水平的冲突能够使群体保持旺盛的生命力和不断创新，这被称为"相互作用观点"。相互作用观点并不是忽视组织冲突的消极影响，它最大的贡献在于提醒人们从正反两方面看待冲突，并主动对冲突进行管理。相互作用观点认为过多与过少的冲突同样机能不良（dysfunctional），冲突与绩效存在"U"字型的关系，应把冲突保持在一个适当的水准。学者邱益中研究了企业冲突的水准对企业经营效果的影响，得出如下结论，如表5-2所示。

表5-2　冲突与企业经营管理效果的关系

冲突水准	冲突类型	组织特性	企业经营效果
低或无	不利型	冷淡 停滞 无视改变	低
适当	有利型	生存发展 自我批评 创新活泼	高
高	不利型	分裂 混乱 自私	低

事实上，早在20世纪50年代，有些学者就强调了"冲突的生产性潜力"，并认为适度的冲突能够避免更为严重的冲突。但直到20世纪70年代末，学者们才真正开始考察冲突的正面效应。冲突可以刺激组织生存所需的变革，刺激创新和想象力，提高决策质量，向旧观点提出挑战，对潜在问题更为警觉，更加准确地理解问题等。冲突还能够促进组织成员自我发展、拥有自知之明和自主学习，低水平的冲突往往令组织成员感到兴奋和愉快。没有冲突的组织将变得静止、冷淡、僵硬和腐败。有些学者认为"基于任务"或"与任务相关"的冲突往往能够提高组织绩效。如果管理得当，组织中的冲突是有益的并且可以提高组织绩效。

有些学者认为冲突是组织学习发生的"必由之路"。然而，沃尔和凯尼斯特等学者提出，组织冲突带来的正面效应——创造性、警惕性、变革、提高绩效、自主学习等，可以通过其他方式被更好地实现，而冲突的潜在风险却不可避免。

五、组织冲突的管理

（一）冲突管理的"两分法"

自从学者们认识到组织冲突的正面效应以后，有关冲突管理的文章大多把冲突分为"功能正常冲突"（functional conflict）和"功能失调冲突"（dysfunctional conflict），或者分为"建设性冲突"（constructive conflict）和"破坏性冲突"（destructive conflict）来讨论。学者们的观点可以总结为以下三点：①对个人或群体绩效有消极影响的冲突，应该消减；②有些冲突对个人或群体绩效有正面影响，往往是由于对业务、政策或组织的其他问题的不同意见而引起，这类冲突应当培养并保持适度的数量；③组织成员应采取更具建设性的方式来处理冲突。冲突管理在于设计有效的策略以最小化冲突的功能失调性，而使冲突的建设性功能最大化。

学者们暂且将这一类冲突管理的方法称为"两分法"。两分法在企业冲突管理实践当中扮演了重要角色。通用电气集团CEO杰克·韦尔奇十分重视建设性冲突的积极作用。他认为，企业须反对盲从，每位员工都应有表达反对意见的自由和自信，把事实摆在桌面上讨论，并能尊重不同意见。韦尔奇称此为建设性冲突的开放式辩论风格，从而培植了通用电气集团独特的企业文化。索尼公司和联想研究院的管理也具有类似的特点。

两分法的缺陷在于未能认识到正反两方面的冲突往往相伴而生，两者具有正相关关系。学者们往往分别研究了建设性冲突和破坏性冲突对组织的影响，却忽视了两者同时存在时对组织有什么影响。另外，冲突的建设性和破坏性往往是同一种冲突的不同方面，或者说两者之间仅仅是一种"度"的差别。

（二）冲突管理的方式

冲突管理的方式，也可以称作冲突管理的策略，它是研究在微观层次上，冲突双方在面对不同冲突时采取的行为倾向。学者们把这些不同的管理方式放入一类"二维模型"中加以考察，从而确定了五种典型的冲突管理方式。最早引入二维模型的学者是布莱克（Blake）和木桐（Mouton），他们把横坐标定义为"关心人"，纵坐标定义为"关心生产"，从而区分了五种冲突管理方式：竞争（competing）、合作（collaborating）、妥协（compromising）、逃避（avoiding）和宽容（accommodating），见图5-3。后来，托马斯、拉希姆（Rahim）、沃尔和凯尼斯特对这个二维模型进行了不同程度的修改，重新定义了横坐标、纵坐标（见表5-3），五种管理方式的名称也有所改变，但其含义大同小异。

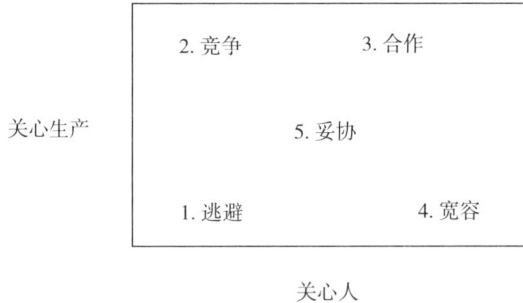

图5-3　冲突管理二维模型

表5-3　冲突管理二维模型的演变

年份		1964，1970	1976	1986	1995
学者		布莱克和木桐	托马斯	拉希姆	沃尔和凯尼斯特
坐标名称	横坐标	关心人（Concern for people）	合作性（Cooperativeness）	关心他人（Concern for others）	合作的（Cooperative）
	纵坐标	关心生产（Concern for production）	自主性（Assertiveness）	关心自己（Concern for self）	自主的（Assertive）

沃尔和凯尼斯特在对文献回顾时发现，学者们至少发展了9种测度冲突管理方式的技术，其中使用最多的是基尔曼和托马斯设计的MODE（management of differences exercise）和拉希姆设计的ROCI（rahim organizational conflict inventory）。利用这些工具，学者们对冲突管理的方式进行了广泛的研究，其中很多学者的兴趣集中在"影响人们选择管理方式的变量"上。例如，文献研究发现，性别差异影响人们的行为策略，男人倾向于使用竞争策略，而女人则

倾向于其他几种策略。文献研究发现，在上下级冲突中，上级倾向于强迫或支配（forcing，dominating），而下级则更愿意逃避或妥协。

自从冲突管理的二维模型和测度技术出现以后，它们逐渐成为学者们研究冲突管理方式的标准或模版，从而出现了大量的理论和实证研究成果。这使很多学者误认为这一模型已经相当完善，并形成了二维思考的定势。到目前为止，还没有学者对这一模型进行较大改革。其实，研究者最初按照"一维模型"来考察冲突的管理，一端是"合作"（cooperation），另一端是"竞争"（competition），后来逐渐发展成为二维模型。那么，作为一种探索性的思考，笔者认为将来可以试图向多维的方向发展，例如三维，三个方向的坐标分别定义为"关心自己""关心他人"和"关心组织"（因为人不可能脱离组织而存在），从而可以进行更为细致和深入的研究。正如沃尔和凯尼斯特所说："学者们将来应跳出二维概念的束缚，并着眼于其他的方式。"

（三）引入"第三方"

当冲突涉及第三方的利益，或者冲突双方无法达成协议时，第三方将被引入。第三方主要采取两类方式解决冲突：调解（mediation）和仲裁（arbitration）。管理者往往扮演第三方的角色，例如生产部门与供应部门的冲突，往往请生产副总来调解或仲裁。研究表明，因调解而达成协议的比例大约为77%；即使没有达成协议，冲突双方对调解的满意率也高达75%。这是因为调解促进了双方的沟通，减轻了压力，而且往往被认为是公平的。

引入第三方虽然有利于冲突的解决，但可能存在一些弊端：①第三方可能会打断本来已经启动的冲突解决过程；②第三方往往会在处理冲突中加入自己的兴趣、判断、利益等；③引入第三方也可能使本来已经逐渐冷却的冲突由于第三方的调解又重新燃起。因此，有学者认为，第三方的目的不应该定位于迅速地处理冲突，而应该慢慢地给冲突双方灌输一种合作的、解决问题的态度。

在对相关文献回顾之后，笔者发现有关组织冲突管理的研究，无论是"两分法"、冲突管理策略还是对第三方的研究，主要着眼于冲突发生以后，冲突双方或第三方如何管理冲突，而忽视了冲突产生的根源。事实上，当我们懂得如何管理冲突的动因之后，冲突结果的管理就容易多了。因此，笔者认为冲突管理研究的重点应放在怎样主动控制冲突的动因，而不是被动接受冲突的结果。

六、组织冲突的研究展望

（一）待研究的问题

首先，目前很多学者指出的"适度冲突"是否存在？如果存在，那么怎样辨析并保持这种"适度冲突"？怎样充分利用这种冲突给组织带来的正效应，回避负效应，以有利于组织绩效的提高？这些都是需要深入研究的问题。

其次，组织冲突发生以后怎样演变？冲突升级或消减的原因是什么？这种演变过程能否人为控制？对这些问题的研究有助于我们进一步寻找冲突管理的适当途径。但如前文所述，这方面的研究尚不够深入。

再次，目前有关组织冲突管理的研究往往集中在具体的并相对独立的管理方法上，且大多针对冲突发生以后如何管理冲突，缺乏系统性和前瞻性。因此，如何建立这样一种机制，通过辨析组织中的环境变量，寻求可能导致组织冲突的因素，建立起冲突的诊断和预警系统，辨析冲突的性质，从而对组织成员的行为进行某种引导，以达到组织的目标，是很有意义的研究方向。

从次，当今世界环境的复杂巨变，信息技术的迅速发展，经济的全球化趋势，使得信息交流方式和组织形态发生了巨大的变化，虚拟组织、跨国组织等应运而生，并会逐步成为重要的组织形态。另外，人作为组织活动的主体，其价值和地位正迅速提高，组织管理出现了"人本化"趋势。在新的组织形态和管理趋势下，组织冲突是否会表现出新的特征，已有理论或研究成果在解释和预见组织冲突时是否仍然有效，这些问题值得进一步研究。

最后，人的行为具有环境依赖性，处在不同文化背景下的人具有不同的个体特征，其思想和行为不可避免地带有文化的烙印。遍观组织冲突文献，冲突的跨文化研究不够深入，基于东方文化，特别是中国文化背景的组织冲突研究还处于起步阶段，因此进行中国本土化的研究十分必要。另一方面，强调"和为贵""道德教化""天人合一""无为而治"的中国文化在当今世界表现出更强的包容性、内聚力及吸引力。因此，基于中国文化的冲突研究就显得更有意义。

（二）进一步研究的思路

关于组织冲突的研究，和谐管理理论给我们提供了一个全新思路。简单而言，和谐管理是组织为了达到其目标，在变动的环境中，围绕和谐主题，以优化和不确定性消减为手段提供问题解决方案的实践活动。该理论提出了基于"和则""谐则"设计的管理思想和方法，其中把"和"定义为人及人群的观念、行为在组织中"合意"的"嵌入"；而"谐"是指一切物要素在组织中的"合理"的"投入"。所谓"和则"是从"和"概念派生出来的一套嵌入组织的规则或者说主张，是用来应对组织中人的不确定性的专门装置，以调整人际间、人群间、组织间、组织与社会之间的共处；"和则"一、二、三分别考虑人在组织中、人群在组织中，以及组织之于社会自然的基本意义和角色，致力于不确定性的消减。"谐则"是指任何可以被最终要素化的管理问题，都可以用"数学模式／方程"在给定的资源约束条件和目标下去追求结果的最大化；"谐则"一、二、三分别考虑物要素间的匹配性、调适性以及优化性。

运用和谐管理理论进行冲突管理的主要思路如下：从分析组织所处的内外部环境出发，深入剖析组织冲突产生的动因，分离出引发冲突的物的要素和人的要素，针对物的要素和人的要素，分别在优化工具库（"谐则"）和不确定性消减工具库（"和则"）中提取相应的工具，综合运用这些工具进行冲突管理，以使冲突维持在使组织绩效最大化的水平上，如图5-4所示。

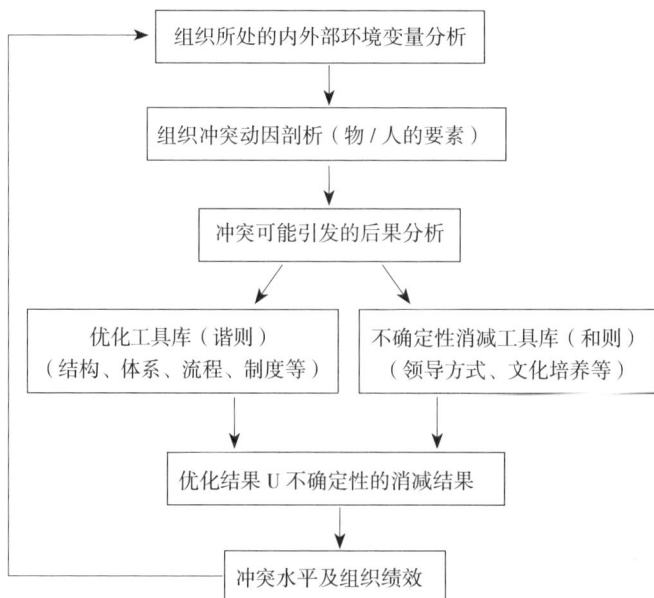

图 5-4 运用和谐管理理论进行冲突管理的思路

由于相对于人的要素来说，物的要素的不确定性小、更容易受到控制，因此对于已经产生的冲突，我们首先考察物的要素，并尽可能地运用物化的方法（也即"谐则"）的方法来解决冲突。在前文提到的组织冲突的动因中，由于技术落后导致的信息传递无效、资源的稀缺、报酬系统的不完善等都属于物的要素，也即是运用"谐则"进行协调控制的范畴。例如，信息技术的应用和工作流程的优化可大大削减部门之间的冲突。另一方面要考察组织中引起冲突的人的要素，人的行为的不确定性（由人的复杂性引起）在组织冲突中扮演了重要角色，因此这种不确定性的消减对组织冲突的管理尤为重要。前文谈到，组织冲突的研究从三个层次着手：人本身、人际间、群体间，因此可通过对应层次的"和则"的设计来消减冲突过程中的不确定性。如前文提到的冲突动因中，个体特征（个性、价值观、个人目标、角色等）是属于"和则一"所控制和调节的范畴，不同群体利益分配则是"和则二"所控制和调节的范畴。

可以看出，将和谐管理理论运用到组织冲突管理的意义在于：一是全面性、系统性，各种可用于冲突管理的方法、技术、原则、主张等都可以为我所用，但又不乏清晰的指导思路；二是从冲突产生的根源探讨冲突的管理，更为主动和有效，这与目前冲突管理着眼于冲突发生后的思路不同。

当然，运用和谐管理理论来研究组织冲突仅仅是一个研究思路，进一步研究还有很多工作要做，还需要广泛借鉴行为科学、社会学、经济学及工程技术等各个学科的知识，以便能更清楚地认识个体的本质特征、人类的行为规律以及可充分利用的各种管理技术，从而充实优化工具库和不确定性消减工具库，为组织冲突的管理提供更为广阔、有效、实用的思想和方法。

第三节　积极组织中的宽恕

在积极组织学术研究这一新的领域中，组织中宽恕的研究已经崭露头角（Cameron et al.，2003）。积极组织学术研究提倡研究的对象是组织中正确的而非错误的，是赋予生命的而非消耗生命的，是体验良好的而非体验糟糕的，是鼓舞人心的而非令人苦恼的，是带来欢乐和灵感的而非带来焦虑和压力的。积极组织学术研究试图为组织研究中的一些传统要素寻求平衡，这些传统要素包括竞争、问题解决、互惠、对抗性谈判、不确定性、抵制变革、合法契约或金融资本等，进而把它们视为更加积极的、动态的关键指标。同时，积极组织学术研究还试图了解人类整个系统的最大化潜能。

当然，积极动力学和消极动力学通常是紧密相连的，对积极现象的理解离不开对其对立面即消极现象的理解。人类所取得的卓越成绩通常是在艰苦和富于挑战性的环境下的产物，而不是产生于田园牧歌般的舒适环境。此外，由于积极和消极通常是互为因果而相互交织在一起的，所以对积极现象的研究并不完全是片面的。在这种情况下出现对组织中宽恕的研究就成了一种必然。只有组织中的负面事件已经发生，或者部分伤害已经出现后，宽恕才是一个很重要的现象。例如，当组织缩减规模和削减工作岗位时，或者当矿难或者飞机坠毁这样的悲剧事件发生时，宽恕就会成为一个很重要的值得思考的因素，也就是说组织在上述情况下是恢复常态并继续前进，还是备受煎熬和陷入应得报应的泥潭中？在这种情况下，对消极现象的理解就成为对积极现象研究的先决条件。

尽管宽恕是种普遍践行的美德，但是其定义常常被误解。因此，首先就宽恕的定义以及那些与宽恕经常容易混淆的概念之间的区别进行讨论。其次，分析和总结对组织绩效影响的一些实证研究。最后，提出一些领导艺术或领导方法，以帮助那些经历过创伤和伤害的组织更好地实现宽恕。

（一）对组织宽恕的忽视

相对而言，宽恕是一种为数不多的，具有广泛性的人类美德（Peterson& Seligman，2004），这意味着宽恕代表了一种基本的道德品质。世界上所有的主要宗教传统，如佛教、基督教、印度教、伊斯兰教、犹太教等，都将宽恕视为人类应追求的美德（McCullough & Worthington，1999；Rye，2000）。与此同时，宽恕却又是理解最少和形成最难的美德之一。一方面，几乎所有的人际交往都会出现轻微摩擦，而多数人都会习惯性地原谅这种冒犯；另一方面，在大多数的人际互动中，宽恕又是司空见惯的。在每天日常的交往过程中，人们往往会忽视这些轻微的摩擦和较小的冒犯。然而，对组织中的宽恕研究却很少，宽恕也很少在组织中得到理解、提倡和重视。在今天竞争日益激烈的世界中，伴随着经济变革和社会变革，人们更加重视的价值观是公平、回报和成功，而在大多数组织环境中，集体宽恕成为一种制度而并没有成为惯例。

原因之一是宽恕经常被看作一种独特的内在心理现象（Enright & Coyle，1998；Worthington et al.，2000），并且有人认为宽恕只发生在单个的个体中，而绝非一种社会现象。集体宽恕更被视为虚构的概念。放弃愤怒和报复是指个人的认知与情绪方面发生的变化，也就是说宽恕要求放弃负面的情感和报复的欲望，但并不包含社会成分。例如，与冒犯者不再重建关系，或者完全不再与其他人交往，这种情况下，个体也可能会产生宽恕。因此，宽恕是精神上的、情绪上的，而非社会性的。

另外，其他的研究者强调了宽恕的社会成分，他们认为内在的心理变化通常和外部的行为变化存在关联。毋庸置疑，宽恕涉及个体变化，但是它也包含关系上的变化。在遭到冒犯之后，除了可能发生的认知变化或情感变化外，人际关系也可能会改变。

概括而言，对宽恕最好的理解是认为宽恕包括两个不同的维度：宽恕既是一种内在的心理或情绪状态，也可以是一种人际间的行为。宽恕可以被看作一种过程，这个过程贯穿于受害者的内心之中；宽恕也可以看作发生在两个人之间的交易，这交易甚至没有太多的内在加工过程。

组织中的宽恕受到忽视的另外一个原因是宽恕有不同的表现形式。布莱特（Bright，2005）对一家运输公司所进行的宽恕研究结果表明，所有人都抱有某些期望，如关于世界应该如何运作，人们应该如何对待他人，组织的政策应该如何实施，恰当的语言应该由什么构成，应该实行哪些道德或伦理准则等。在这些涉及什么是正确和错误的、恰当的和不恰当的期望中，最适合的词语是"应该"。只要个体所经历的与期望一致，冒犯行为就不会发生。然而，当正常的期望受到妨碍时，人们的第一反应通常表现为愤怒、防御、报复或挫败等负面反应。这种"不和谐与不幸"（Yamhure Thompson & Shahen，2003）是期望与经历之间错位的正常结果。

在经历了先前的负性反应后，布莱特（2005）发现，人们常常倾向于下列三种反应方式：抱怨、中立与超然。抱怨意味着人们继续怀有敌意，期望报复并滋生负面的情感——这完全不是宽恕的反应。中立是指放弃负面情感，把被冒犯的感觉抛到一边。布莱特把它命名为"实用主义"宽恕，它通常是出于功利主义的原因。第三种反应是用积极情感代替消极情感，用同情甚至是爱的感觉取代被伤害的感觉。布莱特把这种选择称为"超然"宽恕。人们试图从冒犯中识别善意，用积极取代消极，把带来伤害的事件看作一个学习的机会。

换句话说，当放弃那些怨恨、消极判断、仇恨以及冷漠行为的时候，也就意味着宽恕产生了。但是当冒犯者的负面情绪、态度和行为被积极的情绪、积极的动机和亲社会的行为取代时，宽恕就成为一种鼓舞人心和令人振奋的体验，而不仅仅是一种中立的状态（Cameron et al.，2002；McCullough& Witvliet，2002）。迄今为止，许多有关宽恕的著作都把宽恕看作对冒犯的中立反应，即放弃负面情感，而对宽恕的这种积极或超然反应，我们却知之甚少。

组织宽恕被忽视的第三个原因是我们没有将宽恕和其他相关但内涵不同的概念区分开来。这些相关概念是宽容、赦免、原谅、遗忘、否认、贬低或信任等（Enright & Coyle，1998；McCullough et al.，2000）。宽恕有别于宽容。宽容是指使犯人免于法律惩罚，而宽恕犯人的犯罪行为则与司法系统是否对犯人采取惩罚无关。即使惩罚按照造成的伤害进行评定，宽恕依然可能存在。同样地，宽恕也有别于赦免和原谅。赦免和原谅意味着受伤的人接受了冒犯或为之辩护。赦免和原谅就是认定破坏或伤害不是犯罪者的过错，或说明伤害只是因为一种合理的激发。通过假设真实的冒犯就像没有发生过一样，冒犯者所带来的伤害和应负的责任也就被免除。在理论上，宽容、赦免或原谅都完全不是宽恕的形式，因为制造伤害的作恶者在这里被认为是无过错的。

宽恕与遗忘也是不同的。一个人并不需要为了宽恕他人而抹去有关冒犯者的记忆。事实上，一些学者认为遗忘"可能是逃避内心忐忑不安的一种危险方法，而我们正是用这颗心召唤宽恕的"。宽恕也不同于否认已经发生了的伤害。当受害人拒绝承认伤害的严重性，降低冒犯的严重性，压制愤怒的情感或减小这种伤害所造成的精神创伤时，这就是否认。这些方法经常用来避免直接面对冒犯的后果。但是如果有宽恕发生时，这些方法就不需要了（Fitzgibbons，1986）。受害的当事人可能会对冒犯者感到生气甚至愤怒，然而，随着时间的推移，宽恕也会随着当事人情绪、态度和行为的改变而随之改变，但关键是宽恕通常是需要花费时间的。最后，宽恕和信任也有差异。冒犯者不需要被信任，因为他们得到了宽恕。即使冒犯者和被冒犯者之间的社会关系需要重新建立，当被冒犯者放弃了对冒犯者的负面情绪后，他们之间的信任也不需要重新建立。这是因为被冒犯者并不确定冒犯者是否会再次对其进行伤害，但是对冒犯者的宽恕并不取决于冒犯者将来的行为表现。

（二）组织中的宽恕的定义

在组织经历过伤害或违法行为后，其情绪、态度、认知和行为也会发生改变，这时候组织中的宽恕就出现了。也就是说负面的情感如愤怒、怨恨、复仇的欲望或报复性的行为被抛到一边，取而代之的是最低限度的中立状态，或者是积极的情绪、积极的动机与完美的亲社会行为逐渐增多。当集体对冒犯行为重新思考，以至于对这种伤害行为采取积极的、亲社会的、学习取向的反应时，宽恕就在组织中产生了。具有宽恕特征的组织和组织中的成员就能够跨越伤痛继续前进，去追求积极乐观的未来。

尽管有人对宽恕和软弱或者宽恕和胆怯之间的关系存在误解，但是感受到完全的宽恕预示着拥有非凡的力量和纪律性。宽恕绝不是意志薄弱或缺乏信心的表现。要想学会完全的宽恕是非常困难的，因为它涉及一种思维转化，这种思维转化并不是仅仅在认识和行为方面的微调，而是一种新的思维模式和新的行为方式（Cameron & Caza，2002）。这种转化可能涉及需要放弃那些感受深刻的、习惯化了的和以前信奉的生活方式，组织文化甚至也可能需要改变。

"为了释放合理的愤怒和痛苦，以新的眼光看待背叛和背板者，放弃应得的反击权利——所有这些需要在以下许多层面进行改变：认知、情感、关系、行为、意志与精神。"（Pargament & Rye，1998）

宽恕不是一种全和无、存在与不存在的现象。恰恰相反，在组织中它可能随着它表现的形式而变化多端。例如，恩赖特（Enright）和人类发展研究组织（1994）指出，类似于科尔伯格（Kohlberg）（1981）的道德发展模型，宽恕也可能会表现出阶段性。按照科尔伯格的逻辑，从第一阶段到第六阶段的发展代表着从宽恕的比较不全面阶段向能够体验到的更为全面阶段的转化。具体来说，宽恕的前两个阶段建立在报复与补偿的基础上。"只有当冒犯者受到惩罚，受到和我们同样的痛苦并要求他们给予补偿时，我们才会宽恕他。"第三和第四阶段基于社会期望和权威。"如果其他人（比如利益相关者）希望我们宽恕，或者上级机关（如鉴定破产的法院）认为我们应当宽恕，我们才会宽恕。"第五和第六阶段则基于社会关系和爱。"如果重新建立了良好的人际关系，彼此之间恢复了和平和宁静，我们就会宽恕"，或者"不管冒犯者的情况、要求、态度和行为如何，而因为我们对冒犯者有爱心，我们就会宽恕"。前五个阶段都依赖于外部条件（如补偿、公正、外部期望），因此宽恕是一种由外部因素激发的反应。而只有在第六个阶段，宽恕的产生才是因为宽恕者的内在品质。因此，尽管在每一阶段都可能会最终发生转变，但是只有第六阶段的转变是无条件的和主动的，同时这种转变也是道德内化的产物（Cameron et al.，2004）。

关于组织中宽恕的相关概念还需要注意差别，它涉及单一的宽恕反应和宽恕特征的内化。例如，对个别冒犯的宽恕并不能表明组织宽恕的能力或者宽恕的特质。在以下三种条件下宽恕反应才更有可能发生：（1）冒犯者请求宽恕或表示悔悟；（2）冒犯的影响并不是很严重；（3）冒犯是无意的（Sandag et al.，2000）。然而，不管外部条件如何，哪怕这种伤害是很严重的，甚至是故意的，而且在冒犯者没有任何懊悔的情况下，宽恕的特质取向依然存在。这就是宽恕的特征，也就是说宽恕不单纯是一种反应，或者说是特质性宽恕，而这一点正是组织情境中宽恕研究的兴趣所在。

换言之，特质性宽恕是一种稳定的特征，它在不同的情境和不同的时间中应该具有一致性。在组织中，它是一种能够超越伤害和创伤并采取积极取向的习惯性能力。从理论上看，几乎任何组织都能够通过既往不咎和原谅冒犯者的方式对某一不幸或伤害（通常是人际关系的相互作用）表现出宽恕。反过来说，却很少有组织去发展所谓广义的和普遍的宽恕美德。而研究这样组织中的宽恕正是积极组织学术研究领域中的一个重要课题。

（三）宽恕与绩效

积极心理学对宽恕的作用进行了十分广泛的研究，但是对组织中宽恕的了解并不多。在很大程度上，宽恕的存在对个体和组织都具有有利的影响。例如，在个体水平上，越来越多的证据表明如果个体长期处于非宽恕状态（包括愤怒、敌对、怨恨和恐惧），则对其健康是不利的（Kaplan，1992；Williams，1989）。一些学者发现，当人们存在不宽恕的心态时，随着时间的流逝，其适应性负荷（allostatic load）会伴随着负性的生理反应而一起增加。威弗利特（Witvliet）等人（2002）指出，不宽恕的反应会伴随着更为严重的沮丧、愤怒和焦虑以尽心血管疾病和免疫系统问题。这是因为不宽恕反应（如对伤痛念念不忘）会损害个体健康，其原理是不宽恕反应会导致剧烈的心血管活动和交感神经系统反应，进而影响到个体健康。此外，责备、愤怒和敌对等所谓的不宽恕反应与冠心病、过早死亡也有关（Affleck et al.，1987；Tennen & Affleck，1990）。最后，研究还发现，急性和慢性的应激、不良的免疫系统功能以及心血管疾病都与不宽恕有关（Ade et al.，1991）。

另一方面，研究发现，宽恕可以减少适应负荷提高生理和心理的康复功能，从而能够降低个体的不良健康状况（Thoreson et al.，2000），而通过对宽恕进行干预的研究结果也表明，通过对宽恕进行干预能够降低个体的冠心病发生概率和改善其健康水平（Al–Mabuk et al., 1995；Coyle, 1997）。同样还有研究表明，对他人的宽恕有助于心血管健康、保持情绪稳定、改善心理健康、强化学习行为、提高创造性和生活幸福感（McCullough et al., 2000；Sandage et al., 2000）。此外，一些学者指出，内分泌系统、脑下垂体、肾上腺激素的改变和紧张的人际关系有关。同时，他们还指出，宽恕在降低这些不同类型的压力对个体造成有害影响的过程中起到缓冲器的作用。他们发现，不宽恕（以愤怒为显著特征）和宽恕（爱和同情）这两个特质属性能够显著预测个体的社会关系质量，也就是说在不同的社会关系中宽恕越多，人就会越健康。

进一步来讲，宽恕也和长期的社会适应、生理健康和心理健康有关（Kaplan, 1992；Thoresen et al., 2000；Williams, 1989）。具体而言，特质性宽恕与个体的情绪和社会稳定性存在正相关；与较高的生活满意度和自尊水平、从疾病中完全康复等也是同样存在正相关（Ashton et al., 1998）。此外，宽恕还与不利的人格因素存在负相关，这些不利的人格因素包括诸如神经质、烦恼、焦虑、沮丧和敌对等。同样，宽恕也与生理疾病存在负相关（McCullough et al., 2000）。总之，研究已经表明，发展和形成良好的宽恕美德对个体的生理健康、心理健康、情绪健康和社会健康等都是有益的。

在组织层面上，诺贝尔奖获得者德斯蒙德·图图（Desmond Tutu）（1998）通过对南非后种族隔离状况的描述，对集体宽恕的重要性提出了自己的看法：

"最终，你会发现如果没有宽恕，就没有未来。我们知道依靠惩罚并不能够帮助我们回到过去……而现在采取苛刻的报复已经没有了意义，要知道我们对被惩罚者苛刻的报复将会成为他们的子孙后代加以报仇的理由。因此，报复只会引起报复，报复会毁掉那些声称要报复的人，报复也会毁掉那些沉溺于报复的人……因此，宽恕对于人类的延续是必不可少的。"

格林（Glynn）（1994）发现，宽恕是欧洲经济共同体（European Economic Union）成功建立的原因之一。总的来说，法国、荷兰和英国以及其他被侵犯的国家都原谅了德国在第二次世界大战中的暴行。同样的美国和日本在"二战"后表现出的相互宽恕有助于解释随后数十年间两国的经济繁荣和社会交流。

有关组织中宽恕的实证研究非常少，但在小规模组织比如家庭和治疗工作小组的研究表明，宽恕和组织中的一些结果有紧密的联系。这些组织结果诸如组织中较高的士气和满意度、良好的社会资本、互相信任、有同情心、人际关怀等（McCullough et al., 2000）。此外，当集体对积怨、愤恨和责备等采取放弃的态度而对伤害或破坏性采取积极向前看的方式加以应对时，组织中的宽恕就出现了。尤其是当组织受到伤害或者受到不公平待遇时，比如就裁员来说，组织中的宽恕意义就非常重要。

大量的研究显示，由于组织削减，组织中的大多数成员会感觉到不公平、个人和组织受到伤害，以及一些无法弥补的创伤（Cameron, 1998）。因此，几乎所有裁员后的组织都会产生消极的内部特征，如士气下降、沟通不畅、信任缺乏、创新不足、决策参与性降低，以及员工适应性下降等，而组织中的冲突、僵化、替人受罪、保密、官僚化、恐惧、精力不集中等现象却在增加。由于这些内部的功能失调，一些方面比如员工离职、产品质量和生产效率等通常都会受到影响。要想从裁员等负面事件中恢复过来，组织似乎应该具备三方面的能力，即组织能否对察觉到的伤害采取集体宽恕的态度、组织能否乐观地向前发展，以及组织能否抛弃那些消极情绪等。

一项针对刚经过裁员和正面临负面影响的组织进行的研究考察了六种组织美德和三种组织绩效结果之间的关系（Cameron et al., 2004）。其中六种组织美德包括：特质性宽恕、恢复性宽恕、希望、同情、尊重和正直。三种组织绩效结果是通过对公司记录的结果查询所获得的，包括员工流动率、产品质量和生产效率。研究结果显示，组织宽恕和裁员后生产效率的改善、较低的员工自愿离职率存在显著的相关。换句话说，作为组织裁员的结果，许多企业都会经历组织绩效的下降（Cameron et al.，1987），而宽恕似乎能够缓和这种消极影响，同时能够培养组织继续向前发展、忘却那些不公平和伤害的情感，并积极地看待组织的能力。因此，宽恕必然成为某种预期结果的积极预测指标。

宽恕的缓冲和放大作用能够用来解释组织中的宽恕对组织绩效产生的积极影响。也就是说，作为人类的基本品质之一，宽恕对组织绩效具有缓冲和放大的作用，即宽恕有助于帮助组织缓解其受到的伤害和放大其积极的影响，而这种作用在其他的组织研究中也有所涉及（Cameron et al.，1987）。

例如，当组织对富有挑战性的环境更加适应的时候，或者它们能够承受住有压力和困难的事件时，宽恕的这种缓冲效应就非常明显。实际上，这种缓冲效应是通过提升组织的三种能力来缓解由于组织裁员、危机或不良事件所带来的消极影响的。这三种能力分别为：韧性、承诺、效能感（Duttonetal 2002；Masten & Reed，2002）。在组织繁荣时期培养这种品质能够深化和增强组织的抗压力（Fredrickson，2000），而上述这些结果的获得是通过组织的社会资本和集体效能感而获得的（Sutcliffe &Vogus，2003）。

宽恕在组织中还会产生放大效应（Cameron，2003），这种放大效应有以下两种方式。首先，通过对宽恕反应的良好行为观察，进而引发对这种宽恕品质的效仿和健康水平的提高（Fredrickson，2003）。这是因为宽恕能够将消极情绪转化为积极情绪，从而导致传染效应（Barsade，2002）。比如一个人表现出来宽恕就会使其他人也有可能表现出宽恕，反过来这样就导致对宽恕的效仿和健康水平的提升（Fredrickson，2003）。这样，积极的情绪就能够形成高质量的人际关系，增加组织成员之间的相互联系（Dutton &Heaphy，2003）。其次，宽恕反应还可以产生亲社会行为。当人们观察到宽恕的表现，就会产生迫切加入其中并做出贡献的愿望，从而在组织中促使宽恕的螺旋式上升（Feldman & Khademian，2003）。

（四）宽恕与领导

除了对个人和组织的绩效的积极影响之外，宽恕还是领导者的一个重要特征，这是因为宽恕能够帮助他们有效地预防由于错误、不良行为和他人冒犯所造成的潜在伤害和干扰（Bright，2005）。在人类正常的交往过程中，一个组织冒犯他人或者有过被冒犯经历的可能性是在所难免的，而宽恕在这个过程中能够对这些所谓的摩擦起到"润滑"作用。事实上，宽恕对于人际关系的建立、保持和维护来说非常重要，也正是因为这种人际关系组成了组织并支撑着组织的发展（Aquino et al.，2003）。

通过对那些拥有高绩效的组织进行调查后，卡梅伦（Cameron）（2001）提出了一系列领导角色和领导责任，这些组织均把宽恕和其他美德作为一种制度来看待。在培养和落实宽恕的过程中，这些组织的领导者为员工讲述了宽恕的意义、愿景和合法性，同时他们也对组织中的宽恕的实施提供了支持。

（1）领导者承认组织中的成员经历过心理创伤、伤害和不公正对待等事件，但是他们把这些有害事件的发生看作组织同前发展的一个契机，也就是要确认新的行动目标。

（2）领导者把组织的产出或者结果（如产品和服务）同一个更高的目标结合起来，这个目标能够为组织中的员工提供其个人的价值感。这种崇高的目标使员工的关注点从自身（如个人回报）转向组织更高的目标。

（3）不能放弃对绩效高标准的要求。宽恕并不是对错误的容忍，对错误的宽恕并不意味着原谅他们或对他们降低期望。相反，宽恕有助于他们追求卓越、成长和提高，而不是抑制他们。

（4）在组织优先考虑的事情中，领导者应该把员工发展和员工福利放在和组织的财务底线同等重要的地位。即使是预算紧张和资源窘迫，组织也要给员工以支持。只要员工感觉到理解和支持，同时体验到积极的个人发展时，他们就会找到跨越创伤的"阳光大道"。而且这种支持也为组织中良好的财务绩效重新建立提供了基础。

（5）由于宽恕通常和其他美德结伴出现，领导者通常使用的语言中应该包括对一些美德词汇的运用，诸如宽恕、同情、谦卑、勇气和爱等。使用良好美德的语言进行公开发言时，员工既感觉到清晰可见，又感觉合情合理；同时，外部的利益相关者也会感觉良好，并做出良好的行为表现。

（6）通过强化组织结构、组织制度和组织网络，德行行为就会被强调、被赞扬和扩大其效应。因此，在有关界定组织核心价值观的故事和脚本中应包括有关宽恕和美德的例子，定义组织核心价值观的事件和文章都应该包含有关宽恕和美德的事例。这样，员工才能从组织中获得有关的支持，从而成功跨越心灵的创伤。

当创伤性事件发生时，这些领导的角色和责任就为那些极力主张宽恕的领导者开出了十条秘方。这十条秘方并非基于实证研究的基础提出的，而是根据上述有关领导的属性通过逻辑推理而得到的（Cameron，2001）。

（1）承认愤怒和怨恨。要认识到宽恕并不会立刻发生，因为悲伤是需要一段时间的。

（2）明白宽恕的对象。要知道宽恕涉及的对象既有冒犯者也有受害者，因此，宽恕的目标是人而不是物。

（3）提供彼此间互动和沟通的机会。宽恕通常需要有机会进行语言表达、共情式倾听和人员支持。

（4）通常情况下，从治愈、恢复阶段开始到伤害、受伤阶段结束会伴随某一标识性事件，这一标识性事件将上述两个阶段截然分开，从而为员工迈向预期的目标提供清晰可见的途径。

（5）经常通过做好事情和把事情做好这样的途径为员工形成和展现其创造积极情感的机会，进而设法使受害者能够接纳别人，同时也提倡员工去践行宽恕的美德。

（6）推崇公平与公正。致力于对冒犯者公平、公正的对待和帮助受害人尽快恢复。在缺乏公正、道歉或赔偿的情况下，多数人难以对冒犯者进行宽恕。

（7）创建美好的记忆。赞美过去的美好并继续向前，忘记过去的创伤，展望美好光明的未来。

（8）对一些活动提供资源和进行强化。这些活动有助于帮助组织成员向有价值和有意义的目标前进，同时在组织中培养积极乐观和富有希望的组织氛围。

（9）对那些曾经受过伤害的员工而言，要保持领导的经常可见和易接近性，从而为受害者提供信心、明晰前景和关怀。

（10）收集并记录有关宽恕品德的故事和案例。在组织培养美德的过程中，可以讲述这些故事和案例。

在很大程度上，我们忽视了对组织生活中宽恕的研究，因此，组织研究中基本上没有针对宽恕等美德的发展和表现进行过系统和严谨的探讨。我们对宽恕的概念进行了界定，并将其与其他相关概念进行了区分，最为重要的是，强调了宽恕对员工的行为具有潜在的影响效果，以及这种影响效果对生产率和质量等组织产出的影响效果。在组织经历创伤和伤害（如组织裁员或发生悲惨事件）的情况下，领导者在对宽恕的培养和落实中起着尤为重要的作用。而基于对高绩效和宽恕型组织的调查所提出的领导角色和责任可以为我们提供行动指南。

第四节　积极组织中的个体与群体

在诸多的组织行为论著中，群体行为与个体行为永远是不朽的研究主题，很多学者都认为，个体在群体环境中，其行为必然受其影响并发生变化，并有个体对群体不适应并排斥。个体必须有一个与群体文化环境相一致的自我概念，这样，一个群体或组织才有生命。

一、积极组织中的个体与群体

个体与群体是历史唯物主义的一对范畴。个体指处在一定社会关系中，在社会地位、能力、作用上有区别的有生命的个人。群体则指一定数量的个人通过一定的社会关系而结合起来的集合体。小至二人以上组成的家庭，大至民族、阶级，都是群体。

个体与群体处于不可分割的相互依存、相互联系之中。每个人都以个体的形式而存在，同时又以群体中的成员的形式而存在。群体是由个体组成的，没有个体，就没有群体；而个体又不能脱离群体而存在，他要受到群体的制约。任何个体都存在于社会之中，存在于人与人的相互关系之中，因此个体之间必然以各种社会关系为纽带，组成各种不同的群体。不同的原始群、氏族、部落，不同的民族，不同的阶级、阶层、党派、政治团体，不同的机构、部门、单位，不同的身份、职业，以至不同的年龄、性别，等等，都可以构成不同的群体。每一个个体都可以成为多种群体的成员。

同一群体中的个体之间，总是具有若干共同点，如进行某种共同的活动，或有某种共同的利益和要求，或受着某种共同的组织形式的约束。一般地说，群体有一定的组织结构，有一定的行为规范，有一定的分工协作和一定的依赖关系。不同的群体，其性质、特点、范围、作用以及对个体的影响，均不相同。如阶级群体不同于民族群体，阶级群体，指的是与特定的生产关系相联系的、在经济上处于不同地位的社会集团；而民族群体，则是人们在历史上形成的有共同语言、共同地域、共同经济生活，以及表现在共同文化上的共同心理素质的稳定的共同体。

群体由个体所构成，但群体并不是个体的简单堆积或机械相加，群体所产生的集体力量远远大于个体力量的机械的总和。个体与群体的关系，是矛盾的对立统一的关系。两者相互联系、相互依存，同时又存在着某种程度的对立。如个体利益与群体利益是一致的，同时又可能存在着不一致的以至对立的方面。个体与群体的联系和差异，还表现在个体意识与群体意识的关系上。个体意识，是单个人的观点、思想、情感、兴趣等意识的总和，是个人对社会生活、社会关系和个人所处的社会地位以及个人的特殊环境的反映。群体意识，则是一定的集体对他们所处的社会物质生活条件的反映。个体意识与群体意识的关系，是个别与一般的关系，两者相互依存、相互联系。一方面，群体意识存在于个体意识之中，并往往通过个体意识表现出来；另一方面，个体意识又总是和群体意识相联系而存在。个体意识不是孤立的，它必然受到社会的影响，受到群体意识的制约，尤其是受到阶级意识的制约。

二、个体变量与自我概念

（一）个体变量

在英语中，"person"来源于拉丁文"persona"，意思是"mask"，指演员表演时所戴的面具，它直接表明了一种事物的内在所呈现的方式，即没有呈现出事物内在的真正的面貌。这样的话，一个人就可能表现为两个人，一个内在真实的人，一个外在戴着面具的人，这对个体认识自己或别人认识个体，都带来一定的难处。

我们只要研究群体行为，就必须去研究个体行为，最后能从一个客观的角度去描述个体，把握个体，使个体的行为具有可预测性。我们可以从两个方面做一下研究：一是机体变量，比如体重、身高、肤色、头发、体温、性别等；二是客观行为变量，包括动态行为、反应和动向等。一个人的主观行为特征是一些只能被每个人自身所感知到的现象。人的用来感知的途径主要有三个：搜索、认知和情感。搜索可以使人获得一种对自身有意义的显性信息提示，去指引其后续行为。认知能够调解由于个人已遇到或已习惯的信息提示与新的或正在搜索中的信息提示之间不协调的紧张状态。通过对比来把握自己的状态，调整自己的行为，从而更好地适应环境。情感也是一种主观体验，是通过人的机体变化来理解与把握的。虽然感觉有时跟行为有关系，但情感本身并不是行为。因此，它不能被直接观察到除了经历过某种情感的本人，即使别人经常靠观察某个人的机体状态或行为来推导某个人的情感。

（二）自我概念

人是通过客观行为变量，对自己"外在的我"进行把握的。通过主观行为变量，人对"内在的我"有了一个更为深刻的理解，即自己能够自觉地审视自己，就像别人在审视你一样。其实，一个人对自我的评估要受到群体对他的行为所做出的反应的极大影响，从而使个人能够在群体中定位，形成一种自我概念，即客观的我。自我概念的形成主要是通过以下几个方面实现的：一是选择性互动。在人们相互作用的过程中，互动的行为表明对某个人的认知同他对自我概念的认知是一致的，也就是要避免与他的"自我概念"发生冲突，这样个体在群体中会有选择地与他的自我概念相一致的个体或群体去互动。二是级差关系。级差关系能使人们对组织规则和规则的执行具有不同程度的尊重与认同感。三是互动角色或角色伙伴。如果角色是别人期望你怎样做的话，那么互动性角色就是指其他人能够对你的角色活动做出你所期望的反应，那么这些人就是你的角色伙伴。从级差关系来看，角色伙伴是你的本质力量对象化的一种存在。从选择性互动来看，角色伙伴能减轻彼此间由不确定性所带来的压力和紧张状态，其中的潜规则最终可能形成正式规则制度。

三、文化塑造对个体行为的影响

为了解释在不同的组织和群体里，不同地位的人为什么能够形成对互动方式的广泛的认同与信念，就必须了解文化塑造。文化塑造是指个人对群体或社会整体共有的情感的习得过程。文化塑造的过程相当复杂但也是作为一个社会人在社会中生存所必须经历的。通过人与人之间的互动和相互关系，文化通过各种不同的方式将其内涵传输到个人，达到对群体中个体的适应性的塑造。

在个体的文化塑造的过程中有两大群体起了至关重要的作用。一是初级群体。初级群体是一个个体学习社会文化，了解人与人行为之间的不同点与相似点的逻辑的起始点。很明显，家庭是一个初级群体。从生物学意义上讲，家庭使人获得生命，得到生理上的基因输入，使个体成为一个生物学意义上的"人";从社会学意义上讲,家庭使人得到心理上的社会基因的输入,使个体成为一个社会学意义上的"人"。在家庭中,人们保持着默认的互动节奏。在互动中能熟知哪一个人、哪一件事、哪些物品对不同的家庭成员存在着哪些显著而不同的意义,从而形成互动的内在的规则与制度,比如伦理,家法等。这成为一个人形成规则概念与自我角色概念的肇始。另外,人生中的诸多情感,比如喜、怒、哀、乐等都在家庭这个环境中发展,并切身地感同身受。二是基准群体。基准群体是一种主观的心理现象,个体在这样的群体里习得社会角色经验,储存在个体的记忆银行里,作为以后人际互动的参照物,降低自我与新环境之间的紧张程度,提高群体适应性。个体通过基准群体,给自己的角色定规,形成定规角色。这样,个体便能够在具体的社会组织环境里对其他成员所做出的反应形成一种固定模式。

四、群体互动对个体行为的影响

作为一个主体,每个人都能通过别人对自己做出的行为反应来判断自己是受到支持还是反对。所以,为了有效地与他人进行互动,每个人都要在其认知结构中构建一个自我形象。这种认同极大地与个体参与的群体文化相包容。但是做到这一点不太容易。在个体尝试着与一个群体发生关系的过程中,常常是一个人必然要经历一次认同危机。如果认同失败,就会导致一种情况,一种被迪尔凯姆称为"社会失范"的情况。一是文化惯性。群体的情感、文化从长期来看是动态的,但个体有文化认同惯性,这表明了一种现象即保持相互信任和行为可测的稳定方式能够一直保持。直到有一天失去张力平衡,原来看起来十分可靠的行为方式在持续一段时间以后也容易失效,原来看起来有效的角色手段在发挥作用时,出现了"矫枉过正"。通常,个体对于这些情况反应经常是摇摆不定的,直到思维和行为的方式最终确定下来,形成一个能够贴合相应的条件的新模式。二是文化震荡。群体的环境总是在变化,个体搜索到的不确定性信息总是在增加。当个体发现他人的行为甚至是机体状态与个体的已习得文化不一致性时,这就给个体带来身心的压力,下面将紧接着产生一个震荡的过程。三是文化适应。当文化震荡过后,文化适应就出现了。

第六章　积极行为的激励理论与应用

所谓激励，就是组织通过设计适当的外部奖酬形式和工作环境，以一定的行为规范和惩罚性措施，借助信息沟通来激发、引导、保持组织成员的行为，以有效地实现组织及其成员个人目标的系统活动。这一定义包含以下几方面的内容：

（1）激励的出发点是满足组织成员的各种需要，即通过系统地设计适当的外部奖酬形式和工作环境，来满足企业员工的外在性需要和内在性需要。

（2）科学的激励工作需要奖励和惩罚并举，既要对员工表现出来的符合企业期望的行为进行奖励，又要对不符合企业期望的行为进行惩罚。

（3）激励贯穿于企业员工工作的全过程，包括对员工个人需要的了解、个性的把握、行为过程的控制和行为结果的评价等。因此，激励工作需要耐心。美国心理学家赫兹伯格说："如何激励员工：锲而不舍。"

（4）信息沟通贯穿于激励工作的始末，从对激励制度的宣传、企业员工个人的了解，到对员工行为过程的控制和对员工行为结果的评价等，都依赖于一定的信息沟通。企业组织中信息沟通是否通畅、及时、准确、全面，直接影响着激励制度的运用效果和激励工作的成本。

（5）激励的最终目的是在实现组织预期目标的同时，也能让组织成员实现其个人目标，即达到组织目标和员工个人目标在客观上的统一。

根据研究的角度不同，激励理论可分为内容型激励理论、过程型激励理论和行为改造型激励理论三种基本类型。内容型激励理论从人的需要出发，解释了哪些因素引起、维持并指引着某种行为去实现目标这类问题；过程型激励理论探讨、分析人的行为是如何产生、导向一定目标和维持下去或者最后终止这一过程的；调整型激励理论围绕激励的目的，着重研究如何改造和修正人的行为。本章将详细介绍这三种基本的激励理论。

第一节　内容型激励理论与应用

一、需求层次理论

（一）需求层次理论的内容

马斯洛需求层次理论把需求分成生理需求、安全需求、社会需求、尊重需求和自我实现需求五类（如下页图6-1所示）。

各层次需求的基本含义如下：

（1）生理需求。这是人类维持自身生存的最基本要求，包括衣、食、住、行等方面的要求。如果这些需求得不到满足，人类的生存就成了问题。在这个意义上说，生理需求是推动人们行动的最强大的动力。马斯洛认为，只有这些最基本的需求满足到维持生存所必需的程度后，其他的需求才能成为新的激励因素，而到了那时，这些已相对满足的需求也就不再成为激励因素。

（2）安全需求。这是人类要求保障自身安全、摆脱事业失败和丧失财产的威胁、避免职业病的侵袭、接触严酷的监督等方面的需求。马斯洛认为，整个有机体是一个追求安全的机制，人的感受器官、效应器官、智能和其他能量主要是寻求安全的工具，甚至可以把科学和人生观都看成满足安全需求的一部分。当然，当这种需求一旦相对满足后，也就不再成为激励因素了。

（3）社交需求。这一层次的需求包括两个方面的内容。一是友爱的需求，即人人都需要伙伴之间、同事之间的融洽关系或保持友爱和忠诚；人人都希望得到爱情，希望爱别人，也渴望接受别人的爱。二是归属的需求，即人都有一种归属于一个群体的感情，希望成为群体中的一员，并相互关心和照顾。感情上的需求比生理上的需求来得细致，它和一个人的生理特性、经历、教育、宗教信仰都有关系。

（4）尊重需求。人人都希望自己有稳定的社会地位，个人的能力和成就得到社会的承认。尊重需求又可分为内部尊重和外部尊重。内部尊重是指一个人希望在各种不同情境中有实力、能胜任、充满信心、独立自主。总之，内部尊重就是人的自尊。外部尊重是指一个人希望有地位、有威信，受到别人的尊重、信赖和高度评价。马斯洛认为，尊重需求得到满足，能使人对自己充满信心，对社会满腔热情，体验到自己活着的用处和价值。

（5）自我实现需求。这是最高层次的需求，它是指实现个人理想、抱负，最大程度发挥个人能力，完成与自己的能力相称的一切事情的需要。也就是说，人必须干与自己的能力相称的工作，这样才会使他们感到最大的快乐。马斯洛提出，为满足自我实现需求所采取的途径是因人而异的。自我实现的需求是在努力挖掘自己的潜力，使自己越来越成为自己所期望的人物。

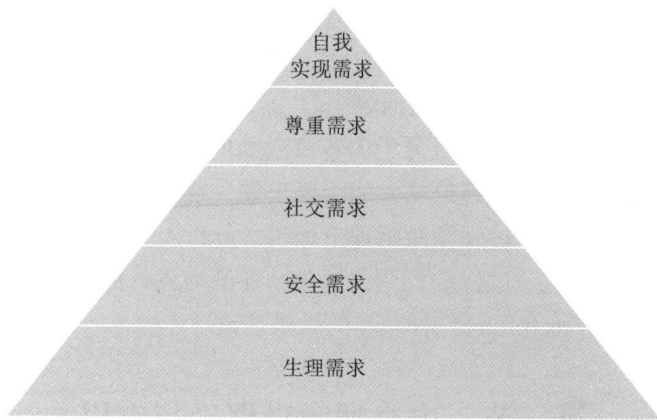

图 6-1 需求层次

（二）需求层次理论的基本观点

（1）五种需求像阶梯一样从低到高，按层次逐级递升，但这种次序不是完全固定的，可以变化，也有很多例外情况。

（2）一般来说，某一层次的需求相对满足了，就会向高一层次发展，追求更高一层次的需求就成为驱使行为的动力。相应的，获得基本满足的需求就不再是一股激励力量。

（3）五种需求可以分为高低两级，其中生理需求、安全需求和社会需求都属于低一级的需求，这些需求通过外部条件就可以满足；而尊重需求和自我实现需求是高级需求，它们是通过内部因素才能满足的，而且一个人对尊重和自我实现的需求是无止境的。同一时期，一个人可能有几种需求，但每一时期总有一种需求占支配地位，对行为起决定作用。任何一种需求都不会因为更高层次需求的发展而消失。各层次的需求相互依赖和重叠，高层次的需求发展后，低层次的需求仍然存在，只是对行为影响的程度大大减小。

（4）马斯洛和其他行为科学家都认为，一个国家多数人的需求层次结构，是同这个国家的经济发展水平、科技发展水平、文化和人民受教育的程度直接相关的。在不发达国家，生理需求和安全需求占主导的人数比例较大，而高级需求占主导的人数比例较小；而在发达国家，则刚好相反。

（三）对需求层次理论的评价

马斯洛的需求层次理论，在一定程度上反映了人类行为和心理活动的共同规律。马斯洛从人的需求出发研究人的行为，抓住了问题的关键；马斯洛指出了人的需求是由低级向高级不断发展的，这一趋势基本上符合需求发展规律。因此，需求层次理论对企业管理者如何有效地调动人的积极性有启发作用。

但是，马斯洛是离开社会条件、离开人的历史发展以及人的社会实践来考察人的需求及其结构的。其理论基础是存在主义的人本主义学说，即人的本质是超越社会历史的，抽象的"自然人"，由此得出的一些观点就难以适合其他国家的情况。

马斯洛需求层次理论中提到人的需求满足是阶梯式的，是一个需求满足后再追求下一个需求。只是有些学者并不觉得人的需求有着如此强烈的界限划分。难道除了追求基本需求之外人就不能逾越需求的界限去渴望新的超越吗？或者说，平凡的人除了对生活中简单层次需求的追求之外就丧失了对自我实现需求的追求吗？平凡中孕育着不平凡的理想和追求，也会因之产生超越基本需求的动力。

个人需求的层次内容是由个人自己的价值观和世界观决定的。平凡的人同样具有尊重和自我实现的需求。这里所说的自我实现需求的内容不是以社会普遍价值观为标准的，例如，成为所谓的"成功人士"，而是以个体自身的价值观为标准，比如，"收获稳稳的幸福"。所以，平凡人的自我实现是根据其自身的价值观定义的。而遵从世俗价值观的人却没有办法用这种价值标准衡量出平凡人的自我实现。所以，这恰恰证明了自我实现是一个更高层级的需求，只有通过其个体的内在行为来满足而非外在的条件。

二、双因素理论

（一）双因素理论的内容

赫兹伯格的双因素理论和马斯洛的需求层次理论一样，重点在于试图说服员工重视某些与工作绩效有关的激励因素。它是目前最具争论性的激励理论之一，也许这是因为它具有两个独特的方面：首先，这个理论强调一些工作因素能导致满意感，而另外一些工作因素则只能防止产生不满意感；其次，对工作的满意感和不满意感并非存在于单一的连续体中。

赫兹伯格通过考察一群会计师和工程师的工作满意感与生产率的关系，通过半有组织性的采访，积累了影响这些人对其工作感情的各种因素的资料，表明了存在两种性质不同的因素。

第一类因素是激励因素，包括工作本身、认可、成就和责任，这些因素涉及对工作的积极感情，又和工作本身的内容有关。这些积极感情和个人过去的成就、被人认可以及担负过的责任有关，它们的基础在于工作环境中持久的而不是短暂的成就。

第二类因素是保健因素，包括公司政策和管理、监督技术、薪水、工作条件以及人际关系等。

这些因素涉及工作的消极因素，也与工作的氛围和环境有关。也就是说，对工作和工作本身而言，这些因素是外在的，而激励因素是内在的，或者说是与工作相联系的内在因素。

从某种不同的角度来看，外在因素主要取决于正式组织（例如薪水、公司政策和制度）。只有公司承认高绩效时，它们才是相应的报酬。而诸如出色地完成任务的成就感之类的内在因素则在很大程度上属于个人的内心活动，组织政策只能产生间接的影响。例如，组织只有通过确定出色绩效的标准，才可能影响个人，使他们认为已经相当出色地完成了任务。

尽管激励因素通常是与个人对他们的工作的积极感情相联系的，但有时也涉及消极感情。而保健因素却几乎与积极感情无关，只会带来精神沮丧、脱离组织、缺勤等结果。成就的出现在令人满意的工作经历中超过 40%，而在令人不满意的工作经历中则少于 10%。

赫兹伯格的理论认为，满意和不满意并非共存于单一的连续体中，而是截然分开的，这种双重的连续体意味着一个人可以同时感到满意和不满意，还暗示着工作条件和薪金等保健因素并不能影响人们对工作的满意程度，而只能影响对工作的不满意的程度。

（二）关于双因素理论的争论

赫兹伯格的双因素激励理论同马斯洛的需求层次理论有相似之处。他提出的保健因素相当于马斯洛提出的生理需求、安全需求、社会需求等较低级的需求；激励因素则相当于尊重需求、自我实现需求等较高级的需求。当然，他们的具体分析和解释是不同的。但是，这两种理论都没有把"个人需求的满足"同"组织目标的达到"这两点联系起来。有些西方行为科学家对赫兹伯格的双因素激励理论的正确性表示怀疑。有人做了许多实验，也未能证实这个理论。赫兹伯格及其同事所做的实验，被有的行为科学家批评为是他们所采用方法本身的产物：人们总是把好的结果归结于自己的努力而把不好的结果归罪于客观条件或他人，问卷没有考虑这种一般的心理状态。另外，被调查对象的代表性也不够，事实上，不同职业和不同阶层的人，对激励因素和保健因素的反应是各不相同的。实践还证明，高度的工作满足不一定就产生高度的激励。许多行为科学家认为，不论是有关工作环境的因素或工作内容的因素，都可能产生激励作用，而不仅是使职工感到满足，这取决于环境和职工心理方面的许多条件。

但是，双因素激励理论促使企业管理人员注意工作内容方面因素的重要性，特别是它们同工作丰富化和工作满足的关系，因此是有积极意义的。赫兹伯格告诉我们，满足各种需要所引起的激励深度和效果是不一样的。物质需求的满足是必要的，没有它会导致不满，但是即使获得满足，它的作用往往是很有限的、不能持久的。要调动人的积极性，不仅要注意物质利益和工作条件等外部因素，更重要的是要注意工作的安排，量才录用，各得其所；要注意对人进行精神鼓励，给予表扬和认可；要注意给人成长、发展、晋升的机会。随着温饱问题的解决，这种内在激励的重要性越来越明显。

（三）双因素理论对现代企业管理的启示

（1）采取了某项激励措施并不一定就带来职工的满意，要提高职工的积极性首先得注意保健因素，以消除职工的不满、怠工和对抗，但保健因素并不能使职工变得非常满意，也不能激发他们的工作积极性，所以更重要的是要利用激励因素来激发职工的工作热情和工作效率。因此，企业如果只考虑保健因素而没有充分利用激励因素，就只能使职工感到没有不满意却不能使职工变得非常满意，则企业就很难创造一流的业绩。

（2）在企业管理实践中，欲使奖金成为激励因素，必须使奖金与职工的工作绩效相联系。如果采取不讲部门和职工绩效的平均主义"大锅饭"做法，奖金就会变成保健因素，奖金发得再多也难以起到激励的作用。对某一个岗位而言，如果长期为一个人所占有，又没有来自外部的竞争压力，该职工的惰性就会自然而然地释放出来，工作质量随之下降。企业为了激发职工的工作潜能，应设置竞争性的岗位，并把竞争机制贯穿到工作过程的始终。

（3）双因素理论是在美国的社会和文化背景下提出的，与我国的国情不尽相同，因而，在企业管理中，哪些是保健因素，哪些应属于激励因素也是不一样的，企业的管理者在对职工进行激励时，必须考虑这种文化差异，因地制宜，制订有效的激励措施和采取有效的激励手段。

（4）双因素理论诞生于美国，而在中国企业里，工资和奖金并不仅仅是保健因素，工资和奖金的多少关系到个人的切身利益和自身价值的实现，如果运用得当，也会表现出明显的激励作用。因此，企业应该建立灵活的工资、奖金制度，防止僵化和一成不变，在工资、奖金分配制度改革中既注重公平又体现差别。

（5）激励是组织管理的重要环节，被认为是"最伟大的管理原理"。就组织工作而言，对职工激励至关重要，但对职工进行激励的时候必须注重多种激励方式的综合运用，将物质激励和精神激励有机结合起来。物质需要是人的第一需要，合理而富有竞争力的薪酬制度是企业激励职工、留住人才的基本方略。同时，企业更要注重精神激励的重要作用。学习型组织为我们提供了一个典型的精神激励模式：通过培养员工自我超越的能力，打破旧的思维限制，创造出更适合组织发展的新的心智模式。在这种更为开阔的思维中发展自我，并朝着组织的整体目标和共同愿景努力。

三、ERG 理论

（一）ERG 理论的内容

美国耶鲁大学教授克雷顿·奥尔德弗（Clayton Alderfer）在马斯洛提出的需求层次理论的基础上，进行了更接近实际经验的研究，提出了一种新的人本主义需要理论。奥尔德弗认为，人们共存在 3 种核心的需要，即生存（Existence）的需要、相互关系（Relatedness）的需要和成长发展（Growth）的需要，因而这一理论被称为 "ERG" 理论。生存的需要与人们基本的物质生存需要有关，它包括马斯洛提出的生理和安全需求。第二种需要是相互关系的需要，即指人们对于保持重要的人际关系的要求。这种社会和地位的需要的满足是在与其他需要相互作用中达成的，它们与马斯洛的社会需求和尊重需求分类中的外在部分是相对应的。最后，奥尔德弗把成长发展的需要独立出来，它表示个人谋求发展的内在愿望，包括马斯洛的尊重需求分类中的内在部分和自我实现层次中所包含的特征。

除了用 3 种需要替代了 5 种需求以外，与马斯洛的需求层次理论不同的是，奥尔德弗的ERG 理论还表明了：人在同一时间可能有不止一种需要起作用；如果较高层次需要的满足受到抑制的话，那么人们对较低层次的需要的渴望会变得更加强烈。

马斯洛的需求层次是一种刚性的阶梯式上升结构，即认为较低层次的需求必须在较高层次的需求满足之前得到充分的满足，二者具有不可逆性。而相反的是，ERG 理论并不认为各类需求层次是刚性结构，比如说，即使一个人的生存和相互关系的需要尚未得到完全满足，他仍然可以为成长发展的需要工作，而且这 3 种需要可以同时起作用。

此外，ERG 理论还提出了一种叫"受挫——回归"的思想。马斯洛认为当一个人的某一层次需求尚未得到满足时，他可能会停留在这一需求层次上，直到获得满足为止。相反地，ERG理论则认为，当一个人在某一更高等级的需求层次受挫时，那么作为替代，他的某一较低层次的需求可能会有所增加。例如，如果一个人社会交往的需要得不到满足，可能会增强他对得到更多金钱或更好的工作条件的愿望。与马斯洛需求层次理论相类似的是，ERG 理论认为较低层次的需要满足之后，会引发出对更高层次需要的愿望。不同于需求层次理论的是，ERG 理论认为多种需要可以同时作为激励因素而起作用，并且当满足较高层次需要的企图受挫时，会导致人们向较低层次需要回归。因此，管理措施应该随着人的需要结构的变化而做出相应的改变，并根据每个人不同的需要制订出相应的管理策略。

（二）对 ERG 理论的评价

奥尔德弗的 ERG 理论在需要的分类上并不比马斯洛的理论更完善，对需要的解释也并未超出马斯洛需求理论的范围。如果认为马斯洛的需求层次理论是带有普遍意义的一般规律，那么，ERG 理论则偏重于带有特殊性的个体差异，这表现在 ERG 理论对不同需要之间联系的限制较少。ERG 理论的特点有：

（1）ERG 理论并不强调需要层次的顺序，认为某种需要在一定时间内对行为起作用，而当这种需要得到满足后，可能去追求更高层次的需要，也可能没有这种上升趋势。

（2）ERG 理论认为，当较高级需要受到挫折时，可能会降而求其次。

（3）ERG 理论还认为，某种需要在得到基本满足后，其强烈程度不仅不会减弱，还可能会增强。

（三）ERG 理论对现代人力资源管理的启示

ERG 理论认为：因受教育的水平、家庭背景、价值观、个性特征、年龄，以及社会文化环境的差异，某种需要对某个特定的人的重要程度或产生的驱动力是不同的。不同文化修养的人对于各需要层次重要程度的认识也可能不尽相同。各个层次的需要得到的满足越少，则这种需要越为人们所渴望。比如，满足生存需要的工资越低，人们越渴望得到更多的工资。较低层次的需要越是能够得到较多的满足，对较高层次的需要就越渴望。比如，员工的生存需要越是得到满足，对人际关系的需要以及工作成就的需要就越强。较高层次的需要越是满足得少，则对较低层次的需要的渴望也就越多。比如，成长发展的需要得到的满足越少，则对人与人关系的需求就越大，即"受挫—回归"。

需要本身就是激发动机的原始驱动力，一个人如果没有什么需要，也就没有什么动力与活力。反之，一个人只要有需要，就表示存在着激励因素。管理者如能充分了解广大员工的需要，便不愁找不到激励员工的途径。由于每一个层次包含了众多的需要内容，具有相当丰富的激励作用，因而可供管理者设置目标、激发动机、引导行为。而且低层次需要满足后，又有高一层次需要继续激励，因而人的行为始终伴随着内容丰富多彩、形式千变万化的激励方式。因此，管理者要想对员工进行有效的激励，提高企业运作的有效性和高效性，就要将满足员工需要所设置的目标与企业的目标密切结合起来，不仅要掌握充满活力的需要理论，还要善于运用激励员工的管理策略。

作为一名高层管理者，应从调查研究入手，了解和满足下属的需要。人的需要是复杂的、多方面的，人的需要也是产生行为的基础。因此，对下属生存的需要、相互关系的需要和成长发展的需要的解决，乃是激发其行为，调动工作积极性，进而实行有效管理的重要方法和途径。当然，要满足下属的需要，是件很不容易的事情。企业高层主管应该在调查研究的基础上，对下属的需要进行综合分析，同时考虑到下属的个性心理特点，逐步地、合理地解决问题。当有些需要不能满足，或一时不能满足时，也应向下属解释清楚，做好思想引导工作，从而实现企业的预期目标，做好下属的管理工作，真正做到"激励相容"。此外，高层管理者还应特别注重下属较高层次需要的满足，以防止"受挫—回归"现象的发生。

作为一名领导者，要"以人为本"，为员工提供一个较为和谐宽松的管理环境；要尊重下属的人格，支持下属自我管理，自我控制；要真正授权于下属，使下属实实在在地参与决策和管理过程。绝不能把民主管理作为摆设，走过场，必须充分发挥职工代表大会的作用，满足员工参与民主管理的需要，增强员工的主人翁责任感。同时，在考虑企业自身的财力基础上，尽可能地为员工提供幽雅舒适的生活环境，并切实改善员工工作条件，以利于企业员工的身心健康。要着力塑造吸引人才、留住人才的企业文化氛围，造就能令人心情舒畅的、有助于激发和释放创新能力的宽松环境，使员工感觉到自身存在的价值、意义，认识到自身发展与企业发展是息息相关的，从而为企业发展提供源源不断的动力。待遇、情感和事业三管齐下，使物质激励与精神激励有机地融合为一体，更好地满足员工生存的需要和相互关系的需要。

作为一名企业家，应立足于人，加强对雇员的职业培训与指导。随着人才主权时代的到来，许多企业正在努力迎合自主型雇员。近年来，企业跳槽的雇员多为任职 3 个月至 1 年的员工，针对这种情况，要求企业家应将"依靠人、培养人、发展人"的管理理念贯穿于企业成长的始终，企业的人力资源部门必须制订以员工个人发展为核心的人才战略，致力于开发和完善独特的人才培养方式，以期形成员工终身学习、永恒成长的能力提高激励机制。职业培训的目的在于为员工的成长提供机会，从而满足员工个人的成长发展需要。

四、成就激励理论

（一）成就激励理论的内容

成就激励理论是美国哈佛大学教授戴维·麦克利兰（David McClelland）通过对人的需求和动机进行研究，于 20 世纪 50 年代在一系列文章中提出的。麦克利兰把人的高层次需求归纳为对成就、权力和亲和的需求。他对这三种需求，特别是成就需求做了深入的研究。

（1）成就需求（Need for Achievement）：争取成功，希望做得最好的需求。麦克利兰认为，具有强烈的成就需求的人渴望将事情做得更为完美，提高工作效率，获得更大的成功。他们追求的是在争取成功的过程中克服困难、解决难题、努力奋斗的乐趣，以及成功之后的个人的成就感。他们并不看重成功所带来的物质奖励。个体的成就需求与他们所处的经济、文化、社会、政府的发展程度有关，社会风气也制约着人们的成就需求。

（2）权力需求（Need for Power）：影响或控制他人且不受他人控制的需求。权力需求是指影响和控制别人的一种愿望或驱动力。不同的人对权力的渴望程度也有所不同。权力需求较高的人对影响和控制别人表现出很大的兴趣，喜欢对别人"发号施令"，注重争取地位和影响力。他们常常表现出喜欢争辩、健谈、直率和头脑冷静的特质；善于提出问题和要求；喜欢教训别人，并乐于演讲。他们喜欢具有竞争性和能体现较高地位的场合或情境，也会追求出色的成绩，但他们这样做并不像高成就需求的人那样是为了个人的成就感，而是为了获得地位和权力或与自己已具有的权力和地位相称。权力需求是管理成功的基本要素之一。

（3）亲和需求（Need for Affiliation）：建立友好亲密的人际关系的需求。亲和需求就是寻求被他人喜爱和接纳的一种愿望。高亲和动机的人更倾向于与他人进行交往，至少是为他人着想，这种交往会给他带来愉快的感受。高亲和需求者渴望亲和，喜欢合作而不是竞争的工作环境，希望彼此之间沟通与理解，对环境中的人际关系更为敏感。有时，亲和需求也表现为对失去某些亲密关系的恐惧和对人际冲突的回避。亲和需求是保持社会交往和人际关系和谐的重要条件。

麦克利兰的亲和需求与马斯洛的社会需求、奥尔德弗的相互关系需要基本相同。麦克利兰指出，注重亲和需求的管理者容易因为讲究交情和义气而违背或不重视管理工作原则，从而会导致组织效率下降。

（二）对成就动机的评价

成就动机有利于心理健康和社会经济的发展，但是并不是所有的成就动机都能推动社会经济的发展。麦克利兰不仅强调了成就动机的作用，还指出成就动机是在一定的社会气氛下形成的。成就动机有个人取向的成就动机和社会取向的成就动机之分。个人取向的成就动机有这样的特点：成就目标和评价标准主要由个人自己来决定；选择什么样的行为来实现成就目标，也由个人自己来做主；成就行为的效果也由个人自己来评价，评价标准也是由个人自己来制订的；个人对成就的价值观念的内化程度比较高，成就的功能自主性比较强，即追求成就本身是一种目的。社会取向的成就动机的特点有：强调个人的成就目标和评价标准主要由他人或所属的团体来决定；选择什么样的行为来实现目标，也是由他人或团体来决定；成就行为的效果由他人或团体来评价，评价标准也是由他人或团体不定期制订的；个人对成就的价值观念的内化程度比较弱，成就的社会工具性比较强，即追求成就是一种手段，是为了让他人或团体高兴。

这两种取向的成就动机各有长短。在社会生活中，如果一个人的成就动机过于偏向某个极端，可能会产生一些不良后果。这时的成就动机就不一定会推动社会的发展了，甚至会起反作用。研究发现，个人取向的成就动机过高的人在组织中往往表现得并不是很出色。由于强调个人取向，这些人用自己个人的业绩标准来衡量成就，也因为个人目标的实现而得到满足。因此，他们更愿意独立工作，因为这样做可以使任务的完成完全取决于他们自己的努力。这一特点可能会降低这些人在团队中的工作表现。一个组织非常需要能够妥协、顺应、将自己的成就需要与组织目标结合起来的人。一个组织如果个人取向的成就动机的人占的比重太大，则这个组织肯定不能获得长足的发展。

第二节　过程型激励理论与应用

过程型激励理论是指着重研究人从动机产生到采取行动的心理过程的理论。它的主要任务是找出对行为起决定作用的某些关键因素，弄清它们之间的相互关系，以预测和控制人的行为。这类理论表明，要使员工做出企业期望的行为，须在员工的行为与员工需要的满足之间建立起必要的联系。过程型激励理论主要有：期望理论、目标设置理论、公平理论等。

一、期望理论

（一）期望理论的主要内容

期望理论的基本内容主要是美国著名的心理学家和行为科学家弗鲁姆的期望公式和期望模式。

1.期望公式

弗鲁姆认为，人总是渴求满足一定的需要并设法达到一定的目标。这个目标在尚未实现时，表现为一种期望，这时目标反过来对个人的动机又是一种激发的力量，而这个激发力量的大小，取决于目标价值（效价）和期望概率（期望值）的乘积。

用公式表示就是：$M=\sum V \times E$

其中，M 表示激发力量，是指调动一个人的积极性，激发人内部潜力的强度。

V 表示目标价值（效价），这是一个心理学概念，是指达到目标对于满足个人需要的价值。同一目标，由于每个人所处的环境不同、需求不同，其需要的目标价值也就不同。同一个目标对每一个人可能有三种效价：正、零、负。效价越高，激励力量就越大。某一客体如金钱、地位、汽车等，如果个体不喜欢、不愿意获取，目标效价就低，对人的行为的拉动力量就小。举个简单的例子，幼儿对糖果的目标效价就要大于对金钱的目标效价。

E 是期望概率，是人们根据过去的经验判断自己达到某种目标的可能性是大还是小，即能够达到目标的概率。目标价值大小直接反映人的需要动机的强弱，期望概率反映人实现需要和动机的信心强弱。如果个体相信通过努力肯定会取得优秀成绩，期望值就高。

这个公式说明：假如一个人把某种目标的价值看得很大，估计能实现的概率也很高，那么这个目标激发动机的力量就越强烈。

经发展后，期望公式表示为：动机 = 效价 × 期望值 × 工具性。其中：工具性是指能帮助个人实现目标的非个人因素，如环境、快捷方式、任务工具等。例如，在战争环境中，效价和期望值再高，也无法正常提高人的动机性；再如，外资企业良好的办公环境、设备、文化制度，都是吸引人才的重要因素。

2. 期望模式

怎样使激发力量达到最大值，弗鲁姆提出了人的期望模式：个人努力→个人成绩（绩效）→组织奖励（报酬）→个人需要。在这个期望模式中的四个因素，需要兼顾几个方面的关系：

（1）个人努力和绩效的关系。这两者的关系取决于个体对目标的期望值。期望值又取决于目标是否适合个人的认识、态度、信仰等个性倾向，以及个人的社会地位和别人对他的期望等社会因素。即由目标本身和个人的主客观条件决定。

（2）绩效与组织奖励关系。人们总是期望在达到预期成绩后，能够得到适当的合理奖励，如奖金、晋升、提级、表扬等。如果没有相应的有效的物质和精神奖励来强化，时间一长，人们的积极性就会消失。

（3）组织奖励和个人需要的关系。奖励什么要适合每个人的不同需要，要考虑效价。要采取多种形式的奖励，满足各种需要，最大限度地挖掘人的潜力，最有效地提高工作效率。

（4）个人需要的满足与新的行为动力之间的关系。当一个人的需要得到满足之后，他会产生新的需要和追求新的期望目标。需要得到满足的心理会促使他产生新的行为动力，并对实现新的期望目标产生更高的热情。

（二）期望理论的应用

1. 目标设置（绩效计划—绩效实施）

组织在设置目标时，必须考虑以下两个原则：第一，目标必须与员工的物质需要和精神需要相联系，使他们能从组织的目标中看到自己的利益，这样目标价值就会变大；第二，要让员工看到目标实现的可能性很大，这样期望概率就会变高。此外，在设置目标时，还应该考虑到以下几点：

（1）要考虑组织目标和员工个人目标的一致性。管理者要善于使员工的个人目标与组织目标结合起来，引导员工建立良好的价值观，使组织目标能够包含员工更多的共同需求，使更多的员工能在组织目标中看到自己的切身利益，从而把组织目标的完成看成与自己休戚相关的事。

（2）要考虑目标的科学性。一般地说，目标应该带有挑战性，适当地高于个人的能力。

但要注意，切不可使目标过高，以免造成心理上的挫折，失去取胜的信心；也不可使目标过低，以免鼓不起干劲，失去内部的动力。

（3）要考虑目标的阶段性。组织的总目标，往往使员工感到"遥远"，应该将总目标分成若干个阶段性的小目标。一方面，小目标易于实现，从而可以提高员工的期望概率；另一方面，小目标便于通过信息反馈检查落实，从而实行有效地定向控制，逐步将员工导向既定的总体目标。

2. 个人努力——绩效关系（绩效实施—绩效评价）

努力工作带来一定工作绩效的可能性，它包括两个方面的内容：一是个人能否通过努力实现特定的工作绩效，二是个人通过努力实现的工作绩效能否得到客观的评估。

（1）通过过有针对性的培训，使员工掌握与特定工作有关的技能，增强其完成工作的信心。这个工作在绩效计划阶段，通过对完成工作任务需要的技能分析完成。

（2）管理者与员工要多沟通，了解他们的忧虑，给予员工工作上的支持，对他们进行鼓励。在绩效实施阶段，与员工进行持续的绩效沟通，预防或解决工作期间可能发生的各种问题，帮助员工更好地完成绩效计划，起到加强激励的作用。

3. 绩效——结果（组织奖励）关系（绩效评价—绩效反馈）

（1）完善绩效管理制度，为绩效–结果关系提供明确的制度保障。

（2）组织绩效文化，体现为设计浮动的薪酬支付制度以及奖励组织期望的绩效，报酬与绩效挂钩，主要依据贡献进行分配。

二、目标设置理论

（一）目标设置理论简介

美国马里兰大学管理学兼心理学教授爱德温·洛克（Edwin A. Locke）和休斯（Hughes）在研究中发现，外来的刺激（如奖励、工作反馈、监督的压力）都是通过目标来影响动机的。目标能引导活动指向与目标有关的行为，使人们根据难度的大小来调整努力的程度，并影响行为的持久性。于是，在一系列科学研究的基础上，他们于1967年最先提出"目标设定理论"（Goal Setting Theory），认为目标本身就具有激励作用，能把人的需要转变为动机，使人的行为朝着一定的方向努力，并将自己的行为结果与既定的目标相对照，及时进行调整和修正，从而实现目标。这种使需要转化为动机，再由动机支配行动以达成目标的过程就是目标激励。目标激励的效果受目标本身的性质和周围变量的影响。

（二）目标设置理论的基本模式

目标有两个最基本的属性：明确度和难度。

从明确度来看，目标内容可以是模糊的，如"请你做这件事"；目标也可以是明确的，如"请在10分钟内做完这25道题"。明确的目标可使人们更清楚要怎么做，付出多大的努力才能实现目标。目标设定得明确，也便于评价个体的能力。很明显，模糊的目标不利于引导个体的行为和评价他的成绩。因此，目标设定得越明确越好。事实上，明确的目标本身就具有激励作用，这是因为人们有希望了解自己行为的认知倾向。对行为目的和结果的了解能减少行为的盲目性，提高行为的自我控制水平。另外，目标的明确与否对绩效的变化也有影响。也就是说，完成明确目标的被试的绩效变化很小，而目标模糊的被试绩效变化则很大。这是因为模糊目标的不确定性容易产生多种可能的结果。

从难度来看，目标可以是容易的，如在 20 分钟内做完 10 道题；中等的，在 20 分钟内做完 20 道题；难的，在 20 分钟内做完 30 道题；或者是不可能完成的，如在 20 分钟内做完 100 道题。难度依赖于人和目标之间的关系，同样的目标对某人来说可能是容易的，而对另一个人来说可能是难的，这取决于他们的能力和经验。一般来说，目标的绝对难度越高，人们就越难实现它。有 400 多个研究发现，绩效与目标的难度水平呈线性关系。当然，这是有前提的，前提条件就是完成任务的人有足够的能力、对目标又有高度的承诺。在这样的条件下，任务越难，绩效越好。一般认为，绩效与目标难度水平之间存在着线性关系，是因为人们可以根据不同的任务难度来调整自己的努力程度。

（三）目标设置理论的意义与缺陷

自洛克 1967 年提出目标设置理论以来，数十年来的研究有力地证明了从目标设置的观点来研究激励是有效的。研究者在这个领域已经取得了很多有意义的成果，这些理论成果也已应用到实际管理工作中去，给实际工作带来了很大帮助。

但是，在目标设置理论中还存在很多问题需要进一步研究：

（1）目标设置与内部动机之间的关系。一般认为，设置掌握目标（Mastery Goal）比绩效目标（Performance Goal）更能激起内部动机，但这个过程也受到很多其他中介因素的影响，如被试的成就动机的高低等。

（2）目标设置与满意度的关系。目标设置与满意度之间呈现一种复杂的关系。困难目标比容易目标激起更高的绩效，但它却可能导致更低的满意度。

（3）一般认为反馈可以促进绩效的提高，但不同的反馈方式的作用也不一样。因此需要研究清楚如何进行反馈是最有效的。

（4）另外还需要进一步研究的有：目标冲突对绩效效果的影响；当目标困难，任务复杂时，影响选择策略的因素。

三、公平理论

（一）公平理论简介

公平理论又称社会比较理论，由美国行为科学家斯塔西·亚当斯（Stacey Adams）于 1965 年提出，他认为员工的激励程度来源于对自己和参照对象的报酬和投入的比例的主观比较感觉。

该理论是研究人的动机和知觉关系的一种激励理论，在亚当斯的《工人关于工资不公平的内心冲突同其生产率的关系》（1962，与罗森鲍姆合写）、《工资不公平对工作质量的影响》（1964，与雅各布森合写）、《社会交换中的不公平》（1965）等著作中均有所涉及，侧重于研究工资报酬分配的合理性、公平性及其对职工生产积极性的影响。其基本内容包括三个方面：

（1）公平是激励的动力。公平理论认为，人能否受到激励，不仅由他们得到了什么决定，还由他们所得与别人所得是否公平而决定。

这种理论的心理学依据，就是人的知觉对于人的动机的影响很大。他们指出，一个人不仅关心自己所得所失本身，而且还关心与别人所得所失的关系。他们是以相对付出和相对报酬全面衡量自己的得失。如果得失比例和他人相比大致相当，就会心理平静，认为公平合理，心情舒畅。若比别人高则令其兴奋，是最有效的激励，但有时过高会心虚，不安全感激增。低于别人时会产生不安全感，心理不平静，甚至满腹怨气，不努力工作，消极怠工。因此分配合理性常是激发人在组织中工作动机的因素和动力。

（2）公平理论的模式（即方程式）：$Q_p / I_p = Q_o / I_o$。

Q_p代表一个人对他所获报酬的感觉，I_p代表一个人对他所做投入的感觉，Q_o代表这个人对某比较对象所获报酬的感觉，I_o代表这个人对比较对象所做投入的感觉。

（3）不公平的心理行为。

当人们遭遇不公平对待时，心里会很苦恼，紧张不安，这导致行为动机下降，工作效率下降，甚至出现逆反行为。个体为了消除不安，一般会采取以下这些行为措施：通过自我解释达到自我安慰，在主观上形成一种公平的假象，以消除不安；更换对比对象，以获得主观的公平；采取一定行为，改变自己或他人的得失状况；发泄怨气，制造矛盾；暂时忍耐或逃避。

公平与否的判定受个人的知识、修养的影响，即使外界氛围也是要通过个人的世界观、价值观的改变才能够起作用。

亚当斯（1965）认为，当员工发现组织不公正时，会有以下六种主要的反应：改变自己的投入；改变自己的所得；扭曲对自己的认知；扭曲对他人的认知；改变参考对象；改变目前的工作。

（二）公平理论的基本内容

公平理论的基本观点：当一个人做出了成绩并取得报酬以后，他不仅关心自己的所得报酬的绝对量，而且关心自己所得报酬的相对量。因此，他要进行种种比较来确定自己的所获报酬是否合理，比较的结果将直接影响今后工作的积极性。比较有两种，一种为横向比较，一种为纵向比较。

（1）横向比较。

所谓横向比较，即一个人要将自己获得的"报偿"（包括金钱、工作安排以及获得的赏识等）与自己的"投入"（包括教育程度，所做的努力，用于工作的时间、精力和其他无形损耗等）的比值与组织内其他人做比较，只有相等时他才认为公平。如下式所示：

$$O_p / I_p = O_c / I_c$$

其中，O_p表示自己对所获报酬的感觉；O_c表示自己对他人所获报酬的感觉；I_p表示自己对个人所做投入的感觉；I_c表示自己对他人所做投入的感觉。

当上式为不等式时，可能出现以下两种情况：

一是前者小于后者。他可能要求增加自己的收入或减少自己今后的努力程度，以便使左方增大，趋于相等；第二种办法是他可能要求组织减少比较对象的收入或让其今后增大努力程度以便使右方减少趋于相等。此外，他还可能另外找人作为比较对象以便达到心理上的平衡。

二是前者大于后者。他可能要求减少自己的报酬或在开始时自动多做些工作，久而久之他会重新估计自己的技术和工作情况，最后觉得他确实应当得到那么高的待遇，于是他的产量便又会回到过去的水平了。

（2）纵向比较。

所谓纵向比较，即把自己目前投入的努力与目前所获得报酬的比值，同自己过去投入的努力与过去所获报酬的比值进行比较，只有相等时他才认为公平。如下式所示：

$$O_p / I_p = O_h / I_h$$

其中，O_h表示自己对过去所获报酬的感觉；I_h表示自己对个人过去投入的感觉。当上式为不等式时，人也会有不公平的感觉，这可能导致工作积极性下降。当出现这种情况时，人不会因此产生不公平的感觉，但也不会感觉自己多拿了报偿从而主动多做些工作。调查和实验的结果表明，不公平感的产生绝大多数是由于经过比较认为自己目前的报酬过低而产生的；但在少数情况下也会由于经过比较认为自己的报酬过高而产生。

（三）公平理论的实践意义

公平理论，目前在国外非常流行，资本主义企业为了笼络人心，往往打着公平、合理的幌子，想方设法采取各种手段，在企业中营造"公平合理"的气氛，使员工产生一种主观上的公平感，这当然带有一定的欺骗性。因为资本家与劳动者之间是一种剥削与被剥削的关系，根本谈不上公平，员工之间虽然存在着公平与不公平的问题，可是在比较和衡量时，因受到资本主义社会的道德规范的局限，实际上缺乏正确的标准。

但是，这并不是说，公平理论对我们没有借鉴价值。实践证明，公平理论对加强社会主义的企业管理，对于提高领导者、管理者的水平，是大有裨益的。因为公平理论认为人们有一种保持分配上的公平的需要，这种公平感是一种普遍存在的心理现象，领导者是否认真考虑这种社会心理因素，是衡量其管理水平的重要标志。

目前，在我们的企业管理中，许多领导同志不注意各种不公平现象对人们生产积极性的影响。如在实际工作中，存在着能力贡献相同而待遇不同的现象，或在待遇相同的情况下又经常出现忙闲不均的现象，等等。不少企业和单位还仍然存在着"大锅饭"和"绝对平均主义"等问题，这不仅对一部分员工的生产积极性带来消极影响，还严重影响了人与人之间的关系，亟待采取措施，迅速加以消除。

当然，在实际工作中，引起不公平感的原因很多，对此，应该具体问题具体分析。只有这样，才能有的放矢地做好工作。一般说来，使员工产生不公平感的起因有以下三个方面：

（1）个人的错误判断。

少数人由于个人主义比较严重，好逸恶劳，贪图享受，觉得干活越少越好，奖金越多越好。这种人往往容易过高地估计自己的成绩，过低地估计别人的成绩，而把本来合理的分配看成不合理，把公平的差别看作不公平。对这种人要批评教育，做好思想政治工作。

（2）奖金、工资制度本身的某些问题。

目前，一些单位和企业，在奖金、工资制度的执行过程中，还存在一些普遍性的问题。例如，有些工种定额容易超产，有些工种定额不容易超产；有些班组吃得太饱，有些班组任务不足；有定额的工人多劳多得，工作紧张，出了事故还要扣奖金，无定额的工人工作轻松，奖金却旱涝保收；等等。这些由于管理制度不完善而带来的不公平，应该在经济体制改革中加以妥善解决。

（3）领导作风不正。

有的领导工作不深入，或偏听偏信，或想当然地处理一些重要问题；个别领导对员工亲疏不一，处理事情不实事求是，一碗水端不平；极个别领导，一事当前，先为自己打算，甚至侵吞集体财产和与员工争名争利；等等。这些问题应该在健全领导班子的过程中加以解决。

社会情况比较复杂，要做到绝对公平是很难的，就是对公平的理解，不同的人也有不同的标准。有的人认为贡献和报酬应该相当，有的人是以人们的公平分配需要为标准来评价的，有的人认为"大家得到的一样多"就是公平的。在现实生活中很难做到公平合理，但绝不是不要在这方面努力。这就要求领导者要有甘当公仆的思想，要有遵纪守法、廉洁奉公、工作在前、享受在后的道德品质和作风，对员工要一视同仁，要杜绝拉帮结派、损公肥私、假公济私、行贿受贿、任人唯亲等不正之风。只有这样才能避免员工不公平感的产生。当然企业中每个员工也应该提高精神境界，增强自我的自觉性和主动性。处处事事都能从国家的振兴和人民的富强角度出发，顾大局、识大体，不斤斤计较个人得失和与人争名夺利，这样更有利于达到自我心理平衡。

（四）公平理论对管理实践的启示

公平理论向我们揭示了这样一个现实：对于组织中的大多数员工来说，激励不仅受到他们自己绝对报酬多少的影响，同时也受到他们对相对报酬关注的影响，而且对于报酬过高所带来的不公平对员工的行为影响不大，人们倾向于使报酬过高合理化。公平理论为更好地理解组织中的工作行为提供了很好的理论框架，也是管理者所应该了解的一种激励理论。

对于组织中的管理者来说，应该关注员工有关公平与不公平的社会比较过程，从而不断地改变激励模式并保证其有效性。

首先，最为重要的是管理者要尽可能公平地对待每一个员工。作为员工来说，他不仅关心自己所得到的绝对报酬，也关心自己的报酬的相对性。如果员工认为受到不公平的对待时，他们就会试图采取我们前面提到的行为方式来改变境况，减少不公平的感觉。例如，他们可能会经常缺勤、上班迟到、不按时完成工作任务、降低工作质量等。此时，管理者应该尽量通过改变员工的工作来改善投入和收益的平衡性，以此作为激励员工提高工作绩效的手段。

其次，注意对有不公平感觉的员工进行心理疏导。一般来说，并不是所有的人都对公平很敏感，只有当人们将自己的投入和收益与他人进行比较以后，他们才开始关心公平。并且他们所选择的比较对象受主观影响较大，比如说，参照对象不是同一组织中的员工、两人所承担的工作任务的复杂程度不同等。作为管理者，在遇到这种情况时，由于不可能控制其他组织的报酬发放，因而对组织内部由此产生不公平感的员工就只能从心理上进行疏导，帮助他们树立正确的公平观，选择客观的公平标准。

最后，管理者应该制订一个能够让员工感到公平并且乐于参与和保持的报酬分配制度。公平感与个人所持有的公平标准有关，而不同的人有着不同的公平标准。因此，在制订分配制度时，管理者应该尽可能了解组织中员工们所持有的公平标准是什么，是基于平均原则、贡献大小还是所承担的社会责任大小进行分配才最能够让员工产生公平感。在客观调查的基础上，选择在最大程度上能够让员工产生公平感的分配原则。这样，才能让员工受到激励，并且产生良好的工作绩效。

第三节　行为改造型理论与应用

行为改造型理论是指研究如何改造和转化人的行为，如何使人的心理和行为由消极转变为积极，以有益于组织运作和发展的理论。属于行为改造型理论的主要有强化理论、归因理论。

一、强化理论

强化理论是行为改造型理论中最具代表性的理论，该理论对于管理实践的影响极为深远，是行为主义心理学派的基本思想在管理中的运用，该理论的代表人物可以追溯到行为主义学派的创始人华生（J. B. Watson）及后期的斯金纳（B. F. Skinner）。

（一）强化理论概述

强化理论是建立在操作性条件反射基础之上的。斯金纳等人认为，人类的许多行为具有操作性和工具性的性质。即人出某种需要的驱使而引起探索或"自发的"行为。在探索过程中，个体的某种偶发反应一旦成为达到目的的手段，他就能学会通过该反应去操纵环境、达到目的、满足需要。由于这种反应是产生某种结果达到目的的工具，因此称为工具性或操作性条件反射。

因而，斯金纳特别重视环境对行为的影响作用，认为人的行为实质是对外部环境刺激所做的反应。只要创造或改造外部的操作条件，人的行为便会随之改变。

"强化"观念是这个理论的核心。所谓强化，在心理学上的定义是指增强某种刺激与有机体某种反应之间的联系。与之相应的管理学定义是指行为与影响行为的环境（包括行为的前因与后果）之间的关系，即通过不断改变环境的刺激因素以达到增强、减弱或消除某种行为的过程。粗略地分析，可以把强化分为正强化和负强化两类；精细地分析，还可以将强化区分为四种类型，即正强化、负强化、惩罚和衰减。

（二）强化理论的分类

强化作用离不开强化物。所谓强化物（reinforcer）不一定是实物，也可以是行为、表情等。只要在某种行为之后，这种行为本身或者由它带来的后果可以刺激该行为的再次出现，就属于强化物。强化物在塑造人们的行为上有着极大作用。

一般来说，强化有两种：正强化和负强化。通过某种强化物，能使管理者期望的行为发生概率增大，行为者受到这种强化物的激励，其积极性会得到提高，这就是正强化。反过来，通过某种强化物，能使管理者期望的行为发生概率减小，行为者受到这种强化物的激励，其积极性会消退甚至丧失，这就是负强化。

由此出发，斯金纳把强化物分为两种：正强化物（positive reinforcers）和负强化物（negative reinforcers）。

（1）正强化。

对正强化物的效用可以从两个层面来理解。一个层面是某一行为如果会带来行为者的愉快和满足，如给予食物、金钱、赞誉和关爱等，行为者就会倾向于重复该行为；另一个层面是某一行为如果能减少和消除行为者的不快和厌恶，如减少噪声、严寒、酷热、电击和责骂等，行为者也会倾向于重复该行为。

（2）负强化。

与此类似，对负强化物的效用照样可以从两个层面来理解。一个层面是惩罚性强化物，指会给行为者带来不快的东西，能使行为者的行为倾向减弱；另一个层面是消退性强化物，指减少或取消令行为者愉快的东西，也能使行为者倾向于终止或避免重复该行为。对正强化物与负强化物的区分，不能想当然，而要以其效果确定。

比如，限制一个孩子获得某种玩具的欲望，其效果很可能是极大地激发了这个孩子获得这种玩具的行为。现实中某些东西，越禁止反而越流行，实际上这种禁止就起着正强化作用。而不恰当地对某种行为进行言过其实的赞扬，很有可能引起反感而削弱这种行为，赞扬起的是负强化作用。一个部下过于明显地逢迎上司，有可能会引起这个上司的反感。这些，都是值得激励研究注意的。

更有意思的是，有些表面上截然相反的强化物，其强化作用却高度一致。如果对赌博进行强化分析，就不难发现，不论是输是赢，都会起到强烈的正强化作用。赢了，会刺激赌徒继续赌博；输了，还会刺激赌徒继续赌博。所以，单靠赌博本身的输赢，很难消退赌博行为。在公司经营中，有些人偏爱投机方式，其中一个重要因素，就是因为投机方式不论后果是成功还是失败，都会产生类似赌博的正强化效应。

从强化物效用的大小和重要程度来讲，还可以进一步将强化物划分为初级强化物和条件强化物。初级强化物对有机体来说，往往是无条件的，它能满足人和动物的基本生理需要，如食物、水、安全、温暖、性等。条件强化物需要通过初级强化物才能产生作用。任何一个中性刺激物，如果与初级强化物反复联合，它就能使自身获得强化物性质。它是初级强化物的附属品。例如金钱，对小孩它不是强化物，但当小孩知道金钱能换糖果时，它就能对儿童的行为产生强化效果。在这个例子中，糖果就是初级强化物，而金钱则是条件强化物，金钱的强化作用是由于与糖果的结合才获得的。作为管理者应该注意，初级强化物是最基本的，然而条件强化物是最常用的。二者的匹配和结合方式值得进行深入探讨。

（三）强化理论的应用

在企业安全管理中，应用强化理论来指导安全工作，对保障安全生产的正常进行可起到积极作用。在实际应用中，关键在于如何使强化机制协调运转并产生整体效应，为此，应注意以下五个方面：

第一，应以正强化方式为主。在企业中设置鼓舞人心的安全生产目标，是一种正强化方法，但要注意将企业的整体目标和职工的个人目标、最终目标和阶段目标等相结合，并对在完成个人目标或阶段目标中做出明显绩效或贡献者，给予及时的物质和精神奖励（强化物），以求充分发挥强化作用。

第二，采用负强化（尤其是惩罚）手段要慎重。负强化应用得当会促进安全生产，应用不当则会带来一些消极影响，可能使人由于产生不愉快的感受而出现悲观、恐惧等心理反应，甚至发生对抗性消极行为。因此，在运用负强化时，应尊重事实，讲究方式方法，处罚依据准确公正，这样可尽量消除其副作用。将负强化与正强化结合应用一般能取得更好的效果。

第三，注意强化的时效性。采用强化的时间对于强化的效果有较大的影响。一般而论，强化应及时，及时强化可提高安全行为的强化反应程度，但须注意及时强化并不意味着随时都要进行强化。不定期的非预料的间断性强化，往往可收到更好的效果。

第四，因人制宜，采用不同的强化方式。由于人的个性特征及其需要层次不尽相同，不同的强化机制和强化物所产生的效应会因人而异。因此，在运用强化手段时，应采用有效的强化方式，并随对象和环境的变化而相应调整。

第五，利用信息反馈增强强化的效果。信息反馈是强化人的行为的一种重要手段，尤其是在应用安全目标进行强化时，定期反馈可使职工了解自己参加安全生产活动的绩效及其结果，既可使职工得到鼓励，增强信心，又有利于及时发现问题，分析原因，修正所为。

（四）强化理论对管理实践的启示

强化理论对管理实践有重要的指导作用：

（1）奖励与惩罚相结合。

对正确的行为，对有成绩的个人或群体给予适当的奖励；同时，对不良行为，对一切不利于组织工作的行为则要给予处罚。大量实践证明，奖惩结合的方法优于只奖不罚或只罚不奖的方法。

（2）以奖为主，以罚为辅。

强调奖励与惩罚并用，并不等于奖励与惩罚并重，而是应以奖为主，以罚为辅，因为过多运用惩罚的方法，会带来许多消极的作用，在运用时必须慎重。

（3）及时而正确强化。

所谓及时强化是指让人们尽快知道其行为结果的好坏或进展情况，并尽量给予相应的奖励；而正确强化就是要"赏罚分明"，即当出现良好行为时就给予适当的奖励，而出现不良行为时就给予适当的惩罚。及时强化能给人们以鼓励，使其增强信心并迅速激发工作热情，但这种积极性的效果是以正确强化为前提的，相反，乱赏乱罚决不会产生激励效果。

（4）奖人所需，形式多样。

要使奖励成为真正的强化因素，就必须因人制宜地进行奖励。每个人都有自己的特点和个性，其需要也各不相同，因而他们对具体奖励的反应也会大不一样。所以奖励应尽量不搞一刀切，应该奖人之所需，形式多样化，只有这样才能收到奖励的效果。

（五）对强化理论的评价

强化理论有助于对人们行为的理解和引导。因为，一种行为必然会有后果，而这些后果在一定程度上会决定这种行为是否重复发生。管理人员的职责就在于通过正负强化手段去控制和影响职工的自愿行为。为此，管理人员为使某种行为重复出现，就应采取正强化的办法反复加以控制；如果要消除某些不利行为，就采取负强化的办法使之削弱。这种控制和改造职工的行为，并不是对职工进行操纵，相反，它是使职工有一个最好的机会在各种明确规定的备择方案中进行选择。

但是，强化理论所说的控制，主要是指从外部加给人的环境因素。至于这种外部因素如何通过人的认识和心理而起作用，强化理论则没有着重地加以说明。

二、归因理论

归因理论是说明和分析人们活动因果关系的理论，人们用它来解释、控制和预测相关的环境，以及随这种环境而出现的行为，因而也称"认知理论"，即通过改变人们的自我感觉、自我认识来改变和调整人的行为的理论。

归因理论是在美国心理学家弗里茨·海德（F. Heider）的社会认知理论和人际关系理论的基础上，经过美国斯坦福大学教授罗斯（Ross）和澳大利亚心理学家安德鲁斯（Andrews）等人的推动而发展壮大起来的。

（一）归因理论研究的基本问题

（1）人们产生心理活动的因果关系。包括内部原因与外部原因、直接原因与间接原因的分析。

（2）社会推论问题。根据人们的行为及其结果，来对行为者稳定的心理特征和素质、个性差异做出合理的推论。

（3）行为的期望与预测。根据过去的典型行为及其结果，来推断在某种条件下将会产生什么样的可能行为。

（二）归因理论的常见现象

（1）基本归因错误。

指人们在评估他人的行为时，即使有充分的证据支持，但仍总是倾向于低估外部因素的影响，而高估内部或个人因素的影响。

（2）自我服务偏见。

指个体倾向于把成功归因于内部因素（如能力或努力），而把失败归因于外部因素（如运气）。

（3）判断他人时常走的捷径。

①选择性知觉，指观察者依据自己的兴趣、背景、经验和态度进行的主动选择。

②对比效应，指对一个人的评价并不是孤立进行的，它常常受到最近接触到的其他人的影响。

③定型效应，指人们在头脑中把形成的对某些知觉对象的形象固定下来，并对以后有关该类对象的知觉产生强烈影响的效应。

④第一印象效应（首因效应），人对人的知觉中留下的第一印象能够以同样的性质影响着人们再一次发生的知觉。

⑤晕轮效应，指根据个体的某一种特征（如智力、社会活动理、外貌），从而形成总体印象。

（三）归因的五种理论

F.海德在其1958年出版的《人际关系心理学》中首先提出归因理论。后来一些学者在此基础上陆续提出一些新理论，如B.维纳（B. Wiener）、L. Y.阿布拉姆森（L. Y. Abramsohn）、H. H.凯利（H. H. Kelly）、E. E.琼斯（E. E. Jones）等人。20世纪70年代归因研究成为美国社会心理学研究的中心课题。

（1）海德的归因理论。

海德重视对人知觉的研究，认为对人知觉的研究的实质就是考察一般人处理有关他人和自己的信息的方式。在海德看来，行为的原因或者在于环境或者在于个人。如果在于环境，则行动者对其行为不负什么责任；如果在于个人，则行动者就要对其行为结果负责。环境原因如他人、奖惩、运气、工作难易等；个人原因如人格、动机、情绪、态度、能力、努力等。如一个学生考试不及格，可能由于个人原因——他不聪明、不努力等；也可能由于环境原因——课程太难、考试不合理等。海德关于环境与个人、外因与内因的归因理论成为后来归因研究的基础。他认为，对人的知觉在人际交往上的作用的研究就在于使观察者能预测和控制他人的行为。

（2）维纳的归因理论。

维纳及其同事在1972年发展了海德的归因理论。维纳认为，内因—外因方面只是归因判断的一个方面，还应当增加另一个方面，即暂时—稳定方面。这两个方面都是重要的，而且是彼此独立的。暂时—稳定方面在形成期望、预测未来的成败上至关重要。例如，如果我们认为甲工作做得出色是由于他的能力强或任务容易等，那么就可以期望，如果将来给予同样的任务他还会做得出色。如果我们认为其成功的原因是他心情好或机遇好等暂时因素造成的，那么就不会期望他将来还会做得出色。

人们可以把行为归因于许多因素，但无论什么因素大都可以纳入内因—外因、暂时—稳定这两个方面的4大类中。

（3）阿布拉姆森等人的归因理论。

阿布拉姆森、塞利格曼和T. D.提斯达尔等人于1978年进一步发展了维纳的理论。他们依据习得的无能为力的研究对失败的归因做了补充，提出了第3个方面，即普遍–特殊方面。如一个学生由于数学老师的偏见在数学考试上总是得不到好的分数，于是他放弃了对数学的努力，这是习得的无能为力的表现。他的这种无能为力如果只表现在数学一门课程上就属于特殊方面，如果也扩散到其他课程上，则属于普遍方面。

（4）凯利的归因理论。

凯利在1973年提出，可以使用3种不同的解释说明行为的原因：①归因于从事该行为的行动者；②归因于行动者的对手；③归因于行为产生的环境。以教授甲批评学生乙一事为例，我们既可归因于学生乙，如学生乙懒惰；也可归因于教授甲，如教授甲是个爱批评人的人；又可归因于环境，如环境使教授甲误解了学生乙。这3个原因都是可能的，问题在于要找出一个真正的原因。凯利认为，要找出真正的原因主要使用3种信息：一致性、一贯性和特异性。一致性是指该行为是否与其他人的行为相一致，如果每个教授都批评学生乙，则教授的行为是一致性高的。一贯性指行动者的行为是否一贯，如教授甲是否总是批评学生乙，如果是的，则一贯性高。特异性指行动者的行为在不同情况下对不同的人是否相同，如教授甲是否在一定情况下对学生乙如此，而对其他学生则不如此，如果是的，则特异性高。凯利从这里引出结论说，如果一致性低、一贯性高、特异性低，则应归因于行动者。这就是说，其他教授都不批评学生乙，教授甲总是批评学生乙，教授甲对其他学生也如此，此时应归因于教授甲。如果一致性高、一贯性高、特异性高，则应归因于对手。这就是说，每个教授都批评学生乙，教授甲总是批评学生乙，教授甲不批评其他学生，此时应归因于学生乙。如果一致性低、一贯性低、特异性高，则应归因于环境。这就是说，其他教授都不批评学生乙，教授甲也不总是批评学生乙，教授甲只是在一定情况下批评了学生乙，对其他学生未加批评，此时应归因于环境。凯利强调了三种信息的重要性，所以他的理论又称为三度理论。这个理论是个理想化的模型，人们实际上往往得不到这个模型所要求的全部信息。在这种情况下，人们如何解释行为呢？凯利提出了因果图式的概念。人们在生活经验中形成某种看法，即图式，以此解释特定的行为。如父亲拥抱儿子这件事，可能有几个原因，一个是父亲是个热情的人，另一个是儿子做了什么好事。如果我们知道儿子没做什么好事，那么我们会认为父亲是个热情的人。如果我们知道父亲不是个热情的人，我们会认为儿子做了什么好事。

（5）琼斯和戴维斯的归因理论。

琼斯和戴维斯于1965年提出的归因理论称为对应推论。这个理论主张，当人们进行个人归因时，就要从行为及其结果推导出行为的意图和动机。推导出的行为意图和动机与所观察到的行为及其结果相对应，即对应推论。一个人关于行为和行为原因所拥有的信息越多，他对该行为所做出的推论的对应性就越高。一个行为越是异乎寻常，则观察者对其原因推论的对应性就越大。

影响对应推论的因素主要有3个：①非共同性结果，指所选行动方案有不同于其他行动方案的特点。例如，一个人站起来，关上窗户，穿上毛衣。此时我们可以推断他感到冷了。单是关上窗户的行动也可能表示是在躲避窗外的噪音，而穿上毛衣这个非共同性结果就可以使人推断这个行动是由于冷。②社会期望，一个人表现出符合社会期望的行动时，我们很难推断他的真实态度。如一个参加晚会的人在离开时对主人说对晚会很感兴趣，这是符合社会期望的说法，从这个行动很难推断其真实态度。但是当一个人的行为不符合社会期望或不为社会所公认时，该行为很可能与其真实态度相对应。如上述参加晚会的人在离开时对主人说晚会很糟糕，这是不符合社会期望的行为，它很可能反映出行动者的真实态度。③选择自由，如果我们知道某人从事某行动是自由选择的，我们便倾向于认为这个行为与某人的态度是对应的。如果不是自由选择的，则难于做出对应推论。

上述这些归因理论都是继承海德的"朴素心理学家"的传统，把人看作理性的，在归因上进行因果分析。事实上人在归因时并非总是按理性行事。美国心理学家D.卡内曼（D. Kahneman）和A.特威斯基（A. Tversky）（1973）特别指出了这一点。他们不把人看成"朴素心理学家"，而看成认知经济学家，在归因上注意节约能量，走近路达到结论。卡内曼和特威斯基提出，在日常生活中人们往往利用两种启发法进行推理判断：一是代表性启发法，二是可得性启发法。前者指人们在进行推理判断时往往选择有代表性的事例。如某些家庭都有6个孩子，多数是3男3女。问你这3男3女的出生顺序，男男男女女女和女男女男女男哪个可能性大。一般倾向于认为是后者。实际上这两种顺序有同样的可能性。因为3男3女的出生顺序有20种可能，其中类似前者的只有两个，其余18个都是混合型的，混合型有代表性。可得性启发法指易于进入头脑的信息往往会被利用。如果问你班上哪个同学影响大，那么你首先想到的是哪个同学往往被认为影响大。可得性启发法可以解释归因上观察者和行动者的差别。对于行动者来说，情境是突出的，对于观察者来说，行动者是突出的；突出的东西容易被记住，从而也容易被回忆起来。这个例子也说明突出性影响归因，突出性使观察者倾向于个人归因，而行动者倾向于情境归因。

（四）归因理论在人力资源管理中的应用

人力资本专用性的可增强性及其供给的不确定性决定了外部市场契约只能对人力资本的作用做一般性的规定，而细节则要等到进入企业再说，即人力资本所有者与企业家之间形成了一种不完全契约。契约中的一些权利和义务尚未确定，需要根据人力资本进入企业后视其能力的高低及对企业贡献的大小不断进行修订和完善。这里我们主要探讨企业家与人力资本的长期契约。

在市场经济下，长期契约本身具有灵活性和再交易性。虽然合约的某些细节事前具有非契约性，但事后客观情况一旦确定，双方就可以进行讨价还价和重订契约。企业家与人力资本之间的关系不过是一种普通的市场交易关系，是对人力资本的管理、指导和任务分配过程，是继续维持参与交易都能够接受的合同条款谈判的过程。

人力资本的使用细节并不完全由行政权威单边决定，行政命令在人力资本配置上的交易成本并不为零。正常情况下，人力资本所有者对企业的贡献越大，他所期望的报酬也越高。如果企业家仍按照最初的契约支付报酬，则人力资本所有者就会采取消极的态度，或者满腹牢骚，或者索性偷懒，甚至另谋高就。因此企业内进行人力资源管理实质上就是企业家与人力资本交易契约不断修订、不断完善，最终达到两全其美的反反复复的过程。由于企业家的主要职能是委托各种各样的人力资本去实现其所期望的目标，即通过别人把事情办好，因而他直接监控的是人力资本而不是物质资本。当然人力资本交易并不能完全取代和消除物质资本交易，企业还必须进行诸如资金筹措和物资、产品供销等一系列物质资本交易。这些交易主要发生在企业外部，而不是在企业内部，他们通常不是由企业的物质资本所有者直接进行，而是由企业中的劳动者，即形形色色的人力资本来完成，企业家通过人力资本来控制物质资本。因此物质资本交易是建立在人力资本交易的基础之上的。只有人力资本的交易如鱼得水，才有可能节约物质资本的交易费用。由此我们可以得出结论：人力资本交易是企业内部交易的主要内容，也是企业内部交易费用产生的根源。企业对市场的替代从根本上来说就是人力资本交易对物质资本交易的替代，企业内部的经营管理就是一系列人力资本交易的过程，即人力资本契约的不断签订和实现过程。

人力资源管理是一项管理人的行为的活动。因此，作为解释人的行为原因的归因理论必然可以广泛地运用到人力资源管理的各个环节。

1. 人才选拔

凯利认为，只有拥有充足的信息，才能做出合理的归因。联想到目前人才市场上"一见钟情"式的面试方式，能不觉得"唐突"吗？"A friend in need is a friend indeed"，根据琼斯与戴维斯的不寻常原则，只有大胆启用"带刺"的员工，才能给组织带来创新的活力。

维纳认为，人们在不同的归因风格下有着不同的情绪和动机水平。因此，我们在选拔人才时应力求避免这样两种人：一是自命不凡者，这种人习惯于将自己的成功归于内在因素，将自己的失败归于外在因素；而将别人的成功归于外在因素，将别人的失败归于内在因素。与这种人合作必然影响团队精神。二是习得无助者，这种人总是把成功归于运气好，把失败归于能力不足。常与这种"祥林嫂"式的人物合作最终会导致整个团队萎靡不振。

所以，最佳人选是那些自我效能高的人，这种人能根据自己以往的经验，对某一特殊工作或事务，经过多次成败的历练后，确认自己对处理该项工作具有高度的效能。因此，他面对挑战性的情境，敢于冒险一试，一旦失败也不会怨天尤人。同这种人合作便会信心十足，其乐无穷。

2. 培训与开发

传统意义上的培训与开发多注重知识的更新和技能的提高，其实，观念的转变和情绪的调节也是培训与开发的重要职能。归因理论认为，情绪不是由某一诱发性事件本身所引起的，而是由经历了这一事件的个体对这一事件的解释和评价所引起的。两个人同时遭到上司的严厉批评，甲认为上司今天可能心情不好，因此并不在乎。但乙却另有想法：他在故意整我！于是耿耿于怀。

从这个例子中可以看出，人们的情绪及行为反应与人们对事物的想法密切相关，在这些想法或看法的背后，有着人们对一类事物的共同看法，即观念。

紧张的工作、烦琐的程序、人与人之间长时间得不到沟通，必然会出现分歧和误解。如果不予以重视，最终可能导致组织的智障。有三种极端的归因症状不容忽视：一是绝对化，即以自己的意愿为出发点，对某一事件怀有其必定会这样或必定不会这样的观念，一旦事件的发生与其愿望相悖时便陷入情绪困扰。二是过分概括化，一方面对其自身进行不合理的评价。一些人面对失败或极坏的结果时，往往会认为自己"一无是处""一文不值""是废物"等；相反，面对点滴成功又往往"忘乎所以"。另一方面是对他人的不合理评价，即别人稍有差池就认为对方很坏、一无可取等。三是糟糕至极，即如果一件不好的事发生就认为一切都完了，好像天就要塌下来了。因此，组织在定期对员工进行知识和技能培训的同时，还应借助"归因疗法"转变他们的观念，调节他们的情绪，全面提高他们的素质。

3. 绩效评估

大多数归因研究均把普通人假定为像科学家那样富有理性。事实上，现实中的个体对社会行为进行归因时不会那么理性，更可能会"感情用事"。况且，他们也不可能占有足够的信息，于是难免出现归因偏差，甚至会表现出对某种原因的系统偏好。

在进行绩效评估时至少要注意三种归因偏差：①基本归因偏差，即大多数人喜欢进行个人归因，不喜欢做情境归因。如一个人成功了则能力强，失败了也只怪他无能，绝非"天不助也"。②观察者与活动者归因偏差，即虽然面对同一行为，活动者往往把失败归于情境，而观察者则归因于个人；活动者往往把成功归因于个人，而观察者则更可能归因于情境，正所谓"看人挑担轻"。所以，专家评估中的"专家"作为一个观察者，看上去"置身事外"，其实也难以客观公正。③利己归因偏差，即当观察者与活动者本身发生利益冲突时，可能做出不同的归因（如学生怪老师差，老师骂学生笨）。因此，领导评议、自我评价、群众评议都会有"涉嫌"而进行利己归因的可能性。

4. 工作激励

传统的激励理论都强调从外部采用某种管理策略来调动员工的工作积极性，因此，我们不妨称为外在型激励理论（如"公平理论"强调分配与奖励制度的公平合理、"双因素理论"强调要尽量使员工感到满意、"期望理论"强调运用适当的方法以调整员工对未来行为结果的认知预期等）。然而，归因理论却不同，它既不要求增加工资奖金，也不需要改善环境条件。它强调通过改变员工对所发生事件的归因认知来激励和引导员工的行为，即引导员工对所发生的事件做出合理的归因分析，一旦员工接受了这种原因，他们的态度就会发生改变，从而主动积极地投入活动中。因此，我们称为内在型激励理论。

第四节　积极组织行为学的员工激励研究

积极组织行为学是 21 世纪以来新兴的一门学科，深受积极心理学影响，强调对人类心理优势的开发与管理，重点探讨如何运用积极的方法发挥员工优势，以提高组织的绩效水平。

一、积极组织行为对于员工激励的意义

积极组织行为学在现代企业管理中扮演着重要角色，企业组织通过积极行为可以有效地激发员工的工作积极性，促进企业发展目标的实现。

（一）积极组织行为有助于激励员工创新

员工的创新意识与创新行为主要在于员工自身在企业的定位，积极的组织善于变革和创新，能够激发员工的创新思想。企业组织通过积极行为，加强与社会各类平台、社会资源协同创新时，可激发各层次员工的创新意识和提高其对于创新的重视程度。一旦组织体现积极的协同创新表现，并设置相对应的激励创新的制度，则有助于员工的创新能力的提升，同时通过形成组织内部的通畅交流与沟通、信息共享和资源整合，最终实现组织创新。

（二）积极组织行为有助于激发员工的组织认同感

积极组织行为表现为对国家、对社会、对员工的责任感，根据相关的文献研究和调研数据分析，积极组织行为传达出企业精神，而此种企业精神有助于不断延续企业组织的积极行为，同时对企业员工的行为有显著的正影响，可以在很大程度上增强员工对于组织的归属感，从而愿意履行更多责任，拥有更大担当，增强工作投入度，为企业做出更大贡献。

（三）积极组织行为有助于塑造和谐的企业氛围

组织通过积极的行为实现对员工进行有效管理的目标，包括设置各项管理制度、内部管理各子系统的协调、资源有效整合，积极组织行为能够愉悦员工心情，容易形成和谐融洽的企业心理环境和气氛，可有效地影响员工行为，提升经营活动的效率，实现员工与组织的双赢。同时，和谐轻松的环境也能够引导和激励员工，尽快融入企业的管理过程中，领悟企业的管理战略和经营思路，增强团队凝聚力和向心力，提升个人道德价值观，加深情感管理，减少员工之间的摩擦，增强组织内部的协调性。

二、积极组织行为学视角下企业员工激励策略

积极组织行为学的研究标准是必须能够应用于管理实践，对管理者和员工进行开发、训练，最终实现提高组织绩效的目标。在积极组织行为学视角下，企业设置具体的目标管理，确立民主管理机制，开展员工培训，重视团队建设。

（一）设置具体的目标管理

目标管理就是对工作的结果是否符合目标要求进行评价或反省，以利于设置下个目标时借鉴。目标管理能够激励员工集中资源，使任务、责任明确化，能使部门进行自主的弹性运营。目标管理能够使员工提高工作能力，明确责任，增强参与意识和创新精神。首先，企业高层管理者设置预定目标，对企业组织有一个清晰的认识；其次，企业组织根据高层设置的预定目标分解目标，再确立下属目标，让下属明白组织规划和组织目标。

（二）确立民主管理机制

员工权利丧失，会影响员工在组织中的存在感。在现代企业管理过程中，要使员工的积极性、潜力和凝聚力得到充分发挥，就必须确立民主管理机制，鼓励更多的员工参与组织事务，增强员工在企业中的归属感和认同感。在确立民主管理机制时，首先要推进民主管理制度的规范化进程，加强完善企业组织的结构；其次要完善职工代表大会制度，确立企业员工事项共决机制，让员工感受到民主、平等和尊重。

（三）开展员工培训

随着技术进步，学习型组织的建设进程不断推进，员工技能需要提升，而且长久在岗位上可能产生职业倦怠，组织需要开展员工培训，从而激发员工的奋斗力量。员工培训是指一定组织为开展业务及培育人才，采用各种方式对员工进行有目的、有计划的培养和训练的管理活动，其目标是使员工不断更新知识，开拓技能，改进员工的动机、态度和行为以适应新要求，更好胜任现职工作或担负更高级别的职务，从而促进组织效率提高和组织目标实现。

（四）重视团队建设

员工既是组织成员，也应该是团队成员。积极组织行为需要用团队来代言，大量积极的协同与合作、知识与资源的共享、大量的创新存在在团队中，能够增强员工对于组织的认同感，从而由内而外地与组织建立长期的信任合作关系。

总之，积极组织行为对于员工激励有着重要作用。积极组织行为学这种全新的理念与观点，也为促进员工和企业共同成长提供了新思路，开辟了全新领域，对组织激励实践有很强的促进作用。企业组织也需要不断完善自身，产生更多积极行为来影响、约束、调整员工行为，实现激励目标。

第七章 积极组织行为学的新视角——心理资本

第一节 心理资本概述

一、心理资本概述

（一）心理资本研究的理论类型

国内对心理资本的研究起步较晚，根据笔者调查的数据，2004 年首次出现了"心理资本"运用方面的研究（叶红春的《如何发展运用积极心理资本》，发表于《中国人力资源开发》，2004 年 6 月），而目前在我国学术界还没有形成对"心理资本"的统一认知，笔者结合不同角度的对心理资本的研究，将心理资本相关理论概括为以下三种类型。

第一，状态论。研究者把心理资本视为复杂、多样的心理状态集合，当然这种心理状态集合中包括的积极性因素占较大比例，在整体作用上也呈现出对工作效果有利的影响，能够产生较高的工作绩效。进一步说，心理资本针对员工个人的反应，突出了员工个人在生活、工作、交际等活动中的感知、信念和态度，企业人力资源管理部门可以将其视为以后能够带来优质工作质量、高效工作绩效和良好管理互动的心理状态。这种心理状态所产生的作用，远远超过了经济投入产生的优势。

第二，特质论。这一理论首先肯定的是每个个体都有自身独一无二的特点，并在成长的过程中形成了独一无二的人格特质。特质的形成包括先天和后天两个方面的作用，这一理论的研究者认为，后天作用可以开发出较为稳定的心理要素，并实现与心理资本需求相对应的效果。换言之，特质论所提出的心理资本，指的就是影响个体行为的某一种人格特质。

第三，综合论。很显然，状态论本身肯定了心理状态，而特质论则肯定了人格特质，综合论认为心理资本同时具备这两方面的内容，并进一步研究提出状态论的可开发性和特质论的稳定应用性。

（二）心理资本的概念界定

在明确了心理资本的构成要素后，卢桑斯等人给出了心理资本的定义："个体一般积极性的核心心理要素，具体表现为符合积极组织行为标准的心理状态，它超出了人力资本和社会资本之和，并能够通过有针对性的投入和开发而使个体获得竞争优势。"

2007 年卢桑斯等人又对此定义做了修订，认为心理资本是个体积极心理的发展状态，具有以下特征：（1）拥有自信或自我效能感，在承担具有挑战性的任务时能够做出必要的努力；（2）乐观，对现在或未来的成功有积极的归因；（3）充满希望，一直坚持目标，在必要时重新选择途径来获取胜利；（4）非常坚强，能够自我恢复，在受挫或遇到困难时坚持，甚至取得成功。在现有的文献中，心理资本这一名词最早出现在美国经济学家戈德史密斯等人的文章中，他们将心理资本视为个体对自己和工作的态度、伦理取向及对生活的总的看法。莱彻尔（2004）的研究则是将心理资本等同于五大人格特质。戈德史密斯和莱彻尔主要从劳动经济学角度进行分析，试图找到能够解释工资差别的劳动力市场之外的因素，他们并没有给出心理资本的概念，也没有区分这种心理特质或态度是积极的还是消极的，因此与卢桑斯等人有关心理资本的概念有本质的不同。卢桑斯等人关于心理资本的研究基本得到了学术界的认可，其心理资本的内涵具有广域性，能够对个体和组织绩效产生积极影响的心理状态都可以纳入心理资本的范畴。

二、与心理资本相关的实证研究

现阶段，与心理资本相关的实证研究一方面主要集中在心理资本与个体、组织层面的结果变量的关系上，另一方面则关注心理资本人际间的传递、影响作用。

（一）心理资本与个体或组织层面结果变量的关系

心理资本与个体或组织层面结果变量的关系，经实证研究证明的主要有主效应模式、中介效应模式、调节效应模式、缓冲效应模式。

1. 主效应模式

主效应模式是现阶段心理资本相关实证研究中的主导模式。最早的有关心理资本主效应模式的实证研究是戈德史密斯等人的研究，他们发现人力资本和心理资本能显著地预测工资，且心理资本的预测力度大于人力资本。而最近研究较多的是心理资本对绩效的影响，主要集中在心理资本与个体绩效和工作态度的关系等方面。

①心理资本与个体绩效的关系。卢桑斯等人对 422 位中国员工的实证研究表明，员工的心理资本水平与其直接上级评价的绩效正相关，并大于心理资本各维度单独对绩效的影响。2010年，埃维（Avey）等人又从长期的视角出发，研究证实了个体心理资本对其长期的主观幸福感有积极的正面影响。②心理资本与个体工作态度的关系。卢桑斯以 74 位员工作为样本的实证研究表明，员工的心理资本与其工作态度（工作满意度、组织承诺）显著正相关，且其解释力度大于心理资本的各维度。

埃维等人对心理资本对员工旷工的预测性研究结果表明，心理资本能够比工作满意度和组织承诺更好地预测非自愿旷工。埃维等人和杰森（2009）的研究表明心理资本对员工职业压力的缓解、离职意图及工作搜寻行为都有积极的正向影响。

2. 其他模式

关于心理资本与结果变量的其他作用方式（中介效应模式、调节效应模式、缓冲效应模式）主要体现在科尔等人有关失业、主观幸福感及工作搜寻行为的研究中。

科尔在 2006 年的研究表明，在失业后的主观幸福感与再就业的关系中，心理资本起着调节作用（调节效应模式），心理资本水平越高，主观幸福感对再就业的促进作用就越明显。科尔（2006）的同一研究还表明，心理资本通过影响个体的主观幸福感来影响个体的动机（缓冲效应模式），从而影响员工的工作搜寻行为。

科尔等人在 2009 年同样主题的研究中表明失业会对个体幸福感及再次就业产生负面影响，而心理资本对这一关系具有部分中介作用（中介效应模式）。心理资本水平较差的个体更有失业的危险。类似的还有，埃维的研究结果显示，在环境的复杂性、领导者的心理资本与员工解决问题的质量、数量这一关系中，员工的心理资本和积极情感、行为起到完全中介作用；

卢桑斯等人的研究表明员工心理资本对组织支持气氛和员工工作绩效的关系有完全中介作用。

（二）心理资本人际间的传递和影响作用的实证研究

有关心理资本人际间的传递、影响作用的实证研究相对较少，但却非常重要。

杰森和卢桑斯通过对 77 位企业创业者的邮件调查得出，企业家的心理资本水平与员工感知到的信任型领导力成正比，领导者的心理资本会对追随者产生积极的影响。卡泽（Caza）等人认为在工作中，员工的心理资本水平会影响对方和其合作的愿望，被感知的员工的心理资本水平越高，对方就更愿意与其进行有效的配合。心理资本的人际传播对于研究群体或组织的心理资本状况有非常重要的意义，这种人际间的传递会使群体或组织的心理资本并不是其成员心理资本状况的简单叠加，而是会产生"1+1>2"的效应。

中国关于心理资本的实证研究一部分集中在对卢桑斯提出的心理资本理论内容在中国情景下的进一步验证。如学者仲理峰证实了在中国经济文化背景下，员工心理资本对他们的工作绩效、组织承诺和组织公民行为有积极影响；类似的还有学者赵西萍、黄海艳等人的研究。另一部分则重点关注心理资本的本土化，如学者温磊、柯江林、田喜洲等人的研究。

三、心理资本的干预

卢桑斯教授提出了心理资本干预模型（见图 7-1），同时以其为代表的学者们对心理资本的干预进行了理论和实证研究，提供了可借鉴的方法。

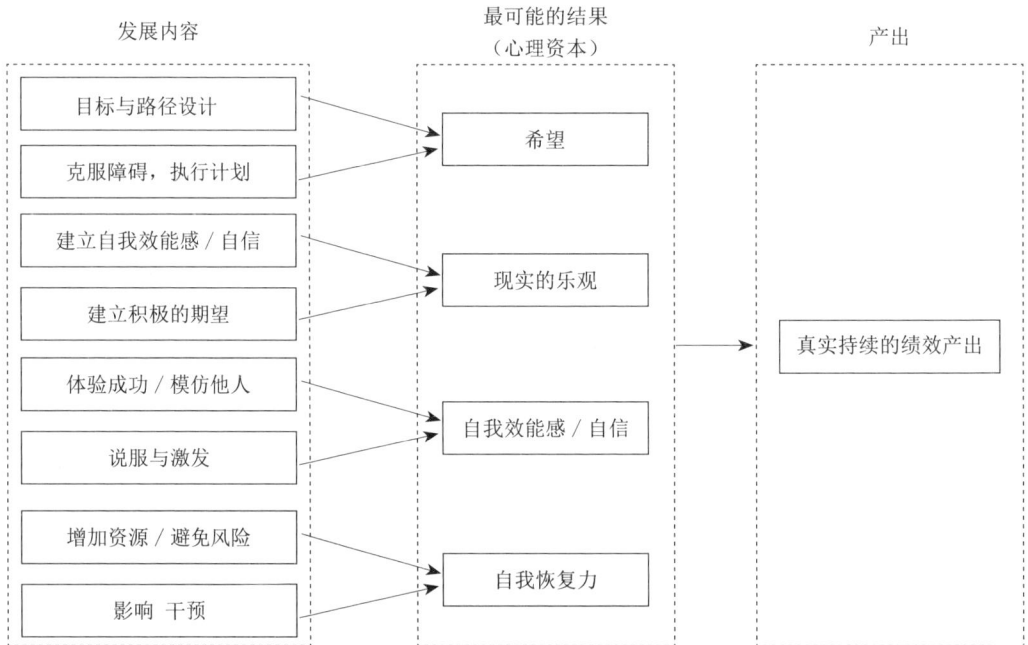

图 7-1 心理资本干预模型

卢桑斯等人在 2006 年推出了将心理资本的干预浓缩在 1—3 小时的培训中的微观干预方法。首先，参与者进行目标设计、目标分解、方法框架设定、成果形式确定；然后，参与者则需提供达到目标的多种途径，这一环节可采取头脑风暴法，便于听取他人的意见；接下来，给方法列清单并认真考虑每个方法所需的资源，删除不现实的方法；紧接着，要求参与者思考潜在障碍及其克服策略，提前识别障碍。这样，希望水平得以提升。

在这个过程中，当目标和分目标实现时，参与者之间相互分享了想象中的成功的经验，这便可以提升自我效能感。同时，也能够提升乐观水平，如，参与者预测潜在的障碍，然后找到多种方法来减少障碍的影响。最后，参与者要识别、预测最近在工作领域遭受的挫折，并明确分析哪些因素是可以控制的，哪些是不可以控制的，并利用自己所有的可用资源选择要采取的应对行为。这样可以较快地获得更高的恢复力水平。卢桑斯等人在 2008 年以网络为媒介对此方法进行了验证。结果表明，实验组成员的心理资本有显著的增加，而控制组没有经过干预便没有表现出明显的增加，这说明心理资本是可以通过短期干预实现提升的。

四、心理资本研究展望

中国最早的医学典籍《黄帝内经》中就阐述了"不治已病治未病"的理念，以心理资本为代表的积极心理学恰恰符合这样的思想和理念。如果很好地研究并找到更好的心理资本的测量和干预方法，提高绝大多数正常人的生活质量，使大多数人找到幸福感和心理能量，就可以防止很多人滑向异常人群，帮助更多的人体会幸福和有满意感的人生。

总体来说，从"资金（产）资本"到"人力资本""知识资本"，再到"心理资本"的过程，是人类对"人"和"人的能力"的逐步加深认知的过程。心理资本与以往的特质论指导下的人格理论不同的是，心理资本是可以通过干预而提升的。正是因为有积极的现实意义，因此，在对人才的测评、潜能开发和积极心理力量的有效开发和合理运用上，心理资本研究必将会做出其独特的贡献。

但是，心理资本的研究才刚刚起步，展望未来的研究，还有以下几个方面需要做出进一步的分析和深入研究。第一，对心理资本的内涵和外延必须做出更清晰的阐述，比如，如何更清晰地界定如下概念——心理资本、人格、非智力因素等；第二，在此基础上，编制出更有效的心理资本的测量和评价量表，用来更精确地评价和预测个人心理资本；第三，心理资本的影响因素，对影响因素的进一步了解，可以促成我们更好地开发和有效干预；第四，心理资本的有效干预和开发措施，这才是我们研究心理资本的深层意义所在。

第二节　心理资本开发与测量的研究进展

一、心理资本的构成与测量

心理资本构成也可以看作心理资本的构成要素，研究者在工作中倾向于对积极性因素进行探讨，不同的心理资本构成，形成了丰富多样的测试工具。根据笔者的调查数据，在众多心理资本构成成分中，出现频率最高的为四种内容，分别是：自信、希望、乐观和复原力。基于心理学角度来说，这是将心理资本作用到一个有效线性模型，即四维度模型。其中，自信也称为"自我效能感"，指的是个体在集体生产环境中，针对自身设定的任务所体现出的主动性完成决心，并在这一需求下充分发挥自己的能力，与周边环境实现良好的配合。

相对应地，"希望"则表现为一种行为动力，是在个体面对挑战之前（或展开行为之前）设定的目标；"乐观"是一种高效率维持的积极心态，它的突出表现是个体将成功归因于自身的努力，而将失败归因于客观因素的干扰，这样一来能够持续地保持自身前进的良好心态；"复原力"的理解较为简单，就是指个体从逆境中恢复的能力，例如，在遭遇到行动失败之后不会一蹶不振，而是激发自我挑战的决心，形成坚强的意志。

四维度模型由卢桑斯、约瑟夫（Youssef）建立，但用来进行心理资本测量的工具并不止一个，表 7-1 中是目前主要的测量工具。

表 7-1　心理资本测试表

创建者	测试工具名称	构成要素
戈德史密斯等人（1997）	心理资本量表	自尊
贾奇等人（2001—2006）	核心自我评价构建量表	自尊、自信、控制点、情绪稳定性
杰森（2003）	心理资本评价量表	希望、乐观、自信、复原力
卢桑斯等人（2005—2007）	心理资本问卷	自信、希望、乐观、复原力

事实上，在心理资本研究过程中，研究者针对其构成要素的设定呈现出两种趋势，一是构成要素在不断增加，二是构成要素日趋一致。但总体而言，基于测量表的研究方法已经得到了认同，以国内而言，主要采取的方法有三种，分别是自我报告法、专家评价法和结果变量测量。

首先，自我报告法。这一方法的应用是建立在广泛的数据调查和收集基础上的，调查者也必须完全信赖被测量者所提交的问卷答案。通过数据分析和归纳整理，了解被测量群体的心理资本现状，很显然，这种方法在执行方面较为简单，但由于自我评价误差的存在，最终的结果并不严谨。

其次，专家评价法。专家评价法是与自我报告法完全相反的形式，测量者需要与被测量者接触，在交流中获取被测量者的心理资本情况。这种方法效率较低，数据较为严谨，但同样存在主观因素强的问题。

最后，结果变量测量。这一方法在学术研究中被大量地采用，分为两个步骤，第一步，要对前人研究的成果进行研究，建立一个与结果变量相关的模型；第二步，要将收集分析的数据进行转化，带入研究成果中去。这一方法的理论性很强，在实际应用中也存在误差。

所以，完全满足测量要求的方法并不存在，只能按照需求来尽量减小误差（误差是允许存在的）。

二、心理资本的研究模型

在心理学研究中，模型构建是一种重要的形式，并且在相关的关系影响方面也有较广泛的应用。在模型构建上有多种类型，笔者认为以下四种较为符合国内企业人力资源管理部门的应用要求。

第一，主要效应模型。无论采取哪一种心理测量工具，在具体的应用中都是基于不同的心理资本构成展开的。也就是说，心理资本的构成因素在产生影响方面是相互独立的，例如，乐观、希望、复原力等主要是针对基层员工正面影响而言的，自信主要是针对领导阶层员工而言的，彼此之间并不产生直接的干扰。

第二，缓冲效应模型。在设计心理资本研究模型的过程中利用间接影响作用实现，这是缓冲效应模型的最主要特征。这一理论的基础是，心理资本的因素不会直接作用于个体活动结果，而只能影响个体行为和精神。例如，心理资本可以影响人的自尊心，进而造成其对收入水平的态度变化，心理资本会影响个体的自信心，进而影响寻找工作的能力和薪资预期。在缓冲效应模型中，设计一个"个人行为"的中介变量，用来实现人力资源管理所需要的绩效考核数据。

第三，动态效应模型。动态效应模型相对简单，主要构建依据是心理资本的相关变量相互影响，并对环境产生反应，在一个持续性的过程中呈现出线性态势。以此为研究基础，形成心理资本与人力资源管理之间的曲线交叉，进而展开判断。

第四，调节效应模型。心理资本对结果变量存在显著的影响，例如，当员工面临较大挫折的时候，心理资本越大工作满意度就越高，发挥的正面推动作用越明显，有利于员工改善工作方式、态度，对企业的经济收益是有利的。

三、心理资本的开发原则

心理资本作为一项新兴的研究课题，目前最主要的问题是实现其开发性，也就是解决"如何开发心理资本"的问题。然而从学术角度说，心理资本是客观存在的，它拥有的先天性特点，需要经过后天的因素变量进行调整。基于此，卢桑斯提出了"心理资本干预"的理念，笔者结合他提出的四维度心理资本认识理念，归纳出以下的开发原则。

首先，树立希望。"希望"是个体主观心理中最明显的表达，事实上，也是心理资本主观变量形成的基础。树立希望也就相当于树立了员工对未来的目标，可以通过三个流程来实现：（1）在完全信赖员工的前提下，促使其设置自我目标，目标既要能够达成，但同时也要具有一定的难度。（2）根据个人设置的目标来制订具体计划，在这一过程中，要求员工认真思考，列举出目标实现过程中会出现的阻碍和困难。（3）根据员工提供的计划和自我分析，提供解决问题的建议。树立希望本身也是一个自我认可的过程，员工可以减少对未来发展的恐惧和担忧。

其次，培养乐观品质。乐观是表现性最强的积极性心态，企业员工真正畏惧的并不是最终的结果，而是在执行计划过程中不间断出现的难题，如果缺乏乐观的心理资本要素，每一次困难都会影响执行力，产生消极的内容。培养乐观的心态，员工会把挑战作为一种乐趣，并坚信未来一定会实现目标。这种积极性的培养是具有传染性的，有榜样作用，可以提高企业中其他员工的积极性。

再次，形成自信。自信代表了个体信念，很容易受到群体行为的刺激。形成自信的方法主要通过认可、激励和榜样力量，深层次说，自信是对一个人信仰的认同和支持。所以，在进行人力资源管理的过程中，管理人员也要扮演"导师"的角色，通过传播成功的方式，激发员工们的自信。

最后，提高韧性。"韧性"就是复原力表现，对于企业人力资源管理部门而言，无论怎样对社会资本、财力资本等进行优化，都不可能完全规避风险的出现，所以员工被打击的现象是必然出现的。摆脱负面效应的关键不在于人力资源管理部门的外部推动，而在于个体内部的"自愈"。

四、心理资本开发

对心理资本的开发与完善，是一个组织或个人维持较高绩效的重要手段。不同于传统的人力资本，心理资本有其不稳定性，是处于不断变化中的动态人力资源，会随时间而增长或降低，鉴于此，对心理资本的测量与开发显得至关重要。对于心理资本的开发，现在主要使用卢桑斯的心理资本干预模型（PCI），见图7-2。

PCI主要通过对四个心理资本要素的开发实践达到提升潜在资本收益的目的：

开发希望。主要包括设计目标与实现目标的途径，以及制订消除障碍的计划。在实际应用过程中让参与者根据自身情况与岗位要求指定合理、明确，且富有挑战性的工作目标，同时为实现目标制订消除可能遇到的障碍的计划。在此期间，参与者可得到群体的信息，根据情况调整和完善他们达成目的的计划。通过练习提升员工制订计划、面对困难，以及调整计划消除障碍的能力，减少障碍对工作行为的负面影响。

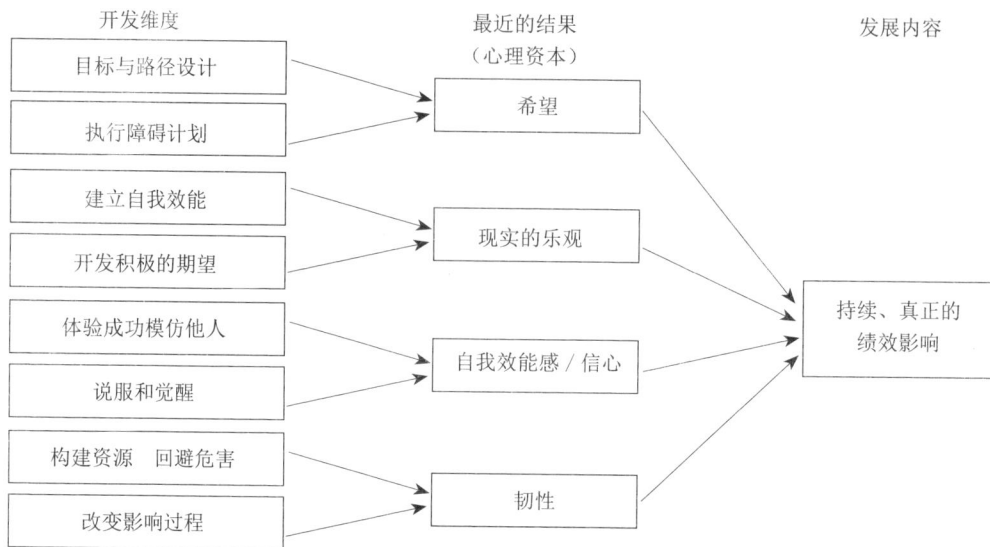

图 7-2　心理资本干预模型（PCI）

开发乐观。主要通过在活动过程中找寻克服障碍达成目标的手段，提升自我效能感。在团体互动过程中，参与者在经历解决障碍的计划调试之后，能够认识到障碍，并寻求改变克服它，此时相信计划将顺利实行的期望加大。当参与者与其他成员在面对困难时成功解决问题，并使活动顺利开展，且意识到计划和改变可以使问题顺利得到解决，达成既定计划时，他们的积极心态便更加明显。群体中的积极心态将影响其中的参与者以乐观的心态完成目标计划。

开发自我效能。这个部分成员主要通过练习分阶段实践计划，达成目标，实现信心的提高；在此过程中按专业手段调整计划，并在团队成员的提问中达成目标，实现对能力的认知；成功的体验，加上引导者运用情绪调动或社会劝说技巧，使参与者有理由相信，只要计划得当，因时制宜，就能够实现目标，从而达到发展完善自我效能感的目的。

开发韧性。这个环节的目的在于提高员工克服逆境的能力，主要包括三个策略：危险中心策略（重点是减少可能增加不期望的结果的危险和紧张刺激）；资源中心策略（强调和增加可带来积极结果而没有危险的资源）；过程中心策略（聚集适应系统的能量，以满足运用人的资源来管理危机因素的需要）。让参与者列举自身存在的一切资源，并尽可能利用这些资源；调整完善既定计划，达到规避障碍的目的；最后审视自己面对困境的想法和情感，思考如何有效使用资源、调整计划，采用合理的方式克服逆境，提高自身的韧性。

卢桑斯的研究表明，在根据 PCI 进行的一系列实证检验中，参与者的心理资本平均增长了2%。对 PCI 的检验为企业的心理资本开发实践提供了数据基础。

五、心理资本的测量

随着全球竞争的不断升温，人力资源研究者和从业者受自身日益增长的责任驱使，已经开始关注人力资源开发投资和回报的评估工作，并摩拳擦掌努力应对这一挑战。然而，尽管这一评估备受瞩目，但是，对用来量化人力资源与人力资源开发的投资回报及价值的种种方法和它们的信度、效度以及效用，还存在着很多争论，要解决问题则更是任重而道远。

（一）支撑心理资本测量的理论框架

首先，大多数经常用来测量积极心理能力与优势的工具最初是设计用来测量积极心理能力的对立面，即消极病状的。积极心理能力与消极心理能力究竟是两极，还是独立的，这一问题在积极心理研究中越来越被重视。尽管这个理论问题需要进一步的研究，但是，我们参考的工具大都认为积极性是独立的。

其次，心理资本一个非常重要的包含标准是，一项心理能力要被包括在心理资本中，它必须是状态类的个体特征，因而也是可以开发的，而不应该是稳定的、相对不变的特质类个体特征。幸运的是，一些关于心理资本的积极心理测量工具对这一重要标准做出了清晰的界定和明确的区分，如帕克（1998）测量工作角色自我效能的问卷。我们在编制心理资本测量问卷时就参考了这一个工具。与此相反，在贾奇和波诺（2001）的核心自我评价模型中，测量的则是一般效能这一特质。与此同时，斯奈德（2000）提供了两个不同的量表：一个是测量状态类特征的希望量表；一个是测量特质类特征的希望量表。

在大多数积极心理问卷中，对于稳定的特质和情境性的状态，这两者的区别并不是很清晰。一个达到心理测量要求的量表在不同的时间需要表现出一定程度的稳定性，这也是我们可以理解的。但是，心理资本为研究者和实践者又提出了一个新的挑战，那就是状态类特征的可变性对于这一核心构念至关重要，是其不可分割的一部分，而不是人为的测量错误。因此，在变化和开发的敏感性与稳定性之间找到一个平衡，对于理解和评估心理资本至关重要。

最后，在积极心理学中，许多构念都是作为单独的结果来进行概念化和测量的。虽然我们希望能拥有自信的、心怀希望的、乐观的、有韧性的、富于创造性的、精明的组织领导者和员工，但就心理资本而言，最有价值的应该是它对工作绩效和态度性结果的潜在影响。因此，我们经常把心理资本作为"输入"来看待。虽然心理资本的研究已经证明，这些积极的心理能力以及这一核心的构念（心理资本）也有可能是结果变量——如真实领导力的结果变量，或者是其他结果变量的调节变量或中介变量。但是，我们一般认为，心理资本是工作绩效的前因变量，或者可以看作人力资源的一种投资。组织领导者和决策者在配置稀有资源（包括财务资源、时间、精力等）来开发员工的高潜力优势和心理能力时，应该给予心理资本高度的关注。当我们能够证明，投资开发心理资本能实现很高的回报后，组织领导在监控组织绩效时，就更有可能开始将心理资本纳入组织绩效的衡量标准中。

（二）测量心理资本存在的缺陷

麦肯尼兹（MacKenzie）、李（Lee）（2003）对采用调查问卷测量，包括心理资本在内的心理变量，可能存在的一些偏差进行了总结。这些偏差包括一致性、社会称许性、宽大效应、顺从错误、转瞬即逝的情绪状态、条目不清晰。尽管心理资本测量的是积极的特征，但是，最常用的心理资本量表并没有受到这些偏差的显著影响。但是，我们仍然建议大家在测量心理资本时，对诸如社会称许性之类的偏差进行控制。有一些简短的工具可以用来控制社会称许性，如雷诺兹（Reynolds）（1982）在经典的社会称许性量表基础上形成的简版量表。最新的研究表明，这一简版量表甚至比原量表更有效、更可靠。此外，随着心理资本研究的推进，很有必要利用置信区间来进行元分析，以解决这些潜在的误差与偏差。

心理资本测量问卷还可以采用一些其他方法来避免其中的一些偏差，具体包括：反向计分条目；在不同的时间点采用心理资本问卷进行测量，在干预研究中采用随机分配的控制组；从积极心理学中一些已确定的、标准化问卷中抽取经过开发与检验的条目。尽管这样，其他潜在的威胁仍然存在。例如，一些学者认为，使用共同的量表格式和固定的标尺，就有可能增加共同方法偏差。

此外，简短的量表可能会导致出现更一致的结果，因为对上面题目的回答仍然还保存在问卷填写者的短期记忆中。在测量多个心理资本能力时，如果每一个心理资本能力的条目之间没有混杂其他条目就更会出现这种问题。虽然混杂其他条目、改变量表与标尺是可能的，但是，这样做也有它的弊端，特别是在组织行为研究中，采用较长的问卷会使有效回收率明显下降。

显而易见，任何测量工具，包括心理资本问卷，都会有自身的局限性。但是从心理资本测量今后的发展与精确化的角度来看，我们建议采用"三角测量"的策略。具体来说，就是研究者可以使用心理资本问卷、观察和面谈三种方法，从三个方面来对个体的心理资本进行评价，最后根据三个方面的分数来确定个体的心理资本（Berson & Avolio，2004）。误差是问卷本身所固有的，当然也存在人为因素导致心理资本分数的增加或降低。只有借助多种方法，最终才能够最大限度地降低测量的误差。

六、研究局限与未来展望

心理资本自2004年提出以来受到管理学和心理学界的重大关注，很多学者对其进行了深入的研究，尤其是关于心理资本的内涵方面的研究已经取得了一定的成果。但是心理资本是一个年轻的概念，对其的研究也刚刚起步，有关该领域的研究还远远不够，许多方面还存在争议，因此需要进一步深入研究。

1. 心理资本内涵的不统一

已有的研究文献对心理资本的内涵的理解有趋同与综合的趋势，即心理资本是一种超越了人力资本和社会资本的个体一般积极性的总体核心心理要素。其反映了个体的整体积极心理的开发状态，是个体在动机性的努力和坚持的基础上，对于环境和成功可能性的积极评价。但是，学者们对心理资本"状态—特质"的观点还有部分分歧，不同的研究者有时会采用不同的心理资本概念进行研究，有时甚至是同一作者在不同时期采用了不同的概念。因此，心理资本内涵的研究还有待进一步深入。

2. 心理资本的影响因素的不确定

自心理资本的概念提出之后，研究者分别从组织支持感、工作挑战性和自我强化三个方面研究了心理资本的前因影响变量。尽管如此，对这三个方面的研究也只是较为笼统和概括的研究，且尚未得出统一的结论。同时，个体的受教育程度、人生经历、年龄、性别、婚姻家庭等人口学变量是否对心理资本存在一定的相关性，以及相关性的程度有多大等问题目前尚需进一步的研究。总之，关于哪些因素会影响员工的心理资本以及不同员工特质的心理资本有何不同还有待研究。

3. 心理资本跨文化研究有待于进一步深入

心理资本理论是近几年来西方人力资源管理研究的热点问题。无论是理论的研究，还是实证分析多出现在国外，心理资本这一新范式的研究在中国尚属于起步阶段，就公开发表的论文来看，还没有在中国文化背景下被实证了的信效度较高的研究工具。因此，心理资本的跨文化研究，或者说基于中国文化背景的心理资本研究有待于进一步深入。

第三节　心理资本管理

二十几年前，越来越多的心理学家开始关注心理学领域的这一现象，即以牺牲积极层面为代价而过分强调心理学的消极内容。在探索治愈心理疾病和功能失调行为的解决办法时，理论研究和实践领域的心理学家几乎完全忽略人类优势的开发，以及帮助健康与高效率的人恢复机能，甚至超越已有的水平。也就是说，消极取向的心理学把研究视角集中在究竟是什么导致了个体的失败，而基本上忽略了那些有助于个体良好发展的因素。1998 年，时任美国心理学会主席塞利格曼向消极取向的心理学提出挑战。他认为应该更好地了解对于人类来说什么是正确的，而不是仅仅集中在什么是错误的。塞利格曼对消极取向心理学所提出的挑战标志着积极心理学的正式启程（Seligman & Csikszentmihalyi，2000；Sheldon & King，2001）。事实上，塞利格曼所倡导的便是以更加均衡的取向去研究人类身体机能和行为的本质。

受塞利格曼所倡导的积极心理学的影响，《美国心理学家》杂志相继刊载了一系列专题研究（2000，2001），并且从 1999 年开始，每年都要召开积极心理学峰会。此外，许多和积极心理学有关的著作（如 Carr，2004；Compton，2005；Peterson & Seligman，2004；Seligman，2002）、手册（如 Aspinwall & Staudinger，2003；Keyes & Haidt，2003；Linley & Joseph，2004；Lopez & Snyder，2003；Snyder & Lopez，2002）、期刊，以及全面综合的宣传网站（www.positivepsychology.org）也相继问世。

在积极心理学领域迅速形成的理论知识中，虽然有许多理论知识对工作场所具有间接的意义（甚至有一部分是直接的，例如《积极心理学手册》中的一个章节就是关于工作领域的），但是对工作场所更具有直接意义的是积极组织行为学（Luthans，2002a，2002b，2003；Wright，2003）和积极组织学术研究的出现，人员构成主要来自密歇根大学的一个学术研究小组（Cameron et al.，2003）。虽然很多学者认为，POB 和 POS 这两种取向的研究领域有所交叉，但是比较而言，POB 主要是从微观个体层面出发，侧重于有关员工发展和绩效的微观层面问题，而 POS 则致力于更加宏观的组织问题。

以积极心理学和积极组织行为学为基础和出发点，一些学者认为，心理资本作为一个核心构念是可以被开发的，心理资本对绩效的影响也是可以管理的（Luthans et al.，2004，2007；Luthans & Youssef，2004）。

一、心理资本的背景与意义

为了更好地认识积极组织行为学这种可开发与可投资的积极性对组织绩效的影响作用，我们建议应该把心理资本理解为一个更高层次的核心构念（Luthans & Youssef；2004；Luthans et al.，2004，2007）。一般而言，心理资本可以简单地描述为：它超越了人力资本（即你知道什么）和社会资本（即你认识谁），关注的是"你是什么样的人"（现实自我）和"你打算成为什么样的人"（可能自我）。

心理资本是个体在成长和发展过程中表现出来的一种积极心理状态，具体表现为：（1）在面对富有挑战性的工作任务时，有信心（自我效能）承担并能付出一定的努力获取成功；（2）对现在和将来有积极的归因（乐观）；（3）对既定目标锲而不舍，为取得成功在必要时能调整实现目标的途径（希望）；（4）当身处逆境和被问题所困扰时，能够持之以恒，迅速复原，甚至超越（韧性）以取得成功（Luthans et al.，2007）。

总而言之，积极的心理资本，或简称"PsyCap"，为我们从多方面了解和管理人力资源提供了一种全新的视角和取向：

心理资本超越了人力资本。心理资本不只是包括那些通过教育培训以及从工作经验中获得的具体知识、技能和能力。同时，心理资本也不是管理人员和员工在社会化过程中投入大量时间和精力而获得的隐性知识（Hitt & Ireland，2002；Hitt et al.，2001）。换言之，心理资本并不仅仅是个人所知道的重要知识或具有的某些专长。

心理资本超越了社会资本。心理资本提供了崭新的和令人兴奋的机遇，即它建立在由社会关系以及跨越个体、部门和组织而形成的网络之上并超越了这些社会资本。换言之，心理资本不只是一个对你而言有价值和存在某种关系的有影响力的关系群体或人的集合。

心理资本具有积极性。积极心理学导致了心理学研究模式从一味地强调病理学消极取向到研究心理积极方面的重大转变，这种传统的模式曾经充斥着临床心理学家的研究手册、字典以及分类系统等。类似地，心理资本为组织行为学和人力资源管理领域的研究人员和实践者提供了一种新的积极的视角，而传统的消极导向的组织行为学更关注功能失调的员工、工作场所中的侵犯行为、不称职的领导者、压力和冲突、不道德行为；战略失误与反生产性的组织结构和文化。虽然这些消极取向也应该是理论研究和实践的渠道，但是通过解决这些问题和不足并不能真正解释人类的潜力。

心理资本是独一无二的。心理资本扩大了组织行为学的研究视野，它超越了传统的研究构念，如动机、目标设置、授权、参与、团队建设和组织文化等。这些构念可能是积极的，但其中大部分已经被广泛地研究，而且一些批评者认为上述这些常见的构念仍然是静态的。（如Steers，2001）。心理资本并不是已经存在的消极理论和建构的对立面。换句话说，心理资本不是同一个连续体相反的的两个极端，即积极构念和消极构念的对立。作为一个新的视角，心理资本不仅能够获得，而且还可以通过独特与创新的理论框架、结构、测量和干预措施加以应用。很明显，随着时间的推移，当心理资本发展成一个知识体系时，这种独特性将不再适用。

心理资本以理论和研究为基础。考虑到管理思想四分五裂的现象，为了不断地证实那些关于健康、财富和幸福方面的自我帮助的文献以及管理大师所提供的文献资料，促使心理资本真正成为一门科学的尝试是非常重要的。心理资本的建立具有普遍认可的理论框架，如社会认知理论（Bandura，1986）和希望理论（Snyder，2000）。它们采用科学的研究方法和演绎推理，以提高心理资本可能对组织中人力资源开发和工作绩效的预测作用和影响意义。构成整体心理资本的每一构念都有其研究渊源，但这些构念至今并没有被广泛地应用到工作场所，也没有被整合为一个更高层面的核心构念，如心理资本。

心理资本能够被有效测量。从20年前到现在，人们已日益重视对人力资源投资回报的量化的管理研究与实践。许多畅销书向读者提供的"软"素质和未经检验的自我评估没有任何研究根据或有价值的定量分析。与此相反，构成心理资本的各要素却有一系列有效的、可靠的测量工具。例如，洛佩兹和斯奈德（2003）对积极心理评估进行了全面的回顾，尤其是帕克（1998）的效能量表；斯奈德（1996）等人的希望量表；威格尼尔德和杨（1993）的韧性量表。根据这些已建立的量表，我们最近开发了心理资本问卷，这份问卷具有良好的心理测量学基础。因此，我们不仅在心理资本的组成要素上具有理论基础，还第一次开发了心理资本问卷，以评估这些积极的构念及整体心理资本，同时问卷的信度和建构效度也在实证研究中得到了支持。

心理资本是状态类的个体特征，因此可以被开发。许多人格特质已被证实和工作场所中的绩效存在相关。其中包括大五人格特质（Barrick &Moimt，1991），自我评价（Judge & Bono，2001），盖洛普公司所研究的资质和优势（Buckingham & Clifton，2001；Buckingham & Coffman，1999），认知心理能力（Schmidt & Hunter，2000）以及情绪智力（Goleman，1998）。积极心理学文献方面也有很多属于气质类型的积极特质（Peterson & Seligman，2004）。心理资本是一系列可以改变和开发的状态，这些状态也已经被证实了通过短期的（1—3小时）和高聚焦的微干预措施可以显著得到提高（Luthans et al.，2006a）。随着采取更加积极的取向来理解工作场所中人的潜力，我们建议将状态类的构念纳入心理资本中。

心理资本能够影响与工作相关的绩效。最新研究表明，心理资本与工作场所中的绩效存在显著的相关，无论是单个组成部分（效能/信心、希望、乐观和韧性），还是合并后的整体心理资本均是如此（Luthans et al.，2005，2006b；Youssef，2004）。而且这种关系在实践中已经证明了对组织有很大的贡献（Luthans et al.，2006a，2007）。因此，心理资本成为一种有意义的、合理的投资，同时也意味着心理资本能够提升组织绩效和帮助组织维持竞争优势。心理资本对绩效的影响作用使得心理资本和其他众多的积极心理能力区分开来，而这些积极心理能力往往被看作目的本身（Peterson & Seligman，2004；Snyder & Lopez，2002）。

二、心理资本管理

四种类型的积极心理能力被认为是满足心理资本构成标准的最佳要素，即积极、独特、以理论和研究为基础，可测量，可开发和管理，同时对工作场所中的绩效具有影响作用。这四种能力分别为：自我效能/自信、希望、乐观和韧性（Luthans，2002a；Luthans et al.，2007）。接下来，将根据每一种心理资本成分的理论框架以及它们在组织中如何开发和管理，进而影响绩效展开讨论。

（一）心理资本管理：自我效能/自信

自我效能，或者简称"自信心"，主要是基于班杜拉社会认知理论而提出的。当用于工作场所时，自我效能是指"个体对自己在特定的情境里能够激发动机、调动认知资源以及采取必要的行动来成功完成某一项特定工作时的信念（或信心）"。

高信心的个体对他们的能力充满自信，这使他们可以选择具有挑战性的任务，投入充足的时间和精力来实现目标。同时，在面对障碍和沮丧时能够坚持不懈（Stajkovic & Luthans，1998b）。象征化、预先思考、观察、自我调节和自我反思五种能力能够使高信心的个体在对未来的成功期望时，可以有目的地、主动地设定具有挑战性的目标，调整他们的动机和行为，管理和控制他们的学习过程（Bandum & Locke，2003）。

研究表明，自我效能和工作绩效存在显著的相关（Stajkovic & Luthas，1998a），但自我效能能够在工作场所中进行有针对性的培养（Bamkm，1997，2000），也就是说，在工作场所中有很多途径可以有效地培养个体的自我效能。目前，最有效的自我效能培训技术是允许未来的管理者或员工真正地体验成功和熟练掌握手头的任务。不论在操作类型的培训中获取成功并逐步提高任务的复杂水平，还是在在岗培训或相关的情境模拟培训中，都可以为参加者提供熟练掌握经验的机会，而这些已经清楚地表明能够提高参与者的自我效能（Bandura，2000）。

替代学习，或榜样模仿，是另一种得到广泛认可的培养自我效能的途径。替代学习利用个人的观察能力，通过观察相应的角色榜样在特定任务中的成功经验而进行学习，这种任务与未来管理者或员工所期望完成的任务是相似的。有趣的是，即使找不到相关的榜样，人们似乎还能够利用他们的假想经验来获取信心。他们会设想自己在特定任务中获得成功的情况，并运用他们的想象作为角色榜样（Maddux，2002）。

培养自我效能的其他途径还包括社会说服和生理/心理唤醒（Bandura，1997）。为了使效能发展更有效，尤其是在个人直接体验到成功时，他们的感知和归因都需要将这种成功内化。实际上，获取经验发生的社会、心理和物理方面的环境能够被有效地管理以促进效能的进一步提高。而这种获取经验的过程可以通过积极反馈、社会认可、授权和工作—生活平衡化等来实现。最后，基于信念的自信心是在整合了团队整体能力的基础上形成的，而不是某个人的能力和行为。

（二）心理资本管理：希望

根据积极心理学家斯奈德所进行的大量理论研究，心理资本中的希望可以被界定为"在成功的动因（指向目标的能量水平）与路径（实现目标的计划）相互作用的基础上，所形成的一种积极的动机状态"。（Snyder et al., 1991：287）。因此，希望的开发存在两种重要的方式：第一，通过人们的能动意识或意志力，即增加他们实现自己的目标决心；第二，通过路径的开发，即路径力，当个体在面临障碍和封锁时能够主动地设计实现目标的多种途径和应变计划。

开发和管理希望的一个重要的方式是通过有效的目标设置，也就是说，设定的目标要具体、可测量和富有挑战性，同时设定的目标也要符合实际情况和能够完成。这样，就可以帮助个体建立实现目标所需的能动意识。比如"弹性目标"是具有挑战性的目标，可以拓展个人的技能和视野，但不会使人绝望。"分步前进"是另一种技巧，即将目标分解成更小的和更简单的分目标，通过对这些分目标的实现和监控，最终实现更大的目标。对管理者和员工来说，目标的商议、共享和传达是很重要的，有助于促进目标的达成。而最重要的是，当不切实际的目标已经推行，或过高的目标已经发生时，他们需要主动思考的能力迅速做出判断以适应目标和"重置目标"以使目标更有效（Luthans & Jensen, 2002；Luthans et al., 2001；Snyder, 1995a, 1995b；Snyder et al., 2000a, 2000b）。

除了通过目标制订和过程的主动实施外，路径思考对希望的开发来说也非常重要。路径可以通过主动性的"心理模拟"来发展，其中个体可以在实现目标的过程中对整体和具有挑战性的部分在头脑中形象化，从而为克服目标完成过程中遇到的障碍做好准备。应急计划和假设分析是两种实用的技术，它们可以在个体和组织的水平上为建立希望的路径成分服务（Luthans & Jensen, 2002；Luthans & Youssef, 2004；Snyder et al., 2000a；Youssef & Luthans, 2003, 2006）。

（三）心理资本管理：乐观

乐观主义的解释风格会把积极事件归因于自身的、持久的和普遍性的原因，而把消极事件归因于外部的、暂时性的及与情境有关的原因（Seligman, 1998）。悲观主义的解释风格会将积极事件具体化，根据外在的、暂时的和与情境有关的原因对其进行解释，而对消极事件从自身的、持久性的和普遍性的原因进行解释（Seligman, 1998）。在心理资本中，现实的乐观（Schneider, 2001）和灵活的乐观（Peterson, 2000）同样重要。

心理资本的乐观是一种反应性的和适应性的乐观形式。在获得成功或者遭遇失败之前，它会从积极事件和消极事件以及其原因和后果中认真思考和学习。心理资本乐观的实用性在工作场所中是非常重要的。在今天的组织环境中，责任感和问责制已必不可少，而同时外部的因素可能使个体的决策和行动不能完全加以控制。

开发心理资本乐观有效的方法包括三个步骤：宽容过去、赏识现在、寻求未来的机遇。在管理者和员工辛勤劳动的现实情境下，他们需要灵活地将事实和自己的感知区分开来，使自己从那些可能超出控制范围的消极事件中获取既得利益。他们应该慎重地评估持续表现出内疚或羞愧情感的效用，因为这些负面情感会严重影响到他们的乐观。这些负面情感可以使他们在积极情境中进行判断和学习的能力减弱，还可以阻碍他们对未来的冒险倾向，并导致停滞不前和自满。一旦这些消极的想法和情感确实存在，它们就可能取代乐观的、积极的想法和情感，而这些乐观的想法和情感恰恰能够形成更美好的未来。

（四）心理资本管理：韧性

同样，根据临床心理学和积极心理学，我们将心理资本韧性定义为："一种积极的心理能力，它可以使个体从逆境、不确定性事件、冲突和失败中，甚至是从积极变革、过程以及与日俱增的责任中快速回弹或恢复过来"（Luthans，2002a：702；also see Luthans et al.，2006c；Youssef &Luthans，2005）。有韧性的个体往往拥有"对现实坚定的认同感、深刻的信念、强烈的价值观、非凡的应变能力"（Coutu，2002）。沿着既有的维度，有韧性的组织具备有效的权力结构、融洽的内部关系、现实感、对变革的态度、分化和沟通（Hind et al.，1996）。

上述定义表明，韧性并不仅仅意味着幸运的、无风险的生活，而是对稀缺资源进行有效的管理以期走向更幸福的生活，尽管风险和逆境依然存在。按照这样的思路，一些学者在个体层面上将韧性定义为"在重大困难或危险情境中能够积极适应的一类现象"。沃林等人（2002）在组织层面上认为，韧性是能够使组织具备必要的能力来消除压力，维持凝聚力，从挫折中复原，进而有效应对管理危机的结构性和程序性动力。

一般而言，开发心理资本韧性的策略可以分为三类：关注韧性资产的策略、关注危害因素的策略和关注过程的策略（Masten，2001；Masten & Reed，2002）。在当今不断变革的时代背景下，领导者和同事以及他们的整个组织，都在被鼓励和支持积累各种类型的资产。这些资产包括在组织层面上的组织结构、财政和技术，也包括在个体层面上的人力资本、社会资本和心理资本（Luthans & Youssef，2004；Luthans et al.，2006c；Youssef & Luthans，2005）。这种关注资产的开发策略可以帮助人们减少各种危险因素和逆境的持续时间。比如，那些建立了就业能力资产的员工在这个裁员和迅速变革的时代会表现出更好的韧性。同样，这种关注资产的开发策略对那些需要避免不必要的可能危及他们福祉的风险的组织及其成员来说也是明智的。关注冒险的韧性策略主要是通过各种保护机制主动降低外在的危害。

正如希望和乐观一样，韧性的开发不仅仅局限于简单地强调积极因素，以及消除或减少消极因素，韧性还能够主动进行风险评估并利用各种资产将这些危害因素转化为其未来成长和发展的机遇。关注过程的策略强调危害因素和资产因素动态性的相互作用，其中，有效处理逆境和挫折可以促进个体从挫折中恢复甚至超越自身原有的绩效水平，获得意想不到的学习和成长（Luthans et al.，2006c；Reivich & Shatte，2002；Ryff & Singer，2003；Sutcliffe & Vogus，2003；Youssef & Luthans，2005）。换句话说，尽管困难不可避免，但是有效地处理困难可能是开发韧性所必需的。

（五）心理资本综合管理

虽然自我效能、信心、希望、乐观和韧性满足了我们提出的心理资本构成要素的标准，而且每个要素也已被证实了同组织中的绩效结果变量有积极的相关，但是研究表明，心理资本可能是一个更高层次的核心构念（Luthans et al.，2006b）。具体地说，初步研究表明，和四个构成要素的每一个相比，整体心理资本是预测工作绩效和工作满意度更好的一个预测变量（Luthans et al.，2006b）。

虽然很多的学者将注意力集中在了四种积极心理状态的概念独立性（Luthans & Jensen，2002；Snyder，2002）以及对区分效度的实证研究上（Bryant & Cvengros，2004；Luthans et al.，2006b；Magaletta & Oliver，1999），但是它们也有一个最基本的积极性聚合，并在此基础上进一步发展（Luthans et al.，2006b，2007）。作为一个核心构念，心理资本可以增加上面所讨论的四种个体心理状态的价值，并且对发展中的干预模型以及开发回报有重要的意义（Avolio & Luthans，2006）。

第四节　心理资本与企业人力资源管理创新研究

随着社会经济的不断发展以及全球经济的大爆炸，我国的国际化水平越来越高，企业所面临的市场竞争也越来越激烈，而市场的竞争也正是人才的竞争，如何才能留住人才，调动起他们的工作积极性，使其发挥出最大的效用，成为各大企业所面临的共同问题。一直以来，在各大企业人力资源管理中，薪酬管理对企业员工的工作绩效起着举足轻重的作用。但因为现代人的精神境界的提升，他们所要求的已经不仅仅是钱，这就给管理者提出了更高层次的要求。所以他们要了解企业，更要了解企业的员工，这样才能真正地让员工成为企业发展中的主流。

一、对心理资本的认识

在企业发展的道路上不可缺少的资本有：人力资本、社会资本、经济资本以及心理资本。心理资本不同于其他三个资本，它所描述的是企业员工的一种精神，一种乐观向上、积极进取、自信自强、坚忍不拔，永远像向日葵一样充满着阳光心态的精神。随着我国经济的突飞猛进，各大企业的高管们也清醒地意识到，一味地增强企业的经济资本，增加社会人脉关系，提高员工的生产技能，只能做到让企业稳定前进，而只有对员工的心理资本进行开发，才是促进企业快速发展、员工健康成长的正道。而员工的这种积极的精神状态受到传统人力资源管理的制约，所以企业要想在激烈的市场竞争中脱颖而出，就必须让人力资源管理模式顺应时代发展的需求，只有这样才能保证企业在未来的竞争中获胜。

二、对心理资本的研究与分析

（一）心理资本的概念解释

对于心理资本的概念一直存在着三个方面的解释：人品特质论、精神状态论和二者的综合论。

（1）人品特质论：主要是指人们个性中的一种品质倾向、自我控制能力、情感交流水平，以及心理状态的稳定度。这种心理资本是以人们内在的特质为基础而存在的，简单地说它指的就是人格。

（2）精神状态论：这种理论比较单纯，它所认为的心理资本就是一种积极向上的心理状态。这是一种特有的人力资源，它能使个体产生较高的工作效益，创造更大的经济财富。

（3）综合论：它是上面两种理论的综合版，它认为心理资本不仅具有人品特质，更要有精神素养，应该是两者的和谐统一，因为人的特质具有相对的稳定性，而人的状态又是可以通过一定的外界刺激而进行改变和开发的。这种观点也是人力资源管理开发研究的一种趋势。

（二）心理资本的理论发展史

人力资源管理中的心理资本理念是在人力资本理论、积极心理学理论、积极组织行为学理论三者的共同作用下发展形成的。

1. 人力资本的理论

一直以来资本的概念都被定义为能进行生产并且能创造一定效益的资源，给人的感觉总是一种物质的东西，是能以数量或质量所表现出来的。而自从人力资本理论在经济学领域得到认可以后，才使传统资本的概念得到了延伸，从而扩大到人力资本这种以人们的精神状态及人格素养所表现出来的一种形式，它的范畴也随着社会的进步越来越广泛，除了包含劳动者的工作技术、专业知识外，还包括了它的身体状况以及心理健康状况。

2. 积极心理学的理论

这种积极心理学理论的研究在国外20世纪30年代就已经开始萌芽，到了20世纪五六十年代马斯洛等人已经开始对人性中的积极面进行研究。这种研究可以说为现代心理学的研究打下了基础。到了20世纪后期，心理学家通过探索和挖掘人性中美与善的一面，促进了社会心理学研究的不断发展。在20世纪90年代，塞利格曼发起了积极心理学运动，继而在2002年将心理资本的范畴扩大到把影响个体积极性发挥的心理因素纳入心理资本当中来。

3. 积极组织行为学的理论

随着积极心理学在组织管理领域的广泛应用以及现代化程度的日益加深，积极组织行为学开始出现，可以说积极组织行为学的理论是社会发展的必然产物，它所关注的对象主要是那些能够被准确测量、开发和有效管理的，并能与企业绩效紧密相关的心理资源或要素，是一种积极的导向。在人力资源管理中具有代表性的主要是希望、坚韧、乐观、幸福感、智力和复原力等积极心理要素。这种心理资本可以帮助企业占据竞争的优势，还可以促进个体的发展，是心理资本研究中最直接的因素。

（三）心理资本具有的特性

心理资本是指一个个体在一定的时期里所表现出来的积极的心理状态，它已经超越了人力资本、社会资本和经济资本，成为人力资源管理中的核心要素。其特点如下：

（1）心理资本所强调的是人体的力量及积极性，并不是纠正错误，它属于积极心理学。比如说，在一个企业里所反映出来的是企业员工的优点、长处，而不是他们的缺点和短处，更不是要抓住员工的"小辫子"。

（2）心理资本是以积极组织行为学理论为标准的。

（3）心理资本源于人力资本和社会资本，更是人力资本和社会资本的升级，位于二者之上。

（4）心理资本可以通过一定的方法和手段，挖掘潜力，并进行开发和投资，使企业更具有竞争力，所以说心理资本具有收益和投资的特性。

三、心理资本在人力资源管理中的重要性

随着时代的变迁，科技的发展，企业人力资源部的招聘策略也在不断地更新和改变，一些重要的岗位除了要求丰富的经验、较高的学历以外，更注重个人的心理资本。这就改变了传统的竞聘上岗、选拔上岗等招聘模式，为企业的发展创造了新的生机，而且在人力资源培训和考核中，心理资本更发挥出它独特的魅力，调动了员工的生产积极性，提高了他们的向心力、凝聚力，使员工拥有良好的工作心态。另外，心理资本的培养还使企业员工拥有了明确的目标，时刻充满着希望，在工作中发挥着主人翁的精神，为企业做出更大的贡献。所以心理资本在人

力资源管理中起着至关重要的作用,它是企业最具价值的核心竞争力,使企业在激烈的市场竞争中获胜。

四、基于心理资本的人力资源管理的优势

(一)有利于人力资源管理的团队建设

现代化的企业所需要的不是只会蛮干的团队,而是知识型与创造型相结合的团队。这样的团队建设是需要人力资源部根据每个人的不同特点去进行开发的,对于不同性格、脾气的人要用不同的方法与策略,这就要求团队具有和谐的气氛、融洽的相处方式、成员之间相互的鼓励。这些正是心理资本所具有的,它能让企业员工具有自信、希望与乐观的品质,能让大家融为一体,共同建设成社会形势发展所需要的新型团队。

(二)有利于人力资源管理的技术开发

人力资源技术的开发需要各个企业员工之间的相互协作,大家必须能为同一个目标而去奋斗,并能结合自身的实际情况,对其理论进行研究和分析。利用好员工们的心理资源,关注他们的心态变化,形成一个乐观向上、积极奋进的氛围,为人力资源管理的技术开发工作做好坚实的后盾。

(三)有利于人力资源管理各要素的开发

企业的管理者可以通过心理资本对员工进行四要素的开发,比如说为了增强员工的自信心可以把复杂的任务简单化,长期的工作分期做,还可以树立标杆,让他们从工作中看到希望,在成功的过程中得到磨炼,用一颗乐观、包容的心去迎接未来。

五、心理资本在人力资源管理中的应用

(一)在管理工作中的应用

目前企业所面临的市场竞争其实就是人才的竞争,而人才竞争的关键是心理资本的竞争,也就是说,哪个企业能有效地开发并利用好员工的心理资本,哪个企业就能抓住员工的心,就会在竞争中取得最后的胜利。所以目前企业要做的就是结合企业的各项制度,使工与企业之间产生互动,想方设法去提升员工们的心理资本水平,获得更有利的市场竞争优势。比如说传统的人力资源管理在对企业职位划分或任职要求上都是以资历丰富、经验老到、学历高深,专业扎实为基础的,而作为心理资本中的积极心理状态却未被纳入评选及划分的范畴中,这就很容易导致各个岗位、各个层次的人员在工作上没有主动性和积极性,影响企业的发展。

(二)在人员招聘中的应用

心理资本在人员招聘中的应用可以说是企业所招聘员工质量的根本保证。首先,人力资源管理者可以制作一份心理资本测评表,然后再针对各个员工的特点,对其进行心理资本的培训与开发,在对他们进行岗位的划分及安排时,一定要根据其心理资本状况进行合理的岗位配置。

(三)在培训学习中的应用

大多数企业的培训学习所注重的都是岗位操作规程、安全知识及专业技能等的学习。企业管理者认为这样的培训可以帮助企业提高生产力,增加效益,但这样传统的培训学习往往收不到预计的效果,只能流于形式,是一种劳而无功的瞎忙。而在对心理资本进行长期的实践研究中发现,只有对员工进行心理资本的培训与学习,才能使企业真正获得收益,因为员工的积极

心态、凝聚力、向心力以及乐观向上的工作态度是可以通过培训来提升的，也是可以通过一些策略、方法和手段等干预措施进行改善和提高的。它虽然不同于其他的专业培训，但它是可以为企业发展做出重大贡献的。

（四）在绩效管理中的应用

各个企业绩效管理的实施及应用一般都分四个阶段：计划、执行、评估、反馈和应用。基于心理资本的绩效管理可以在绩效管理的各个阶段对员工的心理状态进行鼓励和提升。首先，对于绩效的设计与制订必须考虑企业员工的精神状态及心理承受能力；其次，绩效的执行是个非常关键的阶段，一定要做好适时跟踪，与员工进行交流与沟通，帮员工解决绩效实施中的一切困难，增强员工的自信心；再次，绩效的评估一定要客观、要实事求是、要公平合理，避免影响部分员工的情绪，带来负面作用；最后，绩效的反馈和应用要根据企业员工的各项需求，把晋升、加薪等与员工切身利益相关的事项都与绩效管理挂钩，让员工看到希望，工作热情得到激发。

1. 心理资本与职位分析

职位分析是企业人力资源管理的一项基础性工作，它在整个人力资源管理职能中占有非常重要的地位。通过职位分析可以有效解决两个问题：一是可以获取有关工作方面的信息，诸如工作标识、工作职责、工作环境和工作条件等一系列内容；二是可以获取有关人员方面的信息，即该工作岗位的任职要求，包括行为举止、知识结构、能力水平和个性特征等内容。

心理资本与职位分析的关系主要体现在任职要求上。传统任职要求注重个体的知识、经验与技能等素质，未能把有关个体积极心理状态的素质要求纳入其中。基于心理资本的职位分析应该尽力挖掘工作岗位所需要的积极心理状态素质，并予以分级量化。

2. 心理资本与招募甄选

招募甄选是人力资源管理中一项非常重要的工作，特别是在人才竞争日趋激烈的今天，能否及时有效地获取企业所需要的人才是决定企业成败的关键。心理资本与招募甄选的关系主要体现在人员的选拔与配置上。传统的招募甄选对员工心理资本的处理有两种方式：一是完全没有注意和重视员工的心理资本，在选拔过程中主要关注员工的知识、技能是否符合岗位的要求；二是缺乏有效测量员工心理资本的技术手段或方法。

基于心理资本的招募甄选，首先要开发信度和效度均符合要求的心理资本测评量表；其次要对招募人员进行心理资本甄别培训；再次要注意心理资本与岗位的匹配。目前，对于心理资本的测量方式主要有 3 种：一是自我报告法，即通过编制心理资本测量量表对员工进行施测，例如，卢桑斯等人编制了一份 24 个条目的心理资本测量问卷，并在学术研究领域得到了大量的借鉴。但是，运用到招聘甄选中，这种测量方式可能存在严重的社会赞许效应。二是专家观察法，即请有关专家通过观察员工的日常活动来评价其所具备的心理资本状况。三是效果变量间接测量法，根据已有的研究成果，对员工的效果变量进行施测，由此推测员工的心理资本的状况。另外，实验法也是测量员工心理资本状况的非常好的方法。人才测评专家通过设置合理的实验情景（与真实工作情景一致），让被试者处于情景中，然后观察其行为表现，据此推测员工的心理资本水平。

3. 心理资本与培训开发

培训开发是人力资源实现增值的重要途径，其最终的目的是改善员工的工作业绩并最终提升企业的整体绩效。传统意义上的培训开发关注的是员工的短期效益，集中体现在对员工知识与技能方面的培训。由于对绩效起关键作用的不是诸如知识技能等门槛素质，而是诸如自信、乐观等积极的心理状态。因此，传统的培训开发工作经常忙而无效。

基于心理资本的培训开发，首先要认识到心理资本是可以通过培训而提高的，但培训开发的效率和效果是不同于一般的知识技能的。与一些难以改变的人格特质（如气质）相比，心理资本并非遗传，难以改变，而是可以通过具体措施得以改善和提高的。然而，与知识技能相比，心理资本的培训开发不像前者那样直接和快速，并能收到立竿见影的效果，往往呈现出培训周期较长，发挥作用缓慢，但影响力度较深的特点。其次要开发具体的心理资本干预措施。心理资本的培训开发与一般的知识技能的培训开发是有差异的，不能直接套用后者的具体措施。卢桑斯提出的心理资本干预模型，可以作为心理资本培训开发的范本。

4.心理资本与绩效管理

绩效管理是人力资源管理实践的关键环节之一，是由绩效计划、绩效沟通与辅导、绩效评估和绩效反馈四个部分组成的一个完整的体系。基于心理资本的绩效管理应该有助于保持和提升员工的积极心理状态。

基于以上观点，第一，绩效计划的制订要考虑到员工的积极心理状态。一般而言，设置的工作目标应该是比较具体的，并具有一定的挑战性且可以测量和评价，使得员工在绩效的起步阶段就树立信心，对未来充满希望。第二，绩效执行阶段，管理者应与员工定期沟通，为员工扫除目标道路上的障碍，从而稳定员工积极的心理状态。第三，绩效评估阶段，管理者对绩效结果的评价首先要确保公平，避免员工负面情绪的出现；其次要引导员工对绩效结果形成良好的归因，如把成功归于自己的能力和努力等内因，把不足归于环境和任务等外因，从而激发和保持长期的自信和乐观。第四，绩效结果反馈和应用阶段，要把职业晋升、薪酬和价值分配等与绩效考核结果相挂钩，要使员工清楚认识目前的绩效状况，并帮助其进一步改善提高，从而确保员工的希望不被浇灭，工作激情节节高升。

5.心理资本与报酬管理

报酬是指员工从企业那里获得的、作为个人贡献回报的、认为有价值的各种东西，一般可以分为内在报酬（工作本身所获得的心理满足和心理收入）和外在报酬（员工获得各种货币性收入和实物）。

基于心理资本的报酬管理可以从以下两个方面入手：第一，进行有效的工作设计，例如工作丰富化和工作扩大化等给员工带来心理满足感，从而塑造员工的心理资本；第二，增加心理资本作为报酬评价要素。一般而言，报酬要素主要包括工作责任、工作技能、努力程度和工作条件等方面。考虑到心理资本的作用，在确定报酬要素时，也可把心理资本作为重要的评价指标。

六、心理资本在企业人力资源管理中的实证研究

（一）国内外研究综述

需要明确的是，"心理资本"研究是在心理学框架下展开的，心理学的主要功能是针对人类群体中存在的心理问题、缺陷、障碍展开研究，这与"心理资本"所表现出的积极性心理特征存在极大的反差。因此，"心理资本"的研究是对心理学研究的一种延伸，从学术角度分析，不仅要满足人们对心理疾病的预防、治疗需求，还要促使其形成强大的"正能量"，摆脱负面因素（如恐惧、焦躁、自杀等）的干扰，拥有更多积极的心理因素（如幸福、成功、自尊等）。

很显然，"心理资本"是积极心理学研究的范畴，这一理论起源于20世纪30年代，通过

心理学家的研究和推动,在社会发展中发挥了重要的功能。一直到20世纪90年代末和21世纪初,积极心理学中才正式出现了"心理资本"的概念(Seligman,2002),并将其与社会资本、资金资本、人力资本并列为企业"四大资本";而"心理资本"在进入企业人力资源管理领域之后,形成了针对性较强的企业员工群体积极心理研究学说。因此也可以说,狭义的"心理资本"是心理学和管理学共同作用的产物。

1. 国外研究综述

戈德史密斯从经济学的角度提出"心理资本"在企业生产中表现出与生产绩效关联度较强的特点,企业员工的性格会影响自身在工作中的积极性。但事实上,这种观点缺乏对过程量的研究,泰特加等人(2002)对这一观点进行了补充,他认为"心理资本"是一个整体,表现出不同的个体态度、观点等因素,对企业作用也是一个综合性的整体。汉森(2003)提出一种后天形成观点,即心理资本的后天培养作用明显高于先天性格,并能够在后天作用中更加稳定,其中最明显的就是知识和技能。卢桑斯(2005—2007)针对心理资本提出一系列观点,但主要基于心理状态层面。他肯定了心理资本的动态性,同时也认可其过程量特征,并设计了一系列量化标准。

2. 国内研究综述

学者叶红春(2004)针对心理资本的研究完全建立在积极心理学层面,其最主要的意义是肯定了这一理论与人力资源管理之间的有效性。她指出了适用于中国国情的代理人经验模式化。

学者仲理峰(2007)阐述了心理资本对员工绩效的影响,但在考量维度上并没有将"自信"纳入其中,表现了中国企业中强烈家长意志的负面作用。

学者杨锐(2009)认为,在制订心理资本测量表的过程中,心理资本与员工职业规划有重要的联系,并且因为不同的行业、体制存在较大的差异。

学者方婷婷、李磊等人(2009)分析了心理资本与心理负面因素之间的关系,指出长期和短期的区别,其中长期指的是工作过程中的宏观环境影响,短期则与个人教育、生活环境等相关。

学者杜鹃(2010)研究认为,心理资本不仅是考核工作人员绩效水平的重要测量工具,同时也是考核人力资源管理部门工作水平的工具。

总体来说,我国在心理资本研究领域的成果较少,创新性理念并不多,本书的研究也主要基于人力资源管理途径的创新展开,而在心理资本应用层面更多的关注本土适应性。

(二)实证模型的构建

基于心理资本开发的研究中,基本对象选择是人,模型中的数据材料则突出群体性。在当前知识经济时代中,企业的利润提升点在于人才的创新性,知识和技能自然是最重要的,但这些内容的水平发挥,会受到心理积极性差异的干预。很显然,员工在承受较大心理压力的情况下,自然表现出对工作的不积极状态,同时在制度的约束下形成强大的心理压力。因此,如何摒除心理问题对工作绩效的影响,是心理资本开发的重要任务。

从模型构建问题出发,首先要设计心理资本项目,根据国外较为成熟的心理资本研究模型设定,笔者给出了前因变量,包括年龄、性别、婚姻、学历等。实践证明,这些因素与心理资本形成了显著的线性关系,基于此引入多元线性回归模型,如下所示:

$$Y_j = \beta_{j0} + \beta_{j1}X_1 + \beta_{j2}X_2 + \ldots\ldots + \beta_{ji}X_i + \mu_j$$

其中,Y_j(j=1,2,3,4)代表了希望、自信、乐观、韧性四个维度,X_i(i=1,2,3,4)代表了年龄、性别、婚姻、学历四个因素,β_{ji}代表了参数,μ_j为随机干扰变量。

（三）实证问卷的解释

实证问卷测试表设计基于四维度展开，并将自信、希望、乐观和韧性视为因变量，年龄、性别、婚姻、学历视为解释变量，具体如表 7-1 所示。

表 7-1　因变量与解释变量列表

变量名称	变量构成	指标变量	变量内容
因变量	自信	$Y1$	1—6 题总分
	希望	$Y2$	7—12 题总分
	乐观	$Y3$	13—18 题总分
	韧性	$Y4$	19—24 题总分
解释变量	年龄	$X1$	1=20—27 岁，2=28—35 岁，3=36—45 岁，4=46 岁以上
	性别	$X2$	1= 男，2= 女
	婚姻	$X3$	1= 已婚，2= 未婚
	学历	$X4$	1= 专科及以下，2= 本科，3= 硕士及以上

基于此，选择 PCQ-24 量表，需要基于企业需求进行修订。保留 PCQ-24 量表的规模（24 道题目），其中 13、23、20 三道题进行反向计量分数，其他的均采用正向计分；同时，满足中国企业调查需求对语言进行修正，具体如表 7-2 所示。

表 7-2　心理资本问卷设计表

（注：1= 不同意；2= 小部分同意；3= 基本同意；4= 同意；5= 非常赞同并支持）

1. 你有能力驾驭长远计划并有切实的计划。
2. 你在与管理层商讨问题时非常自信（在自己的工作范围内）。
3. 你在企业战略发展中有自己的贡献。
4. 你能够在自己的工作范围内设置有效的目标。
5. 你能够在各种场合对企业发展产生正面作用。
6. 你与同事能够有效地进行信息交流。
7. 你能够从自身的工作困境中想尽办法摆脱出来。
8. 你在当前具有饱满的精力参与工作并完成目标。
9. 你认为任何困境都可以找到解决的办法。
10. 你觉得自己当前在工作层面非常成功。
11. 你能想出很多办法来实现你目前的目标设定。
12. 你目前正在实现自己设定的目标。
13. 你很难从工作挫折中恢复过来并继续发展。
14. 你无论如何都会去解决遇到的问题。
15. 你面对不得不去做的工作可以接受独立完成。
16. 你面对工作中的压力能够很好地处理。
17. 你经历过很多困难并能从容应对当前的困难情况。
18. 你在当前的工作中还可以处理其他很多事情。
19. 你在工作中遇到不确定的问题时会做最好的打算。
20. 你认为即便明智地工作也会出现出错的事情。
21. 你对待工作总是看到有利的一面。
22. 你对工作的未来非常乐观。
23. 你在当前的工作中遇到了从来都没有过的困境。
24. 你始终相信困难只是暂时的，面对未来不用太悲观。

（四）实证数据的分析

实证数据的有效样本收集来源于问卷调查，方式包括纸媒问卷和网络电子版问卷两种。其中纸媒问卷在本区选择两到三家企业，填写完成后要现场收回；网络电子版问卷通过电子邮件、QQ群、论坛等方式分布，发放范围广但收集对象并不确定。网络电子版问卷还可以采用在线问卷调查方式，但需要前期开发，周期较长。相比较而言，现场纸媒问卷的效果最好，在线问卷调查方式效果最差；在数据有效性方面，出现漏选题目大于2个或一题多选大于2个，均视为无效。

三种问卷发放总量为500份，有效收回352份，有效率为70.4%，有效样本数据如表7-3所示。

表7-3 有效样本数据表（N=352）

变量	类别	人数	比例
性别	男	245	69.60%
	女	107	30.40%
年龄	20—27	101	28.69%
	28—35	170	48.30%
	36—45	44	12.50%
	> 46	37	10.51%
婚姻	已婚	290	82.39%
	未婚	62	17.61%
学历	大专及以下	47	13.35%
	本科	293	83.24%
	硕士及以上	12	3.41%

针对以上有效样本数据进行分析，展开描述统计，被测量的心理资本平均数如表7-4所示：

表7-4 心理资本描述性统计表

变量	样本量	极小值	极大值	均差
自信	352	8	30	22.42
希望	352	7	31	21.24
乐观	352	4	23	15.17
韧性	352	1	18	10.21
心理资本描述统计	352	5.10	23.10	17.45

七、心理资本开发的企业人力资源管理创新

（一）心理资本开发在职位方面的创新

职位设置是企业人力资源管理部门的基本工作，通过职位建立企业的组织体系，并进行全体员工的日常管理。长期以来我国在职位设置方面沿用着计划经济的习惯，尽管在改革开放以后，现代企业体制逐渐渗透到中国企业内部，出现了一些新的职位或部门，但较多地流于表面，没有发挥实际性的作用。例如针对人力资源管理部门的职位，包括国有企业在内很少进行细致性分工，其主要工作内容是进行人员补充、工资管理、升职管理、惩处管理等工作。

基于心理资本展开职位分析，从而设定有效地职位功能，这是人力资源管理工作创新的一个重要方向。一方面可以通过借鉴的方式，从相似的国内外组织中模仿职位性质、设定职位内容；另一方面，则是发挥自己的创造性，通过对工作中具体的人员需求、工作经验、技能验证等调查，制订满足企业长远发展的有效职位。

相对而言，心理资本与职位分析之间的关系，是在区分传统职位的基础上，进行相关的人

力资源信息调查和取费。例如，一些员工具有教育程度高但实际经验欠缺的问题，那么就应该进行相关的培训设置，进而建立有效的培训师岗位。

（二）心理资本开发在招聘方面的创新

心理资本开发在招聘工作方面的表现很明显。通过对比可知，在传统的招聘活动中，对招聘对象的考核主要是对知识、经验、技能、社会关系等内容的考核，基本不会重视对心理因素的考核。而在心理资本开发的基础上，要将心理资本中涉及的各项内容（传统招聘中也涉及其中一部分，如年龄、婚姻情况等）进行有效统计，并展开具体化、定量性的分析，开发出符合心理测试的表格工具，确保招聘的人才满足心理资本的要求。或者说，促使招聘对象拥有一定的心理资本，也是企业自身资本实力增强的需求。

（三）心理资本开发在培训方面的创新

企业员工培训已经成为企业人力资源管理中不可或缺的组成部分，我国的员工培训体制并不完善，最基本的需求是促使新招聘员工满足基本的工作要求、熟悉工作环境，或者针对老员工进行水平提升。但事实上，员工培训与工作绩效有着密切的关系，而工作绩效又进一步影响了企业的经济效益。

从心理资本开发的角度来说，培训不仅仅是实现短期的功能需求，更要满足员工的长远职业规划。马斯洛的需求层次理论表明，每个人都具有自我实现的需求，企业如果仅仅开展满足基础需求的培训，会导致员工的自我认同感降低，与企业之间缺乏归属感，一旦有机会就会造成人才流失。

所以在培训的体系建设中，要加入对心理状态层面的干预，使员工在掌握技能知识的同时，产生自信、乐观和坚忍不拔的意志，并将其转化为日常工作中的动力，减少企业解决难题的成本。

（四）心理资本开发在绩效方面的创新

绩效机制是20世纪以来企业经济体自我完善的代表，它一方面肯定了员工的自我价值，另一方面促进了自我经济收益的能力，减少了企业的管理成本。一般意义上的绩效管理是围绕着工作效应展开的，在绩效考核、反馈、沟通等环节中，完全忽视了心理资本的效果，而采取了经济奖罚手段。

绩效方面的创新要不断弱化经济制裁的功能，很多人力资源管理部门认为，惩罚只是手段而不是目的，同时也是制度化的展现。但这忽略了在心理资本方面的损失，员工即便理解制度的正确性，但却无法保障心理资本的保值。基于此，应该在绩效管理中加强上下级沟通，在公平、公正、公开的前提下，让员工自我展开绩效管理，确保员工在面临不利因素的前提下依然保持昂扬的斗志。

八、基于人力资源管理需求的心理资本开发策略

（一）心理资本导入人力资源管理体系

与企业其他部门最大的差异是，人力资源管理部门面对的"资源"是人，无论企业规模大小，其工作本质就是不断地吸引人才或释放人才。我国传统企业的人力资源管理部门并不突出，在招聘工作、管理工作、培训活动等方面，缺乏体系化建设，针对同样的工作内容会出现不同的工作意见和形式。

基于心理资本导入的前提，人力资源管理体系必须做出改变：

首先，积极挖掘企业需要的潜在岗位，同时清理无效的、重复的岗位，在实现人员量化的

同时将其最优化。

其次，开发符合本企业人力资源管理需要的心理资本评测技术，结合自身企业进行修改，融入具体的考核内容，对员工的心理资本情况进行调查。

最后，加强心理资本和职位设计的匹配问题研究。员工是否适合一个岗位，不仅仅与其经验、知识和技能相关，还与心理资本因素相关。简单地说，如果从心理上拒绝这一职位，或者这一职位中的某项内容会造成员工负面心理的形成，那么就要重新安排人选。

（二）构建心理资本提升培训开发项目

基于上文中提出的四维度模型，在进行心理资本提升培训项目开发的过程中，可以从四个方向入手：

首先，开发员工希望。可以通过引导法、体验成功法、树立榜样法等方式，让员工感觉到通过自己的努力，也一定可以获得更高的成就。例如，通过每天的激励——晨操、口号、企业文化等，促使员工对企业、自身、团队的未来更加期待。

其次，开发员工乐观。开发乐观的项目可以通过场景模拟来实现，例如在部门中展开模拟场景，不断地针对某一人进行困难设定，观察他最终能够坚持到什么程度，并在这一过程中不断地进行积极性引导。

再次，开发员工自信。自信来源于环境的支持，简单的自信开发项目就是企业每年提供的福利，员工与周边环境中的个体相对比，会产生对企业的自信心。此外，在具体的训练中，可以开展一些有挑战性的活动，从易到难，提高员工的自信积极性。

最后，开发员工韧性。韧性即复原力，不能否认一些员工的心理素质很强，但同时也存在一些面对逆境、困难、阻碍等容易放弃的员工。在众多开发项目中，可以专门设计一些"创伤性"心理资本提升项目，例如在拓展活动中的魔鬼训练、逃生训练、野外生存训练等，让员工的内心形成一定的"创伤"，然后通过合作、帮助、鼓励等方式战胜自己，提高自身的韧性。

（三）促进心理资本增值计划制订实施

市场竞争和商品经济的共同作用，导致现代企业中大多数员工都存在心理压力和心理问题，心理学的基本功能，是展开心理疾病的预防和治理。例如EAP就是典型的心理疾病治疗方式，尽管可以解决一些负面心理状况，但它始终是从心理负面角度出发的；而心理资本是对企业员工积极性心理的一种认知，而PCA（Psychological Capital Appreciation）是关注积极心理状态的计划，即"心理资本增值"，尽管它的建立是参照EAP展开的，按作用则完全相反，通过积极地帮助企业员工拥有幸福、自尊、自信等心态，让这种积极的心理作用于生产并转化为企业利润。

PCA是一项可以广泛在企业环境中展开的计划，人力资源管理部门可以利用自身的优势灵活开展，例如在企业员工内部会议上发放关于PCA的资料，或者利用企业门户网站宣传PCA的经验，最有效的当然是通过培训的方式对员工进行PCA辅导。通过丰富多样的活动，在潜移默化中消除员工的不良心理情绪，传授给他们自我释放、自我解压的技巧。同时，PCA也有有效的评价体系，人力资源管理部门可以针对不同的员工层次、部门，设定对应的评价机制，来检验员工心理资本的增值情况。

第五节　心理资本理论的研究展望

随着科技的进步和经济全球化的持续深入，要在一种"超竞争"的市场环境里保持组织持续和卓越的竞争优势，单靠传统意义上的或稀缺的资源（如财力和技术资源）显然是不够的。在这种新的竞争范式中，必须重视人力资本和社会资本的投资和开发。人力资本是个体所拥有的知识、技能和思维模式的总和，社会资本是指人相互之间的信任、关系以及工作关系网等社会结构资源。正是从研究人力资本和社会资本出发，以积极心理学和积极组织行为学为理论基础，卢桑斯等人在2002年提出了心理资本的概念。心理资本是组织获得竞争优势的重要来源，对组织的绩效会产生直接的影响。瓦格纳（Wagner）、帕克和克里斯汀西恩（Christiansean）（2003）的研究证实了个体的心理所有权与组织的财务绩效之间有正相关的联系。

一、理论基础分析

心理资本是以积极心理学和积极组织行为学为理论基础发展起来的。心理学从发展的初期就肩负着三项重要使命：治疗心理疾病、帮助心理健康的人变得更快乐以及挖掘人的潜能。20世纪90年代，美国心理学会前任主席塞利格曼和其他一些心理学家发起了积极心理运动，致力于改变从负面导向的视角来研究心理学，号召心理学家从帮助健康的人变得更幸福和发挥人的潜能角度，展开心理学的理论建构和实证研究。受其影响，一些与心理学相关的领域也展开了积极心理学的理论和应用研究。积极心理学在组织管理学领域的应用导致了积极组织行为学的出现，积极组织行为学是针对那些具有积极导向的、可测量的、可开发的、可有效管理的人力资源优势和心理能力所进行的研究和应用。在此基础上，卢桑斯从"为人才而战"的视角将心理资本定义为：个体在成长和发展过程中表现出来的一种积极心理状态。

二、心理资本的要素选择标准与构成

积极组织行为学是从微观层面出发来研究个体特征的，为了区别积极组织学从宏观层面对绩效影响因素的研究，卢桑斯等人提出了心理资本的要素选择标准：（1）必须是积极的；（2）以理论与研究为基础；（3）可以进行有效的测量和开发；（4）具有状态类的个体特征；（5）对绩效有显著影响。对心理资本要素选择标准的争论，主要集中在"状态类"个体特征上。汉森等人（2003）从积极组织学的角度出发，认为心理资本是"特质类"（trait-like）的个体特征。目前，状态类特征占主流地位。符合积极组织行为学要素选择标准的心理能力有：

自我效能。班杜拉（1991）将其描述为个体对自己在特定的情景中，能够激发动机调动认知资源以及采取必要的行动来成功完成某一项特定工作的信念。

希望。斯奈德（2002）是希望领域公认的理论创建者和研究者，他将希望定义为"一种积极的动机状态"。

乐观。塞利格曼（1998）作为积极心理运动之父，将乐观解释为一种风格，也就是把积极的事件归因于自身的、持久的和普遍的原因，而把消极事件归因于外部的、暂时的和与情境有关的原因。

韧性。马斯滕和里德（2002）认为韧性作为一种动态的、有延展性的、可开发的心理能力或者心理优势，不仅包含从困境中，还包含从非常积极、挑战性事情中恢复过来的能力以及超越平凡的意志力。

卢桑斯等人将积极组织行为学的包含标准做了上述的解释，从而将心理资本的内容限定在自我效能、希望、乐观、韧性四个方面。然而，不同的研究者在心理资本的要素选择标准上有较大的分歧，如莱彻尔（2004）将五大人格也划归心理资本。科勒（2006）将情绪智商、自尊也划归心理资本。可见，心理资本的要素选择标准和构成要素的确定是今后研究的重点内容之一。

三、心理资本的测量与开发

目前，对心理资本的测量方式主要有两种：（1）量表。班杜拉（1997）提出对心理能力应该从"量级"和"强度"两个方面来测量，量级指工作任务的困难程度，可以从个体是否完成任务来测量；强度指个体对自身能力的确认程度，可以通过个体报告的指数百分比来测量。但是在实践中，采用里克特量表得出的结论和班杜拉的结论极为相似。（2）问卷。问卷由于简单实用而被广泛采用。在具体的操作中，研究者倾向于采用问题较少的问卷，较短的问卷回收率较高，且信息的信度也较高。

由于心理资本包含的各个因素对工作绩效有显著的影响，所以在组织中开发心理资本就显得很有必要。由卢桑斯（2005）等人开发的心理资本微干预是心理资本的测量与开发领域较为系统、完整且有效的模型。这一模型主要解决如何对组织中个体的心理资本存量和质量进行干预，从而给组织的绩效带来积极的影响等问题。该模型就如何开发希望、乐观、自我效能和韧性提出了一整套的措施。

卢桑斯通过实证研究证实，通过心理微干预措施，参与者在2—3小时的时间里，心理资本平均增加了2%，工作绩效也出现了较明显的提升。该研究模型在心理资本的短期开发上具有重要的理论和实践意义，对于组织培训员工、提高心理健康指标有着很现实的启示。但是，由于此类研究才刚刚开始，心理资本开发的协同作用不明显，而协同作用中各个因素的相互促进也许是未来研究的一个重点。

四、心理资本的投资回报

目前，关于心理资本投资回报的研究还很少，最重要的原因是用统计数字来描述心理资本是很困难的。关于投资回报的理论主要是卢桑斯等人提出的心理资本效用公式。

卢桑斯通过对大、中、小各类企业的假定研究显示，在减去心理资本干预的成本（如培训费用、参与者的机会成本等）之后，心理资本开发的回报率与传统经济的回报率相比要高出很多。

然而，该公式存在很多问题，首先是统计学上的技术难题以及随机性和正态分布的假设等问题都不能得到很好的解决；其次是研究者将个体心理资本的增加直接作用到组织资本的增加上，这受到了许多学者的质疑，而最为严重的问题也许是该公式不能得到实证研究的验证，只是研究者在假设例子的基础上，对诸多的企业所做的研究。心理资本投资回报是该领域的难点，同时也是热点，许多问题都需要通过进一步的研究来验证。

五、展望

心理资本是2002年提出来的概念，已经有许多学者对心理资本的概念、要素选择标准及其对绩效的影响等进行了初步的探讨，并取得了一定的成果。有关积极心理学和积极组织行为学的研究已经引起了专家学者和企业管理人员的关注。但是，关于心理资本的研究还不够深入，因此，笔者认为可以从以下几个方面着手研究。

（1）心理资本要素选择标准的统一和构成要素的确定。要素选择标准是心理资本研究的基础，没有统一的标准，理论就不可能得到很好的发展和完善。而要素构成直接关系到心理资本的具体个体特征，尤其是一些潜在的心理资本应不应该包含在体系当中，对后继研究有决定性的作用。

（2）心理资本测量量表和问卷的开发。尽管不同的学者有不同版本的心理资本的量表和问卷，但是在实践中没有既包含了全部问题而又信息信度极高的量表和问卷。关于量表和问卷的研究可以在实践现有成品的基础上，通过不断地改进和吸收各成品的优点，取长补短来达到目的。

（3）如何更好地开发心理资本。心理资本对绩效提高的有效性已得到了实证性验证，而在现实中如何找到更有效的方法来开发心理资本，如更有效地提升自我效能，就显得十分重要了。

（4）心理资本投资回报的研究。由于缺少很好的模型来解释心理资本对组织目标的积极的影响程度，尤其是培训成本提高、机会成本的增加，使得组织和个人对心理资本的作用产生了质疑。在量化心理资本的投资回报上，还需要做出进一步的研究。

（5）在心理资本的研究方法上，从宽视野、跨学科的角度进行研究是很有必要的。宽广的视野有助于多元文化的融合，而跨学科的营养汲取会让心理资本的前景更为广阔。

2009 年在《组织行为杂志》上发表的若干篇文章向人们阐述了积极组织行为的重要意义。如托马斯和怀特发表的两篇文章指出积极方向的研究使得研究者和管理者都会受益。卢桑斯（2009）发表文章指出了积极组织行为学出现的意义。此外，西恩·T. 汉纳（Sean T. Hannah），罗伯特·L. 伍尔福克（Robert L. Woolfolk）和罗伯特·G. 罗德（Robert G. Lord）（2009）提出积极领导的一个自我概念框架。由此可以看出积极组织行为学已经引起了学者们的广泛重视。

目前的研究方式主要涉及了真实试验、准试验、在线试验和现场试验，研究设计包括纵向研究、多水平研究、干预模式研究，得出了心理资本与绩效产出、员工态度（工作满意度和组织承诺）以及一些负面行为（旷工、玩世不恭、离职意向等）的相关性。此外，研究还发现，心理资本可以通过积极的工作环境来增强，心理资本也可以通过短期的课堂培训、现场培训和国际互联网培训来开发，还可以采取一些干预措施。尽管研究取得了一定的成果，但是，由于这个构念在组织行为学领域还属比较前沿的问题，仍有许多需要进一步解释的问题，首先，关于心理资本的构成维度还有待进一步扩展，尽管目前心理资本的四个维度得到了学者们的广泛认可，但是卢桑斯本人也指出了还有许多潜在的心理资本等待验证和开发，因此，需要大量的理论和实证研究来开发新的维度；其次，关于心理资本和绩效产出的关系尽管已经开展了比较多的研究，理论和实证都证明了二者之间的相关性，但是还需要大量的实验来进一步证实所得出的结论，尤其要注重多水平的、纵向的、不同文化背景下的研究，努力寻找更有说服力的证据；再次，关于心理资本的测量目前还处在初步探索阶段，尽管目前的 24 项问卷得到了一定的实证检验，但还需要在不同组织文化背景下进行验证，且现有测量题目还需要经过大量实证检验来完善，以保证测量的准确性和完备性；最后，心理资本目前开展的干预实验和现场实验是一个趋势，相信这也会是实践者最受益的一点，开发人们的积极心理资本和积极组织行为，这将有利于提高个人绩效和组织绩效。

积极组织行为学以及随后出现的心理资本在组织行为学领域相对来说都是较新的思想，因此，还需要大量的研究来向人们证实这种观念角度对于相关的理论研究和实践应用的价值，同时也需要论证它们的价值在何处。心理资本作为积极组织行为的代表，为这个方向的进一步研究提供了较好的研究范式，相信会有更多的相关理论研究和实证研究涌现出来，也会成为重要的理论研究和管理实践趋势。

六、心理资本的前景

以上维度及模式在当前的社会发展中已经得到了学者们的确认，但千变万化的社会形势要求企业心理资本进一步的扩展和创新，而且卢桑斯本人也曾说过，心理资本中还有许许多多潜在的项目需要后人去进行开发和研究，因此，心理资本的前景开发还需要：

（1）新维度的开发与研究，社会在发展，人的心理状态也在改变，所以不同时期要用不同的维度去对人们的心理进行分析，比如说潜在的心理资本、未来的心理资本、创造力与智慧情感优势、社会层次的优势、感恩、主观幸福感、情绪智力等。

（2）心理资本直接影响企业的绩效。这虽然已经成为一个不争的事实，但还需要全方位、多角度，并运用大量的事实及实验来进行验证，使其更具说服力。

（3）对于心理资本的测量目前还不是十分成熟，还处于初级的摸索阶段，需要在不同背景下进行探讨、研究、验证。

（4）开展各种干预的现场实验及验证，这也是心理资本发展中的必然趋势，它不仅有利于人们积极心理资本及积极组织行为的开发，更有利于企业和个人绩效的提升。

七、研究和实践的方向

作为总结，也为了更有效地开展人力资源管理与开发工作，为那些未来有兴趣开展心理资本研究的读者朋友提供一些意见与建议，具体如下：

（1）许多创新的早期尝试者不得不承担创新的风险，容忍有可能令人沮丧或带来消极情绪的回报（至少短期而言是这样）。与这些创新不同，本书中所提出的"心理资本"提供了一种独特的"向上"的潜力，它的风险低、成本低，但投资回报率极高。我们希望本书能激发更进一步的研究与应用，以不断完善我们对心理资本的理解及其开发过程。而且，鉴于最近对一般的定量研究，尤其是对效用分析的批评，我们建议采用经典的研究设计；我们也认为，不应该简单地摒弃那些不显著或是意料之外的实证发现，也不应该在没有进一步调查的情况下就将它们看作"误差"，我们应该保持一种开放的心态。比如，元分析的研究发现已经让我们对自我效能—绩效关系中的潜在调节变量有了更深入的了解。与此相似的是，新兴的可供选择的统计技术，如结构方程模型，也许能为证明心理资本是一个高阶的构念提供支持，证明心理资本的协同效应不仅通过自我效能、希望、乐观主义和韧性体现出来，也通过其他的积极构念体现出来。

（2）进一步分析，我们可以发现，最大的挑战是把工作中的心理资本增长与真实领导开发过程联系在一起。我们认为，真实领导开发过程将会促使心理资本的增长，反之亦然。随着时间的推移，这两者是如何推动彼此的增长的，这是今后非常值得研究的一个问题。

（3）考察团队或更大的集体（比如，组织）中的心理资本的增长，这也是一个非常值得研究的问题。

（4）对如何在其他文化中开发心理资本以及在其他文化中心理资本对绩效有什么影响，我们还只有初步的认识。我们认为，很有必要在全球开展心理资本的跨文化研究与应用，这方面还有许多研究工作要做，任重而道远。

（5）即使出现了越来越多的心理资本理论建构和实证研究，在研究人的行为，尤其是在研究心理资本的时候，保持一种宽广的、跨学科的视角也是非常重要的。跨生活领域的研究 一旦被综合起来，就会出现大量相互作用的效应。把积极心理学、积极组织学与积极组织行为学的知识应用到工作中，会使我们受益匪浅，同样，把教育、临床心理学、体育运动、 健康护理和其他社会背景下的知识应用到工作场所，也会对 我们大有裨益。当然，反之亦然。宽广的视角能使我们加快多元化的融合，能使我们更好地理解在当前的全球环境下，什么对竞争与积极的合作来说是最重要的。

第八章　企业管理的员工援助

第一节　员工援助计划

员工援助计划（Employee Assistance Program，EAP）又称员工心理援助项目、全员心理管理技术。从20世纪20年代开始兴起的员工援助计划是一项由组织为员工提供的一套系统的、促进劳资和谐、提升企业绩效的服务。该计划是在工作场所中为个人、组织提供咨询服务的工作，它能够帮助管理者发现员工个体的心理健康、家庭生活、职业发展等问题，并提出一系列辅导措施来帮助员工解决这些问题。通过专业人员对组织和员工及其直系亲属提供的专业咨询、指导和培训，来改善组织的环境和氛围，解决员工及其家庭成员的各种心理行为问题，进而提高员工在组织中的工作绩效。

一、国外员工援助计划的发展历程

员工援助计划的概念最早可以追溯到19世纪后期，在北美和欧洲的一些气候较为寒冷的地区，企业员工在工作场所内外饮酒是一种普遍现象，多数雇主历来也接受这种习俗。随着工业化的进程，企业规模不断扩大，岗位技术要求也不断提高。管理者逐渐发现，酗酒习俗对于工作绩效的消极影响日显突出。员工的酗酒行为，包括与之相伴的吸毒和药物滥用等问题，已经严重影响到企业的效益。因此，一些企业主试图通过管理手段来避免酒精滥用对生产效率的影响。在解决问题的方式上，企业管理者采用了一些更为温和、人性化的方法，即员工援助计划。依据国内外相关文献研究可以发现，员工援助计划的发展历程大致经历个五阶段。

（一）治疗阶段

最早期的员工援助计划可以称为职业酗酒治疗阶段（Occupational Alcohol Programs，OAP），大致在1917年至1940年之间。企业主的职业酒精预防计划代表了员工援助计划最早的帮助形式。当管理者发现酗酒对于企业运行的消极影响时，也意识到不能简单地采用解聘方式来解决这一问题。于是，企业主开始花钱聘请外部专家来帮助有酗酒习惯的员工戒酒，员工援助计划就是在这种背景下产生的。从1917年起，一些企业就开始为因酗酒习惯而导致工作绩效低的员工提供支持和帮助。美国R. M. 梅西公司和国家北方电力公司是最早认识到这种需求，并开始实施员工援助计划的企业。

但是，真正意义上的员工援助计划是在1935年之后才得以广泛开展的。当时，一些从员工援助计划中获益的酗酒康复者主张以自己的亲身经历来说服、帮助酗酒者，最终取得了良好的效果。较大规模的员工援助计划开始于20世纪40年代早期，在这个时期，一些美国公司开始建立了较为规范的员工援助服务系统，如美国R. M. 梅西公司为了解决员工的酗酒问题，专门聘请专业人员为具有酗酒习惯的员工提供咨询服务，当时称这种服务为职业戒酒计划

（Occupational Alcoholism Programs，OAPs）。这就是员工援助计划的开端。

（二）预防阶段

预防阶段是对酗酒预防计划阶段（Alcoholism Programs，AP）的简称。从 20 世纪 40 年代中期到 50 年代末，美国国会关于预防酗酒的劳动管理委员会和许多公司、联合会以及政府机构一起启动了酗酒预防计划。在这一阶段，继续沿用原来的职业酒精预防和管理的方法已经不能满足企业管理的需要了。其原因在于，首先，安排基层主管来甄别员工是否具有酗酒行为是困难的，一般的基层主管，甚至企业主由于没有经过专业的培训，其判断常常会引发一些争议和冲突。尽管大量事实证明酗酒对每一个职业和专业都存在影响，但不同的行业采用同样的甄别模式时，其应对和辅导方式是完全不同的。其次，对于员工的酗酒行为应该采用温和、友善的帮助行为，甄别方式使用不当，会使员工留下"被审查""被搜寻""迫害"的印象，这就给企业期待的积极的、善意的、合作的心理援助带来了消极的影响，使员工援助行动的合作尝试难以奏效。再次，企业管理者往往容易根据自己对酗酒的认识和饮酒习惯来进行判断，一旦管理者自己有酗酒的习惯，就很可能甄别不出其他有类似情况的人。最后，对于那些经常编造谎言为失职找借口的酗酒者，基层主管根本不是他们的对手，还有一些主管甚至会不自觉地帮助酗酒员工掩盖错误。因此，在这一阶段，人们已经开始考虑如何以科学的方法来鉴别酗酒行为，如何以更人性化、更为专业的服务方式来帮助有酗酒行为的员工。

（三）转化阶段

这个时期的员工援助计划处于转化阶段（Transformation of EAP），时间从 20 世纪 60 年代初到 70 年代，这是员工援助计划逐渐完善和拓展的时期。管理者们发现，酗酒预防计划存在着不少缺陷：

首先，工作绩效问题带来的损害要比酗酒带来的损害大；其次，员工的某些行为，如难以与他人相处、过多的缺勤等，其原因并非完全是酗酒带来的；最后，一些管理者感觉到，掌握鉴别酗酒行为的技能很难，但衡量工作绩效在工作场所中是容易把握的，而且有更为实际的意义。因此，员工援助的关注焦点很自然地从鉴别是否存在酗酒行为转移到更系统地探求员工绩效低的原因上来，这种转化对于从个体心理咨询演变为探索工作有效性的因素具有重要的意义。

（四）拓展阶段

接下来是员工援助计划的拓展阶段（Applications of EAP）。20 世纪 70 年代之后，美国社会发生了剧烈的变革，家庭暴力、离婚、抑郁等问题对员工的工作行为造成的影响越来越大，OAP 职业健康心理的服务范围逐步扩展，给员工提供了更多的帮助和服务以解决更广泛的个人问题，并且开始把服务的对象扩展到员工的家属，至此员工援助计划初具雏形。美国政府在 1970 年出台了《全面预防酒精滥用以及酗酒预防、治疗和康复法案》，该法案认为，酗酒是一种身体和心理疾病，并有效地促进了酗酒非刑事化。1971 年美国成立了独立的联邦机构——国家预防酒精滥用和酗酒研究院（NIAAA），并发表了支持 EAP 综合方案的意见书。还有一个事件值得提及，1973 年美国政府通过了《职业康复法案》，禁止承包商或转包商不平等对待残疾工人，1977 年又对该法案进行了修订，确保有酒精和药物滥用史的雇员与其他残疾工人享有同等权利。

在这种背景下，企业的员工援助计划的内容已远远超出了原有的 OAP 模式，服务内容包含工作压力、心理健康、灾难事件、职业生涯困扰、健康生活方式、法律纠纷、理财问题、减肥和饮食紊乱等，以便能全方位帮助员工解决个人问题。很多企业开始关注员工产生问题的深层次原因，开始运用一些系统干预的方法来了解、诊断问题员工的行为并探讨问题产生的原因。员工援助计划明显地拓展为：积极主动地提供多方面咨询辅导，不仅仅帮助员工解决负面的、个体的心理问题，还逐渐考虑员工正面的适应、促进和发展问题。常见的干预方法主要包括诊断、评估、咨询、辅导和培训等，这使得员工援助计划得以全面地拓展。

（五）整合阶段

从 20 世纪 80 年代至今，员工援助计划进入全面整合和系统化阶段，称为员工援助计划的整合阶段（Integrations of EAP）。随着员工援助计划的发展，企业家在实践中不断发现，过于简单、非系统化的内容已经难以满足现实的需要。在这些整合工作中，首先是把员工援助计划纳入员工福利系统。在 80 年代中期，有几个重大事件促进了员工援助计划的内容整合：第一，更多的公共医疗机构和咨询公司从业者加入了 EAP 服务，他们看到了行业合作的良好经济前景；第二，1992 年 7 月颁布实施了《美国残疾人法》，要求雇主理性地对待雇员的一些非法行为，如在工作场所使用或滥用非法药物。这些法律的出台使得员工的福利得以完善和细化。特别应该关注的是，员工援助计划逐步演变为企业的福利性方案。1970 年，美国联邦酗酒机构和劳工与管理者酗酒咨询机构正式成立，负责全美员工帮助计划的研究与推广。当时较为盛行的一种认识是，企业家每投入 1 美金，就可以避免 8 美金的损失。于是，为了保证员工援助计划实施具有更加稳定、长远的效果，一些企业管理者提出，将员工援助计划转化为一种福利性方案。也就是企业为员工设置一套系统的、长期的福利与支持项目，来帮助员工解决那些影响工作绩效的心理行为问题，支持对象也从员工拓展到其直系家属（包括配偶和子女）。到了这一阶段，员工援助计划的实施者不仅仅是心理治疗专家，也包括了企业内部的各级管理者和社会团体、心理健康服务机构等提供的多方面的综合性服务，这些服务称为员工援助计划服务。

美国劳工统计局 1995 年的调查发现，拥有 50 人以上员工的私人公司购买 EAP 的比例已经达到了 39%，EAP 正在成为西方现代工作场所中一种常规化的服务实践。据统计，美国有将近四分之一的企业的员工享受 EAP 服务。在美国《财富》杂志评选的世界 500 强公司中，有 90% 以上的公司建立了 EAP 服务制度，80% 的公司聘请了专门的 EAP 服务公司，为企业的管理者和员工提供服务。这种服务也广泛运用在政府、社区和其他公共服务部门中。这不仅给企业带来了收益，也促进了社会稳定；因此，在政府部门、军队得到了广泛的应用。各国政府通过立法来加强对员工援助计划的监管，这也促进了员工援助计划的规范化和普及化。

随着跨国公司的发展和在世界各地的扩张，以及学术交流和留学计划的发展，员工援助计划很快地被介绍到欧洲及其他地区的国家，使得员工援助计划在英国、加拿大和澳大利亚等发达国家有了长足发展和广泛应用，由此也产生了具有一定规模的从事员工援助计划的跨国服务公司。

二、员工援助计划在我国的发展

（一）员工援助计划的引入

我国港台地区员工援助计划的发展要领先于内地，20 世纪 90 年代初，香港一些非营利机构开始在社区、企业和政府机关提供"社会工作"（Social Work）服务。而台湾的企业员工援助计划则是从台湾松下电器公司的大姊姊组织（Big Sister，简称"BS"）的实践服务开始的。随着全球经济一体化的发展，近十年来，大陆地区首先在大型外资企业开始导入员工援助计划，国外的 EAP 服务机构也因此开始进入中国市场。由于在中国境内接受员工援助计划服务的对象绝大多数是大陆本地的员工，一些主要为本地员工提供服务的员工援助咨询机构也相继出现，一些大型的国有企业、政府机关也开始使用员工援助计划服务。

我国引入员工援助计划服务，除了受到跨国公司和港台地区的影响之外，主要是由于改革开放以来，组织自身变革发展的需要，员工援助计划在企业、事业单位得到越来越多的开展。服务内容包含个人家庭、婚姻、突发事件、工作压力、职业心理健康、生涯发展困扰、职场人际关系、健康生活方式、法律纠纷、理财问题等。从事这项服务工作的专家主要来自咨询公司、企事业内部的专职人员，服务模式多是内外结合。实践表明，员工援助计划能用较少的投入换取更多的回报，而且企业也具备经济实力来投入这种社会保障。

（二）我国员工援助计划的发展

1. 企业咨询

进入 21 世纪以来，国内员工援助计划的社会需求日益增大，西方的 EAP 是由对酒精成瘾人员的帮助发展起来的，而我国的员工援助计划则是从心理健康的相关培训开始的。一些心理学家、管理学专业人员深入企业进行调查和咨询。后来，研究者们在企业开展了大量的宣传活动，采用卡片、海报、网络等各种形式向员工宣传心理健康知识，增强他们对心理问题的关注和认识。同时，也为管理者提供了各式各样的培训，使管理者认识到了心理辅导在企业管理中不可或缺的作用，企业管理者也从中看到了员工援助计划为企业所带来的收益。

2. 学术交流

员工援助计划在中国的推广过程中，一些从海外归来的学者发挥了重要的作用。21 世纪以来，多次大规模的员工援助计划论坛的召开，对于员工援助计划在我国的发展起到了不可或缺的作用。2003 年，第一届 EAP 年会在上海召开，国际 EAP 协会主席唐纳德·G. 乔根森（Donald G. Jorgensen）向国内的同仁们介绍了国际上的一些成功经验，来自香港、台湾地区和内地的学者对我国 EAP 的发展提出了自己的看法。此次会议也吸引了众多的国内外知名管理者参加，员工援助计划在国内企业中的推广又向前迈进了一步。会议的成功举办也使越来越多的媒体开始关注员工援助计划，关注企业员工的心理健康。

2004 年 8 月 16 日，由中国科学院心理研究所联合中智德慧、清华大学、北京师范大学和美国的学者，在北京召开了"心的力量、新的成长: 建设健康型组织论坛暨第二届中国 EAP 年会"，代表们总结了 EAP 员工援助计划引入我国企业后的经验，特别探讨了由于我国传统文化、管理制度与来源国的差异，需要探索适合我国需求的员工援助计划的模式的必要性。经过会议讨论，成立了由学术界、EAP 专业服务机构、政府机构及企业界代表共同组成的"员工援助与健康型组织协会"筹备委员会，以便协调学术研究和规范咨询服务，加强与国际 EAP 员工援助计划组织的学术联系，联合申请员工援助师的国家职业资格。会议特别强调，员工援助计划工作要与健康型组织建设结合起来，建设一个让员工"身心健康、胜任高效、创新发展"的健康型组织，不仅要使员工之间更加和谐，员工的家庭幸福美满，而且要推动组织变革，不断适应、创新和发展。

3. 教材建设

把握好员工援助师这一新兴职业的准入标准，加强员工援助师的职业规范、培训教材建设至关重要。目前，在国内员工援助师培训方面，已经陆续出版了一系列教材，如《员工帮助计划——中国 EAP 理论与实践》（张西超，2006），《员工帮助计划: EAP 咨询师手册》（赵然，

2010）。此外，国家职业资格培训教程《企业人力资源管理师（一级）》也专门安排章节介绍了员工援助计划（时勘，2006）。这些教程的编写工作为后期员工援助师职业培训的标准化奠定了基础。2010 年 12 月，经过广大学者和实践管理专家的共同努力，国家人力资源和社会保障部中国就业培训技术指导中心将员工援助师正式列入全国 1+N 复合型人才培训项目，在北京正式成立"员工援助师课程发展中心"来统筹全国员工援助师的教材建设、师资培训等工作。这使我国员工援助师这一新兴职业的职业培训和未来的职业技能鉴定走向了职业化、正规化和标准化的道路。课程发展中心联合中国科学院心理研究所、清华大学、北京师范大学、中国人民大学等高等学校的多学科专家，在深入分析我国社会经济转型时期和谐企业建设和人本管理的需要，以及充分吸收发达国家员工援助计划的成熟经验的基础上，通过对员工援助师职业的工作分析，提出该职业从业人员必须具备的 10 项职业能力，完成了我国员工援助师的职业标准、培训教材与培训方法的建设工作。此后，课程发展中心还先后在中央各部委、全国各地，通过专题培训、论坛、讲座等形式，广泛征求社会各界专家、管理干部和企业职工的意见。经过半年多的努力，基本上完成了职业资格培训教材的修改工作，此书将是我国第一部正式出版的有关员工援助师的职业资格培训教材。

4. 培训发展

在引进国外的培训模式方面，国家外国专家局培训中心邀请国际 EAP 专家主持了较大规模的专业培训。如 2007 年 11 月中国国际人才交流中心举办的国际 EAP 培训班，学员来自全国各省市，其中不发达地区都有咨询公司参加，华夏心理网、中智德慧、中国 EAP 服务中心、易普斯、盛兴阳光等咨询公司也在这方面做出了重要的贡献。不过，这些培训工作还远远满足不了和谐—健康型企业建设的需求。2010 年以来，国际金融危机之后，处于复苏阶段的我国企业进入全面调整和发展阶段，劳资冲突、"用工荒"等给企业家管理带来全新的问题。全国总工会于 2010 年 5 月 29 日发出了《关于进一步做好职工队伍和社会稳定工作的意见》特别强调，要加强对青年职工，特别是新生代农民工的心理疏导，进一步呈现出员工心理援助工作的重要性。2011 年 7 月 10 日至 16 日国家员工援助师课程发展中心在中国科学院心理研究所成功举办了《国家高级员工援助师暨师资研修班》，来自全国各省市高等学校、科研单位、企事业单位和咨询公司员工援助计划的专业人员参加了师资培训，并且经过严格的笔试、面试获得我国首批国家高级员工援助师及讲师资格。目前，全国各省市已初步建立了员工援助师培训的师资队伍和教学基地，这为未来开展员工援助师职业资格培训与鉴定打下了基础。

（三）规范员工援助专项职业能力标准及考核要求的社会意义

第一，有助于规范我国员工援助行业，保障该职业健康发展。

目前，员工援助计划已经在西方政府、军队得到广泛应用，一些国家的政府还在立法方面加强了对 EAP 的监管，这大大地促进了员工援助行业的规范和传播。EAP 行业在我国有着巨大的社会需求，从业人员队伍也日趋庞大，只有规范了员工援助专项职业能力标准及考核要求，才能培养大批的、专业的 EAP 服务人员，把我国员工援助行业的发展纳入规范化发展渠道，提升员工援助从业人员的专业能力和素质，以保障我国广大企事业单位员工的身心健康。

第二，有助于促进我国工会工作改革，保障广大职工的合法权益。

规范员工援助专项职业能力标准及考核要求，并据此培养大批、专业的员工援助人才，将工会、党委、团委、妇联、社区及街道办事处等社会组织的相关人员纳入员工援助专项职业能力的培训体系中，有助于我国工会建立一支专业化的职工援助队伍，进而推进我国工会工作的全面、深入开展，保障我国广大职工的合法权益。开展员工援助师的职业资格鉴定工作，正好能满足这一新兴的社会需求。

第三，有助于促进就业，保护社会弱势群体，促进我国和谐社会的建设。

规范员工援助专项职业能力标准及考核要求，开辟一条新型的职业发展道路，有助于为我国下岗职工、离退休职工、社区失业人员及有志于从事员工援助工作的社会人员提供更多的就业机会，增加就业岗位，促进社会就业。同时，也能够扩大员工援助的社会专业力量，以保护、帮助更多的社会弱势群体，维护社会稳定、和谐发展。

第四，有助于促进我国社会救援工作的科学化和规范化。

规范员工援助专项职业能力标准及考核要求，并据此培养大批的、专业的员工援助人才，也有助于促进地震、雪灾等重大灾难事件的社会救援工作的科学化、规范化。

（四）员工援助师的定义和服务对象

（1）定义。

员工援助师是根据组织的要求，对工作场所中员工个体出现的健康、情绪、压力等问题，运用临床医学、心理学、人力资源管理和劳动经济学的知识，为员工提供诊断、咨询、帮助，并促进个体、团体及其组织的适应、发展的专业人员。

（2）服务对象。

员工援助师的服务对象是各类企业事业单位、政府机关、学校和社区的职工及其直系亲属，工作场所中的管理者和一般行政人员、应急管理人员和救援人员、非政府组织的志愿者等。

三、员工援助计划的核心技术

美国员工援助师协会发布的《美国员工援助计划的技术与标准》，从 EAP 的核心技术与职能和 EAP 的服务标准（包括管理标准，设计和实施标准，项目运作标准，记录标准和保密要求，员工监督，从业人员训练，对酗酒、药物滥用和心理健康的管理、评估和研究）等方面进行了较为系统的阐述。这对于制订我国员工援助计划的核心技术和服务标准有重要的参考价值。我国员工援助师应该具备的核心技术主要包括如下几个方面。

（一）管理咨询技术

员工援助师应具备丰富的经营理论知识和实践经验，与企业相关人员密切配合，应用科学的方法对企业进行调研、诊断，为管理人员提供咨询、训练、帮助等服务；使管理者能够发现员工问题，有效管理，改善工作环境，提升员工工作表现，达成企业的经营目标，推动企业健康稳健发展，并将 EAP 服务延伸到员工的家庭成员。

（二）协助处置技术

员工援助师应具备及时协助并处理影响员工工作表现的各种问题的能力，如暴力、自杀倾向、心情低落以及工作安全等问题，并制订严格科学的保密制度规范，以保护员工的隐私。

（三）短期介入技术

员工援助师应具备采用短期技术处理暂时性现象与问题的能力，在员工援助计划项目中，可以采用面谈、激励等短期介入技术，协助员工处理影响工作表现的各种问题。

（四）咨询协调技术

员工援助师应针对员工可能出现的各种影响工作表现的问题提供工作组织咨询服务，并且具有与相关医疗机构及其他服务提供者建立良好关系的技术。

（五）心理咨询技术

员工援助师应具备针对影响员工心理稳定的各种问题，为工作组织中的个体提供如药物成瘾戒除、心理与情绪咨询服务的技术。

（六）转介监督技术

当员工援助计划人员认识到自身部门或管理者无法就员工出现的各种影响工作表现的问题进行有效解决时，就需要将员工转介至其他相关心理治疗部门，并能配合治疗单位进行监督和追踪等后续服务。

（七）评估效果技术

员工援助计划并不是一个封闭的系统，而是一个循环递进的开放系统。通过不断收集信息、反馈情况，对援助效果进行有效评估以推动所使用技术的不断完善，从而能客观准确地评估员工援助计划对组织和员工的促进作用。

四、员工援助计划的服务标准

做好员工援助计划的服务工作，应具有明确的服务标准，具体体现在如下几个方面。

（一）服务场所

要求进行咨询服务的场所有足够的空间，办公室应该设置无障碍通道，以保障残障人员顺利通行。在工作时间方面，原则上应该具备全天候服务的能力，非工作时间应该具有紧急问题应对和处理的能力。此外，应该有明确的政策规定，以阻止从业人员通过不正当渠道赚得个人收益。

（二）文本管理

员工援助计划的设计和实施是以组织和员工的需求为出发点的，具体的要求是：

（1）要求保持一份文本形式的政策方针和项目描述；

（2）需要一个专家/顾问委员会来负责员工援助计划的指导和反馈；

（3）有专门的行动大纲来指导员工援助计划的运行；

（4）在文本记录方面，要求保持对每一位员工的个案记录；

（5）企业的员工援助计划需要有数据统计系统，能够保留和处理员工信息；

（6）个案记录必须单独存放，对这些资料要有保密规定，使用数据要有正规的程序。

（三）项目运作

在组织中运作员工援助计划项目，企业内的员工和主管都应该很容易获得各种服务。服务者和被服务者如果进入服务过程，应有完善的政策和程序的文本规定。在项目运作过程中，作为专业人员的员工援助师必须能够指导评估工作，具有项目运行过程中出现紧急突发的、非常规事件的预案和反应程序，还应该备有服务跟踪和工作—家庭平衡的计划。

（四）人员督导

员工援助计划专业人员不得参与任何不人道的活动，所有从业人员必须来自得到认可的专业性组织，并获得中国就业培训技术指导中心认可的员工援助师的培训合格证书。组织必须有专业人员监督制度，对于具有社会学、管理学、心理学硕士学位的从业人员，每月最少接受1个小时的个人督导；或者在每接触30个小时个案后，至少接受1个小时的个人督导。而学士学位的从业人员必须在每接触 40 个小时个案后至少接受 2 个小时的个人督导。从业人员接受督导时选择不同的方式。从业人员可以就某一特定个案，与获得高级别资格的员工援助师进行一对一的交流、辅导。当然，督导工作对于高水平的咨询服务人员也是一个自我改进的过程，他们会因为对他人的督导而得到持续的提高。

（五）专业培训

组织应有专门的文件规定，以保证从业人员在员工援助计划项目上得到持续的发展。为此，需要每年都进行一次内部需求的评估，确认从业人员在职业能力方面的欠缺之处。比如具有诊断某些特殊的心理疾病的专业知识和技能，能否界定精神疾病、情感问题和上瘾导致的紊乱等问题。此外，对于这些界定工作必须有明确的界定标准和后续的关爱行动，比如企业职工中的住院病人、门诊病人、急诊病人的治疗进展，他们在返回工作岗位后的过渡时期，是否得到了特别的关照，等等。此外，每两年需要进行一次有关员工援助计划的伦理道德方面的培训，时间不得少于 4 个小时。

（六）后置评估

对于任何一个员工援助项目的实施、指导，其主题、程序都必须被记录下来，以保证对每一个项目实施程序的效果评估。由于对员工援助信息的保密，信息的使用有一个限度，因此，在提供高质量的咨询服务时，就需要在对员工个人信息保密的情况下，对项目的实施质量进行评估。此外，企业内员工使用员工援助服务的比率也需要进行评估。目前，一般报告的使用率为 1%—5%。由于不同的公司计算方法不一致，所以不同公司之间的比较难以具有客观性。此外，对于一位员工究竟需要咨询多少次才符合质量要求，评估标准也难以确定。这是因为，咨询者的经验水平不同，仅仅凭次数也难以做出合理的判断。然而，具备专业培训资格的员工援助师通过 5—7 次的咨询，一般是能够解决问题的。当然，员工援助计划最可靠的质量评估标准是实施前后的绩效的比较。但是，由于各种原因，有些部门的绩效数据往往难以获取。目前，也有一些企业把员工的病假数作为衡量标准，也就是说，请病假数有所回落或者保持不变，也可以视为员工援助计划实施有效的证据。如摩托罗拉在日本分公司内部实行了 EAP 员工援助项目之后，请病假的次数降低了 40%。

五、员工援助计划的实施条件

实施员工援助计划的组织会因为行业、员工素质的不同在效果上存在较大的差异，面对的外部环境和发展要求不同，预期目标也会存在差异。一项有效的、成功的员工援助计划的实施，必须具备如下前提条件。

1. 高层管理者的引导与参与

管理者最大限度地认可与积极支持，对员工援助计划的顺利实施非常必要。在项目的前期论证、方案设定、组织实施和效果评估的各个环节，援助师都需要与企业高层管理者充分沟通，以求获取最大限度的支持，并与该群体保持良好的关系与接触。事实证明，来自高层管理者的深度认同、密切关注和积极支持，是推进和实施员工援助计划的关键要素之一。

2. 工会和职能部门的支持

企业工会与人力资源管理部门之间的协作对于员工援助计划的成功实施也是必不可少的。一般情况下，工会部门是实施员工援助计划的主要推动力量和参与者，人力资源部门也会对于推行员工援助计划给予大力支持。在发达国家，EAP 计划会被视为职工医疗保险的一部分，是员工的一项福利。有工会部门和人力资源等职能部门的支持，将能够吸引更多的管理者和员工参与其中。

3. 明确的政策与程序说明

向员工提供员工援助计划的企业都必须事先颁布相关制度、政策与程序，让员工相信公司推动员工援助计划的诚意与决心，需要做到如下几个方面：

首先，让员工认识到，每个人在工作、生活中都有遇到问题或困扰的可能，回避问题不是最佳选择，而应该有勇气面对并解决这些问题。

其次，要充分支持员工为解决问题所做的努力。其实，个人问题或困扰对组织和员工都会产生负面影响，只要员工本人愿意去面对这些问题，付出努力来解决问题，同事和公司应该给予协助和支持，组织还可以聘请专业机构向面临困扰的员工提供保密的专业的帮助。

再次，要确保接受服务的员工的安全感。让他们知道，接受员工援助计划所提供的服务是安全的，不会因为曾寻求帮助而影响到业绩甚至个人的升迁；员工的个人资料受保密条款约束，不记入档案；员工援助计划是为了帮助员工及其家人，不会成为管理控制的工具。

最后，要有执行程序的相关说明，让员工了解到这些政策是如何执行的。一些公司不仅将此印成手册发给员工本人，还寄给员工家属，以示尊重，由此来强化员工参与的信心。

4. 员工服务的保密工作

所有员工都有权利为自己的问题寻求帮助并获得保密的承诺。在员工被管理者推荐来接受员工援助计划服务时，他们均有权获知——在任何情况下，自己的个人信息都不会被记入档案。记录这些个人资料只是帮助专业人员更好地了解问题的症结，以寻求最佳的解决途径。这些资料获取的各个环节都能做到严格的保密，这是员工援助计划在组织中取得成功的关键。只有员工本人才可以公开自己的咨询信息，其他人不具备这样的权利。

5. 完善的教育促进系统

员工援助计划的推动与实施必须在广大员工参与的基础上才能取得成功，并非只依靠一些专业人员和职能部门就能达成目标。因此，必须让公司上下对于员工援助计划有较为全面的了解，知道这是实现个人与组织共同利益的有效途径，是建设和谐、健康型组织的长远举措。所以，企业必须具备完善的教育促进系统，通过培训来推进员工援助计划在企业的实施。这种教育促进系统不仅包括对于组织的高层管理者的开拓性、启发性的培训，而且更关注与员工直接接触的基层主管，要特别为他们举办专题培训活动，提升他们的主观意识与应对能力，帮助他们发现并及时面对员工生活与工作中的各种问题；充分了解员工援助计划的作用和方法，使他们认识到这是提高部门管理效能的新途径。此外，还要通过企业的教育促进系统，让员工及其家属了解员工援助计划相关的人事政策、程序和服务内容。例如，向新进员工提供一份员工援助计划的说明书，举办员工援助计划说明会，利用各种机会、场合、渠道进行宣传与促进，始终秉承"全员参与"的理念进行经常性、多形式的宣介。

6. 财务支持和福利保险

在美国的大多数 EAP 项目中，公司往往会为雇员支付前三次的咨询费用。五年之内的费用保持不变，以便鼓励更多的员工参与此项计划。一般情况下，有问题的员工也害怕做心理咨询，并担心付不起费用，但当他们知道不用付出什么时，就会更倾向于接受服务以及让家属参与。同时，公司会考虑把 EAP 项目与劳工保险相结合，这样可以通过保险金的方式支付部分与

EAP 相关联的费用，比如转介过程中的治疗费等，相对可以降低 EAP 项目的实施成本。通常情况下，保险公司只对心理治疗师和心理咨询师提供的服务项目支付保险金。然而，企业员工的很多问题由其他专业人员治疗的效果更好，这些专业人员包括家庭治疗师、戒酒咨询师、药物滥用问题专家、社会工作者、性问题专家、康复治疗家或营养专家等。EAP 协调人员应该准备一份这些不同专家的名单，进行有效的转介，组织则应敦促保险公司接受这些专家。

7.确切的记录、追踪和评估

每项员工援助计划的服务都要保留及时、准确、完整的记录，以保存完备的资料，作为后期诊断、评估、追踪、督导及研究的依据；要有适当的追踪服务，包括向服务对象了解成效、关注转介员工的后续情况等；同时，对整体 EAP 项目的执行情况及相关人员的表现也要进行定期评估，并将结果呈报管理层。EAP 项目的整体评估对于一个有效的 EAP 来说非常关键，组织和员工及管理机构都需要知道计划进行得如何，是否取得了预期的效果。

8.对文化差异的关注与应对

EAP 员工援助计划来源于西方发达国家，要在中国获得成功，需要特别关注我们与西方国家在文化和管理制度方曲的差异，使得 EAP 自身不断中国化、本地化，才能保证 EAP 项目的顺利实施，比如，国外员工援助计划一般由人力资源部主持，在我国，工会则更多地发挥主导作用，特别是有些企业会接受党的领导。因此，开展员工援助计划，一方面要更多发挥工会的作用，同时还要处理好与企业思想政治工作的关系，从创新思想政治工作的角度去推进，效果会更好。此外，还要特别避免我国员工对于心理咨询和心理帮助的负面感受，更要从积极心理学的角度来推动项目开展。我国的员工援助计划还必须与企业自身制度的不断优化相结合，员工援助计划也不是包治百病的"灵丹妙药"，有些问题是企业管理制度的问题，不改变制度，效果也不理想。

第二节　团体辅导与心理疏导

一、团体辅导

美国心理辅导教育家格莱德（Gladding）曾说："在帮助那些有着类似问题和困扰的人时，团体辅导是一种经济而有效的方法，心理辅导教师如果把自己可以胜任的工作仅仅局限于个别辅导，他也就限制了自己可以提供服务的范围。"那么什么是团体？什么是辅导？什么是团体辅导？

（一）团体辅导概念

1.团体和辅导

团体（group）是指两个人以上的集合体，如果二人以上，但彼此间没有任何互动关系，不能称为团体。从团体动力的观点来看，团体是由两个以上成员组成的，成员彼此之间也产生了交互作用，而且有统一的目标。所以，构成团体的主要条件有四个：有一定规模，即成员在三人以上；彼此之间有相互的影响；有共识；有共同目标。

辅导（counseling）有建议、劝告等多种含义，在我国，对"counseling"主要有三种翻译：咨询、辅导或咨商。这三者的内涵没有歧义，是由受过专门训练的辅导员，运用心理学的理论和技术，给来访者以帮助、启发和教育，使得来访者改变其认识、情感和态度，解决其在生活、学习、工作方面的问题，促进来访者人格的发展和社会适应能力的改善。

2. 团体辅导

团体辅导是从英文 group counseling 翻译而来的，group 可翻译为小组、团体、群体、集体等，而 counseling 可翻译为咨询、辅导和咨商。所以，团体辅导与小组辅导或集体辅导都是 group counseling 的不同翻译。从使用习惯上来讲，我国台湾地区多用团体咨商和团体辅导；我国香港地区多用小组辅导；我国大陆多用团体辅导。本书按照约定俗成，使用"团体辅导"这一概念，是指运用团体动力学的知识和技能，由受过专业的训练的团体领导者，通过专业的技巧和方法，协助团体成员获得有关消息，以建立正确的认知观念与健康的态度和行为的专业工作。具体体现在以下几个方面：

第一，团体辅导是心理辅导的一种形式。心理辅导的形式有两种，一种是个别辅导，另一种就是团体辅导。

第二，它是通过"团体"的方式去辅导他人。个别辅导与团体辅导是相辅相成的两种辅导形式，根本目标是一致的，都是为了帮助个体成长、发展与适应。

但是，个别辅导与团体辅导是有区别的，二者各有其特征及有效范围。团体辅导的部分效能是个别辅导无法达到的。团体辅导与个别辅导相比，有其独特的优势。

团体辅导是在团体情境下进行的一种心理辅导形式，通过团体内人际交互作用，共同的活动中彼此进行交往、相互作用，使成员能通过一系列心理互动的过程，尝试改变行为，学习新的行为方式，改善人际关系，解决生活中的问题。所以，许多人在参与团体辅导过程中能够得到成长、改善适应和加快发展。不过，如果误用、滥用和盗用团体辅导，不仅会使团体成员蒙受伤害，学习错误的行为，加深其自卑感和挫折感，而且会破坏团体辅导的专业信誉。因此，从事团体辅导的领导者必须不断充实团体辅导的专业知识，掌握团体辅导的技巧，了解团体发展的过程，才能组织和实施有效的团体活动，协助成员真正解决问题，促进他们的身心发展和生活适应。

3. 团体辅导的作用

随着生活节奏变得越来越快，人们所承受的心理压力也越来越大，各行各业的人、各个年龄阶段的人都有不同程度的心理压力。心理困扰是现代社会的一个突出且普遍存在的问题，包含了学生的学业发展，异常行为，情绪障碍，人际关系，竞争问题；中年人的职业枯竭、家庭问题（亲子关系、夫妻关系、代际关系），成瘾行为（毒品、药物和网络）突发事件的危机管理；以及种种老年问题（孤独、临终、患病）。由于现代人有很多心理困扰与行为问题，因此社会对心理辅导的需要日渐增多。目前我国心理辅导领域中的专业人员非常有限，而且主要集中在医院、学校和一些专业机构中，工作方式以个别辅导为主。于是，产生了社会需要广泛和心理服务提供不足的矛盾，在这种情况下，开展团体辅导非常必要且紧迫，团体辅导可以在有限的时间里为更多的人提供服务，更好地满足人们对心理帮助的需要，也可以弥补个体辅导的一些不足。

（二）团体辅导的优势

（1）发展良好的人际关系。对一个人来说，社会性学习是很重要的学习过程。团体辅导较之个别辅导能更有效地发展其人际交往能力。在团体中，通过团体成员间的一系列互动，参与者可以观察、体验人际关系如何形成，人际沟通如何进行，以及各种微妙的人际反应，学习人际交往的技巧，增进与建立良好的人际关系。

（2）增强归属感。在团体辅导过程中，当团体凝聚力形成并增强时，会让团体成员产生强烈的归属感和认同感。成员会明确地意识到自己是团体中的一员，要保持和团体一致的认识和评价，会以团体为荣，爱护和保护团体的形象及荣誉，并且以同舟共济的精神去应对外界。这种团体的认同感和归属感也是社会生活中非常重要的经验。

（3）体验互助与互利。在团体活动中，成员一直在彼此帮助，互相支持，提出个人的见解和看法，分担相互之间的困难。每一个成员在帮助他人的过程中，会发现自己对别人很重要。对任何人来说，被需要的感觉是很重要的，这种体验使人感到自己存在的价值，获得欣喜感和满足感，进而增强自信心。助人是快乐之本，受助是成长之源。来自团体中的互助互利是一种积极的人生体验，成员不仅可以在团体中充分感受这种体验，而且还会扩展到他们今后的生活，使他们主动承担责任和助人的行为继续下去。

（4）发展良好的适应行为。团体是社会的缩影，也是社会的真实反映。在团体中，成员彼此提供行为示范，他们可以通过团体经验进行仿效性学习。在个别辅导中，来访者可仿效的只是咨询员一个人，在团体辅导中除了辅导者外，还可以有其他成员的行为可以模仿和参考。团体辅导能够给成员提供接受反馈的机会，团体中他人的建议、反应和观点往往是很有价值的。在团体辅导活动中，成员间能够有更多的机会听到别人对自己的看法。团体的反馈比之个别情境的反馈更有冲击力，能够有效地改变自己的不良行为，发展适应行为。

（5）增强多元价值观与信息的交流。在团体辅导中，信息和资料的提供是辅导很重要的一部分。除了辅导者之外，成员之间也常常传递资料，如就业信息，社会资源等。团体成员各自有着不同的背景和经验，对问题也会有不同的观点和理解。这种不同视角、不同立场的多元信息，无疑为团体成员提供了丰富的背景资料，开启了他们的思路，也拓展了他们的视野。

在团体中成员通过经验与感受的分享，产生"和别人一样"的体验。当个人遇到困难和问题时，往往会把自己的问题看得很独特，于是会感到恐惧、无助和失望。在团体中他们发现别人也有类似的问题，于是他们便不再会认为自己是天下最可怜的人，因此孤单感减少，同伴感增加，也因此矫正了个人错误的看法和假设。最后，他们不仅会降低自卫心理，而且还会彼此认同与关注。

（6）探索自我成长。团体辅导为参加者提供了一个良好的社会活动场所，创造了一种信任、温暖、支持的团体氛围，使个体处于一个比较安全与温暖的情境中，因此很适合培养成员积极面对生涯的态度，积极地评估自己的价值观，使自己更为成熟地接受挑战。

（三）团体辅导和个别辅导

1.团体辅导的特色

一般而言，心理辅导的形式可分为团体辅导和个别辅导。团体辅导与个别辅导尽管形式不同，但并非互相排斥，而是相辅相成，它们的目的是一致的，都是为了帮助个人认识自我、自我指导和适应社会。但是，它们各自有其独特的作用和功能，也有其缺点和局限。

团体辅导与个别辅导不只是在人数规模上的区别，它们有不同的理论基础和技术，两者各有其特征、范围。团体辅导是通过团体来指导个人，通过团体活动协助参加者发展个人潜能，学习解决问题及克服情绪、行为上的困难。运用团体辅导时，心理辅导教师会根据当事人问题的相似性，组成小组，通过共同商讨、训练、引导，解决成员共同的发展困扰或共有的心理问题。一般情况是由一位或两位心理辅导教师（称为团体领导者）主持，多个当事人（称为团体成员）

参加。团体的规模因辅导目标和对象的不同而不等，少则 3—5 人，多则十几人，甚至几十人。通过几次或十几次团体聚会、活动，团体成员互相交往，共同讨论大家关心的问题，彼此启发，相互鼓励，使成员了解自己的心理和行为，也了解他人的心理，达到改善人际关系、增加社会适应性、促进人格成长的目的。团体辅导与个别辅导最大的不同在于当事人对自己的问题的认识、解决是在团体中通过成员间的交流，相互作用，相互影响来实现的。实践证明，团体辅导既是一种有效的心理治疗，更是一种有效的教育活动。

2. 团体辅导与个别辅导的相同点

团体辅导与个别辅导的相同点主要有以下五点：

①目标相似。

它们都是为了帮助来访者了解自我，增强自我接纳和自信，促进自我发展，达到自我统合和自我实现的目的。

②原则相似。

两者都强调提供接纳的、自由宽容的气氛，消除来访者的紧张和顾虑，促使其自由表达自己的感情和经验，培养自我发现的能力，学会自我选择和自我决定。

② 技术相似。

两者都需要心理辅导教师熟练掌握接纳、同感、澄清、反馈、对质等技术从而使来访者能够更加深入地观察自己和他人，增加了解自己和他人的能力。

④对象相似。

两者的对象都是以正常人为主，他们在生活中遇到了一些发展的困难，心理辅导教师需要通过一些专业方式帮助他们解决人生中的问题。

⑤伦理准则相同。

两者都强调辅导过程中的伦理道德和专业守则，尊重来访者的权利和利益，遵守保密原则，认识到心理辅导教师的个人局限性和辅导方式的局限性。

3. 团体辅导与个别辅导的区别

团体辅导与个别辅导的区别主要有以下五个方面：

①互动程度不同。

个别辅导是一对一的人际沟通，是一种有深度的心理互动，因人数原因其心理互动的广度有限。而团体辅导能为成员提供更多的交往机会，能满足成员社会性的心理需要，使他们可以得到多个角度的交流回馈，所以成员之间的人际互动是丰富的，不过，团体的互动的深度，没有个别辅导那么深。

②助人氛围不同。

在团体辅导中可以形成"我助人人，人人助我"的心理氛围，团体成员不仅可以得到他人的接纳、援助，并且对别人也能够给予援助，这种合作的、参与的关系既利于成员增进亲近感，促进互相教育，也能增强成员的自我价值感和成就感。而在个别辅导中，来访者主要是被帮助的对象，不容易体现出他对别人的帮助作用。

③问题类型不同。

比较而言，个别辅导更适合心理困扰较大的个人，而团体辅导在针对人际关系方面的心理问题调适更有优势。

④辅导技术不同。

在团体辅导中，人际互动丰富而多变，领导者面临的问题比个别辅导中的要复杂得多，要求领导者有较好的敏感力和观察力，不仅具有个别辅导的基本技术，还要有团体辅导特有的基本技术，以促进团体动力的形成和发展，使成员在团体中获得成长。

⑤工作场所不同。

个别辅导需要的空间在10平方米左右，有两个舒适的椅子或沙发、一个小茶几，房间布置得安静舒服即可。团体辅导的空间则要大得多，根据团体类型还有一些特别的设施和布置。

4. 使用个别辅导和团体辅导的建议

个别辅导和团体辅导既有联系，又有区别。那么，在什么情况下使用团体辅导，在什么情况下使用个别辅导呢？台湾师范大学吴武典教授等人从两者适应的情况，以及各自的功能出发，给出了一些使用个别辅导和团体辅导的建议，可以供学习者参考。（见表8-1）

表8-1　使用个别辅导和团体辅导的建议

个别辅导使用情况	团体辅导使用情况
1. 原因和解决方法方都复杂的危急情况。	1. 对于他人以及他们对事物的感受想获得更多了解者。
2. 为了当事人及他人的安全，需要保密的情况。	2. 需要学习对异于自己的人有更深的尊重者。
3. 解释有关个人的测试资料。	3. 需要学习社交技巧（与人谈话、交往等）者。
4. 因为不善于与人交往，而可能为团体其他成员所拒绝的个人。	4. 需要与他人分享归属感者。
5. 自我察觉力狭隘的个人。	5. 有能力谈及自己的忧虑、问题及价值观者。
6. 对于团体辅导有极大恐惧的个人。	6. 需要他人对于自己的问题、忧虑有反应者。
7. 涉及性行为（特别是不正常的性行为）的情况。	7. 认为朋友的帮助有益者。
8. 有强迫性需要被注意以及被认可的个人。	8. 喜欢缓慢地接受辅导，当感到威胁时能有后路可退者。

（四）团体辅导与团体心理治疗

团体辅导与团体心理治疗的区别也是学习者常常会提出疑问的问题。一般在学校、企业等组织中提供团体形式的心理服务多称为团体辅导，而在医疗机构开展的团体形式的心理服务多称为团体心理治疗。两者形式类似，但究其内涵，仍有澄清和探讨的必要。

1. 团体心理治疗

团体心理治疗（Group psychotherapy）以一系列心理治疗理论模式为基础，对心理障进行矫治、治疗和人格重建。团体治疗工作者通常是临床心理学家、精神病学家或临床社会作者。团体治疗的对象一般是有心理疾病的患者。他们可能是严重情绪障碍者、神经症患者或是处于精神异常状态，有些人可能表现出社会性偏差行为，他们需要的是矫治性治疗，而不是发展性和预防性的帮助。团体治疗的主要技巧是让患者再度体验过去痛苦的情境或创伤性事件，帮助他们领悟并了解干扰其现在功能的过去的抉择，使他们能够形成正确的情绪体验，针对现实世界的情况、他人有主见做出新的选择，疏通根植于潜意识之中的未完成经验。团体心理治疗强调过去经验、潜意识动力、人格重建，以及基于深入领悟而发展出来的新的行为方式。因此，团体心理治疗是一个长期性的治疗过程。

2. 从两者各自的特征看异同

（1）团体辅导的十项特征：团体经常具有共同的目标；讨论多半是属于知识性的，通常并不与个人有关联，而是与团体的共同问题有关联；重点放在讨论内容；特别注重团体本身的利益与学习；由实施评鉴及判断任务的领导者时常加以评价；团体成员对于他人的态度不会有很大的改变；团体辅导的主要目的是知识的增加与了解；团体活动通常是以领导者为中心的；团体活动将会导致形式的和组织的类增；团体辅导的人数可以相当多。

（2）团体心理治疗的十项特征：团体各个成员的目的要比整个团体的目的更加重要；讨论通常偏重情绪的或感情的色彩，所讨论的或感受的问题乃是个人问题；特别强调讨论的过程，其次是套路的内容；团体只是手段，所注重的是个人；营造自由、宽容的气氛，因此可以减少焦虑；团体内的各个成员可以自由表达任何感情，团体成员更能互相支持；团体成员更能接纳自己、了解自己，因此可以导致变化；团体治疗较倾向于"当事人中心"；团体治疗具有非形式的或非组织的类型；团体治疗的规模比较小，团体人数较少。

3. 新的变化趋势

美国心理学家卡尔·罗杰斯已将心理辅导与心理治疗两个名词交替运用："现在人们将心理辅导与心理治疗看作一个连续体，心理辅导关注的是正常的人，而心理治疗关注的是那些不正常和情绪受到严重困扰的人。"实际上，团体辅导与团体心理治疗本质上没有重大区别。操作中也有许多相似之处，所以不必加以严格的区分，可以把它们视为一个连续体。

总之，团体辅导的参加者主要是人格健全的人，他们在人际关系、学习、工作等方面存在一些苦恼或困惑，通过团体活动，帮助他们深入认识自己，学习新态度、新技能，改善人际关系和适应能力，促进人格成长，提高生活质量，开发心理潜能。团体心理治疗的对象主要是人格方面有障碍的人，如神经症患者、康复期精神病患者等，通过心理治疗，减轻症状，改变变态行为，改善社会适应状态。所以，在实践中还是要注意团体辅导与团体心理治疗的差异，即参加者所具备的问题深度不同，这样在设计团体方案、选择相应的团体活动时，就可以考虑得更加周到。

（五）团体辅导的特点和功能

团体辅导的特点是相对于个别辅导而言的。团体辅导的优越性主要体现在帮助人们改变对自己及对他人的观念和他们自己的情感、行为等方面。团体成员可以探索与他人相处的方式，并学习更有效的社会技巧；团体成员可以讨论他们彼此之间相互的觉察，并获得其他成员在团体中对其觉察的回馈；团体为成员的日常生活提供了反省的机会，尤其是当团体成员在年龄、兴趣、背景、社会经济状况、问题的类型等方面具有异质性时，团体提供了一个真实生活的模式；团体提供了人际和支持的气氛，使成员愿意去探索他们自己带到团体中的问题。

1. 团体辅导的特点

（1）团体辅导的影响力大。

个别辅导是心理辅导教师与来访者之间单向或双向沟通的过程，而团体辅导是多向沟通过程，对每一个成员来说存在多个影响源。每个成员不仅自己接受他人的帮助，也可以帮助其他成员。此外，在团体情境下，成员可以同时学习和模仿其他成员好的行为模式，从多个角度洞察和认识自己的问题或烦恼。在团体辅导过程中成员之间互相支持、集思广益、共同探寻解决问题的办法，既减少了对领导者的依赖，也增强了每个成员解决问题的能力和信心。尤其是当团体发展出建设性的动力时，每个成员都可以成为别人的成长资源，这样就会形成强大的积极动力推动团体发展，从而促进个人获得更多的突破和更多新的经验。

例如，在学校对问题学生的家长举办的团体辅导的交流过程中，每位母亲都声泪俱下地诉说了孩子逃学，自己却无改变良策的焦虑和苦恼，引起一片共鸣声。通过交流，成员看到其他家长也有和自己同样的苦恼，甚至情况更严重，自己不是世界上最倒霉的人，由此获得了安慰，（这种治疗效果被称为团体辅导中的"普遍化"）。成员诉说宣泄了压抑长久的消极情绪，减轻了心理负担和压力，稳定了情绪。同时，正因为成员的问题相近，解决问题的迫切性强烈，在团体中成员交流了各自已经采取的措施、办法及效果，起到了相互启发的作用；齐心协力，共同探讨解决问题的有效措施。当团体活动结束时，每个成员都改变了开始时苦恼、焦虑、忧心忡忡、束手无策、缺乏信心的状态，他们用新的积极的态度去设法帮助孩子改变逃学现象。团体辅导以其特有的影响力促进成员的改变和进步。这种作用绝对不是一个团体领导者所能起到的。

不过，需要注意的是，团体的动力也有负性的，一旦团体出现破坏和消极的影响力时，如果领导者不能及时调整和干涉，就会对团体成员造成很大的伤害。例如在一个团体辅导中有两个控制性很强的成员，他们对其他成员形成了很强烈的威胁，而大多数成员迫于压力而附和他们的意见。这使得另外几个成员很压抑而纷纷退出团体，导致团体破裂。因此，需要从正反两个方面来理解团体辅导的影响力。

（2）团体辅导的效率高。

个别辅导是心理辅导教师与来访者一对一进行帮助指导的过程，每次辅导面谈需要花50分钟到1个小时。而团体辅导是一个领导者带领多个团体，增加了辅导人数，提高了辅导效率，节省了辅导的时间与人力。团体辅导符合经济的原则，提高团体辅导的效益是显而易见的。团体辅导的经济效能还体现在利用集思广益的研讨方法，探求问题发生后的处理方式，做到防患于未然，避免问题的发生，这是解决问题最经济的方法。

此外，团体辅导可以缓解辅导人员不足的矛盾。心理辅导从20世纪40年代以后迅速发展起来，第二次世界大战后西方国家心理障碍患者急剧增加，而专业人员又极其有限，从而使得团体辅导和治疗得以大大推广。目前，我国发展心理辅导也存在这个问题，受过专门训练的心理辅导教师和心理治疗师严重缺乏，不能满足社会对心理辅导的需要。因此，开展团体辅导可以暂时缓解专业人员不足的矛盾，也能有效地满足社会的需求。

（3）团体辅导的后续效果好。

团体辅导的基本原理是它提供了一种生活经验，参加者能将团体经验应用于日常同他人的互动中。通过团体历程，成员们经历了难以突破的瓶颈，也重现了先前做决定时的背景，因而学会了做适当的新决定。团体历程帮助成员发现自己是如何扮演牺牲者的角色的，并使成员在团体内与每天生活中开始表现与过去不同的行为，而逐渐控制自己的生活。

人生活在社会环境中，接受社会的影响，并同各类人打交道，建立不同的人际关系。由社会所发生的互动，既可能满足人、发展人，也可能伤害人。人的许多心理适应问题都是在人际交往中，在特定的社会环境中发生、发展的。为此，把来自社会环境，来自人际交往的问题放回到类似的环境中去再认识、重新调整，既有针对性，又有实际效果。

团体辅导设定了一个类似真实的社会生活情境，为参加者提供了社交的机会。成员在团体中的言行往往是他们日常生活行为的复制品。在充满信任的良好的团体气氛中，通过示范、模仿、训练等方法，参加者可以尝试与他人建立良好的人际关系。如果他们的行为在团体中能有所改变，这种改变会延伸到团体之外的现实生活中。也就是说，实践的结果容易迁移到日常生活中去。

（4）团体辅导的适应范围广。

团体辅导对于人际关系适应不良的人有其特别的作用。一般的青少年缺乏社会化的经验，在学校或社会中常发生人际关系方面的冲突或躲避与人接触，可以受惠于团体辅导。那些长年与同学、同事不能相处的人，也可经由团体辅导来改善人际关系的适应。有些人因为缺乏客观的自我评价、缺乏对他人的信任，过分依赖或过分武断，难以与他人建立和保持良好的、协调的人际关系，这种情况也可以通过团体辅导矫正。

2. 团体辅导的功能

团体辅导能够广泛地被应用是因其具有特殊的功能，概括而言，团体辅导具有教育、发展、预防和治疗四个方面的功能，这四个方面是相互联系又相互渗透的，在团体辅导过程中共同发挥作用。

（1）团体辅导的教育功能。

团体辅导的过程经常被认为是一个通过成员相互作用，来协助他们增进自我了解、自我抉择、自我实现的学习过程。美国辅导学家本耐特曾提出成员在团体辅导中学习的 10 项内容，并且强调成员的主动学习、自我评估和自我改进。可见，团体辅导有助于团体成员的自我教育。

团体辅导有助于培育学生的社会积极性，使其学习社会规范以及适应社会生活的态度与习惯，互相尊重，互相了解，少数服从多数，促进学生德智体全面发展。

参加团体辅导的人常常有共同的人生问题，例如学习压力问题、适应问题、家庭沟通问题、中年困惑问题等。在团体中，领导者的任务是教那些在应付日常生活中的压力和任务方面需要帮助的正常人模仿某些策略或产生新的行为，从而能够最大限度地发挥其已经存在的能力，或者形成更为适当的应变能力。同时，成员可以在团体中分享经验、相互学习，以获得正确的观念与正当的态度。一言以蔽之，团体辅导的教育功能能够使大多数成员在团体辅导过程中学习到新的行为和态度。

（2）团体辅导的发展功能。

辅导心理学强调发展的模式，即要帮助辅导对象得到充分发展，扫除其正常成长过程中的障碍。团体辅导活动不但能纠正成员不成熟的偏差态度与行为，而且能促进其良好的发展与心理成熟，培养其健全的人格，协调其人际关系。可以说，团体辅导最大的功能就在于它有益于正常人的健康发展。一般情况下，每个人在发展过程中都有一些问题，这些问题会干扰个人的发展，例如学生的适应问题、婚姻中的矛盾、职场上的竞争问题等。通过团体辅导，人们学习到解决这些问题的方法，提高了解决心理问题的能力。特别在学校里，理想的辅导工作不只关心问题学生的辅导，更要注意正常学生的引导。团体辅导能启发和引导正常学生，满足他们的基本需要、社会需要与自我需要，促进他们自我了解，改善人际关系，学到建立充满信任的人际关系所需要掌握的技巧和方法，养成积极面对问题的态度，对生活和未来充满希望，能够规划自己的人生。所以说，团体辅导的积极目的在于发展的功能。

（3）团体辅导的预防功能。

团体辅导是预防问题发生的最佳策略。通过团体辅导，成员对自己的问题或者状况有更多的认识，了解到什么是适应行为、什么是心理问题、什么是疾病行为，有些成员会夸大问题，将缺乏人际交往经验的紧张和不安误以为是忧郁症，或将新环境的适应问题看成心理疾病。团体辅导提供了更多的机会，让成员之间彼此交换意见，互相倾诉心声，讨论以后可能遇到的难题及其可行的解决方法，增进对问题处理能力的培养，以预防问题的发生或减少心理问题发生的概率。团体辅导中，领导者能发现那些需要进一步接受个别辅导的人，及时安排个别辅导工作，预防问题严重化。同时，所有成员对心理辅导也应有正确的认识，以积极的态度在心理上有所准备，当他们一旦需要帮助时可以主动求助专业机构，将心理辅导作为帮助个人成长的一个途径，这些均起到预防心理问题发生与加重的作用，能防患于未然。

（4）团体辅导的治疗功能。

许多心理治疗专家强调人类行为的社会相互作用，在团体方式下，由于团体情境比较接近日常生活与现实状况，以此处理情绪困扰与心理偏差行为，就容易收到良好的效果。目前在学校的心理辅导中，不同类型的团体辅导活动被广泛应用，虽然在学校心理疾病的患者人数很少，但是情绪不稳定、适应不良、有心理困扰的学生却为数不少。这些有心理困扰的学生，经过团体辅导，不仅问题不再恶化，而且心理问题也得到了解决，即团体辅导既起预防作用，也起治疗的作用；既矫治了偏差的心理和行为，也培养了新的能力。

（六）团体辅导的局限性

团体辅导在咨询中有非常重要的作用，在某种程度上优于个别辅导，特别对于人际关系适应不佳的人有特殊用途。但任何事物都有其优越性和局限性，团体辅导也不例外。一般而言，团体辅导的局限性主要集中表现在以下几个方面。

1. 在团体情境中不适合个人特质

团体辅导虽然应用广泛，但它绝对不是万能的，不可能适用于每个人。在某些情况下，它的助人功能会受到限制，甚至会给不适合团体辅导的人造成很严重的伤害。所以，要意识到团体辅导的局限性，不能夸大团体的功能和作用。例如对依赖性过强的人，有社会交往障碍的人，自我封闭的人或过于以自我为中心的人，在团体中都难以获得好处，还有可能妨碍团体的发展。

2. 在团体情境中个体差异难以照顾周全

团体领导者要照顾每个成员，但在团体中成员所用的时间和解决的问题有很大不同，团体辅导将时间和注意力平均分配到每个成员身上，就会降低一些成员的参与和关注程度，甚至会忽视个别成员的需要，如果他没有积极表达这种要求的话。而且，因不同的成员个性不同，团体辅导难以顾全到每个成员。经常是那些投入快的积极的成员收获大些，而那些比较被动的成员获得的少些。所以，同一个团体，每个成员的体验和收获是很不同的。

在团体辅导中，当个人没有充分准备的情况下，如果受到团体压力的影响而被迫进行自我暴露很容易导致个人受伤，产生新的问题。在团体辅导过程中一些关于某个人的隐私可能无意中被泄露，这会给当事人带来不便。

3. 团体辅导对领导者要求高

团体辅导对领导者的人格特质、专业训练、技术方法、临床经验和伦理道德等方面有很高的要求，一个团体领导者应具备丰富的个别辅导知识，接受严格的辅导技术的专业培训，不断接受专业督导和学习新的技术，并要有参加多个团体辅导的经验。一些有热情但能力不足的领导者在带领团体时会给成员带来很大的负面影响。因此，领导者要意识到个人的特点和局限性，要自我觉察自己的能力和不足，在带领团体时要做好充分的心理准备，充分尊重每一位成员，在团体中经常了解成员的体会，评估团体对成员的影响，将因领导者个人能力而可能出现的负面影响降低到最低程度。

（七）团体辅导的目标与原则

团体辅导作为一种有计划的辅导活动，为了取得预期的结果，必须有明确的目标，同时也必须遵循一定的原则。团体目标犹如领导者带领团体的"地图"一样。领导者须清楚地了解团体目标，以此来引导成员，这也是团体辅导的基础。另外，对团体的种类、大小、时间等也要随着目标的不同而有所不同。

1. 团体辅导的目标

（1）目标的功能。

对团体领导者来说，团体辅导目标可以作为引导成员的根据。它为团体成员提供了一个发展方向，可以帮助成员将注意力集中于某一方面。团体辅导目标也具有评估的功能，领导提供一把量尺，用以评估团体辅导的效果。由此可见，任何一个团体辅导都必须有清晰而明确的目标。

（2）目标的层次。

团体辅导目标可以分为一般目标、特殊目标和过程目标。一般目标是指通过各种团体活动的形式，促使参加者获得生长发展的机会，加强他们的兴趣，培养他们对社会的习惯态度与责任，使其更好地适应社会。特殊目标是指每一个团体辅导针对成员的类型所要达到的专门目标；过程目标是指整个团体辅导的特殊目标是通过几个分目标达成的，不同阶段目标有别。

团体辅导的一般目标是指无论为哪种特殊目的而组成的团体辅导，在团体活动过程中都会包含的目标。具体可概括为以下几项：通过自我探索的过程帮助成员认识自己、了解自己、接纳自己，增强自觉，使他们能够对自我有更合理的看法；通过与其他成员沟通交流，学习社交技巧和发展人际关系的能力，学会信任他人；帮助成员培养责任感，关心他人，进而敏锐地觉察他人的感受和需要，更善于理解他人，更有效地和人交往，而且懂得与人分享的价值和重要性；培养成员的归属感与被接纳感，使其更有安全感，更有信心面对生活中的挑战；增强成员独立自主、自己解决问题和抉择的能力，探索和发现一些可行而有效的途径来处理生活中一般的发展性问题，解决冲突矛盾；帮助成员确认个人的价值观，协助他们在自我评估的基础上做出修正与改进；帮助成员增强自我方向感，培养独立自主、自己解决问题和选择问题的能力，同时协助他们把这些能力应用到自己的日常生活和工作领域中。

团体辅导的特殊目标是指不同的团体辅导达到的独特目标，比如自信心训练小组的独特目标是增强自信心，人际关系训练的独特目标是改善人际关系、掌握交往技能，戒毒团体的独特目标是帮助成员从吸毒的泥坑中挣脱出来。

团体心理辅导是一个发展的过程，需要经历若干个发展阶段。每个阶段都有不同的目标。团体创始时期的目标是协助成员互相认识，了解到团体的目标和结构，察觉自我的感觉和行为，建立团体的契约以保证辅导顺利进行。团体过渡期的目标是协助成员分享感受和经验，经由团体促进成员之间的信任，并觉察自我与他人的感受和行为。团体工作期的目标是协助成员检视自我困扰、焦虑的状况，觉察有效的社会行为，学习解决的方法，激发自我不断地改变与成长。团体结束期的目标是协助成员总结已有的积极改变成果，巩固习得的适应行为，并制订今后的成长计划，将在团体中所学到的知识应用于实际生活。

2. 团体辅导的原则

为了发挥团体辅导的作用，实现团体辅导的目标，获得理想的效果，团体辅导应遵循一些基本原则。

（1）专业原则。

团体辅导和一般的团体活动有很大的区别，团体辅导不是普通的聚会，它是由专业人员带领的有组织、有计划的活动，从团体准备、招募成员，到制订规则、开展各种活动，团体的过程发展以及结果评估等都有极强的专业性，领导者应具有丰富的临床经验和较强的技术来引导团体的发展。有些领导者因专业性较弱，容易将团体辅导变相为一般的团体活动。团体成员虽然在活动中感到愉悦和轻松，但不能促进成员进行有深度的自我探索，即只是起到娱乐的作用而没有达到治疗的目的。

（2）民主原则。

虽然团体领导者在团体中起引导的作用，但实际上在团体中他也是一个成员，应尊重每一位成员，努力建立安全的心理氛围，促使团体保持自在开放的气氛，增强团体的凝聚力。在团体中每个成员都可以参与团体活动，都有权决定活动，领导者要鼓励成员发表自己的见解，并做与人平等沟通的楷模。团体的各种规则是根据成员的需要来决定的，而不是领导者来左右的。领导者更多时候是扮演跟随者的角色，起到"催化"成员自由表达的作用，激发成员的能力和主见，使每个成员都承担起发展团体的责任。

（3）共同原则。

有效能的团体辅导是根据成员共有的问题而组织的，如人际沟通团体、情绪管理团体、领导技能团体、压力处理团体等。因此，在团体辅导过程中要注意成员共同的志趣和共同的问题。当某个成员谈论的话题是大多数成员不感兴趣的话题时，领导者要及时调整团体活动的节奏，以免其他成员感觉枯燥无味。领导者要使成员彼此关注，促进他们之间的互动，增强共鸣，达成成员共同的利益和共同的目的。例如，人际关系团体辅导活动的参加者都有学习与他人相处的技术的共同愿望。

（4）启导原则。

辅导的根本任务是助人与自助，因此在团体辅导过程中，应本着鼓励、启发、引导的原则，尊重每个人的个性，鼓励个人发表意见，重视团体内的交流与各种反应，适时地提出问题，激发成员思考，培养成员分析问题与解决问题的能力。

（5）发展原则。

在团体辅导过程中，领导者要从发展变化的角度看待团体成员的问题，用发展变化的观点把握团体辅导的过程。领导者不仅要在问题的分析和本质的把握上善用发展的眼光做动态的考察，而且在对问题的解决和辅导结果的预测上应具有发展的观点。

（6）综合原则。

团体辅导的理论、方法、技术种类繁多，只局限于某种理论和方法往往难以使团体辅导获得满意的效果。因此，领导者应该了解各种理论和方法，根据团体辅导的任务和性质，综合选取有效的技术，以达成团体辅导的目标。

（八）团体辅导的历史、现状与未来发展

团体辅导最早发源于欧美国家，其诞生和发展与团体心理治疗的探索与发展有着极其密切的联系。在20世纪初，许多心理学家和精神病学家都为它的发展做出过贡献。在第二次世界大战结束后团体辅导得到迅速普及和发展。目前，团体辅导在世界各地都得到了广泛应用。

1. 团体辅导的发展

（1）团体辅导的起源

最早将团体形式用于辅导与治疗的是美国的内科医生 J. II. 普拉特（J. H. Pratt）。在20世纪初，由于医学发展水平及医疗条件的限制，一些患了肺病的病人缺乏有效的治疗的方法，患者只能终身带病并有可能传染他人，公众为之恐惧、回避，对他们难以接纳与理解。这对病人无疑是雪上加霜。因此，患了肺病长期住院的病人，情绪低落、意气消沉、心情抑郁。1905

年，在波士顿做内科医生的普拉特将住院的20多位肺病患者组成了第一个团体，他称为班级（class），采取讲课、讨论、现身说法的形式开展团体治疗。团体每周聚会1—2次。普拉特向患者讲解有关肺病的常识、治疗及疗养方法，鼓励大家，帮助他们培育战胜疾病的勇气和信心，并且专门请几位适应较好的患者讲述他们面对疾病如何做到不气馁，如何克服身心适应不良，如何以积极态度对待疾病，从而为其他患者树立了榜样，大家从他们身上看到了希望。通过团体讨论，成员在认识上相互启发，情感上相互理解支持，消除了因患肺病而产生的沮丧情绪与消极的态度，改变了不适应的心理行为，能够乐观地面对疾病，面对现实，面对生活。普拉特的团体治疗的探索取得了成功，参加者纷纷报告自己的收获，反响强烈。因此，普拉特被称为团体辅导与集体心理治疗的先驱。他的实践和尝试具有重要的开创性意义，他当年采用的治疗方法、技术，目前仍在使用。

（2）第二次世界大战中团体辅导与治疗的发展。

第二次世界大战给人们带来了巨大的灾难。大量青年被迫入伍参战，许多战士惨死于战火之中，数以千万的人家破人亡、颠沛流离。战争期间，许多饱受战争创伤的士兵出现精神障碍，心理疾病发病率空前增加。但是心理学家和精神科的大夫人数有限，远远不能满足社会需求。在这种医患比例严重失衡的情况下，怎样才能找到一种既经济、又有效的治疗方法呢？在这种社会背景下，团体辅导与集体心理治疗受到了重视，并被积极推进，得到了迅速而广泛的发展。

（3）第二次世界大战后团体辅导与治疗的发展。

提到第二次世界大战后团体辅导的发展，必然要感谢在麻省理工学院从事团体研究工作的库尔特·勒温（Kurt Lewin）。勒温认为，人际关系的敏感性及对他人的理解接受态度是可以通过训练而提高的。在他的指导下，他的集体动力学研究中心成立了团体人际关系技术训练的实验室。这是一种借助于较自由的团体活动与讨论，使团体成员对人际关系问题变得更加敏感的训练，因此也叫敏感性训练。其目的在于帮助受训者（一般都是心理正常的人）提高和改善处理人际知觉和人际交往的技能，以便使参加者修正自我的行为方式，建立良好的人际关系，促进工作效率的提高，改善生活的质量。此方法一问世，首先进入产业界，以企业领导及管理人员为主要训练对象。在这种训练小组内，每个成员都在学着与他人相互交往，学着观察团体过程的价值变化，从而更好地理解自己的作用和所作所为，以及自己的言行对工作和对他人的影响，能够处理复杂的人际关系。此后，这种训练方法在政府机构、大专院校广为应用。应该说，敏感性训练在团体辅导发展史上具有重要的意义。因为从那时起，团体辅导这个词为人们所熟悉，团体辅导与治疗不再只是针对心理或行为有问题的人，也为正常人、健康的人提供了一种可以促进其人格进一步成长的学习机会。团体辅导与集体心理治疗在教育与发展方面的作用更为人们所重视。

1946年和1947年，在芝加哥大学咨询中心工作的罗杰斯及其同事们在训练培养心理辅导教师时注意到专题讨论会（workshop）是一种很有效的方法。这种团体以个人成长、增强人与人之间的交流以及改善人际关系为目的和特色，侧重于体验学习，其目标指向心理成长和发展。此后，以个人发展和人际关系训练相结合的发展性团体辅导在日本、美国、欧洲广为发展。

2. 团体辅导在我国的发展现状

尽管我国有着长期通过团体形式进行思想工作、教育活动的历史与经验，如班级活动、团支部生活等，但专业意义上的团体辅导只有10多年的历史。中国心理卫生协会大学生心理辅导专业委员会率先在高校引进发展性团体辅导的技术与方法。从20世纪90年代后期，大陆出版了两本有关团体辅导与治疗的专著，首都经贸大学杨眉著的《青春期集体心理咨询与治疗的理论和实践：一种解决社交焦虑的模式》（1995）和清华大学樊富珉编著的《团体咨询的理论与实践》（1996）。

进入21世纪，全社会对心理健康的重视和需求不断增加，心理辅导和心理健康教育工作受到了政府高度重视。随着心理辅导职业化的发展，国家劳动与社会保障部出台了"心理辅导师"的国家职业标准，团体辅导成为必备的专业技能，要求二级辅导教师掌握团体辅导的技术。卫生部专业技术职称"心理治疗师"考核中也要求治疗师掌握团体治疗的技术。教育部学校心理健康教育骨干教师培训中，团体辅导也成为必须掌握的助人技巧，并明文规定在有条件的学校要大力开展团体辅导工作。在我国心理辅导专业化发展的进程中，在心理系开设了心理辅导方向的高校越来越多，应用心理学专业本科生和研究生培训课程中设置团体心理辅导课程正在成为趋势。现在，团体心理辅导已经成为心理辅导专业工作者必须具备的专业知识和能力，随着专业培训的推进和社会发展的需要，团体心理辅导在我国进入了蓬勃发展的新时期。

虽然我国开展团体辅导与治疗的时间不长，但随着社会发展的需要，团体辅导与治疗在心理保健、青少年成长发展、企业教育和心理疾患的治疗等方面会发挥越来越积极的作用，也会在社会的各个领域得到充分的发展与应用。

二、心理疏导

（一）心理疏导的内涵

胡锦涛同志在十七大报告里第一次提出"人文关怀"和"心理疏导"的表述。原文是"加强和改进思想政治工作，注重人文关怀和心理疏导"。所谓心理疏导，就是利用心理学知识改变人们的心理认知、情绪、行为和意志，来达到消除症状，治疗心理疾病的一种方法。

广义的心理疏导是指通过解释、说明、同情、支持和相互之间的理解，运用语言和非语言的沟通方式，来影响对方的心理状态，改善或改变心理问题人群的认知、信念、情感、态度和行为等，达到降低、解除不良心理状态的目的。狭义的心理疏导是指建立在心理咨询治疗基础上，由经过专业训练的心理咨询师或心理专家运用心理咨询与治疗的有关技术和理论，对求助者进行帮助，以缓解或消除来访者的心理问题或人格障碍，以促进其人格向健康、协调的方向发展的过程。

（二）心理疏导的步骤

（1）换位思考。当个体在认识、思考和评价客观事物时，要注意从多方面看问题。如果从某一角度来看，可能会引起消极的情绪体验，产生心理压力，这时只要能够转换一个角度，就会看到另一番情景，心理压力可能迎刃而解。

（2）一吐为快。向知心朋友倾诉你的感受，或把你的感受写成信，然后扔到一边，给自己留有一定的"忧虑"的时间，随后再去解决。

（3）接受帮助。一个人的力量是有限的，当你遇到力所不能及的事情，你最好能请别人帮忙，与其花几个小时的无谓劳动，不如找朋友聊聊，寻求解决事情的办法。

（4）降低生活标准。对生活的过分完美追求，会使一个人的心理负担加重，这些人应学会放松。

（5）不要同时做几件事。与其同时做几件事，不如做好一件事。

（6）积极从事体育锻炼，参加体育锻炼可以放松自己的身心，缓解紧张情绪。

（7）学会正确评价自我。个体心理健康的一个重要指标是对自我的接受和认可。也就是说对自己应有一个正确的评价，不可过高也不可过低，这样才不会出现自负和自卑的心理。为自己制订合理的追求目标，以到达成功的彼岸。一个人不能正确评价自己，就会产生心理障碍，表现出对自我的不满和排斥，从而出现"现实自我"和"理想自我"的差距。因此，我们应学会了解自我、评价自我。"以人为镜"，从比较中认识自己

就像用分数来比较知识能力一样，青少年可以通过处世方法、感情方式等方面与同伴的比较，找出自己的位置。这种比较虽然常带有主观色彩，但却是认识自己的常用方法。不过，在比较时，要寻找环境和心理条件相近的人进行比较，这样才较符合自己的实际水平和自己在群体中的位置。

（8）从别人的评价中认识自己。人人都会通过同伴对自己的评价来认识自己，而且在乎别人怎样看自己，怎样评价自己。当然他人的评价比自己的主观认识具有更大的客观性。如果自我评价与周围人的评价有较大的相似性，则表明你的自我认识能力较好、较成熟。如果客观评价与你自己的评价相差过大，则表明你在自我认知上有偏差，需要调整。然而对待别人的评价，也要有认知上的完整性，不可以依据自己的心理需要而只注意某一方面的评价，应全面听取，综合分析，恰如其分地对自己做出评价和调节。

（9）通过生活经历了解自己。成功和挫折最能反映个人性格或能力上的特点，因此，青少年可以通过自己成功或失败的经验教训来发现个人的特点，在自我反思和自我检查中重新认识自我，认识自己的长处和短处，把握自己的人生方向。如果你不能肯定自己是否具有某方面的性格、才能和优势，不妨寻找机会表现一番，从中得到验证。为了把握住自己，为了将来回忆往事不留下更多的遗憾，请尽早认识自己，正确评价自我。

（10）如何克服自卑心理？自卑心理是指由于个体对自己的能力和品质做出过低的评价而产生的消极心理活动，常表现为抑郁、悲观、孤僻。这种心理一经产生，若任其发展，便会成为人的性格的一部分，难以改变，严重影响人的社会交往，抑制人的能力发展。心理学家提出克服自卑心理的方法具体有以下两个方面：

①积极与他人交往。自卑者多数孤僻、不合群，自己把自己孤立起来。心理学家认为，当人独处时，心理活动就会转向内部，朝向自我。自卑的人长期独处，心理活动的范围、内容就会变窄变小，加之个人认识的局限，就会使心理活动走向片面，只看到自己的不足而忽略了自己的优点，从而陷入深深的自卑之中而不能自拔。当你积极地与他人交往，你的注意力就会被他人吸引，感受到他人的喜怒哀乐，心理活动就会变得开朗。另外，通过与他人交往，能多方位地认识他人和自己，通过比较，正确认识自己，由此调整自我评价，提高自信心。

②提高自我评价，注重自我激励。自卑心理是由于自我评价过低而导致的一种心理失调，那么，对其克服的重要办法，就是提高自我评价，注重自我激励。要对自己进行全面正确的分析，要多看自己的长处，要经常回忆过去的成功经历，借以激发自信心，而对自己过去失败的事例，要进行重新归因，不要将失败的原因过多地归咎于自己。当你面临情况感到信心不足时，要不断地进行自我暗示，自我激励："我一定会成功""不要怕，我错了别人也不会笑我，他们也有失败的时候""人人都能干，我为什么不能干？""我一点儿也不比他们差""以前比这更难的事情我都能干好，何况这点事情"。经过这样一段时间的锻炼，自卑心理是可以减弱甚至消失的。

第三节　心理资本下的员工援助

本节从心理资本理论着手，探讨了心理资本对组织竞争力的影响，揭示了员工心理资本与心理健康的现状及员工产生过度压力的原因，探讨了如何在组织中实施员工援助计划为员工减压。

一、员工心理资本与心理健康现状

据第六届中国 EAP（员工援助计划）年会发布的 2008 年中国企业员工职业心理健康管理调查报告称，有近七成受访者认为金融危机给他们带来较大的心理影响。调查同时显示，办公室人际关系和职业生涯规划成为员工最大的压力源。在对国有商业银行员工的一项调查中显示，由于银行内部不断变革，各种新系统、新制度的出台，部分员工不能适应新要求，产生应接不暇的感觉，形成比较大的压力感，进而出现情绪低落等现象（2007）。在一项对护士身心耗竭程度实证研究的资料中显示，职业导致的紧张和压力过大或较大的占 55.9%，压力一般的占 4.8%，只有 9.3% 的感觉压力不太大或没有压力（2005）。2005 年中国员工心理健康调查结果表明，有 25.04% 的被调查者存在一定程度的心理健康问题。从以上的现实情况来看，随着改革的不断深入，员工应对工作压力的能力亟待增强。

二、员工心理压力过度的原因及其危害

（一）员工心理压力过度的原因

导致员工产生过度心理压力的原因有很多，根据压力模型（如图 8-1）我们可以清楚地了解压力的来源。

1. 环境因素

在当今经济、金融全球化的趋势下，组织外部竞争环境变得更加恶劣，经济的萎缩会让员工为了自己的安全保障而倍感压力。与经济不振相伴随的是解雇人数增多，薪水降低，工作时间延长等现象。此外，新技术革命要求员工在短时间内掌握新技能，技术更新速度的加快与员工的日益衰老退化形成尖锐矛盾，从而迫使员工产生较大的压力。

2. 组织因素

企业受外部环境的影响，进行组织变革的频率也相应上升。组织变革的表现形式也是多样的，重组、并购、裁员、联营、改制、上市等都是可能的方式。组织变革最终的变革对象是其中的员工。他们作为组织的主要群体，心理方面受到的负面影响也更大。譬如失业危机，员工之间可能为了争夺某一职位明争暗斗，结果彼此之间失去信任，互生敌意，甚至出现工作场所暴力等过激行为，导致组织内人际关系严重失衡，降低员工工作满意度，随之产生过多的人际关系压力。除人际关系压力外，相关研究表明员工的职位要和职业生涯发展相符也是其主要的压力源。

3. 个人因素

家庭成员关系、个人经济状况以及个性特点也是导致员工产生压力的原因之一。婚姻状况、子女教育问题、老人健康问题、家庭经济状况等各种家庭因素也影响着员工的快乐程度和承受其他方面压力的能力等。从人格特质来看，那些 A 型人格的员工更有可能感到过度压力与紧张。

潜在的压力源

环境因素
经济的不稳定性
政治的不稳定性
技术的不稳定性

组织因素
任务角色
人际关系要求
组织结构
组织领导作风
组织生活周期

个人因素
家庭问题
经济问题
个性特点

个性差异
个人认知
工作经验
社会支持
控制点观念
敌意感

体验的压力

结果

心理症状
焦虑
情绪低落
工作满意度低

生理症状
头疼
高血压
心脏病

行为症状
生产效率低
缺勤
离职

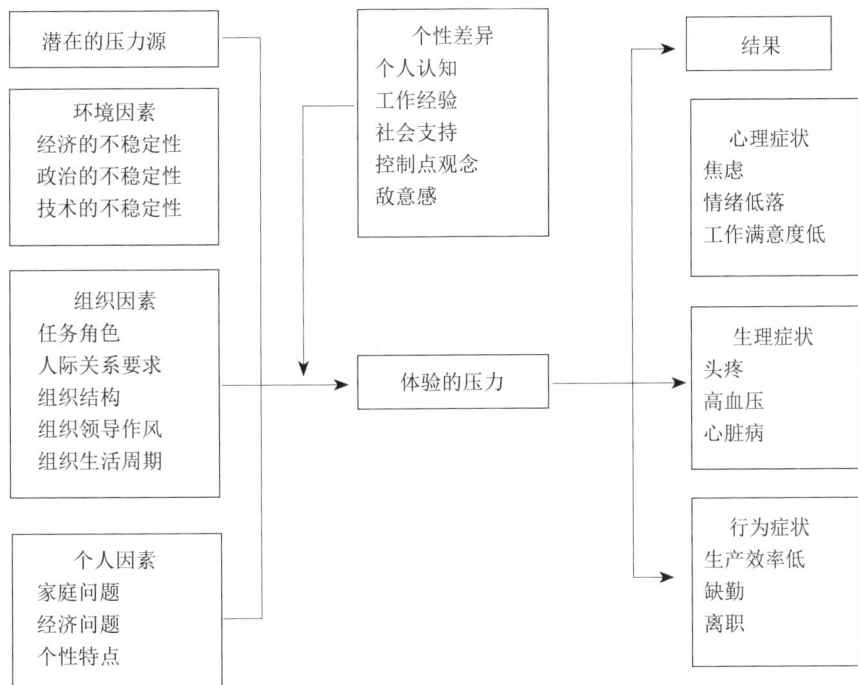

图 8-1 压力模型

（二）员工心理压力过度的危害

（1）对于组织而言，如果员工长时期承受过度压力，可能会使他们心理失衡，影响工作情绪和工作满意度，降低工作效率，从而影响员工工作绩效。另外，过度压力可能使部分员工压抑情绪或思想，自暴自弃，导致组织内上下沟通受阻，与上级领导产生冲突，影响整个组织的氛围和凝聚力，给组织的正常运作带来负面效应。抗压能力较弱的员工，可能采取离职、缺勤等方式来规避过度压力造成的身心不适，而这都会影响组织的正常运作效率，降低员工的组织承诺，增加了招聘和培训等用人成本，使组织在竞争中沦为劣势。

（2）对于家庭而言，员工在工作场所遇到不顺心的事而导致情绪波动，产生负面情绪的转移，从而影响家庭的和谐。员工的压力过度会形成一个组织—— 家庭两者之间的恶性循环。如有些员工一在单位里受到上级的欺侮，回家便以打小孩儿、与家人吵架等形式转移发泄，回到单位又会因为家庭的问题影响工作的心情。

（3）对于员工个人而言，过度的压力对其心理和生理健康都具有极大的摧残性，并日益影响到自己的行为方式。在心理上，职业生涯的不确定性，加之家庭、社会竞争带来的压力，都会导致员工悲观失落，郁郁寡欢，并伴有失眠、健忘等令人困扰的问题。长此以往，员工的身体也会憋出病来，如神经性头痛、心脏病、高血压、腰痛、食欲不振等生理病症，减少了幸福感。过度压力迫使员工离职，对其个人的职业生涯发展也是一种灾难。

三、员工援助计划对增加员工心理资本的作用机制

（一）员工援助计划概述

员工援助计划是组织为员工设置的一套系统的、长期的精神治疗性福利与支持项目。它通过专业人员为组织、员工提供诊断、评估、培训、专业指导与咨询，帮助员工自身及其家庭成员解决各种心理和行为问题，目的在于提高员工在组织中的工作绩效和增强身心健康，并改善

企业的组织氛围与管理效能。它主要解决个人生活、工作与组织发展三个方面的问题。个人生活涉及酒精与药物、情绪控制、健康、人际关系技巧、家庭关系、经济问题、情感问题、法律问题等。工作涉及工作职务要求、工作平衡、工作压力、工作环境、工作公平感、工作场所性骚扰、工作人际冲突等。组织发展涉及的是有关企业发展战略的项目,如组织变革过程中员工对于裁员的适应、心理资本的积累与强化以构建竞争优势等。

随着日益激烈的市场竞争环境,EAP 关注的范围更加广泛,涉及员工的心理健康、生活方式、压力管理、危机管理、职业生涯发展、人际沟通等方面。对于组织而言,它可能会改变一个组织的组织文化、领导风格、工作设计、薪酬福利结构等。它将是一个很有发展潜力和价值的综合性服务。

（二）员工援助计划增加员工心理资本的作用机制

从以上的概述可知,员工援助计划主要关注组织和员工及其家庭成员的心理和精神健康问题。它其实是组织、员工、家庭三者之间的一种沟通方式,最终的目的就是通过给予员工人文关怀,帮助员工减压,达到两者之间的和谐,以实现组织、员工及其家庭的共赢。

组织将 EAP 作为薪酬福利的一种实现形式为员工服务,解决员工心理问题,缓解工作中的过度压力。一旦员工的家庭出现心理危机,也可接受组织的 EAP 服务,尽可能避免员工家庭出现压力源而造成对员工的影响,防患于未然。这样做一方面减少了员工在工作中的过度压力,另一方面断绝了组织、家庭间原先的那种恶性循环,此时家庭对于员工而言,也变成了一个更具稳定性的心理支持系统。通过 EAP 的实施,员工得到组织和家庭的双重支持,势必有利于员工长时期保持较适度的压力,保持工作中情绪的愉悦,帮助员工维持和强化健康的心理机制和精神状态,积极获取并储备良性的心理资源,增加员工在工作和家庭当中的快乐心理体验,从而在无形中培育和增强了员工的心理资本。

四、如何在组织中实施 EAP 服务

（1）组织与员工双方都要更新观念,摈弃传统思维习惯,培育并形成良好的组织文化,加强沟通,通过相互的正式承诺,增进彼此之间的情感互动。2008 年深圳市委、市政府决定在全市所有企业中实施"企业爱员工,员工爱企业"活动,包括富士康、沃尔玛、华为、盐田国际等在内的 100 家企业和 2000 多名员工举行了公开承诺活动。这在全国尚属首次。由此案例可见,员工援助计划的广泛推行,需要政府、组织（企业）、员工三方共同推动。

（2）以员工援助计划信息系统为媒介,EAP 应扮演员工心理咨询对象和利益诉求渠道两种角色。有条件的大型组织有必要设立 EAP 专门部门,聘请获得资格认证的 EAP 专业人员,搭建起组织的 EAP 信息系统,为员工的个人生活、工作问题提供匿名咨询服务。小型组织则可利用 EAP 外包服务,这样的模式有更好的保密性。另外,EAP 还需要成为员工利益诉求的渠道,这要求 EAP 专业人员要与公司高层深入沟通,及时反馈信息,并为员工日常生活中的一些棘手问题提供帮助,给员工以鼓励,为其出主意、想办法等。总之,要使 EAP 成为员工与组织之间连接的桥梁与沟通渠道,协助人力资源等职能部门做好工作。

（3）组织员工参与 EAP 方面的培训或活动,增强员工心理承受力,增加员工心理资本。在中国进行"心理咨询"会被认为心理不健康,许多人碍于面子,不肯接受 EAP 服务。为了避免文化方面固有的观念阻挠与歧视,组织方完全可以通过讲座、培训、心理游戏等公众集体方式开展 EAP 服务,这样既维护了部分人的尊严与人格,又减轻了过度压力时期员工敏感的心理状态,增强了其压力抵御能力,有利于构筑积极的心理防卫机制。

（4）通过定期邀请员工家属来企业参加座谈会、聚会等多种非正式形式进行企业、员工、家庭三方的沟通，了解员工近况，及时疏解其存在的心理障碍，顺畅的沟通会让员工更加远离心理健康问题。同时，及时沟通还可以解决员工之间不必要的误会，增进人际理解。

（5）建立完善的EAP反馈机制。一个组织需要对自己员工的心理状况有大概的把握，因此，EAP部门对于以往的咨询案例就要做好记录和反馈。这样做一方面可以为EAP人员提供经验，增强其专业能力；另一方面，可以成为管理者了解员工心理状况的工具。更为关键的是，可以为培训员工心理素质以应对压力、积累员工心理资本提供宝贵的经验性知识。

EAP在中国还是一个新鲜事物，作为众多"舶来品"中的一员，尚未受到中国企业的高度重视。但是，要增加员工心理资本，员工援助计划无疑是一个很好的选择。从这样一个角度来看，提升中国EAP的实施的普遍性是当务之急，中国企业应抓住时机，顺时而为。

第四节　员工援助计划对企业管理的意义

近些年，不断有企业员工发生因工作或生活压力过大而导致的暴力、精神失常、自杀等事件，这使企业管理者认识到帮助员工解决心理困扰的必要性。为了舒缓员工的压力，改进员工的生产效率和生活质量，提高企业的整体效益和实现企业的既定目标，作为西方普遍采用的一种管理方式——员工援助计划（EAP）在我国悄然兴起。

一、员工援助计划在我国企业管理中的应用

（一）员工援助计划在我国企业管理应用中涉及的主要方面

中国有自己特有的文化传统和社会、经济现实。在中国企业里，员工酗酒、滥用药物、性骚扰等问题并不是特别突出，但就目前国内企业的整体状况来看，员工个人的压力、心理健康状况却不容乐观，而且员工对自己未来的职业生涯也缺乏必要的清晰的认识，这些方面对个人和企业都有较大的负面影响。企业如果忽视这些问题，势必对其发展产生不利的影响。因此，对于中国企业而言，EAP在企业管理应用中涉及的主要问题包括：压力管理、心理健康管理以及职业生涯规划管理等。

1. 压力管理

由于我国经济飞速发展，与国际接轨日益深入，加上人口众多、社会转型等各方面的因素，企业员工所面临的压力越来越大。而压力作为一把"双刃剑"，适度的时候可以激发人的潜力，但过度的压力会对人的身心健康产生不良的影响，从而影响企业的整体绩效。因此，把员工援助计划作为压力管理方法之一引入中国企业的管理之中也越来越重要。EAP在压力管理中的应用主要包括压力诊断、宣传普及、教育培训、压力咨询等几项内容。

2. 心理健康管理

正如前文所述，在残酷的竞争环境中，无论是公司的高层管理人员还是普通的员工都面临着来自工作、学习、家庭等内外压力的困扰，这无形之中使他们的心理问题变得更加的突出，造成公司较高的缺勤率、离职率、事故率，并且导致员工体力衰弱、精神恍惚、效率缺失，甚至抑郁、自杀等一系列后果。EAP能帮助企业发现员工存在的心理问题并提供解决方案，同时可以帮助企业降低因员工心理问题产生的成本，间接给企业带来巨大的经济效益。

3. 职业生涯规划管理

多项调查分析表明,员工个人发展因素已成为继薪酬之后的最重要的离职原因。尽管目前我国大多数员工对自己未来的职业发展方向缺乏系统的认识,但为求得稳定和更好的发展,他们已经开始尝试为自己设计科学的职业生涯规划。

(二)对员工援助计划在我国企业管理应用中的几点建议

严格地讲,员工援助计划在中国还处于起步阶段。企业要想顺利地实施 EAP,应主要注意以下四个方面的问题:一是思想观念的转变。EAP 作为一个新鲜事物,大多数企业以及员工对其还比较陌生,对 EAP 的意义和作用都不甚了解。因此,企业要做好宣传工作,让员工意识到 EAP 能给他们带来的好处,打消他们的种种顾虑,使员工从心里接受 EAP。二是要争取企业管理层的支持和合作,使他们认识到,对于员工援助计划的投入是必要的。一方面,它可以促进员工的不断成熟与发展;另一方面,它可以保证企业和谐稳定的发展,并最终得到更大的回报。三是实施过程中的技术性问题。例如,如何解决沟通咨询的文化性差异,如何切实保障员工隐私,如何确认专业人员的胜任水平等问题。最后,EAP 的本土化。长期以来,儒教、道教对中国文化有很深的影响,对 EAP 本土化的问题要从跨文化角度进行思考。因此,企业在实施 EAP 时,应当考虑中国企业和社会的具体情况,遵循自己的应用模式和发展道路,贴近企业自身的需求。

二、员工援助计划在企业管理和经济发展层面的意义

员工的心理问题影响个人和企业的绩效是一个常识。在早期,企业可以把那些由于心理问题而导致工作效率低下或者不胜任工作的员工解雇。后来人们发现,员工心理问题的产生,除了和他个人的心理特征有关外,和他所从事的工作本身以及整个社会和时代背景都有密切关系,这不再仅仅是员工个人的事,也是企业需要关注的问题。企业解雇员工、聘用和培养新员工需要付出很高的成本和代价,因此,企业不再简单地因个人心理问题解雇员工,而是采取了措施,帮助员工预防和解决工作及生活中的心理问题。实施员工援助计划能降低企业的运作成本,提高生产率。根据国外专业机构的研究,员工援助计划在以下方面对企业有益处:

1. 降低管理成本

提高生产率,节省招聘费用,减少错误解聘,降低缺勤(病假)率,改善组织的公众形象,提高员工士气,改进生产管理,节省培训开支,减少赔偿费用,减轻管理人员的负担,改善组织气氛,提高留职率(尤其是对关键职位员工)等。

2. 高投资回报率

国外做了不少关于员工援助计划成本—收益的分析研究,发现员工援助计划有很高的投资回报率。美国通用汽车公司的员工援助计划每年为公司节约 3700 万美元的开支。根据美国员工咨询服务计划的成本效益分析显示,员工咨询服务计划的回报率为 29%。

调查显示,目前有 20% 的中国(尤其是大城市)员工感到压力过大。近年来的一些研究开始发现,我国抑郁症患者的发病率也相当高,而在一些高焦虑、高压力的工作环境,如医院、军队、大公司中,这一比例可能还会更高。一些与压力和心理问题有关的身心疾病的发病率也越来越高,因此,中国也在呼唤员工援助计划的到来。但由于传统观念的影响,企业关注员工心理的意识还非常淡薄。专家认为,中国的员工援助计划不能只解决具体的、现实的个人问题,还应帮助企业预防员工心理问题的产生,主要针对正常的人而不是出问题的人。

由于我国社会的传统观念不重视心理问题,企业和社会的心理健康意识还很落后,所以我

国员工援助心理服务的发展还处于一个较低的水平。但是不管企业是否愿意，员工的心理问题是现实存在的。从企业和社会的长远发展来看，企业之间的竞争，归根结底是人才的竞争。企业想在市场的竞争中永远立于不败之地，就应当认识到健康、幸福、高效的员工是企业的最大财富。因此，企业要把员工的心理和个人问题当成企业本身的问题，看成企业管理的必要组成部分。

企业应当认识到心理学和专业的心理服务在企业压力和心理问题的管理与干预方面是非常有效的。从心理的角度关注员工，考虑员工在压力、职业心理健康、人际关系和沟通、激励等方面存在的问题和需要，也就是需要用心理学的方法，采取专业的心理培训和员工帮助计划等手段来满足员工和企业自身的需要。

总之，员工援助计划在经济发展中具有非常重要的作用：

第一，有助于规范社会援助服务。中共中央《关于构建社会主义和谐社会若干重大问题的决定》指出，要"注重引导人们正确对待自己、他人和社会，正确对待困难、挫折和荣誉。塑造自尊自信、理性平和、积极向上的社会心态"。对于员工的社会援助不仅需要志愿者，更需要一个有职业素质的专业队伍。

第二，有助于和谐组织内的劳动关系。做好思想政治工作历来是我们激发职工工作积极性的传统方法，但是处于变革剧烈的转型时期的我国企业，由于适应全球化的管理体制的变革，员工与企业的劳动关系受到很大的冲击。员工援助计划力图建立以劳动契约和心理契约为双重纽带的战略合作伙伴关系，服务传递出组织机构对员工的人文关怀和心理疏导，在实现自己利益最大化的同时，提供给员工成长空间，以降低流动率，稳定企业发展。

第三，有助于提高组织的绩效和改善员工的生活质量。员工援助计划虽然在执行中有保护员工隐私的严格规定，但员工援助计划是有组织提供资助的，一旦解决了员工在个人、家庭以及工作中的技能、人际关系和裁员离职适应的问题，会预防很多影响工作绩效的消极因素，有助于提高员工的主观幸福感和生活质量，从长远看，可以达到提高组织绩效，建立和谐组织的目的。

第四，有助于规范员工援助计划领域的从业人员管理。员工援助计划在社会、企事业单位有巨大的社会需求，如果规范了员工援助师这一职业的任职标准、鉴定依据和培训体系，不仅为我国增加了一个新的就业领域和就业机会，也为大专院校的专业、课程设置，企业咨询公司的多模式服务提供了管理依据，也能避免目前社会中企业咨询服务鱼龙混杂，保证员工援助计划的服务质量。

第五节　员工援助计划的发展趋势

一、从"用工荒"看企业管理面对的挑战

（一）企业"用工荒"的表层原因

2011年春节之后，随着各地农民工返城务工，有关"用工荒"的报道开始增多。媒体多聚焦"招工困难"及"工资提高"等关键词，反映了劳动力总量供求矛盾加剧的现状。由此，学者们认为，促成我国改革开放成功的"人口红利期"即将结束。我国总体情况是就业难，怎么会出现了"用工荒"呢？根据调查，发达地区"用工荒"主要出现在一些高技能行业和低劳动成

本的代加工行业。前一种"用工荒"实际上是结构性"用工荒"，主要反映的是产业技术更新对于技能型人才有了新的要求，不可避免地对国内的产业结构带来影响。为了解决这一问题，迫使过去只依靠廉价劳动力优势生存的企业开始考虑引进先进机器设备，提高自动化和智能化生产水平，不过这将经历一个较长的过程。后一种"用工荒"的主要原因在于，发达地区的代加工产业向内地转移，内地经济的快速增长使得一部分农民工放弃去发达地区务工，就近就业。

（二）企业"用工荒"的深层原因

笔者认为，出现"用工荒"有其更加深层次的原因。从进化论的角度来看，现代企业管理活动是一个从简单到复杂，从表面到内在的发展过程。随着生产活动的发展，技术的进步和产品要求的提高，员工开始利用计算机等现代化技术进行工作。大家知道，有质量的生产行为都应该是生理、心理得到健康发展的员工完成的。同时，现代化生产过程使得员工的操作行为史趋于单调重复，这必然带来新的心理和情绪问题，如心理紧张、烦躁、焦虑、有挫折感、痛苦、自责、丧失信心、忧郁，这已成为新生代职业群体的心理通病。现代化生产给员工带来的心理危机不仅导致个体的痛苦和伤害，也会给企业目标的实现造成障碍。从现代劳动行为的发展过程可以很清楚地看到，个体在生产活动和组织发展的过程中，会越来越清楚自己的要求，也会越来越多地从不同方面体会到自己与组织的关系，认识到自己与工作的关系。因此，现代化生产越来越多地要求劳动者付出智力的活动，对劳动者的心理需求也必然会越来越高，过于简单的管理方式已经不再适合现在生产劳动者的要求。所以，在考虑解决"用工荒"的劳动红利、现代化水平提高等因素的同时，要使管理方式更加人性化，才能使企业真正吸引人、留住人、发展人。

（三）怎样维系员工的敬业度

"忠诚"与"信任"是企业行为管理的核心内容之一，离开了基本的"忠诚"与"信任"，和谐的劳动关系也就无法维系。日本企业家松下幸之助认为，企业生产质量的保证是与企业和员工之间的信任关系分不开的，没有双方的长期信任，就不能产生员工负责任的敬业度。随着市场经济的快速发展，竞争导致的生存压力越来越大，一些企业为了提高竞争力，只是考虑降低人力资源成本，把企业的压力转移到员工身上。这种管理方式从根本上破坏了员工与管理者之间的信任与忠诚的关系。美国学者彼德·德鲁克认为，企业对员工福利的这种"成本"的减少，实际上是在降低员工对组织的忠诚度。组织有意或无意地维护"成本"降低的同时，已经将双方的信任关系降低到最低水平，这将对员工的工作投入产生严重的损害。

（四）企业家关注点的误区

笔者曾经对北京100家上市公司的高层管理者最关注的管理问题进行了调查，结果表明，90%的管理者考虑的主要问题是财务状况，只有不到10%的管理者提及处理好企业人员的心理问题。对北京大学光华管理学院EMBA的学位论文方向选择的调查结果也让人印象深刻：这些来自企业高层管理者的论文题目主要涉及财务、市场、战略、信息化管理等方面，在分析统计的1037篇论文中，涉及组织中人的行为的论文只有29篇。从2003年至2008年的论文中，此类论文数量所占比例从4.3%增长到8.2%。但这个比例还是显得过低了。这说明，企业管理者对组织发展的思考，很容易将财务状况、产品质量和市场销售等信息放在最重要的地位，对于组织的运转状况的监控结果很敏感，偶尔会对类似"用工荒"问题有所关注。但也较少触及内在激励、员工敬业度等深层次的问题。

由于在企业内和谐劳动关系的建立是一个缓慢的过程，而组织对这方面的忽视带来的损害也是一个缓慢的呈现过程，所以，使员工援助计划进入高层管理者的关注视野，进而给予必要的投入，有较大的难度。然而，当这种因忽视内在激励带来的损害效果显示出来时，不仅后果严重，并且很难修复。只有解决了企业家关注点的误区，员工援助计划才能真正进入组织，才能达到组织与员工共同促进的目的。

二、员工援助计划发展中值得关注的问题

如前所述，员工援助计划是从发达国家引进的"促进组织关爱、体面工作与健康和谐"的新职业服务领域。近年来的发展趋势表明，我国的员工援助计划已经从个人心理辅导、帮助拓展到组织与员工促进计划。因此，在未来的员工援助计划的实施中，有如下发展趋势值得关注：

（一）主观幸福感

幸福感是人们每时每刻所体验到的幸福的总和，人们所做的任何决策都是为了将幸福体验最大化。幸福感是一个心理学范畴的概念，作为一种主观感受，它不仅受到很多个体特征以及社会因素的影响，而且也有很大的能动性。而主观幸福感则是对自我生活经历的总体的情感体验和认知评价。它是一个多层级的结构（Diener，2003），反映了一个人对自己生活的综合评价，处在层级结构的最高层。它由四个成分组成：积极情绪、消极情绪、总体生活判断以及各生活领域的满意感。前两者属于情感体验，后两者属于认知评价，它们之间存在着中等程度的相关。

在员工援助计划的实施中，对于员工主观幸福感的评估和营造，是值得关注的一个重要领域。通过高级员工援助师的培训，可以让受训练者认识到，社会比较是不幸福的根源，人们的不快乐更多地来源于将自己和他人比较，不快乐的人更加容易受到社会比较的影响。此外，在未来的员工援助师的培训中，我们将探索一系列的新课程，来专门讨论金钱在这种社会比较中的负面作用：金钱是社会比较的主要指标，量化的标准更易比较，它容易导致人们忽视人际关系，使人们觉得不需要他人，不信任他人。我们在进行员工心理疏导时，需要关注的内容还有，如何增加员工的主观幸福感，如何引导员工在企业文化建设中保持自己的助人行为以增加主观幸福感。

（二）社会责任感

目前，我国一些高等学校和企业大学已经把高级员工援助师培训纳入 EMBA 教学和企业内训计划，其中尤其受到关注的内容是企业家社会责任感的培训。美国经济学家密尔顿·弗里德曼早就提出，企业家的责任就是保证生产，为社会创造物质财富，要肯定、鼓励企业家的创造精神，使他们向往并热衷于积极地参与创造社会财富的活动，这对于市场的繁荣、社会的发展是极为重要的。但是，企业家对社会的贡献并不仅仅局限于企业经营行为创造了物质财富，也包括创造就业机会，给更多的人提供发展机会，繁荣社会市场的行为也能够鼓励人们产生努力进取的创业精神。由于企业活动要与周围的环境产生相互影响，这就产生了与企业活动连带的社会问题的责任，如保护环境、强调生产对消费者有价值的产品，维护市场秩序，为社会稳定和发展做出贡献等。我们称之为企业家的"衍生责任"，这是对于企业家的一种高水平期待，需要企业家面对存在的问题，并寻求积极的对策。如果社会资源不能被有社会责任感的企业家所控制，这些社会资源就不能得到很好的利用。因此，在组织与员工促进计划中，应该考虑把社会责任感作为培训的首要内容。

（三）行为决策和领导行为

现任普林斯顿大学心理学教授的丹尼尔·卡里曼，获得 2002 年诺贝尔经济学奖的理由是：

"把心理研究的成果与经济学融合到了一起，特别是在有关不确定状态下人们如何做出判断和决策方面的研究。"他发现，人们的经济行为决策往往受到心理账户的影响，这使得人们在决策时更多地关注的不是投资项目本身，而是关注这种投入的价值体现在哪个账户上。在员工援助计划的实施中，应该开设避免管理者决策偏差、提高决策有效性的培训，还应该把我国传统文化中的辩证思维方法融入提高领导者理性决策水平的培训之中。

倡导变革型领导风格也是未来组织与员工促进计划实施的新趋势。变革型领导的概念首先是国外学者巴斯（Bass）提出的，他认为，管理者必须采用变革型领导的方式和风格，在新的竞争环境和雇佣关系下，要带领员工适应组织变革的需要，才能提高组织和员工的业绩水平。变革型领导理论一经提出，就受到了学术界和企业界的普遍欢迎。目前，变革型领导理论已经成为领导理论研究的新范式，并被国外众多著名的企业用于企业高层领导的诊断和人才资源开发。基于中国企业的文化背景的研究表明，变革型领导主要包括四方面因素：德行规范、愿景激励、领导魅力和个性化关怀。目前，这一研究成果已经得到国内外同行的关注和研究引用，这是我们今后进行健康型组织评价的重要依据之一。这一研究成果不仅用于领导者个人，也要探索其对于团队建设、组织文化和管理创新的关系。另外，在组织的员工援助计划的实施中，我们也要格外关注变革型领导在该计划实施中的重要影响作用。

（四）工作—家庭冲突

工作—家庭冲突是指当来自工作和家庭两方面的压力出现难以调和的矛盾时，产生的一种角色交互冲突。工作任务或者工作需要，使得员工难以尽到对家庭的责任，或是因为家庭负担过重，影响工作任务的顺利完成。随着全球化、信息化带来的工作节奏的加快，员工的工作—家庭冲突问题越来越突出，与国外逐渐实行的弹性工作制等家庭友好政策相比，国内企事业的女性员工的生育照顾、幼年子女医疗和教育费用补贴等家庭友好政策仍然停留在初级阶段。在员工援助工作中开展工作—家庭平衡的指导，对于员工工作和生活质量的改善、组织长期竞争力的提高，都会起到有益的影响。与组织与员工促进计划关系甚为密切的组织政策、支持性上司和支持性同事等因素，是帮助员工感受到工作助益家庭、家庭助益工作的关键切入点。今后的员工援助计划可以尝试把冲突理论框架引进工作—家庭问题的冲突管理中来，探讨社区关爱对工作—家庭平衡的影响，为和谐企业的建设，特别是解决工作—家庭平衡问题提供更多的管理对策。

（五）组织变革管理

建立一套具有中国特色的劳动关系协调体系，是世界经济一体化对于向市场经济过渡中的我国劳动保障体系建设的基本要求。目前，随着产权关系的多元化和劳动关系市场化，在企业追求利益最大化的同时，劳工关系问题甚为敏感。因此，需要对组织内员工利益与公司利益之间的协调机制进行探索，还需要对组织变革中的劳工关系，特别是裁员、失业等问题进行审慎的探索，为政府和企业的社会保障政策的制定提供理论依据。由于国际经济竞争日益加剧，企业要在极其复杂、变化剧烈的环境中生存和发展，必须不断地进行组织变革，这必然涉及组织结构的调整、组织减员、员工失业和再就业等问题。变革在给组织带来发展契机的同时，也会给员工带来恐惧、不安等负面的心理影响。任何企事业单位都是社会不可分割的单元，企业变革和裁员带来的问题，必然会波及家庭、社区，甚至整个社会。为了保障组织平稳发展，在实施变革的同时，领导者应特别关注信息沟通的对称性、变革的渐近性，通过与各类员工多层次的沟通，让员工参与变革的设计过程，随时提供支持与指导，把变革的阻力和对员工的伤害降至最低。这是因为，组织裁员的消极影响不仅波及失去工作的失业者或者转岗者，对于留岗的人员的消极影响也不容忽视，这也是今后组织与员工促进计划推荐中务必考虑的关注点。

三、我国员工援助计划的发展建议

我国正处于经济快速发展时期，经济的快速发展使人们生活节奏加快、物质生活水平提高，但人际关系变得更具有挑战性，对个人发展在社会中的竞争力、适应性的要求也越来越高，所有这一切将促使管理者和员工对心理健康的关注，使组织对于员工援助计划有更多的投入。因此，笔者预计，员工援助计划在我国最近 3—5 年必然有大的发展。在未来的推进工作中，大家应注意以下问题：

（一）高层管理者与全体员工的共同关注

在员工援助计划的导入中，高层管理者的抉择是关键。一方面，不论是企业、事业单位、政府机关或者街道社区，都要结合不同组织部门的需求，争取获得高层管理者的支持。从社会管理和维系稳定的角度，或者从加强基层党建工作的角度来宣传推动至关重要，只有改变了领导者的观念，使他们把员工援助计划看成增强企业核心竞争力和稳定发展的基础，推进问题就解决了一半。另一个方面，就是吸引广大员工的关注和参与。员工援助计划既要体现其组织促进的作用，更要能给每一个参与的员工带来益处。为此，应该确定广大员工的关注点，找准切入点并逐步推行，通过初期获得的实际效果，激发广大职工的关注和参与积极性。这也是今后工作的重点。

（二）个体咨询与组织发展的共同促进

只有从心理学理论的角度认识人、激励人和发展人，帮助自己和周围的人学会理性地判断，才能避免因常识性错误带来的损失，并且倡导和谐、民主和信任的领导—员工关系，处理好因变革带来的劳动关系冲突问题，就可以预防和化解各种矛盾。传统的员工援助计划是从酗酒行为的治疗发展起来的，因此，使用 EAP 项目的服务，人们更容易从心理疾病治疗等负面角度来理解员工心理咨询，包括我们过去对心理咨询师职能的解释，也是更多地倾向于"对心理问题进行诊断，制订咨询方案，进行心理行为矫正"，这些内容并没有完整地体现员工援助计划，也不能客观地表现员工援助计划的内容。因此，即使一些组织试行了员工援助计划，却出现了无人问津的情况。所以，在未来的员工援助计划的推广中，要体现"从个体心理和组织需求出发，对员工进行帮助、辅导和促进"，从而达到个人咨询和组织促进的共同发展。

（三）健康型组织建设为社会管理服务

社会管理主要是政府和社会组织为促进社会系统协调运转，对社会系统的组成部分、社会生活的不同领域以及社会发展的各个环节进行组织、协调、监督和控制的过程。社会管理的基本任务包括协调社会关系、规范社会行为、解决社会问题、化解社会矛盾、促进社会公正、应对社会风险、保持社会稳定等方面。社会管理的各层级的工作对象实际上就是不同层次的组织，这些组织的健康水平如何，将关系到社会管理系统协调运转的效能。我们在发展未来的员工援助计划时，寻求的支持源（如企业的人力资源管理部门、党群工作部门或工会、社区或者公益性组织、非政府组织等），肯定要超越企事业单位的范畴，将员工援助计划拓展到社区，甚至更加广泛的范围。这样，才能从系统的角度，让来源于国外的员工援助计划在我国真正地扎下根。在做好这两方面的员工援助计划的融合工作中，健康型组织建设及其评价工具是能够发挥重要作用的，因为不论是社区关爱，还是法律援助等工作，都是在一定的组织范畴中进行的，组织的健康水平高低是社会管理服务成效的鉴别性指标。

（四）加强职业培训的市场监管

2010 年 12 月 13 日，中国就业技术培训指导中心批准了"员工援助师"职业培训项目。为了建立一支高素质的、服务员工援助行业的专业人员队伍，配合政府和行业协会加强员工援助师职业培训的市场监管工作，国家员工援助师课程发展中心于 2011 年 7 月 11—16 日已经完成我国首批员工援助师的师资队伍的培训，目前已经在一些具备条件的省份建立了第一批员工援助师培训教学基地。这为在我国推行员工援助师的职业培训工作在师资队伍建设方面打下了良好的基础。在未来的员工援助计划的发展中，加强我国员工援助师职业培训的市场监管工作，对于保证员工援助行业的健康发展具有重要的意义。

第九章　积极组织行为学影响下的组织健康

第一节　有效性组织概述

一、有效性组织的产生

管理一个组织就像堆积木，最好的结构就是可以使各方力量达到最适度平衡的结构。从第一本著作《管理工作的本质》（*The nature of managerial work*）到最近的《明茨伯格论管理》（*Mintzberg on management*），加拿大管理学大师亨利·明茨伯格已经成为管理理论界不可忽视的人物。明茨伯格认为，不存在一种最好的方法，组织必须创建适合自己的结构，它可以采用已有的形式，也可以把一些形式组合起来。虽然没有一个有效组织的蓝本，但我们可以意识到存在的危险。例如，当对效率的追求开始凌驾于创新之上时，或者当内部的良性竞争演变为狭隘的政治手腕时，组织就面临着危险。

是什么因素使一个组织有效地运转呢？很长时间以来我们自认为找到了明确的答案。20世纪之初泰勒就研究出了"最佳方法"，各种组织也在长期追求这个神圣的目标。最初流行的是泰勒与他的动作研究，后来就是人际关系学派的参与式管理，近年来主流的理论则是战略规划。好像每一个管理者都必须戴着同样的眼镜看世界，尽管镜片的流行款式会随着时间改变。

接下来就出现了所谓的"权变理论家"，他们认为所有的事情都依情况而定。有效的组织自己决定自己的结构，以适应自身的条件。他们在大批量制造业中应用时间与动作研究理论，在相对稳定的条件中应用战略规划理论，等等。问题是，所有这些建议从来不能融合在一起，管理者们总是感觉自己像坐在自助餐桌旁，狼吞虎咽地吃点儿这个，吃点儿那个。

在某种程度上，这两种提高组织有效性的方法在如今的大部分管理著作中都有反映。汤姆·彼得斯和罗伯特·沃特曼建议管理者除了采取其他最佳的方法外，还应该只管自己的事，并使组织的结构具有松紧适度的特点；而迈克尔·波特则坚持认为，管理者应该利用竞争性分析来选择符合本行业特征的战略定位。对波特而言，组织是否有效的关键在于战略，而彼得斯则认为运作更重要，也就是要出色地执行任何战略。

笔者也认为组织是否有效取决于做正确的事以及正确地做事，正如彼得·德鲁克多年前所指出的一样。但是我们必须进行深入的研究，发现到底是什么使组织有效地运作。首先，我们需要理解是什么使组织能制订一个可行的战略，是什么使它一直有卓越的表现，以及在变革面前，某些组织如何保持其生存能力和卓越性。

笔者曾相信有效的组织是"把所有的因素凝聚在一起"。它通过构造的选择，将各种结构、战略以及环境的特点组合到一个天然的联盟中去。例如，有些组织组合得像一台高效的机器，有些组织则围绕着产品创新组合在一起。在某种意义上，这些组织就像在拼七巧板，将各个运作板块组合成一个统一的图案。

当然，有些组织看来似乎符合某种特定的形象——IBM 就像一部"蓝色巨人"机器，3M 就像一个产品创新者。但是，还有些相当有效的组织并不符合某一种特定的模式，即使那些看起来有固定组织模式的组织有时候也会表现得相当模糊。当 IBM 必须进行重大变革时会如何行动？为何 3M 公司有如此严格的财务控制手段？因此，笔者开始从另一个角度来考虑组织的有效性问题，假定组织并没有把自己放到现成的模式框里去，而是针对问题提出独一无二的解决方案。"做你自己的事"是它的座右铭，"乐高积木"是对它的形象比喻。

有效的组织是在搭"乐高积木"和拼"七巧板"。游戏中的板块就是组织面临的各种力量，最后组合在一起的图形就是组织采取的形式。它们共同构成了一个强有力的框架，通过这个框架诊断和处理组织面临的各种问题。

二、有效性组织的形态组合

原则上讲，所有类型的构造都是可能的。然而实际上，只有少数几种是比较常见的。

我们相信，当类似七巧板的七种力量中的任何一种在组织中占主导地位时，就会出现一种构造，促使组织呈现一种对应的形态。这会形成七种基本的形态，其中五种出现在五边形的节点处，当方向性的作用在整个组织中居于主导地位时，组织就倾向于一种创业型的形态，此时主要的管理人员会亲自控制组织中的多数事件。在创业期或转型期这种情况尤其普遍，因为它们都需要强制执行高层领导的愿景。这种组织形态在一些小型的、所有者自行管理的组织中也很常见。这会导致中间管理层和参谋职位相对较少，或者说力量相对薄弱。以一个处于转型时期的组织为例，20 世纪 80 年代早期，简·卡尔松接管北欧航空公司时，为了贯彻他的新愿景而绕过了许多已有的管理渠道，避免了许多标准控制系统，与一线员工直接建立联系。

当效率因素在组织中起显著作用时，组织就倾向于表现出机械型的组织形态。这种形态通常出现在大批量生产以及大众服务组织中（汽车公司、零售银行等），或者一些需要严格控制的组织中（例如核电站和许多政府部门）。在这种形态下，尤其是在大型的、比较成熟的组织中，中间管理层和参谋职能得到了充分发展。他们的工作重点是通过实施规则、制度和各种标准来规范经营员工的工作。

当组织中的专业技能成为占主导地位的力量时，比如在医院、会计师事务所、工程设计院等组织中，就倾向于呈现出专家型的形态。在这种情况下，组织运营的关键是如何完善已有的技能和知识，而不是开创新的知识。这使专家型组织的鸽笼式分类形式发挥得淋漓尽致。例如，医院偏好于尽快诊断出入院病人所患的病症，以便继续实施最适当的标准化治疗措施。这个特点使这种组织中存在相当大的自主权，每位专家的工作都在很大程度上独立于其他同事，更独立于名义上负责的管理者。

机动型的形态是为了应对组织对于创新的极度需要。同样，这种类型的组织也由各种类型的专家构成。但是，由于组织是以创造新鲜事物为己任——例如一部独一无二的电影或者崭新的工程模型——专家们必须在跨学科项目组中共同努力。这需要大量的非正式沟通，其结果就是结构的流动性，有时我们也把这称为"内部创业精神"。有些机动型组织，例如广告公司和咨询公司，直接为了客户的利益进行创新。还有些机动型组织则是为了自身进行创新性活动，推出自己的新产品或新设备。例如，某些高科技公司和化学制品公司就属于这种情况。

当组织内集中化，尤其是对不同的产品和市场的集中的力量凌驾于其他力量之上时，组织就倾向于呈现一种多元化的形态。这种组织首先会实现多样化，然后分为多个事业部。每个事业部都被赋予相对的自主权，并且要服从于一个小规模的集中总部的绩效控制。当然，世界上最知名的多元化表现形式就是大型综合企业集团。但是当政府说到责任的时候，他们头脑中想的也多半是这种结构。

有时候，协作与竞争的力量也会在组织中占优势地位，这两种情况下出现的组织形态叫作意识形态型和政治斗争型。两种情况的实例都是现成的：生机勃勃的以色列集体农场就是一种意识型组织，而充满派系倾轧的以色列政府机构则是政治斗争型组织。但是这两种组织形态并不常见，至少与前面探讨的几种组织形态相比并不常见。

这些形态在现实世界是否真的存在呢？从某种角度而言，它们并不真正存在。毕竟，这些只是纸上谈兵，是简化了复杂的现实的漫画。没有一个现实组织能够被归为纯粹的机械型或者纯粹的机动型。

虽然没有一种构造可以与现实的组织完美地吻合，但是有些构造确实非常接近现实情况。比如高度制度化的瑞士饭店和随心所欲的硅谷创业型企业。就像自然界中的物种生存在一个独特的生态环境中一样，人类社会中的组织的构造也是这样演化的。客人不需要饭店制造惊喜——比如，抬起枕头，藏在盒里的小丑会跳出来跟你说谢谢，只需要饭店在8：00准时叫醒他们，而不是在8：07。但是在广告市场，不能给客户惊喜的广告商们恐怕就会失去他们的客户。

关于组织构造的基本观点是非常简单的：当某种形态与组织匹配时，该组织最好保持这种形态，至少在一段时间内保持它。通过构造，组织可以实现一定的秩序和整合。组织中会具有一种内部一致性，把各种流程协同起来，适应外部的环境。一个没有构造的组织就像一个没有个性的人，会面临身份危机。

组织外部的人同样可以利用组织构造更好地理解某个组织。我们走进麦当劳立刻就可以发现它内部的驱动因素是什么。但是组织构造更重要的应用是对管理者的帮助，它可以使组织更加便于管理。有了设定好的路线，就更容易掌握方向，更容易化解周围的压力。没有一种构造是完美的——例如，专家型组织很容易轻视客户，而机械型组织则容易疏远员工——但是被高度控制的员工可能远不如专家型企业中的员工那么快乐，但比起早晨为质量而困扰，中午为研究而烦恼的那些员工，他们的处境要好得多。

而且，我们关于现实中的组织的大部分知识都要应用到具体的组织构造中去。也许没有放之四海而皆准的最佳方法，但是肯定有对于特定的环境比较适合的方法——例如，适合机动型组织的矩阵式结构。

因此，组织构造对于组织的分类、综合、诊断以及设计等问题都是有效的，但只有在所有条件都静止不动的时候，它才是有效的。环境会发生变化，组织构造迟早会变得无效。

三、组织有效性是组织力量的体现

组织有效性（organization effectiveness）是个重要却被忽视的概念。企业是组织，组织是实现目标所依赖的形式。实现具有挑战性的目标，不是散兵游勇能够做到的，领导者与跟从者必须形成高效的组织。组织的有力与否，就看其执行方面的有效性。

组织不是个体的简单的集合。抱着不同目的的人走在一起，只能同床异梦。不靠原则结合在一起的人群，只能是乌合之众。没有共同的价值观的凝聚，只能是一盘散沙。

组织的本质是生命。人体有结构，房子也有结构，我们称人体是组织，房子不是组织，区别在于一个有生命，一个没有生命。我们的企业是组织，企业也有生命。同人体一样，企业的生命也体现为能代谢，能成长，能对外界的刺激做出反应。企业的生命力，在管理理论上叫作组织的有效性。

我们是否能跑快，能负重，是否能抵御外来疾病的入侵，是否能战胜恶劣的自然环境，是否能长寿，取决于我们身体是否健壮，身体素质是不是好。同理，我们的企业是否能适应经济环境的变化，是否能在激烈的竞争中胜出，是否能抵御外部的诱惑而坐怀不乱，是否能成为百年老店，取决于我们的组织是否健康，是否强壮。

领导者应该像爱护身体那样爱护自己的组织，像保护眼睛那样保护我们的组织，像锻炼身体那样有意识地增强组织的生命力，使我们的组织保持鲜活、健康、强壮。

组织的有效性带有长期、根本的性质，它是企业持续竞争力最终的体现，也是企业根本价值之所在。当我们愿意用市盈率为十几甚至几十的昂贵价格购买某些股票的时候，我们看中的是这些企业的长期盈利能力，也就是它们的无形资产和组织资产的质量。

事情是组织在做，组织的力量决定整体业绩。组织是成功的保证。组织的成功是有准备的、必然的成功，因为它不依赖机遇，也不靠侥幸。组织在失败的时候更凸显其作用。它能帮助企业克服困难，它能凝聚全体员工共度时艰。在我国数以千万计的企业中，组织强大的企业数量不多。由于我们的经济在起飞，市场发展快，企业的业绩提升也快，组织内部的一些问题便被掩盖了。这就好比我们在年轻的时候，身体即便有疾病也未必显现出来。一旦经济滑坡，或市场出现异动，企业的组织缺陷可能给企业带来毁灭性的打击。

第二节 有效性组织的领导力量和团队活力

一、有效性组织领导力的核心构成对团队活力的影响

基于积极组织行为学的视角，探讨了团队战略领导力（团队吸收能力、适应能力以及管理智慧）是否通过团队心理资本影响团队活力（团队成员满意度、团队承诺和团队凝聚力）。笔者通过对 128 个创业团队样本的调查分析研究发现：团队心理资本、团队战略领导力分别对团队活力产生显著的正向影响；团队心理资本是团队战略领导力与团队活力的中介变量。依据这一研究结论，要提高团队活力，需要强化团队成员的心理资本，以便应对未来环境的不确定性和多变性。

纵观已有的国外关于战略领导力研究，主要集中在战略领导力对组织绩效的影响这一方面，研究结论也不一致。有些学者认为，战略领导者对组织实现高水平绩效具有关键性作用，也有学者认为两者之间并非直接相关。而且，战略领导力影响组织产出的深层机理也并未被充分揭示。我国关于领导力的研究，尤其在战略领导力研究方面还较为缺乏。从积极组织行为学角度，除了绩效，战略领导力如何影响其他组织产出，比如，团队活力、心理资本是否在这一影响关系中起作用？探索这些问题，将有助于解释战略领导力如何通过心理资本影响团队活力和产出（即解释"战略领导力—心理资本—团队活力"这一关系），研究结论也将拓展已有的心理资本和团队产出方面的研究。

（一）概念模型

一些学者将战略领导行为视为高层管理者设定组织愿景并传递给组织成员、激励成员为实现愿景而努力，并与成员进行战略支持性交换的过程。一些学者构建的战略领导力整合模型，

明确提出了吸收能力（学习能力）、适应能力（变革能力）以及管理智慧。一般认为，战略领导力的有效性取决于高层管理者是否具有探索和实现组织持续竞争优势的能力。虽然已有相关的研究聚焦于领导力对下属行为的影响，但其内在机制并未被充分揭示。社会交换理论认为，人们通过互动的对象及互动过程认知自身。当领导者与下属之间能够公开地分享信息，并及时提供建设性的反馈意见时，团队成员即处于积极的社会交换关系中，下属将产生积极的心理互动机制（如更加乐于帮助其他团队成员），并对自己在团队中的作用有明确的感知，从而形成良性循环，即团队中蕴含的积极心理因素提高了领导的有效性，领导有效性的提高又进一步强化了团队中的积极心理状态。

积极组织行为学理论聚焦于描述如何采取积极的方法和怎样发挥员工优势以提高组织的有效性。积极心理资本研究则是积极组织行为学研究最典型的代表。卢桑斯、约瑟夫和阿瓦里奥（2007）将心理资本定义为个体在成长和发展过程中表现出来的一种积极心理状态，由自我效能感、希望、乐观和韧性构成。韦斯特等人（2009）发表的有关团队心理资本对团队凝聚力、工作满意度、团队合作、团队协调以及团队冲突的影响研究，弥补了积极组织行为学在团队层面研究的空白，并在组织层面与个体层面的积极行为研究之间架起了桥梁。这类研究一般认为集体效能感、团队韧性以及团队乐观是组成团队心理资本的三个核心变量。瓦鲁姆巴娃（Walumbwa）等人（2010）进行的跨层级研究，深化了团队心理资本研究。此研究将战略领导能力与积极心理能力相结合，深入探寻其在战略领导力有效性中的作用。

团队有效性可分为团队绩效和团队成员情感反应；团队活力可视为团队情感反应的主要组成部分，包括团队成员满意度、团队凝聚力、团队承诺和团队氛围。由于团队氛围象征着团队成员对团队共享价值观的感知，更适合作为情景变量。因此，本研究采用团队成员满意度、团队凝聚力、团队承诺作为团队活力的表征变量。基于以上分析，构建了研究框架，如图9-1所示。

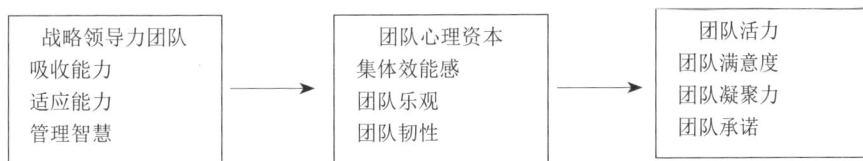

图9-1　研究的假设框架图

（二）假设提出

1. 团队心理资本与团队活力

①集体效能感与团队活力。集体效能感被定义为"对团体可以通过采取必要的行动，进而取得特定水平成就的能力的共享信念"，是在完成特定任务时团队成员对团队效能感评价的聚合。相关的研究发现，集体效能感能够预测团队行为水平。例如，团队的集体效能感越高，其团队绩效也越高。特别是当团队成员之间相互依赖性越强时，这一关系更为突出。较高的团队绩效使团队成员在面对困难时更加相信团队的能力，并且相信其他成员愿意帮助自己完成任务，进而感知较少的压力。对团队能力较高的认可程度，有助于提升团队成员的满意度及归属感。相反，较低的集体效能感通常伴随较高水平的无助感，并可能由于缺乏信心和动力而做出错误的决策。另外，拥有较高集体效能感的团队通常在过去取得过成功并且拥有较高的绩效。之前的成功与较高绩效意味着该团队已具备较强的能力。具备上述能力的团队更愿意通过设定相同或者更高的目标来证明自己的能力。在执行难度更大的任务时，集体效能感将使这些团队愿意

付出更多的努力，并使成员相信应该继续保持团队完整性。一些学者的研究也发现，由于团队成员认为他们的能力固定并且不易改变，之前较高的绩效将导致他们愿意继续一起工作进而取得更大的成功。综上所述，集体效能感有助于提升团队承诺。基于此，提出以下假设：

H1：集体效能感与团队活力正相关。

H1a：集体效能感与团队满意度正相关。

H1b：集体效能感与团队凝聚力正相关。

H1c：集体效能感与团队承诺正相关。

②团队乐观与团队活力。乐观被描述为一种解释风格，即取得成功时将其归于稳定的、内部的因素，遭遇失败时将其归为不稳定的外部因素。相关研究表明，乐观可拓展团队层面，视为团队积极能力的体现。对结果的不同期望会对行动产生不同的影响。有学者的研究发现，对成果有积极预期的团队能够付出更多的努力，甚至在遇到更多困难时能够不断努力。乐观的团队拥有更多的毅力，能够意识到团队成员之间互助的价值，并最终提升团队成员之间的凝聚力。

另外，随着全球经济竞争的日趋激烈和科学技术发展步伐的不断加快，日益增加的压力使团队成员情绪衰竭、缺乏精力并且感觉情感资源用之殆尽。相关的实证研究表明，情绪衰竭与团队承诺等结果变量负相关。乐观团队往往具有内控重心（即对他们的成功和感知价值进行内部归因）并能够感知成员间的内部依赖性，进而可以防止资源流失，并有利于资源流失后的恢复，甚至重新获得已流失的资源，团队成员经历情绪衰竭的可能性较低。

相反，若团队不具有积极的信念，其在完成棘手或高不可攀的目标时盲目坚持的可能性较大，缺乏寻找其他替代目标的灵活性，进而使团队成员经历情绪衰竭以及失败的可能性增加。同时，当遭遇失败时，他们习惯性地将责任归因于外部环境等不可控因素并较难从不利的情景中脱离。上述一系列的不可控因素容易使成员感到沮丧、无助与压力，从而更加关注自身利益而忽略团队整体利益，进而使悲观信念螺旋式上升。换句话说，悲观团队较少地感知到成员间的内部依赖性，经历持续失败的可能性较高，导致团队成员沮丧并对团队失去信心。基于此，提出以下假设：

H2：团队乐观与团队活力正相关。

H2a：团队乐观与团队满意度正相关。

H2b：团队乐观与团队凝聚力正相关。

H2c：团队乐观与团队承诺正相关。

③团队韧性与团队活力。团队韧性指能够使团队从失败、挫折、冲突或任何可能遭受的威胁，甚至是非常积极、挑战性事情中恢复的能力和意志力。处于激烈竞争环境的团队往往面临大量不确定的信息，并且外部威胁和压力的增大也将减少沟通的渠道和可利用的信息量，进而提升一系列负面结果发生的可能性。例如，李和阿什福思（Ashforth）（1993）研究发现，冲突通常伴随着较大工作压力的出现并导致较低的工作满意度。伊诗贝格（Eisenberg）（2007）研究发现，当团队成员感知到其他团队的激烈竞争时，他们将考虑以团队作为手段来克服外部威胁。

在上述的情景下，团队韧性的存在就显得极为重要。具有恢复力的团队在面临压力、缺乏沟通等危险因素，甚至严重的灾难时能够更好地适应。卢桑斯等人（2006）研究发现，韧性可使团队经历逆境后恢复到正常的绩效水平或获得成倍增加的绩效，这是因为团队韧性蕴含着创造性和灵活性的自适应机制，使团队将逆境与挫折视为学习、发展和成熟的机会。弗莱德里克森（Fredrickson）等人（2003）的研究结果也表明，较高韧性水平团队的成员在遇到问题时会注意积极的因素，感知较少的压力，并且表现出较多的积极情感，进而对逆境的负面影响形成缓冲，提升团队的满意度、团队承诺以及团队凝聚力。基于此，提出以下假设：

H3：团队韧性与团队活力正相关。

H3a：团队韧性与团队满意度正相关。

H3b：团队韧性与团队凝聚力正相关。

H3c：团队韧性与团队承诺正相关。

综上所述，团队心理资本的各个构成要素对团队活力都有积极的影响。心理资源理论强调，单个资源（心理资本的构成要素）应视为一个潜在的核心构念或集成的资源组合（心理资本）的表现形式，而不适宜孤立地分析；关键资源理论认为，关键性的基础资源会相互影响，并以协同的方式发挥作用。韦斯特等人（2009）的研究将集体效能感、团队乐观和团队韧性视为团队心理资本的核心构成并验证了其对团队凝聚力、工作满意度、团队合作、团队协调以及团队冲突的影响。与他们的研究保持一致，本研究也采用集体效能感、团队乐观和团队韧性作为团队心理资本的构成要素，研究其产生的协同作用。基于此，提出以下假设：

H4：团队心理资本与团队活力正相关。

H4a：团队心理资本与团队满意度正相关。

H4b：团队心理资本与团队凝聚力正相关。

H4c：团队心理资本与团队承诺正相关。

2. 战略领导力与团队活力

①团队吸收能力与团队活力。乔治（2002）将团队吸收能力定义为团队所具有的获取、同化、转换以及利用知识的能力，它不仅包括团队成员间交流与共享的观点，而且包括创造新的、更为有效的方法来完成学习的过程。团队吸收能力可被视为使组织获得持续竞争优势的关键性资源。吸收能力中包含的知识获取与同化能力使团队能够灵活、自由地适应瞬息万变的环境；转换与利用知识的能力可通过提升创造力进而影响团队的有效性。这些能力一方面能够促进团队感知、匹配动态环境的需求，进而促进行动的协调性；另一方面，通过团队成员间的人际交往活动增强了互动行为，进而创造了高质量的绩效，提高了团队成员满意度以及共同工作的能力。基于此，提出以下假设：

H5：团队吸收能力与团队活力正相关。

②团队适应能力与团队活力。一些学者将团队适应能力定义为团队通过改变或重塑适应已发生变化的集合性能力。其不仅包含学习与存储知识经验的能力，而且包括在做决定和处理问题时所具备的创造性与灵活性。一些学者提出的适应能力结构模型指出，适应能力的维度主要包括多重性、冗余以及松耦合性，可减少环境的消极影响。类似的研究表明，具有较高适应能力的团队能够适应较快的变化和扩散，甚至通过可持续的、较难模仿的方式不断发展和应用新知识参与变化与扩散过程。上述积极的影响进程有助于团队克服外部威胁并促使团队获得持续的竞争优势和较高的团队凝聚力。古拉蒂（Gulati）（1996）研究发现，冗余可帮助团队缓解冲突，从而有效地防止团队解散。莱纳德（Leonard）（1992）的研究也发现，处于潜在压力的工作环境中时，具有较低适应能力水平的团队往往缺乏灵活性，团队成员可利用的信息资源有限，团队更为僵化并表现出较低的凝聚力和较差的协调性。基于此，提出以下假设：

H6：团队适应能力与团队活力正相关。

③管理智慧与团队活力。管理智慧是战略领导者对环境变化的洞悉能力和对所承担社会角色的理解能力，是一种能够有效地管理由团队边界、组织环境、时间范围和多个首要目标构成

的团队协作中内在张力的能力。研究表明，管理智慧可识别团队协作的复杂性，并可通过公开讨论权衡后处理团队所面临的个人与团队、内部与外部、短期与长期、多个首要目标这四类两难困境。一些学者的研究结果也表明，团队具备的有效地处理与周围环境关系的能力对团队成功起到至关重要的作用。另外，相关研究还发现，有效的团队通常具有适宜、友好的内部关系，并具有维持健康的工作关系和有效地管理冲突的能力。那么，具备能够平衡内外部关系能力的团队通常具有较高的凝聚力，并且团队成员之间具有较高的信任感；相反，较低水平的团队智慧则会降低团队协调性和沟通水平，进而导致资源和能量的浪费。基于此，提出以下假设：

H7：团队管理智慧与团队活力正相关。

3. 战略领导力与团队心理资本

①团队吸收能力与团队心理资本。卢桑斯等人（2006）的研究指出，效能感可以通过体验熟练掌握、替代学习／模仿、社会说服与积极反馈、心理和生理唤醒等途径来开发。具体来说，频繁地达成阶段性目标能够有效地提高效能感。相关研究表明，通过学习特定技能与能力的相关知识，或通过边学边做的过程，可以使团队拥有阶段性成功的体验甚至开发出新的解决途径。乔治（2002）的研究结果也发现，内化于团队记忆中的过去的成功经历可通过影响信息解释和行动的进程来影响集体效能感。因此，识别与获取外部知识、理解信息、将现有知识与新知识进行组合的能力，以及探索新知识的能力对团队获取成功经验起到了关键性作用，进而能帮助增强集体效能感。施耐德（Schneider）（2001）列出了用于开发工作场所中乐观的几种策略，包括包容过去、珍惜现在及寻找未来的机会。包容过去是一种积极重构技术，它需要团队具有学习的能力以接受和重构过去的失败，从乐观的角度来看待情景中不可控的因素，并且原谅自己所犯的错误。如何处理不可控的因素、如何提高对变化的可预见性、如何减少遭遇损害性事件以及如何识别机会等对处于高度竞争与不确定环境中的团队来说尤为重要。吸收能力不仅能够帮助团队更为有效地追踪变化，而且在更新团队知识技能方面起着重要的作用，使团队在变化的环境中更具竞争力。通过开发新的感知模式或对现有资源与进程的重塑，吸收能力所蕴含的转换与利用能力有助于团队在不确定性中识别机会，进而有利于促进团队乐观的开发。

汉默（Hamel）和瓦里康加斯（Valikangas）（2003）指出，任何团队开发韧性的过程中都必须有效地应对四种挑战，包括认知挑战、战略挑战、政治挑战及意识形态挑战。卢桑斯（2006）的研究针对上述挑战提出了两种人力资源发展策略（积极主动策略与反应策略）以帮助团队获得更高的韧性水平。具体来说，诸如培训等属于积极主动策略，其主要关注的是增强应对不可避免的危机所需的知识、技能与能力等。另外，一些学者的研究发现，若团队中的成员具有较高的受教育水平，团队将表现出较高水平的韧性。因此，较高水平的学习能力和解决问题的技能有助于团队探寻问题的根源并进行纠正，使团队在提升竞争力的同时降低成本，增加团队所存储的能量与资源，从而能够主动地预测并有效地克服逆境。基于此，提出以下假设：

H8：团队吸收能力与团队心理资本正相关。

③团队适应能力与团队心理资本。团队适应能力对团队心理资本的影响可以描述为三个特征的作用。汉默和瓦里康斯（2003）认为，团队韧性并不是对单一危机的反应或是从单一挫折中的恢复，而是一种持续的重塑能力并需要创新能力的辅助。适应能力中所包含的灵活性／冗余这一特征有助于团队寻求创新与变革以适应内、外部压力，进而在一定程度上开发或增强团队韧性。另外，团队内部的松懈的架构能够降低团队的整体复杂性和依赖性，降低了风险迅速

扩散的可能性，并对冲突发展起到缓冲作用，增强团队在高度不确定环境中的生存能力。与之相类似，多重性意味着团队中成员间关系的多样化，蕴含了包容性、解释的多样性和知识的协同作用，可导致较高的团队存活率。拥有上述生存能力的团队相信自身能够控制甚至影响环境。这些积极的影响过程能够提升集体效能感及团队乐观，进而提高团队的韧性水平。基于此，提出以下假设：

H9：与较低适应能力的团队相比，具有较高适应能力的团队有较高的心理资本水平。

4. 管理智慧与团队心理资本

①团队是存在于较大背景环境中的小型社会系统，因此，团队成员需要关注内部与外部之间的关系。过度关注内部关系将增加与外部环境整合时失败的可能性；相反，过度的聚焦外部环境将降低内部沟通的有效性和增大内部冲突的可能性。管理智慧有助于解决上述困境。相关研究表明，具有较高智慧的团队拥有超越基本能力的内在技能与知识，并具备聚集与合成信息的能力，因此，在加强团队外部社会支撑网络的同时有助于提高团队内部的凝聚力和信任水平。较强的社会支撑网络使团队在动荡的环境中具备较高的韧性；较强的内部凝聚力被视为团队的资源，可以帮助团队克服外部环境的威胁与竞争。简而言之，管理智慧有助于同时降低来自团队内部与外部的压力，使团队成员相信其可以控制环境并且可以从过去的失败中恢复，从而坚定团队成功的信念。

②与此相类似，由于环境的不确定性，尤其是信息的不完全性，在很大程度上降低了不利因素的可预测性。处于潜在的压力环境中，团队成员间较容易失去内部依赖性，导致沟通有效性和团队协调性水平的降低。具有诸如反馈、培训和信息系统等支持性系统的组织文化在一定程度上可减少不确定因素，促进沟通的有效性，防止团队浪费精力，进而对团队及团队成员的发展产生影响。这些支持性氛围有助于团队智慧的开发，而智慧会加强或变革支持性系统，从而使管理智慧水平螺旋式的上升。因此，嵌入支持性组织文化中的管理智慧使团队相信其拥有更多的竞争优势，这些竞争优势包括在高负债情境下生存的能力、适应不可预测的变化或压力的能力、从过去的负面经历中恢复的能力等，成为提升团队心理资本的因素之一。基于此，提出以下假设：

H10：管理智慧与团队心理资本正相关。

综上所述，团队心理资本在战略领导力与团队活力关系之间起中介作用。基于此，提出以下假设：

H11：团队心理资本对战略领导力与团队活力之间的关系起中介作用；

H11a：团队心理资本对团队吸收能力与团队活力之间的关系起中介作用；

H11b：团队心理资本对团队适应能力与团队活力之间的关系起中介作用；

II11c：团队心理资本对管理智慧与团队活力之间的关系起中介作用。

（三）研究方法

1. 研究方法与变量设计

在理论研究的基础上，采用多元线性回归的方法在控制相关变量的情况下，实证检验战略领导力与团队活力的关系。因此，本小节的自变量为战略领导力，包括团队吸收能力、团队适应能力及管理智慧；因变量为团队活力，包括团队满意度、团队凝聚力及团队承诺。中介变量为团队心理资本，其他可能影响团队活力的因素，均设定为控制变量。

本研究的问卷采用李克特5分量表，要求被试者根据自己所在的团队情况给出对量表中每个条目的赞同程度变量，从1到5赞同程度逐渐增强，1代表"非常不符合"，5代表"非常符合"，3表示"一般"。本研究模型中各测量题项均来源于国内外学者在相关研究中所采用的量表题项，在对这些题项进行分类整理后结合本次研究的实际情况进行了调整，最终形成了各个变量的量表（如表9-1所示）。为了提高测量的信度和效度，在进行大规模调查前，进行了小样本的预调查。发放问卷191份，回收问卷163份，其中有效问卷为152份，共包含43个完整团队的数据。对于预调查数据，研究采用CITC方法及CFA方法对问卷数据进行信度效度检验。检验标准是：如果系数小于0.5，或者删除该题项后该变量的系数增大，或者该题项因子负载小于0.5，则该题项被剔除。通过计算维度内各条目的相关系数，发现团队吸收能力中的4个条目与其他条目的相关性较低；管理智慧中的3个条目与其他条目的相关性较低；团队凝聚力中的1个条目与其他条目相关性较低；团队承诺中的8个条目与其他条目相关性较低，仅保留情感承诺和规范承诺两个维度。最后保留的题项构成了大规模样本调查的量表。

表9-1　相关变量的具体度量方法

变量类别	变量名称	变量度量方法说明
因变量	团队满意度	采用格兰德斯坦（Gladstein）（1984）所编制的团队满意度问卷，主要通过3个题项来测量团队满意度
	团队凝聚力	采用布劳利（Brawley）和卡伦（Carron）（1985）的3个题项测量团队任务凝聚力，以及西肖（Seashore）（1954）的3个题项测量团队社会凝聚力
	团队承诺	采用梅约和艾伦所编制的情感承诺、持续承诺和规范承诺问卷修订版，本问卷总计包括18个题项，其中，分别用6个题项测定情感承诺（ACS）、持续承诺（CCS）和规范承诺（NCS）水平
自变量	团队吸收能力	采用杰森等人（2005）开发的组织吸收能力量表，共21个题项，由于本研究聚焦于团队层面，因此将题项中的"组织"用"团队"进行替换，主要包含4个维度：团队获取知识能力、团队同化知识能力、团队转换知识能力及团队利用知识能力
	团队适应能力	采用贾奇和道格拉斯（2009）开发的组织适应能力量表，共32个题项，由于本研究聚焦于团队层面，因此将题项中的"组织"用"团队"进行替换，主要包含8个维度：值得信赖的领导力、信任的下属、有能力的变革活跃者、中层管理、创新文化、负责文化、有效的沟通及系统的思考
	管理智慧	采用利莫斯等人（2004）开发的组织智慧量表，共32个题项，由于本研究聚焦于团队层面，因此将题项中的"组织"用"团队"进行替换，主要包含4个维度：看法大致一致性、对团队成员多样性的尊重、实际的政治敏锐性及对团队文化的敏感性
中介变量	团队心理资本	采用卢桑斯等人开发的问卷，该问卷来源于《心理资本：打造人的竞争优势》附录中的中文版PCQ问卷，为了测量团队整体的心理能力，将每个测量题项按照"相关转换方法"（Chan，1998）做了适当修改，使得每个题项的测量目标变成团队而非成员个人，量表共18个题目，包括3个部分：集体效能感、团队乐观、团队韧性
控制变量	团队的规模	包括大型、中型、小型、微型
	性别多样性	采用赫芬达尔指数，（公式为：$H = 1 - \sum P_i^2$。其中 P_i 代表的是具有 i 种教育水平的成员占创业团队的比例，H 值反映了创业团队教育水平的异质性水平，数值介于0至1之间，H 越接近1，团队异质性就越高；反之，则越低）
	年龄多样性	同上
	教育水平多样性	同上

2. 样本和数据收集

本研究的数据来自 2011 年 3 月至 4 月研究者对位于西安交大科技园、西安软件园、西安高新技术开发区、西安创业园内的各类创业企业的问卷调查。此次问卷调查主要采用现场填写和电子邮寄两种形式，共发放问卷 821 份，涉及 133 个创业团队，收回问卷 813 份，对每份回收的问卷进行检查筛选后得到有效问卷 779 份，问卷的有效回收率为 99.02%，共收集到 128 个完整团队的数据。样本数据的团队类型涉及营销、研发生产、行政管理等。

本研究选取创业团队作为研究对象。创业团队是特殊的高管团队，他们在企业的初创阶段决定着新创企业的未来，是公司创业取得成功的关键。在如今越来越复杂的经济环境中，创业团队面临越来越严峻的挑战。团队领导者不仅被期望能够带领团队达到经济目标，而且能够维持团队成员之间的积极内部关系。并且所有的团队成员都被要求提升积极的心理状态进而对团队的成功做出更多的贡献。因此，采用创业团队来研究处于经济困境中的战略领导力、团队活力及团队进程具有较强的现实意义。研究样本的基本统计信息如表 9-2 所示。

表 9-2　样本的基本统计信息

变量	基本信息
性别	样本中男性的比例多于女性，占 62.5%，女性的比例占 37.5%
年龄	25 岁以下占 61.9%，26—30 岁占 22.2%，30—35 岁占 11.9%，35—50 岁占 3.9%，50 岁以上占 0.1%
教育水平	高中及以下占 15.9%，大专占 32.5%，本科占 46.9%，硕士占 4.6%，博士占 0.1%
团队类型	营销团队占 3.9%，研发团队占 22.5%，生产团队占 54.9%，行政管理团队占 8.3%，其他团队占 10.4%
团队规模	大型占 1.2%，中型占 23.5%，小型占 68%，微型占 7.3%

注：N=779

3. 变量描述性统计与相关分析

在检验变量的信度与效度之前，首先对理论模型涉及的变量进行相关性分析（见表 9-3）。

表 9-3　相关变量的均值、方差和相关系数

变量	Mean	SD	1	2	3	4	5	6	7	9	10
1. 集体效能感	4.037	0.365									
2. 团队韧性	4.049	0.305	0.834**								
3. 团队乐观	3.981	0.283	0.759**	0.784**							
4. 团队心理资本	4.023	0.294	0.942**	0.939**	0.903**						
5. 团队吸收能力	3.949	0.340	0.768**	0.719**	0.685**	0.783**					
6. 团队适应能力	4.027	0.365	0.876**	0.791**	0.776**	0.882**	0.863**				
7. 管理智慧	3.991	0.342	0.858**	0.859**	0.805**	0.907**	0.801**	0.897**			
8. 团队满意度	4.216	0.341	0.750**	0.684**	0.711**	0.772**	0.674**	0.763**	0.755**		
9. 团队凝聚力	4.218	0.298	0.834**	0.807**	0.746**	0.860**	0.718**	0.801**	0.835**	0.768**	
10. 团队承诺	4.043	0.347	0.793**	0.748**	0.700**	0.808**	0.698**	0.808**	0.819**	0.761**	0.763**

注：*** 表示在 0.001 水平下显著，** 表示在 0.01 水平下显著，* 表示在 0.10 水平下显著，均为双尾检验值。

4. 量表的信度和效度检验

本研究首先采用哈曼的单因素检验和验证性因子分析（CFA）方法对量表进行共同方法偏差检验。哈曼的单因素检验结果出现多重因素（累计解释 63.20% 的变异），第一个因素解释了 38.76% 的变异，因此共同方法偏差不明显。另外，利用 Amos7.0 统计软件对量表进行验证性因子分析。八因素模型拟合结果（X^2/df=2.21，$RMSEA$=0.04，CFI=0.86，NFI=0.77，IFI=0.86，GFI=0.75）显著优于单因素模型拟合结果（X^2/df=3.27，$RMSEA$=0.05，CFI=0.68，NFI=0.60，IFI=0.68，GFI=0.55），表明本研究共同方法偏差可能性较小。

采用验证性因子分析（CFA）对各个变量进行效度检验，并检验了量表的内部一致性（克朗巴哈系数）。由表9-4可知，在进行验证性因子分析的变量中，各个变量验证性因子分析具有较好的拟合指数，因子载荷均在0.5以上，说明经过筛选后的题项具有很好的收敛效度。并且，各变量及相应维度量表的克朗巴哈系数都高于0.7，说明这些因子的内部一致性较好。

表9-4　变量量度可靠性检验结果

变量	维度	题数	CFA各个维度的标准化因子载荷	CFA各个题项的标准化因子载荷	各个维度的克朗巴哈系数	克朗巴哈系数	拟合优度指标
团队吸收能力	获取知识能力	5	0.883	0.626—0.743	0.80	0.92	x^2=606.40，df=115，CFI=0.91，SEA=0.07，NFI=0.90，IFI=0.92，GFI=0.91
	同化知识能力	2	0.961	0.795—0.801	0.78		
	转换知识能力	5	0.999	0.638—0.794	0.78		
	利用知识能力	5	0.853	0.543—0.748	0.79		
团队适应能力	值得信赖的领导力	4	0.911	0.682—0.795	0.83	0.97	x^2=1642.22，df=456，CFI=0.93，SEA=0.06，NFI=0.90，IFI=0.93，GFI=0.88
	信任的下属	4	0.928	0.713—0.786	0.84		
	有能力的变革活跃者	4	0.875	0.766—0.807	0.81		
	中层管理	4	0.955	0.634—0.814	0.83		
	创新文化	4	0.952	0.743—0.813	0.85		
	负责文化	4	0.882	0.722—0.821	0.87		
	有效的沟通	4	0.783	0.659—0.768	0.82		
	系统的思考	4	0.763	0.682—0.849	0.87		
管理智慧	看法大致一致性	7	0.918	0.636—0.742	0.86	0.96	x^2=1510.49，df=373，CFI=0.91，SEA=0.06，NFI=0.89，IFI=0.91，GFI=0.87
	对团队成员多样性的尊重	6	0.963	0.667—0.756	0.87		
	实际的政治敏锐性	8	0.988	0.662—0.735	0.89		
	团队文化的敏感性	8	0.945	0.663—0.740	0.89		
团队心理资本	集体效能感	6	0.901	0.621—0.785	0.86	0.91	x^2=340.80，df=101，CFI=0.95，SEA=0.06，NFI=0.93，IFI=0.95，GFI=0.95
	团队韧性	6	0.996	0.543—0.709	0.71		
	团队乐观	6	0.906	0.530—0.699	0.81		
团队满意度		3		0.805—0.867		0.87	完全拟合
团队凝聚力		6		0.659—0.839		0.88	x^2=32.41，df=5，CFI=0.99，SEA=0.08，NFI=0.98，IFI=0.99，GFI=0.98
团队承诺	情感承诺	6	0.952	0.582—0.673	0.81	0.88	x^2=331.37，df=34，CFI=0.89，SEA=0.11，NFI=0.89，IFI=0.90，GFI=0.92
	规范承诺	4	0.929	0.713—0.932	0.76		

5 单位层次构念的数据聚合及检验

本研究针对团队层面变量的关系进行探讨，应将个人层次的构念上升为团队层次的构念，即数据的聚合。表9-5列示了本研究变量聚合之前的组内一致性检验、变量的组内相关性检验

ICC（1）和 ICC（2）。检验结果表明，各个变量的 $r_{wg(j)}$ 值均达到 0.9 以上，各个变量均具有较高的组内一致性；各个变量的 ICC（1）值检验均显著，群体层次单位之间存在显著差异；各个变量的 ICC（2）值均达到 0.9 以上，变量在团队层次具有较高的信度。

表 9–5　单位层次构念的数据聚合检验

变量	$r_{wg(i)}$	$r_{wg(j)}$ 平均值	ICC（1）	ICC（1）sig	ICC（2）
团队吸收能力	$r_{wg(17)}$	0.97	0.38	0.000	0.99
团队适应能力	$r_{wg(12)}$	0.98	0.43	0.000	0.99
管理智慧	$r_{wg(29)}$	0.99	0.43	0.000	0.99
团队心理资本	$r_{wg(18)}$	0.98	0.40	0.000	0.99
团队成员满意度	$r_{wg(3)}$	0.93	0.30	0.000	0.98
团队凝聚力	$r_{wg(5)}$	0.96	0.32	0.000	0.98
团队承诺	$r_{wg(10)}$	0.97	0.44	0.000	0.99

（四）数据分析与结果

1. 团队心理资本对团队活力的影响

关于团队心理资本与团队活力关系影响机制研究采用层次回归分析方法。以集体效能感对团队满意度的影响作用为例，具体分析分为两个步骤，先引入团队的规模、性别多样性、年龄多样性、教育背景多样性 4 个控制变量；再将集体效能感纳入回归模型用以考察在控制相关变量的基础上，集体效能感对团队满意度的影响。团队心理资本与团队活力关系的回归分析结果见表 9–6 至表 9–8。

表 9–6 至表 9–8 结果表明，首先，在团队心理资本与团队活力的模型中，研究在控制了相关变量对团队活力的回归效应后，由模型 2 可见，团队心理资本分别对团队满意度（$\beta_{团队心理资本}$=0.893，$P<0.001$）、团队凝聚力（$\beta_{团队心理资本}$=0.865，$P<0.001$）、团队承诺（$\beta_{团队心理资本}$=0.950，$P<0.001$）有显著正向影响。另外，由模型 3 至模型 5 可见，团队心理资本的各个维度（团队韧性、集体效能感、团队乐观）分别对团队满意度（$\beta_{团队韧性}$=0.7464，$P<0.001$；$\beta_{集体效能感}$=0.568，$P<0.001$；$\beta_{团队乐观}$=0.376，$P<0.01$）、团队凝聚力（$\beta_{团队韧性}$=0.786，$P<0.001$；$\beta_{集体效能感}$=0.435，$P<0.001$；$\beta_{团队乐观}$=0.169，$P<0.05$）及团队承诺（$\beta_{团队韧性}$=0.849，$P<0.001$；$\beta_{集体效能感}$=0.544，$P<0.001$；$\beta_{团队乐观}$=0.184，$P<0.055$）具有显著的正向效应。因此，假设 H1 至假设 H4 获得支持。

2. 战略领导力对团队活力的影响

战略领导力与团队活力的模型中（如表 9–6 至表 9–8 所示），研究在控制了相关变量对团队活力的回归效应后，由模型 6 可见，团队吸收能力对团队满意度（β=0.675，$P<0.001$）、团队凝聚力（β=0.624，$P<0.001$）、团队承诺（β=0.709，$P<0.001$）具有显著的正向效应；由各模型 8 可见，团队适应能力对团队满意度（β=0.715，$P<0.001$）、团队凝聚力（β=0.658，$P<0.001$）、团队承诺（β=0.774，$P<0.001$）具有显著的正向效应；由各模型 10 可见，管理智慧对团队成员满意度（β=0.755，$P<0.001$）、团队凝聚力（β=0.732，$P<0.001$）、团队承诺（β=0.837，$P<0.001$）具有显著的正向效应。因此，假设 H5 至假设 H7 获得支持。

表 9-6 团队心智能力与团队活力的线性 OLS 模型回归结果

变量	团队满意度										
	M1	M2	M3	M4	M5	M6	M7	M8	M9	M10	M11
控制变量											
性别多样性	0.146	0.121	0.098	0.170	0.143	0.136	0.123	0.052	0.086	0.029	0.084
年龄多样性	−0.042	−0.037	−0.032	−0.030	−0.039	0.013	−0.023	−0.100	−0.067	−0.089	−0.057
教育水平多样性	−0.174	0.022	0.003	−0.016	0.010	−0.043	0.021	0.013	0.030	0.030	0.034
团队规模	0.005	0.001	0.003	0.001	0.001	−0.003	0.000	0.000	0.001	0.001	0.001
自变量											
团队吸收能力						0.675***	0.179				
团队适应能力								0.715***	0.344**		
管理智慧										0.755***	0.297*
中介变量											
团队韧性			0.764***	0.193	0.027						
集体效能感				0.568***	0.464***						
团队乐观					0.376**						
团队心理资本		0.893***					0.731***		0.518***		0.582***
R^2	0.018	0.601	0.472	0.583	0.616	0.461	0.613	0.587	0.630	0.573	0.616
Adjust R^2	−0.014	0.585	0.450	0.562	0.594	0.439	0.594	0.570	0.612	0.555	0.597
ΔR^2	0.018	0.601	0.472	0.583	0.616	0.461	0.613	0.587	0.630	0.573	0.616
F-value	0.567	36.763***	21.816***	28.201***	27.548***	20.911***	31.974***	34.656***	34.334***	32.699***	32.364***

注：*** 表示在 0.001 水平下显著，** 表示在 0.01 水平下显著，* 表示在 0.05 水平下显著，均为双尾检验值，表中的 β 是标准化回归系数，下同。

表 9-7 团队心智能力与团队凝聚力的线性 OLS 模型回归结果

变量	团队凝聚力										
	M1	M2	M3	M4	M5	M6	M7	M8	M9	M10	M11
控制变量											
性别多样性	0.049	0.025	0.000	0.054	0.042	0.040	0.026	−0.037	0.007	−0.064	−0.011
年龄多样性	−0.081	−0.077	−0.071	−0.070	−0.074	−0.030	−0.069	−0.135	−0.092	−0.127	−0.096
教育水平多样性	−0.195	−0.005	−0.012	−0.027	−0.016	−0.074	−0.005	−0.023	−0.001	0.003	0.007
团队的规模	0.005	0.002	0.003	0.002	0.002	−0.002	0.001	0.000	0.001	0.001	0.001
自变量											
团队吸收能力						0.624***	0.095				
团队适应能力								0.658***	0.173*		
管理智慧										0.732***	0.290**
中介变量											
团队韧性			0.786***	0.349***	0.274**						
集体效能感				0.435***	0.388***						
团队乐观					0.169*						
团队心理资本		0.865***					0.780***		0.677***		0.561***
R^2	0.024	0.743	0.655	0.741	0.749	0.521	0.747	0.656	0.753	0.709	0.762
Adjust R^2	−0.008	0.733	0.641	0.728	0.735	0.501	0.735	0.642	0.740	0.697	0.750
ΔR^2	0.024	0.743	0.655	0.741	0.749	0.521	0.747	0.656	0.753	0.709	0.762
F-value	0.758	70.560***	46.342***	57.560***	51.275***	26.506***	59.698***	46.502***	61.353***	59.418***	64.510***

表 9-8　团队心智能力与团队承诺的线性 OLS 模型回归结果

变量	团队承诺										
	M1	M2	M3	M4	M5	M6	M7	M8	M9	M10	M11
控制变量											
性别多样性	0.119	0.093	0.065	0.134	0.121	0.108	0.094	0.017	0.049	−0.010	0.028
年龄多样性	−0.094	−0.089	−0.083	−0.081	−0.085	−0.036	−0.076	−0.157	−0.126	−0.146	−0.123
教育水平多样性	−0.200	0.008	−0.003	−0.022	−0.009	−0.063	0.008	0.002	0.018	0.026	0.029
团队的规模	0.005	0.001	0.002	0.001	0.001	−0.004	0.000	−0.002	0.000	0.001	0.000
自变量											
团队吸收能力						0.709***	0.167				
团队适应能力								0.774***	0.427***		
管理智慧										0.837***	0.512***
中介变量											
团队韧性			0.849***	0.302***	0.221						
集体效能感			0.544***	0.493***							
团队乐观				0.184*							
团队心理资本		0.950***					0.799***		0.485***		0.414**
R^2	0.022	0.658	0.563	0.661	0.669	0.493	0.668	0.665	0.701	0.680	0.701
Adjust R^2	−0.010	0.644	0.545	0.644	0.649	0.473	0.652	0.651	0.686	0.667	0.686
ΔR^2	0.022	0.658	0.563	0.661	0.669	0.493	0.668	0.665	0.701	0.680	0.701
F-value	0.684	46.952***	31.401***	39.318***	34.597***	23.769***	40.618***	48.361***	47.287***	51.843***	47.311***

3. 战略领导力对团队心理资本的影响

在战略领导力与团队心理资本的模型中（如表 9-9 所示），研究在控制了相关变量对团队心理资本的回归效应后，团队吸收能力对团队心理资本具有显著的正向增量效应（$\Delta R=0.595$，$p<0.001$；$\beta=0.678$，$P<0.001$），团队适应能力对团队心理资本具有显著的正向增量效应（$\Delta R^2=0.783$，$P<0.001$；$\beta=0.716$，$P<0.001$），管理智慧对团队心理资本具有显著的正向增量效应（$\Delta R^2=0.751$，$P<0.001$；$\beta=0.787$，$P<0.001$）。因此，假设 H8 至假设 H10 获得支持。

表 9-9　团队吸收能力、团队适应能力、团队智慧与团队心理资本的线性 OLS 模型回归结果

变量	团队心理资本			
	M1	M2	M3	M4
控制变量				
性别多样性	0.028	0.018	−0.066	−0.094
年龄多样性	−0.005	0.050	−0.064	−0.054
教育水平多样性	−0.219	−0.088	−0.032	−0.007
团队的规模	0.004	−0.004	−0.002	0.000
自变量				
团队吸收能力		0.678***		
团队适应能力			0.716***	
管理智慧				0.787***
R^2	0.024	0.621	0.786	0.829
Adjust R^2	−0.008	0.605	0.777	0.822
ΔR^2	0.015	0.595	0.783	0.751
F-value	0.750	39.975***	89.367***	118.163***

4. 团队心理资本的中介作用

根据巴伦（Baron）和肯尼（Kenny）的研究，在团队心理资本的中介效果验证方面，以回归模式验证中介效果的成立必须全部满足以下三个条件：第一，自变量与中介变量分别与因变

量显著相关；第二，自变量与中介变量显著相关；第三，回归模型中放入中介变量后，自变量与因变量的关系由显著变为不显著或显著性降低。

首先，如先前分析所示，团队吸收能力、团队适应能力及团队智慧与团队活力显著相关（H5—H7），团队心理资本对团队活力显著相关（H1—H4），满足条件一。其次，团队吸收能力、团队适应能力及管理智慧与团队心理资本显著相关（H8—H10），满足条件二。最后，由表9-6至表9-8的各中介效应M7、M9、M11可知，在加入团队心理资本中介变量后，对于自变量——团队吸收能力，其与团队成员满意度关系的回归系数由0.731（$P<0.001$）降为0.179（n.s.），与团队凝聚力关系的回归系数0.624（$P<0.001$）降为0.095（n.s.），与团队承诺关系的回归系数由0.709（$P<0.001$）降为0.167（n.s.），因此，团队心理资本在团队吸收能力与团队活力之间起完全中介作用；对于自变量——团队适应能力，其与团队成员满意度关系的回归系数由0.715（$P<0.001$）降为0.344（$P<0.01$）以及团队凝聚力关系的回归系数由0.658（$P<0.001$）降为0.173（$P<0.05$），而与团队承诺关系的回归系数没有显著性下降，因此，团队心理资本在团队适应能力与团队满意度、团队凝聚力之间起部分中介作用；对于自变量——管理智慧，其与团队成员满意度关系的回归系数由0.755（$P<0.001$）降为0.297（$P<0.05$）以及与团队凝聚力关系的回归系数由0.732（$P<0.001$）降为0.290（$P<0.01$），而与团队承诺关系的回归系数没有显著性下降，因此，团队心理资本在管理智慧与团队满意度、团队凝聚力之间起部分中介作用。因此，假设H11得到部分支持。

（五）研究结论与局限

一些学者对团队的相关研究进行了回顾，并指出了未来研究应着重探索的关键领域，其中包括群体认知、情感和情绪以及群体能力和集体效能感等方面。基于此，本研究主要关注团队内在特征的发展。概括起来，本节通过建造新的研究模型架构，即通过揭示团队心理资本的影响因素以及其对团队活力的作用机制，深入理解提升团队有效性的内在进程。回顾之前的研究，心理资本通常被视为状态类的积极个体特征，然而，随着研究的深入，其是否以更高层面的形式存在逐渐被研究者所关注。与韦斯特等人（2009）的研究相一致，本研究通过将心理资本提升至团队层面，研究了团队心理资本的各个构成要素对团队活力的积极作用，并探索了其作为整体的协同效应对团队活力的影响，从而扩充了心理资本的相关理论。

起初心理资本被视为少数个体所拥有的天分，然而，最近的研究认为，采用模仿等方式其也可以被开发。本研究中基于能力的模型指出，为提升团队心理资本水平所付出的努力有助于降低团队成员的离职意向。例如，当团队所处的环境使团队阶段性地遭遇困难时，会增强团队成员离职行为发生的概率，然而，具有较高团队心理资本的团队将更为坚韧并经历较少的情感损耗。因此，付出努力以促进团队心理资本的发展对团队来说是十分必要的，其中通过提升团队吸收能力、适应能力以及管理智慧是可采取的途径之一。

1. 管理启示

本研究对团队发展项目具有实践意义。首先，在决策或市场可行性研究中，团队可通过提升诸如信息处理等能力从而获益。虽然许多学者曾聚焦该方面的研究，但是本研究的贡献在于将战略领导力理论与积极心理学理论进行了整合，进而更加有利于提升团队效能。

其次，可以通过培训来提高战略领导力（即吸收能力、适应能力以及团队智慧）进而提升团队的积极心理能力。许多研究已发现，培训可作为提升集体效能感的有效途径之一。并且，团队心理资本培训可产生传导性和延续性的影响：提升某一团队成员的心理资本不仅可以促进该成员的产出，而且可以促进其他团队成员的产出。因此，由于团队心理资本的积极作用，团队可通过提升团队心理资本培训水平来提高团队效能。

2. 研究局限

本研究对战略领导力、心理资本与团队活力之间的关系进行了初步探讨，具有一定的理论与现实意义。但由于研究资料、样本数据等方面的局限，也还存在很多不足之处。第一，本研究使用哈曼的单因素检验和 CFA 方法对量表进行了共同方法偏差检验，并且将个体层面聚合为团队层面进一步控制了潜在的共同方法偏差。未来研究可采取不同的度量方法及数据来源减少共同方法偏差。第二，本研究的数据均来自中国创业企业团队的数据。未来可进行跨文化的研究，进而使研究结果更具普遍性。第三，可以考察调节变量的影响，以此使相关的影响路径更加完善和可靠，从而为实际运用奠定基础。

第三节　积极的角色定位与工作投入

一、角色定位

角色定位从心理学发展到组织行为学，一直是各学者研究的热点。员工的角色定位过于虚泛，会使员工产生角色模糊或角色冲突，对员工的工作积极性、组织承诺、离职倾向等组织行为也有不利影响。

（一）角色压力、模糊及冲突

"角色"的研究始于 20 世纪 60—70 年代，当时的学者可汗（Kahn）提出角色情节理论（Role Episode Paradigm），认为角色模糊、角色冲突及角色超载是角色压力的来源。有学者指出，员工对自己的工作特征、期望、范围和职责不清晰时，会感受到压力。一些学者以路径分析法，证实了角色模糊、角色冲突、角色压力和工作满意度的关系。角色存在于组织之间，与组织其他成员的接触、沟通、交流不时发生，同时也存在角色的预期，但当组织之间的沟通产生混乱时，员工会对自己的角色不确定，对角色的行为规范不清楚。一般来说，角色模糊就会出现。吉普塔（Gupta）认为，角色模糊是因为员工难以取得清晰的指示而导致的对于角色的不确定。角色冲突是员工同时兼顾两个或多个角色时产生的冲突，涉及员工的能力及价值观。角色冲突一般会分为角色之间冲突和角色内在冲突，角色之间冲突是个人所扮演两个或以上的角色时，不同角色之间不能兼容，继而产生冲突。

（二）研究发展及应用

哈迪（Hardy）在可汗等学者提出角色模糊、角色冲突及角色超载的基础上，进一步提出了角色不一致及角色能力不足的概念，认为角色模糊、角色冲突、角色超载、角色不一致及角色能力不足，导致角色压力的产生。一些学者研究指出，组织的目标与预期，跟个人的取向、偏好及技能不同时，会产生角色冲突，而角色冲突会增加工作压力及紧张的水平，导致工作满意度降低。皮特森（Peterson）指出，工作角色的变更越多，沟通就会变得混乱，同时会产生角色模糊及角色冲突，削弱员工的工作满意度及员工对企业的归属感。佩罗（Peiro）认为，角色模糊及角色冲突会产生工作倦怠，而角色超载更是工作倦怠的主要导因。尼尔（Near）认为，工作家庭冲突与工作不满有直接的关系，他的研究更发现工作家庭冲突会令当事人对自己的生活产生不满。有的学者比较单薪及双薪的家庭，同样认为工作家庭冲突会影响工作不满度及组织承诺。有的学者将工作家庭冲突分为时间冲突、压力冲突及行为冲突来研究，工作领域与家庭领域之间存在不兼容，导致工作角色与家庭角色融合的困难，而且工作投入与时间冲突、压力冲突及行为冲突都存在正向的关系。后来吉努能（Kinnunen）比较工作对家庭的冲突与家庭对工作的冲突，认为工作对家庭的冲突较为普遍。

二、工作投入

积极组织行为学是人力资源管理领域的新视角，它强调对组织中个体的积极特征、状态和行为进行理论构建、研究和应用。相关研究表明，积极组织行为学相对于传统的消极取向研究具有附加价值。在积极组织行为学背景下引入的工作投入目前存在三种研究方法。压力与激励相结合的工作特征中，对工作情境与工作投入问题的研究，避免了积极组织行为学单纯的积极取向，实现了对传统组织行为学的补充与完善。

积极组织行为学是积极心理学方法兴起的产物，它强调将组织中个体的积极特征、状态和行为作为研究对象的重要价值（Luthans & Youssef.2007），是对积极取向的人力资源优势和心理资本的研究和应用。这些优势和资源具有可测性、开发性和有效治理性，它们对实现绩效改善这一组织目标具有促进作用。相关研究有力地显示，积极组织现象对解释组织结果变量具有独特的作用。弗雷德里克森（Fredrickson）和洛萨达（Losada）（2005）对商业团队进行的一项开创性研究证实，团队成员之间的积极沟通与支持的表达是区分蓬勃发展团队与日渐衰弱团队的重要指标。对口头报告的分析表明，积极报告以鼓励、支持和感谢为特征，而消极报告则以拒绝、愤世嫉俗和讽刺为特征。研究结果显示，成功的团队展示出更多的积极效应、思想与创新；而绩效一般和低绩效团队，这种积极效应和思想则受到不同程度的限制，员工缺乏创造性，并对未来持消极态度。

对情绪反应和情绪管理的研究中，一些学者运用多层次方法调查了财务顾问情感能力的效应。在他们的两维模型中，情感能力与被试本身和客户的积极状态都相关，研究结果还证明员工的积极心理状态会对顾客的积极心理状态造成影响，即表明这些积极状态对公司具有潜在价值。沃尔特（Walter）和布鲁赫（Bruch）（2008）还针对出现于工作团队中的积极情感开发了一套动力模型。其中，积极组织情感的相似性和组内关系的质量与自我强化循环的形式相互关联，而自我强化循环又是以组内成员之间的情感交流机制和情感相似性产生的吸引为驱力的。这种"积极群体效应螺旋"能持续增进组员间积极效应的相似性和他们之间人际互动的动力进程。他们还将积极群体效应螺旋嵌入了一个背景因素框架，这可能削弱或增强该螺旋的效应。这项研究证明，积极组织行为学不再仅关注简单的因果联系，通过对动力、互惠关系的分析，它会发展为一个增益螺旋，对组织和个体的发展形成强大的推动力。

同时，卢桑斯、诺曼和阿瓦里奥等人（2008）对积极心理资本（由希望、韧性、乐观和自我效能组成）的核心结构在激发支持性组织氛围和雇员绩效上的作用进行了研究。结果显示，员工的心理资本与其绩效、满意度和承诺感呈正相关，支持性组织氛围又与员工的满意度和承诺感相关。员工的心理资本激发了支持性氛围，员工绩效的研究假设得到支持。同时，该研究还证明了将现有各种构想整合为一个新的高阶概念能增强我们对积极组织行为学的认识。

这些研究都证实了积极组织行为学较传统组织行为学的附加价值。该领域研究涉及一般心理能力的预测效度问题、创新和智慧的认知能力、工作投入以及幽默的情感能力等，还检验了自我效能、乐观、希望、恢复力等个体资源在应对组织要求或创造绩效中的作用。它引入了聚焦于积极组织行为的健康模式，推动了组织行为学的发展。

（一）工作投入的研究

当代组织需要工作投入的员工，几乎所有主要的咨询公司都提供了确认工作投入驱力的评估工具，并为组织设计了增进员工工作投入的具体方案。而巴克（Bakker）（2008）以工作投入和员工投入为关键词，在美国心理学会数据库中搜索发现，仅有 61 篇相关内容的科学论文。显然，工作投入的学术研究与它在企业中的热度严重脱节，这也是该领域研究有待发展的重要原因。

目前，工作投入存在 3 种研究方法。第一，它被视为一组动机资源，例如同事和主管的支持、绩效反馈、学习和发展的机会及技术运用的机会。盖洛普 –12 问卷就是通过这种方式将工作投入操作化，对工作于 36 家公司的 8000 名个体进行的元分析（Harter, Schmidt & Hayes, 2002）发现，员工的工作投入水平与公司绩效（例如，顾客满意度和忠诚度、盈利能力、产量、营业额和安全性）正相关。这表明，在某种程度上工作投入与有意义的商业结果相关，这些结果对许多组织而言都是至关重要的。第二，工作投入表现在组织承诺和角色外行为方面（例如，员工对公司的成功和超过现有工作要求的高绩效标准充满热情的心理状态）或个体从工作中获得的个体满意和激励和肯定感上。显然，组织承诺在此也被纳入了工作投入的范畴。第三，工作投入被定义为独立于工作资源和积极组织结果之外的一种与工作相关的积极、完满的情感动机状态，它与工作倦怠是相对的（林琳、时勘、萧爱玲，2008）。基于这一概念开发的工作投入问卷主要由三个相互关联的维度构成：活力、奉献和专注。理论上看，工作投入和倦怠能融入一个综合框架：工作要求—工作资源模型（The JD–R Model）。这个模型假设存在两个心理过程：（1）健康损害过程，工作要求和贫乏的工作资源激发工作倦怠并导致消极的健康后果；（2）动机过程，工作资源激发工作投入，产生积极的组织结果。

根据 JD–R 模型，工作情境被分为工作要求和工作资源。工作要求需要付出努力，因此与身心代价相关，例如疲劳；而工作资源有利于个体成长、学习和发展，具有动机作用，例如主管指导，同事支持等。巴克等人（2005）对荷兰教师的研究发现，在倦怠的产生过程中，工作资源对工作要求具有缓冲效应，即当员工拥有丰富的工作资源（例如，自主性、绩效反馈、社会支持和主管指导）时，工作要求（例如，工作负荷、情感要求、体能要求和工作—家庭冲突）并不会导致高水平的倦怠，即它们的交互作用会造成不同的心理过程。研究还表明，高工作要求情境越发凸显工作资源的重要性；巴克等人（2005）对芬兰牙医的研究也显示，工作资源（例如，技术多样性、同伴交往）在高工作要求情境（例如，工作负荷过大、物理环境不良）中对维持工作投入效果最明显。同时，对芬兰教师的研究也报告了相似的结果（Bakker, Hakanen & Demerouti, 2007）。

JD–R 模型对员工的健康不良、功能障碍（健康损害过程）与其身体健康、功能完好（动机过程）基于不同机制进行了阐释。另外，大量研究证实了员工工作投入与有意义的组织结果（例如，角色内和角色外行为）、离职意向和组织承诺、学业表现和与顾客相关的服务质量之间的关系。

在这些研究中，工作特征表现为压力与激励相结合，既实现了对工作投入与工作情境之间关系的探讨，又避免了积极组织行为学单纯的积极取向，完成了对传统消极模型的补充与完善。总的来说，相对于消极过程，员工工作投入的相关研究增加了我们对积极组织过程的理解，并显示出其与组织成果之间的关联。它是未来积极组织行为学研究中一个前途光明的新方向。

（二）工作中的自我投入

当个体工作的时候，每一名个体都会承担不同的任务，有些时候他们会非常地投入。这是因为他们认为，出色地完成工作任务是自己应尽的责任。但有些时候他们又感觉对工作提不起精神，或者对工作中的某些方面不感兴趣，因此逃避或偏离既定的工作绩效标准。尽管此前的大多数研究者认为，工作投入首先会导致积极影响，但是在本章中我们给出了一个更加复杂、全面的分析，旨在指出当员工拥有顺利完成工作绩效所必需的资源及资质时，自我投入会产生积极影响，反之，当影响工作绩效的障碍不断出现时，则会产生消极影响。

我们将首先关注的是工作投入这一概念和其操作性定义。在这些问题上我们要花费一些时间，因为不同的研究者提出了不同的研究方法对这一概念进行界定和测量，而我们希望能够对这些观点加以整合和梳理。接下来我们将探讨工作投入的一些预测变量。研究者对不同职业和行业的员工进行了研究，结果表明，组织中的一些特定变量对工作投入具有预测作用。然后，我们将总结工作投入对于身心健康和工作绩效等变量的影响效果研究。我们希望揭示出工作投入是隶属于积极组织行为学研究领域的一个概念（Luthans，2002；Wright，2003），这是因为工作投入是一种理想的工作状态，这种状态会引发员工积极地工作。尽管如此，我们同样也指出，工作投入这些"积极的"变量也可能在特定的条件下导致不良的后果，而且积极组织行为学的模型仍有待整合，以期形成更加完善的理论。

（三）工作投入的概念形成及测量

对工作投入的探索源自想弄明白什么因素决定了工作责任心。施伦克尔（Schlenker）及其同事（1994）提出了"责任感的三维模型"，以此来说明关于责任的相关问题，包括是什么因素促使一个人会做出引发一定社会评价和约束的行为。该理论整合了此前关于责任感的观点，并且开始用于预测什么时候人们会为其个人行为负责，以及当人们对一个人的责任感水平做出评价时需要考虑的信息类型（Schlenker et al.，1994）。这一模型最近已经被用于解释一个人何时会专注于特定的任务和领域（Britt，1999，2003a；Schlenker，1997）。布里特（Britt）和他的同事将工作投入界定为员工对出色完成工作绩效所体验到的责任感与承诺，因此工作绩效与员工个人息息相关（Britt，1999，2003b；Britt & Bliese，2003）。

由于处于工作投入状态的员工对工作绩效有一种强烈的个人责任感，对他们而言，从工作中所得到的东西对他们的自我认同有更重要的意义。因此，达到工作投入状态的员工也意味着他们会对工作绩效的关注和投入。布里特等人（2005）用了一个形象的政治化比喻来进一步阐明他们是如何界定工作投入这一概念的。美国总统有时以自身对某一特定政策或事件的投入程度为基础来做出判断的。例如，某位总统可能会因为不关心中东和平进程或者别的国家正在经历的危机而受到指责。由于对特定事件缺乏自我投入，总统经常被看作没有对特定事件所造成的后果承担个人责任，因而显得对一些问题漠不关心而备受指责。对某一特定事件的自我投入使得总统经常被看作承担起了解决这一问题的责任，并承诺对此事件提出解决方案。与之相似的是，我们对工作投入探讨的重点在于阐述员工对他们的工作绩效所产生的个人责任感和严谨的工作态度。根据以上定义，我们将工作投入看成一个变量，并使用一些项目对之进行测量，这些项目包括对工作绩效的责任感、绩效承诺以及工作绩效与个人是否密切相关（Britt，1999，2003b；Britt & Bliese，2003；Britt et al.，2001，2005）。这些项目测量了一个单一的构念（即工作投入），并具有良好的信度，其克伦巴赫信度系数接近或超过了0.90。

其他大多数学者将工作投入看成由两个或多个独立成分构成的多元结构（Harteretal.，

2003；May et al.，2004；Rothbard，2001；Schaufeli et al.，2002）。这些早期的研究者多是在可汗（1990）启发性的工作基础上形成了他们自己的工作投入模型。事实上，这篇论文可以看作对工作投入的结构所进行的助推性研究。可汗（1990）运用质性访谈的方法探索了导致工作投入和工作懈怠状态的条件。他设计了一个严谨的研究方法，包括对两个存在显著差异样本的测验：儿童夏令营的顾问与生意兴隆的建筑公司职员。之所以选择这两组被试是因为他们之间截然不同，有利于使其研究成果得到最大范围内的普及和推广。可汗通过观察这两组员工，对他们进行访谈以及研究档案数据来发现工作投入的评价指标。他将工作投入定义为自我雇佣以及在角色绩效中身体、认知与情绪的表达，并让工人们回忆在什么条件下他们能够体会到这种状态。可汗发现，个体间工作投入会经常出现不稳定特征，这就降低了将工作投入的变化完全解释为个体差异的可能性。

罗斯巴德（Rothbard）（2001）从工作和家庭两种角色的视角探讨了"投入"这一状态，以及在一种角色中的投入是否会增强或削弱在另外一种角色中的投入。在这项研究中，他将工作投入定义为两个虽然紧密相关但截然不同的因素。第一个因素是专注力，操作化定义为"思考和专注某一角色所耗费的时间"。第二个因素是吸引力，操作化定义为"忘记时间并全神贯注于角色绩效"（Rothbard，2001：665）。这两个因素的应用源于可汗（1990）的建议。罗斯巴德将投入与其他相似的概念进行了区分，他将投入表述为在某种活动中的心理状态水平，而其他概念如角色认同和角色承诺则是达到投入状态的潜在原因。

梅（May）等人（2004）也做了一项关于工作投入的定量研究，他们同样是以可汗（1990）的人类学研究为基础。他们首先阐明了工作投入和相关概念如工作卷入以及心流之间的区别（Brown&Leigh，1996）。首先，他们解释说工作卷入是着眼于在何种程度上工作是和个人自我形象相关的，而工作投入是与个人在完成工作时所做的投入方式相关的。第二，心流早就被认为是在一项活动中的最佳认知状态，而投入关心的则是工作中的认知，情感以及体力投入。

因此，梅等人（2004）对投入的定义和可汗一样，也是自我雇佣以及身体、认知和情绪的表达（Kahn，1990：694）。他们以一家保险公司的行政人员为被试进行研究，试图将投入看成认知（例如，完成工作如此投入以至于忘记了别的所有事情）、情绪（例如，我真的是把所有心思都投入到了工作中）以及身体（为了完成工作我花费了很多精力）三种独立的因素进行测量。然而，对调查结果进行的因素分析并没有汇聚到三个因素，所以他们将三个维度的得分平均后形成工作投入的单维度测量。

另一个关于投入的概念形成与测量的研究取向则来自工作倦怠的研究。马斯拉奇等人（2001）提出工作投入可以看作工作倦怠的对立面，特征是精力充沛，工作高度投入，以及工作中较高水平的个人效能感。他们将工作投入和工作倦怠看作一个连续体的两端，而不是两个独立的因素。然而，萧费利等人（2002）提出工作投入和工作倦怠应该被看作两个独立但相关的结构，并以此为基础进行测量。他们认为工作投入的特征是活力、奉献和专注，同时他们运用结构方程模型技术证实了工作投入和工作倦怠的相对独立性。

最后，哈特等人（2003）将员工工作投入定义为"工作场所中认知和情感影响因素的组合"。他们提出用12个不同的项目可以很好地评测员工的工作投入，比如：知道在工作中有所期望，拥有做好工作的足够多的资源，得到认可或表扬，保证高效完成工作绩效的工作伙伴等。尽管哈特等人指出这些变量是员工投入的影响因素，但没有证据表明这些变量有助于单独对工作投入的评估。

（四）工作投入与绩效

令人惊奇的是，关于工作投入与工作绩效之间的关系迄今几乎没有任何人研究。尽管如此，最近的一项研究考察了员工工作投入的前因变量与绩效之间的关系。哈特等人（2003）用前面所描述的 12 种不同的知觉变量测量了他们所谓的"员工投入"的效果。尽管这些研究者没有具体地测量工作投入，但他们的研究表明在企业部门水平上工作投入的前因变量的确能够预测一些重要的结果变量。哈特等人对一个包括 198 514 名参与者的由 7939 个企业部门构成的数据库进行了元分析。他们测量了综合得分以及构成综合得分的以企业结果为表现形式的个人预测指标之间的相关度。他们发现，在投入的综合得分与顾客满意度、生产力、利润率以及减少员工离职之间存在正相关。这项研究支持了工作投入的前因变量和绩效之间有联系这一观点。将来的研究有必要确定工作投入是否能够解释它们之间这种关系。

布里特等人（2006）最近对一个培训课程进行了研究，他们把投入程度作为课程结束后对绩效进行评价的一个预测指标。此外，这些研究者还考察了投入—绩效关系间一个潜在的调节变量：个体对于拥有完成优秀绩效所必需的技能是否存在疑问。这些作者对正在参加预备军官训练团（Reserve Officer Training Corps，ROTC）领导力培训课程的学员进行了研究。在训练营地，对这些学员在训练营中的投入水平，对于自己是否具备成为领导者的技能的认知，以及责任心进行了评定。这些学员的领导力表现在训练营结束时由专家进行评定。研究者发现即使是在控制责任心后，学员在训练课程中的投入水平与其领导力表现也呈正相关。对于是否拥有领导力技能的疑虑也与领导力表现呈负相关。研究结果也显示了两种变量间的交互作用，对于学习中高度投入的学生来说，是否拥有领导力技能和其有关领导力表现之间的负相关更强一些。因此，投入程度不仅放大了影响绩效的压力源和健康之间的关系，而且也凸显了影响绩效的压力源和绩效之间的关系。

（五）工作投入的未来研究趋向

对于工作投入的未来研究还有令人感到兴奋的领域。这些领域中也许最迫切的就是对个体工作不同方面的投入水平进行精确识别。对工作投入的已有研究大多集中在对工作投入的总体评定上。然而，个体很有可能对于他们工作的特定领域高度投入，而对于其他领域则相对懈怠。未来的研究应该考察不同领域或不同工作任务内的投入是如何作用于该范围内的具体结果变量的。如果一位学者高度投入于他工作中的研究部分，但是相对懈怠于教学和服务活动，这种不同的投入应该与一定领域内的绩效联系起来。此外，如果在一定工作领域内的心理投入水平和该领域在总体绩效评估中所占的权重不一致时，那么对这种情况进行研究就有可能产生一些有趣的结果。研究在其整个学术绩效评估中所占比重较大时，他在研究领域高水平的心理投入通常会产生积极的结果，但是如果教学绩效被看得更加重要时，这就可能产生问题了。因此，如果测量的仅仅是这位学者整体的工作投入程度，那么其科研和教学等之类的信息就有可能丢失。

未来另一项有价值的研究领域涉及工作投入中的暂时性波动。例如，有学者提出，员工工作投入水平可能在日常的活动中有所波动，并且个体从每个工作日中体验到的恢复程度能够预测其未来几天的工作投入水平。即使员工控制了总体工作投入水平，这种关系仍然存在。同样的研究结果表明工作投入中的日常波动是工作复原与工作中主动行为之间的中介变量。这一研究表明工作投入的确存在波动，而且这种波动和一些重要的结果存在非常有价值的相关。

未来对工作投入的水平和暂时性波动的研究表明，探讨不同领域中工作投入的潜在过程以及投入究竟如何与一些重要的结果变量相联系显得非常重要。而更多的随着时间变化考察工作投入的日记式研究将有助于我们更好地理解在不同的工作领域中投入是如何发展变化的，以及个体是如何从某一具体任务或者他们整个工作中懈怠的。例如，懈怠或投入发生的时间进程是什么？在某一领域通过具体的干预措施（如增加工作清晰度、控制感和相关性），个体如何更加便捷地从懈怠到转变为投入？而诸如此类的问题只能通过纵向研究设计才能加以解释。

拉扎勒斯（2003）在他去世前为积极心理学运动写了一篇评论。他对这种研究取向提出了很多批评性观点，包括对那些普遍具有积极意义的力量进行区别存在一定的难度，以及积极心理学运动错误地将先前关于压力与应对的研究看作"积极的"。尽管他的大多数评论遭到了其他研究者的质疑和挑战，但是有两点看上去似乎和许多研究者一致：把积极的研究同消极的构念彻底分离所面临的困难，以及认识到在特定的条件下，很多积极的心理构念却和消极的结果有关。

正如上面所讨论的，我们将工作投入看作一个积极的心理构念，这是因为投入和对绩效结果的关注存在相关，并且有助于个体认识到其工作本身的意义（Britt et al., 2001）。然而，我们也意识到在一些特定的条件下（例如缺乏关键的资源，工作超负荷），工作投入对于个体而言可能会产生消极的影响。应该指出，积极心理学范畴内的很多构念在特定的条件下都有可能产生负面的效果，同时我们也鼓励研究者研究导致这些结果的过程机制，以便为工作中的积极心理状态如何产生适应性的效果提供一个完整的解释。

第四节　积极组织行为学与组织健康

受传统组织行为学的影响，对组织健康的研究多从消极取向开展，存在诸多弊端。积极心理学和积极组织行为学的兴起为组织健康研究提供了一种新的研究视角。

积极心理学和积极组织行为学的兴起，为组织健康研究提供了新的研究思路和方法。以往的健康研究过多关注压力、悲伤、抑郁等负性情绪对员工和组织的影响，管理者则采取消极被动的方式予以应对。积极心理学和积极组织行为学的兴起，使研究者和管理者认识到挖掘组织中积极正向因素对促进组织健康的必要性和重要性，它们为组织健康研究提供了有效的理论支持，为组织健康研究发展带来新的契机。同时，组织健康研究的进展也有助于拓展积极组织行为学的研究和应用领域。

一、积极组织行为学与组织健康

积极组织行为学的理论基础源于积极心理学的研究成果。积极心理学认为，心理学肩负着的主要使命是治疗人的精神或心理疾病，帮助普通人生活得更幸福充实，发现并培育具有非凡才能的人。但从第二次世界大战后，为治疗战争创伤给人们造成的心理问题，心理学研究转向消极命题，集中关注如何"治疗人的精神或心理疾病"，这在一定时期内取得了卓著成效。但正如美国心理学会前任主席塞利格曼所言"当一个国家或民族被饥饿和战争困扰的时候，社会科学和心理学的任务主要是抵御和治疗创伤。但在没有社会混乱的和平时期，致力于使人们生活得更好是更重要的使命。"

为纠正心理学研究只关注人类机能和行为中负性、病态方面，而忽视人类自身优点和积极特性等能使生活有意义方面的极端取向，塞利格曼发起了积极心理学运动，旨在把心理学研究中的一部分侧重点从生活中最糟糕的事物转移到生活中一些最美好的事物上来。他主张采用科学方法去发掘和促进那些让个人、群体、组织和社会进步的积极心理因素。长期以来，组织行为学研究仍存在重视"补短"、忽视"取长"的倾向，消极情绪研究多于积极情绪研究，研究重点仍主要放在对组织、团队、管理者和员工的机能不良等方面，如怎样引导和激励消极、懒惰的员工，如何更有效地管理冲突和应对压力与倦怠等。这种"忠于管理的观点"，使行为研究过度聚焦于确定组织中员工的不满、悲伤和苦恼等负性情绪所造成的金钱损失。塞利格曼与同事发表多篇论文，就积极心理学在组织行为中的运用展开了详细论述，并将这种以积极心理学运动为基础和出发点的、积极取向的组织行为学模式称为积极组织行为学。

积极组织行为学应从微观层面研究和应用那些可测量、可开发和有助于绩效提升的各种积极导向的人力资源优势和心理能力，积极组织行为学家的使命就是发现和确认符合上述标准的积极心理能力，并将其与重要的组织结果联系起来。许多研究证明，符合定义标准的最具代表性的积极心理要素包括自我效能感/自信、希望、乐观、幸福感、韧性等，并证实它们能够直接影响领导和员工的工作行为、工作态度和工作绩效，并进而影响到企业的整体绩效和持续性竞争优势。如自我效能感能有效缓解压力对个体造成的消极影响，对工作绩效有积极影响；而工作幸福感能提升工作绩效、生产力和利润率，降低缺勤率和离职率，使员工的行为更接近组织公民行为；满怀希望的人往往对既定目标更加坚定并受之激励，重视目标以及目标实现过程中所取得的进步，表现出更强的环境适应能力，在压力情境下较少体验到焦虑等。

越来越多的管理者认识到员工心理资源是组织获取竞争优势的又一个重要来源。众多研究也表明，员工优秀的心理素质、良好的精神状态、积极的工作态度等心理资源是组织产生高绩效的重要源泉。因此，围绕探索和挖掘员工积极心理资源的积极组织行为学研究成为组织行为学和人力资源管理领域新的研究取向和视角。

二、组织健康研究背景及进展

早在 1965 年麦尔斯（Miles）就曾指出，组织与个体一样，也有健康与不健康之分。"健康型组织"成为 20 世纪 90 年代逐渐兴起的话题，引起了研究者的关注。而源于工作压力对员工健康产生的影响的研究也逐渐被扩展到具有更广泛意义的组织健康研究之中。"组织健康"术语是个使用广泛而无明确统一定义的概念。纽厄尔（Newell）（1995）强调"组织健康"的概念必须放在特定的时代背景中，当作文化或社会模式的表现来看待。组织健康效标在不同时期包含的内容不同，可将其分为三个阶段。

第一阶段（1990 年以前），这一阶段的组织健康研究处于无意识状态，组织健康也被狭义地理解为企业短期的财务成功。如一些学者认为，组织健康与财务绩效相关，并将组织健康简单地划分为财务健康和财务不健康。在这一阶段，员工健康与经济绩效是不并行考核的。虽然这一阶段展开了对员工压力的系统研究，但研究的目的主要是为了降低员工生病缺勤、流失、重新招聘等花费的成本，本质是为了企业的财务成功，而非员工健康本身。企业的财务健康是重要的，但它不应是组织唯一的目标。过高估计和过低估计组织财务健康的重要性都将使组织健康陷入风险之中（Quick et al., 2007）。

第二阶段（1990—2000 年），这一阶段正式兴起了对组织健康的研究，强调组织健康应是企业财务成功和员工健康并存。库柏（Cooper）和卡特赖特（Cartwright）（1994）本先提出健康的组织既要有成功的财务（如利润），也要有身心健康的员工队伍；莉姆（Lim）和墨菲（Murphy）（1996）认为，健康的组织要能够最大化整合员工的健康目标和企业盈利、生产率目标；而一些研究者的实证研究是有力证据，组织健康首先表现为财务成功，但财务成功并不必然意味着组织健康，组织要同时关注财务健康和员工身心健康。以上学者的共同点是摆脱了第一阶段单纯把财务指标作为组织健康衡量标准的局限，主张把员工健康和经济绩效结合起来考核，突出了员工在企业组织中的价值。

第三阶段（2000年以后），这一阶段的组织健康研究更多的利益相关者，但都超越了员工（健康／满意）和股东（经济绩效）层面。布拉什（Brache）（2001）认为，组织健康是对组织内外一系列错综复杂的变量进行管理的函数；而一些学者强调，组织健康是组织同时高度满足了6个主要标准的整体状态，这6个标准是平衡组织主要目标、创造归属感、最小化损失、创造满意顾客、组织成长与环境和谐，兼顾了员工、顾客、股东、环境等多方面的利益。健康组织的领导人要理解存在于员工、顾客和股东间的动态关系和平衡（Corbett，2004）明确提出"组织健康"和"企业社会责任"紧密联系，两者都包括成功的财务、健康的员工和健康的环境。

虽然不同学者对组织健康的理解各有不同，但研究发展表现出的阶段性特征，正好印证了组织健康是在特定时代背景中对社会文化模式的反映。综合各位学者的研究，结合我国当前社会经济转型和构建和谐社会的时代背景，我们将组织健康定义为：一个组织能正常有效地开展经营管理并具有持续成长和发展能力的状态，它既注重内部发展能力的提升，又能有效适应外部环境的变化，从而有助于实现组织可持续发展、员工主观满意与客观健康以及良好的社会效益。这个概念同时兼顾组织、员工和社会三方收益，通过内部发展能力的提升和外部环境的适应过程，实现组织的生存与发展。组织健康表现为组织可持续发展、员工主观满意与客观健康以及良好的社会效益。

三、基于积极组织行为学视野的组织健康研究

在组织行为学领域兴起的组织健康研究，对健康的理解表现出与积极组织行为学研究一致的趋势，即从正面看待组织中个人和组织的健康，探索组织中的积极力量。正如快克（Quick）等人（2007）的主张，心理学和组织行为学应该研究人的各种积极力量和精神，要用一种更为积极的方式表述健康和健康个人与健康组织的属性。虽然积极组织行为学研究和组织健康研究原本沿着不同的路径发展，但是，二者的融合却可以促进彼此发展。积极组织行为学为组织健康研究提供有力的理论支撑，为组织健康研究提供新的研究思路和视角，而组织健康研究的发展也有助于拓展积极组织行为学的研究和应用领域。

（一）积极组织行为学视野下的组织健康认识

时至今日，组织健康研究主张从个体、组织和社会层面衡量组织的健康状况，表现为员工健康、组织可持续发展和良好的社会效益。这种构架拓展了积极组织行为学的研究和应用领域，同时，在积极组织行为学视野下，也将引导学者对组织健康的认识从更正面积极的视角出发。

在积极组织行为学视野下，我们将正面考核员工的健康问题，包括身体健康和心理健康，这是员工层面的健康维度。用短期财务绩效作为组织健康的衡量指标会使企业形成急功近利的思想，而且财务成功只是组织健康的一个必要非充分条件。组织健康必须有财务成功，当财务不健康时，不健康的状态就已经渗透到组织的各个方面了，但财务成功并不必然意味着组织健康；用财务指标来区分健康与不健康组织，过于简单、不充分。在积极组织行为学视野下，我们要对组织绩效持有乐观积极的远见，追求企业的可持续发展。因此，不仅要关注组织的短期财务绩效，更要关注组织的成长与发展，这是组织层面的健康维度。

随着企业竞争环境的复杂化，很多学者提出把更多的相关者利益纳入组织健康的考核范畴。这种趋势与企业经营实际和许多新的理论发展是一致的。企业经营的实际是随着供过于求

的买方市场出现，公众对企业发展有了更大的影响力，他们以消费者和投资者的身份对企业施加压力，要求企业承担起保证质量、和谐社区、保护环境等方面的责任，否则以"拒绝购买"和"用脚投票"来决定企业的生死。相应的是，利益相关者理论、企业社会责任理论的蓬勃发展和SA8000责任体系的广泛推行。最初很多企业对此采取消极抵制的方式，抱怨承担社会责任会导致成本增加。在积极组织行为学视野下，企业与社会和谐共赢可以带来积极收益，包括良好的企业形象和社会声誉，巨大的客源市场，以及环境改善为个人、组织和社会带来的长期效益等。因此，顾客满意、社区和谐和环境友好成为社会层面的组织健康维度。

（二）积极组织行为学视野下的组织健康影响因素

积极组织行为学原本就重视对个体积极心理能力的开发，主张从积极层面探讨员工健康问题，尤其是心理健康问题。纽厄尔（1995）指出，组织需要"积极精神健康"。所以，在个体层面，目前选择的主要变量是主观幸福感、自我效能感、希望、乐观和坚韧等积极心态变量（Luthans，2002）。积极取向的健康研究不仅探讨如何调动员工的积极品质去解决心理问题，更重要的是帮助处于正常环境下的"普通人"如何培养积极的心理品质，发挥自己的能力和潜能。在这个方面，目前已经取得了较丰富的成果。

团队是组织成功的基础。一些学者通过团队建立互动过程中成员沟通方式与团队绩效间的非线性动力模型，发现了"矢量"型连通方式对团队绩效的积极作用；而耶恩（Jehn）和本德斯基（Bendersky）（2003）在研究团体内冲突时提出关系冲突的权变后果，认为探究冲突所具备的潜在积极价值后可建立起"建设性冲突"，通过训练，能使员工从建设性冲突中获益，进而提升绩效、满意度和忠诚度。在积极组织行为学视野下，有待进一步探索团队的合作或冲突特征对组织健康的影响，以确定合适的团队开发。

快克等人（2007）认为，健康的领导是组织健康的中心，是促成个人健康和组织健康的起点；时勘和郭蕊（2007）也认为，优秀的领导是发展健康型组织的关键；科勒（2006）提出的健康领导模型，验证了正直和富有勇气的领导将对个人和组织健康产生高度影响；而阿瓦里奥和卢桑斯（2006）的研究证明，领导人员的健康状况以及他们对健康的态度，都会影响到组织中其他人员的健康和组织健康结果。因此，作为影响组织健康的积极因素，究竟何种领导风格更有助于组织健康，我们有意于在民主式和专断式风格间展开比较。

组织层面的影响因素，排在第一位的是组织文化。一方面，组织文化在组织行为学领域里，在研究与理解组织上，是一个重要的角度与主题，在学术界和实业界界被广为接受并蔚为风潮（郑伯埙，1996；李志鸿，2005）；另一方面，组织文化作为组织成员共同信奉和遵守的行为规范和价值观，它影响着企业的价值追求，包括对组织健康的认识和重视。企业健康状态从根本上取决于企业的文化基因的优劣（王成荣，2005）。在积极组织行为学视野下，探讨组织文化对组织健康的影响，尤其是它所表现出的外部适应性和内部调节性，对组织的内部协调发展能力和适应外部环境变化能力的提升至关重要。

（三）积极组织行为学视野下的组织健康研究模型

组织健康的内涵包含了员工、组织和社会多层次健康，是社会经济发展的必然，也是理论发展的趋势。而对组织健康的影响因素，已有研究多从单一层面展开，如莉姆、墨菲从组织层面研究了组织特征对组织健康的影响；纳德卡尼（Nadkarni）和拉威（Lovey）等人则指出领导对组织健康的影响；时勘等人认为团队合作对组织健康很重要；库柏则研究员工积极心态对组织健康的影响。但各个层面的孤立研究不能全面地挖掘组织中潜藏的积极因素，也不能发挥这些因素的协同作用。同时，组织健康所具有的员工、组织和社会多层次健康并存的特性，要求在组织行为学的体系下，从个体、团体、领导和组织多个层面来探讨组织中存在的积极因素和能力，研究它们对员工、组织和社会各层次健康的全方位影响。综合前面对积极组织行为学视野下的组织健康认识及其影响因素的论述，提出组织健康研究的整体模型，如图9-2所示。

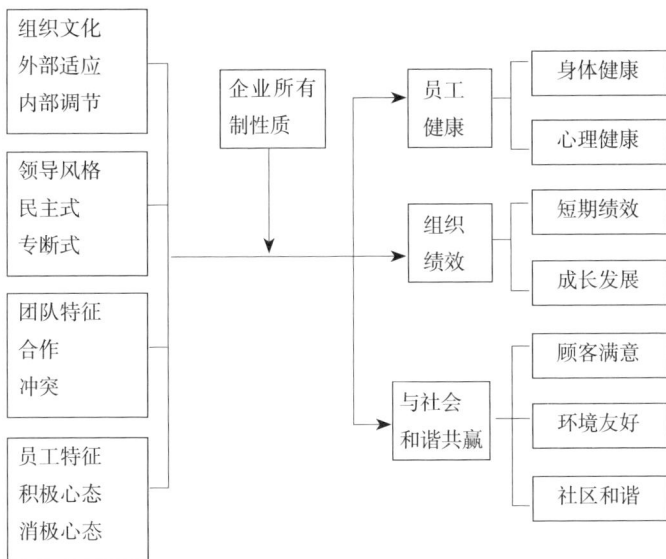

图9-2　组织健康研究的理论模型

目前的组织健康研究主要集中在国外。因此，在国内开展组织健康研究时，还要基于我国的特殊国情，即我国企业以国有、民营和三资企业为主体的现实，比较不同所有制性质的企业的组织健康程度及其影响因素的差异，这既有助于深化组织健康研究理论，也有助于提出有针对性的组织健康管理建议。所以，模型中引入"企业所有制性质"作为调节变量，以便开展针对不同所有制企业的比较研究。

四、积极组织行为学促动下组织健康的评判方式

积极组织行为学的兴起为当代组织健康的发展提供了极为丰富的理论和经验。组织健康评判在传统研究过程中研究的主要是抑郁、压力、悲伤等负面情绪对组织和员工的影响，但是，管理者在研究过程中所持有的态度却是被动消极的。现阶段组织健康的已有评判方式，主要集中在财务健康、员工健康、社会、员工、组织收益等方面。然而，此类标准却并不能完全覆盖组织健康发展的内外层面，这也是组织健康需要积极组织行为学作为理论和实践指导的主因之一。

（一）积极组织行为学对组织健康的影响

在组织健康中，组织健康以其关注企业内控和外部延展的特征而使得其与积极组织行为学的研究发展具有趋同性，比如积极组织行为学的应用可辅助组织正确看待组织健康和组织个人健康的动态发展需要，这也是组织行为学和心理学所倡导的。事实上，按照组织在可持续发展中对内控的需要来看，任何表述、彰显、辅助、促使组织健康发展的要素都是组织极其需要并极为重视的，这也是组织在发展和转型过程中关注的焦点。

由此可见，积极组织行为学所倡导的健康、积极的理念，以及积极组织行为学对组织可持续发展的辅助性作用，明显可以被组织为谋求健康发展所吸收。同样，基于组织提升健康的需要，在积极组织行为学与组织融合的过程中，积极组织行为学必须为组织的可持续发展提供思想、

行为两方面的正向性和促进性。这也是组织健康发展中组织和个人健康备受关注的主因之一。现阶段在积极组织行为学的引下，组织虽然依然按照自己原有的运行模式发展，但积极组织行为学对组织健康的促进作用仍不可小觑。其中，组织健康借助积极组织行为学获得了新的理论支撑依据，并为自身的发展提供了全新的视角和研究思路。另外，健康本身的发展也辅助了积极组织行为学应用领域的拓展。

（二）组织健康研究评判的方式及标准的发展及缺陷

尽管 1965 年麦尔斯一度提出，组织与个体相似，都具有健康和不健康的区分，但健康型组织概念真正被关注却是在 20 世纪 90 年代。健康型组织研究的主要是员工健康因工作压力所受到的负面影响被扩展到更为广阔的领域，即围绕组织本身的健康与否所进行的研究。按照纽厄尔（1995）对健康型组织的界定来看，针对组织健康的研究应该被放在特有的条件中，比如特定的时代背景、社会模式以及文化模式等，按照组织健康在不同时期的表现，可将对其的评判标准划分为三个类型。

1. 以财务健康为组织健康评判标准

在第一个阶段，即 1990 年之前，组织健康的发展尚处在自我发展及无意识状态。此阶段尽管组织健康得到了部分研究者的关注，但是，其对组织健康的评判也存在狭隘性，具体表现为组织健康的评判被限定在以企业短期财务是否成功为标准。在此阶段的研究论著中，一些学者将组织健康的评判限定在财务绩效范畴，认为组织健康的评判标准为企业是否具有健康的财务。然而，在具体运作过程中，企业的员工健康以及企业的经济绩效却并没有得到企业的考核，相关的研究学者对组织健康的考核标准，却仅仅为能降低重新招聘员工、员工流失、员工缺勤生病等耗费的成本，以谋求企业财务的提升。但是，此项标准并不涉及对员工健康本身的关注和研究。企业财务健康对组织健康具有重要性，但是，这却并非组织唯一的健康考察标准，任何过低或者过高的财务健康评估都会导致组织健康处于危险中。而且，组织健康仅限于财务范畴的评判方式，只是从其利润的角度出发，忽略了影响组织健康的人员因素、经营风险因素、市场因素、产品因素等各个层面，从其存在的要义来看，只能保证组织的存在性而非健康性。

2. 以企业财务和员工健康为组织健康评判标准

第二阶段对组织健康评判标准的研究主要集中在 1990—2000 年。相较于此前的无意识发展，组织健康逐渐进入研究者的视野中，由此，其评判依据和方式也被拓展到员工健康、企业财务成功两个方面。1994 年库柏和卡特赖特提出进行组织健康程度的评估，既需要员工队伍的身心健康又需要保持财务的成功性，即获得利润等。1996 年，莉姆和墨菲将组织健康的评判扩展到企业盈利、员工健康目标、生产率目标的最大化整合范畴。2000 年布拉泽顿（Brotherton）使用实证研究来探测组织健康评判依据，认为财务成功仅仅是组织健康的一个评判部分，并不能完全代表组织健康，组织必须同时关注员工身体健康和财务健康。虽然此阶段的组织健康评估方式相比较第一阶段有所完善，但是，依然没有完整地构建出组织健康的评判方式，甚至并没有将组织作为主体，而是将其狭义地集中在经济绩效和员工健康层面，只是相对突出了组织中员工的价值和作用。

3. 以社会、员工、组织收益为组织健康评判标准

2000 年之后，尽管国内外学者的研究范畴、层次、程度有所不同，但是，均在组织健康原有的评判标准之上进行了拓展。比如布拉什所提到的，衡量组织健康的标准应该使用一系列

复杂错综的变量；拉威在 2003 年提出组织健康的评判标准应该拓展到与环境的和谐度、创造归属感、平衡组织等主要目标和组织成长、创造满意顾客等领域，建议将环境、股东、员工均列入影响组织健康的考察范围内。尽管不同学者在研究过程中提出的组织健康评价标准不同，但从根本上而言，组织拟提升自身的经营管理成效，保持自身的发展能力和可持续成长能力，就需要顾忌自身内部的提升要求。其中，组织健康借助积极组织行为学获得了新的理论支撑依据，并为自身的发展提供了全新的视角和研究思路。另外，健康本身的发展也辅助了积极组织行为学应用领域的拓展。

五、积极组织行为学影响下组织健康评判标准的拓展

（一）组织健康评判标准的拓展定位

在组织健康评判方式的当前发展过程中，从影响企业健康发展的三要素——人员个体要素、社会要素和组织要素三方面来看，组织健康评判需要顾忌到社会效益、员工健康以及组织的可持续发展需要三个层面。这三个层面也成为积极组织行为学与组织健康得以融合的基础。在积极组织行为学发展的推动下，影响组织健康的个人健康因素，如身体健康和心理健康逐步成为考评组织健康的基本考评维度。就原有的财务考评标准而言，如果仅仅将财务成功作为组织健康的评判标准，势必会使组织健康具有急功近利的趋向。虽然财务成功是组织健康的运作基础，但是，一旦财务出现不健康状态，财务的此种不健康状态就会影响到组织的不同层面。考虑到财务成功并不代表着组织必定健康，如果使用财务指标来进行组织健康程度的区分，其区分的结果自然不够充分。

在积极组织行为学的辅助下，以企业可持续发展为前提，将组织短期财务绩效、组织长期发展要求作为组织健康基本维度，则可以在企业竞争环境不断复杂化发展的前提下，将组织健康评判维度逐步细化到符合组织健康发展要求的层面。比如，在社会和企业和谐共赢的需求下，要考虑社会声誉、企业的良好形象、环境改善、巨大的客源市场、顾客满意度、环境友好度、社区和谐度，以及社会、组织、个人所带来的长期效益等多个层面。

（二）影响组织健康评判标准拓展的因素

积极组织行为学认为，组织应该将积极精神健康视为评判标准。因此，在个体层面需要将乐观、坚韧、主观幸福感、希望、自我效能感等积极心理变量纳入个体健康的评判维度中。在积极组织行为学影响下的健康研究不仅需要考虑如何培养其能力和积极的心理品质，还有如何提升员工的积极品质，并依靠其来克服自身的心理问题，同样还需要考虑团队的健康度、团队建设、健康的领导、组织文化的健康性、组织的内部调节性以及对外部的适应性等。如此，以上各个方面的因素同样也是影响组织健康评判标准拓展的因素。

健康的领导作为组织健康评判的核心要素，同样也是保障组织健康和个人健康的起点，一个优秀的领导可帮助组织保持自身的健康性，而一个富有勇气、正直的领导对组织健康和个人健康本身也存在强烈影响。按照 2007 年郭蕊和时勘的健康领导模型，领导风格和健康状况以及其对健康的态度等都会直接影响到组织健康。组织文化在组织行为学领域中应该被当作重要研究要素，作为组织成员共同遵守的价值观、行为规范，是员工群体共同信奉的信仰。组织文化直接影响着企业对组织健康的重视程度和认识度，并从根本上决定着组织健康的优劣性。因此，在积极组织行为学的视野下，探讨以上各个因素与组织健康的关联性，可进一步分析和考察组织的内部调节性和外部适应性，进而辅助其内部调节性和外部适应性的提升。

（三）积极组织行为学影响下组织健康评判模型的构建

从积极组织行为学对组织健康评判标准的影响以及制约组织健康评判的要素来看，组织健康评判模型的构建需要从社会、组织、员工等多个层面入手，打破现有组织和员工健康评判的不稳定状态和单一的评判方式，不断挖掘组织中当前所隐藏的积极因素，并促进组织中不同积极因素的协同。在归纳前文中所分析的组织在不同阶段的健康评判标准后，构建出符合组织健康动态发展所需要的评判模型。

进行积极组织行为学影响下组织健康评判模型的构建，就必须考虑到现阶段国内外针对组织健康评判的研究主要以国外的研究结果为主。我国组织健康评判模型在积极组织行为学的影响下的构建，不仅需要考虑我国的国情，还需要以民营、国有、三资企业作为评估主体，比较三者在不同发展阶段组织的健康程度以及影响组织健康的因素，以便深化组织健康研究进程，在模型中可尝试纳入企业所有制性质来调节组织健康评判模型。例如，将组织文化、领导风格、团队特征、员工心态综合起来，结合企业所有制性质，从员工健康、组织绩效、与社会和谐共赢三个层面分析个体的健康（心理健康和身体健康），组织绩效（短期绩效健康度和组织成长发展的健康度），与社会和谐共赢（顾客满意度、环境友好度、社区和谐度）等。

六、组织健康研究对管理实践的意义及未来研究的展望

（一）组织健康研究对管理实践的意义

组织环境的急剧变迁，诸如全球化竞争、企业兼并收购、组织扁平化、工作弹性化、业务外包等新趋势，使职场中的各类工作者面临不断的压力和考验。工作压力对个人健康有所影响并进而最终影响到组织是过去几年研究者的研究兴趣，人们最初的兴趣是要证实两者间存在的联系以及工作环境以积极和消极方式影响健康的因素。学术界在这些方面已经取得了丰硕的成果，实践者也努力寻求有利于实施组织变革、强化员工健康的工作环境，以避免对个人和组织产生负面后果。但研究者已经意识到，工作和家庭（或非工作）的角色不是孤立的，而是互相影响的，两者都对个人健康和组织健康具有显著影响。人们开始意识到，工作健康的复杂性，目前对组织健康的研究主要是探明这种复杂性，即组织健康与相关变量间的关系如何存在以及为何存在等更为错综复杂的问题。影响组织的其他因素，包括全球化、技术、领导、情感、人际关系、工作动力等，在健康背景下正受到更多关注；如何看待"健康"的新视角，如积极组织行为学和积极心理学以及更完整的测量方法，正被引入组织健康的研究领域。这些研究将推进现行理论知识的建构，并潜在地开拓出一条全新的研究渠道。随着对组织健康概念的理解，我们将重新思考基本假设，验证主要理论，拓展理解。组织健康研究对管理实践的意义主要体现在：

首先，引导管理者用积极的思维方式看待员工与组织健康。传统组织行为学和人力资源管理对健康的研究更多地聚焦于组织、团队、管理者和员工的技能不良和问题方面，如怎样引导和激励懒惰的员工，如何更有效地管理冲突和应对压力等。组织参与者自身的优点和积极特性在很大程度上被忽视了。组织健康研究采用积极取向的研究视角，强调对个体、群体和组织的积极力量与精神的开发及有效管理。这种研究有助于管理者改变对人性的消极认识，采取更加科学、积极的方法与技术开发人与组织的潜力、活力、创造力等，从而实现个人、组织、社会的健康发展。

其次，引起管理者对组织多维度、多层面健康的重视。受以往研究的消极取向影响，管理

者着重关注员工层面的压力、倦怠、离职及其带来的消极影响和成本增加，重点关心有健康问题的人。组织健康研究强调组织健康的多维度、多层次性，引导管理者同时关注组织在社会、生理、情绪、精神及心理各方面的健康；同时关注个体、团体与组织，甚至外在环境各个层面的健康；要关心所有人的健康而非只是有健康问题的人的健康；并强调不同层次间的相互契合和匹配，寻求各维度之间的平衡，从而实现真正整体的健康。

再次，帮助管理者树立"健康是具有商业价值的战略投资"的认识。早期对员工健康的研究侧重于降低风险和解决问题，把对员工压力的管理和援助措施视为成本支出，管理者并不认为员工健康是自己的责任。组织健康研究强调健康的组织要有健康的员工和健康的环境，这关乎组织的社会责任、形象和品牌；组织健康是具有商业价值的战略投资，其商业价值体现在：工作能力和生产能力、组织承诺、经济效率、更高质量的产品等。可观的健康投资回报将增强管理者对组织健康的重视和积极性，关注组织的内部运营能力和外部适应能力的提升。

最后，为实现组织健康的管理实践提供具体方法。要实现组织健康，应该把员工视为资产，为员工提供职业发展的机会和有效的社会支持；创造开放民主的组织气氛，支持和鼓励员工参与管理，开放沟通渠道，授权员工迎接挑战，倡导成员间的竞争与合作；要在满足顾客需要、满足员工需要和组织经济要求等主要目标间寻求平衡；倡导员工在工作与生活间求得平衡，避免工作狂似的的生活方式，建立起重视工作——生活平衡的企业文化；选拔正直、行动富有勇气和激情，能对自己、他人和组织结果产生高度影响的领导。

（二）组织健康研究的未来展望

当然，组织健康研究在国内外都还是一个新兴的领域，还存在许多问题有待解决：

第一，组织健康的基础概念界定。目前对组织健康的研究尚处于起步阶段，学者们对组织健康的定义也是仁者见仁、智者见智，而且存在偏颇，大多学者只看到了其中的一个或两个方面。对概念的认知分歧必将使不同学者的研究丧失一个可以比较的平台。因此，要实现对组织健康理论研究和实践应用的提升，应建立在组织健康本身，尤其是其内涵、特征、维度明确的基础上。

第二，组织健康量表的开发。目前国内外对组织健康的实证研究不多，一个很重要的原因是缺乏有效的公认的测量工具。如何进行可靠的健康测量，应该测量什么，哪些变量潜在地影响着这些测量，依旧是研究所要关心的问题。影响员工和组织健康的战略的有效性依赖于组织健康测量的准确性。

第三，组织健康和主要相关变量间的因果关系有待进一步证实。目前的多数研究尚属定性研究，少数的定量研究也采用的是截面关系研究。组织健康的影响因素以及组织健康的影响，都需要开展更多的纵向关系研究和实验研究，以证实组织健康在组织管理实践中的积极作用。

第四，组织健康内涵的动态变化研究。组织健康作为一种社会或文化模式的反映，其内涵往往具有时代和文化的烙印。不同的时代背景和文化背景，人们对组织健康的内涵界定及其判断标准有所不同。因此有必要考量不同时代背景下，组织健康内涵的变迁，以便动态调整组织运营和管理；也要进行同时代、不同文化背景下组织健康内涵的异同比较，以便于在全球化背景下进行成功的跨文化管理。而当前结合中国社会经济转型和构建和谐社会背景开展的组织健康研究，对于丰富和谐社会理论，帮助企业适应社会经济转型等更具有时代意义和应用价值。

组织健康研究是顺应社会经济和时代发展要求的。积极心理学和积极组织行为学的兴起，为组织健康研究提供了一种新的研究思路和方法。以往的健康研究过多关注压力、悲伤、抑郁等负性情绪对员工和组织的影响，管理者则采取消极被动的方式予以应对。积极心理学和积极组织行为学的兴起使研究者和管理者认识到挖掘组织中积极正向因素对促进组织健康的必要性和重要性，它们为组织健康研究提供了有效的理论支持，为组织健康研究发展带来了新的契机。

　　处在转型时期的中国企业，面临构建和谐社会的大背景，同时又要参与全球化竞争求得生存发展，组织健康显得尤为重要。企业只关注经济成功的时代已经过去，只有同时关注员工健康、组织绩效和社会效益的企业才能取得真正的成功。这正是组织健康的精髓。积极组织行为学的兴起，为组织健康研究提供了一种新的思路和视角。

第十章　积极组织行为学对管理的启示

第一节　主观幸福感下的员工管理

员工主观幸福感是员工生活质量的整体性评估，是衡量个人和社会生活质量的一种重要的综合性心理指标。以往的研究多关注员工满意度，但是有研究表明：员工满意度与员工绩效的相关性较低。而员工幸福感与员工绩效却存在很大的正相关性。

幸福是人们对于现实生活的主观体验。生活是丰富多样的，人们改造世界的实践活动也各不相同，因此人们对于幸福的理解与追求也是多样的，主要包括物质幸福和精神幸福。物质条件是幸福生活的基础，幸福首先是人们物质生活的幸福。但是幸福并不等同于物质享受，更不能把幸福简单归结为个人物质享受的追求与获得。幸福还包括精神幸福。精神幸福就是人们快乐的心理体验，而心理体验是感情，是心理、意识的一种，属于主观意识范畴，它是随人们自己的主观感觉而转移的。

主观幸福感（subject well being，SWB），是一个心理学专门术语，是评价者根据自定的标准对其生活质量的整体性评估。所以 SWB 是一种主观的、整体的态度和看法，具有一定的稳定性。主观幸福感主要包括情感平衡和生活满意度两个方面。情感平衡是指与不愉快的情感体验相比较，占相对优势的是愉快体验，是个体对生活的一个总体、概括评价。情感平衡包含积极情感和消极情感两个维度，但这两个维度并不具有必然的相关性，是两个相对独立的变量。生活满意度是个体对生活的综合判断，作为认知因素，它独立于积极情感和消极情感，是衡量SWB 更关键有效的指标。

一、员工主观幸福感与工作满意度及其与工作绩效的关系

工作满意度是指员工对自己的工作所抱有的一般性的满足与否的态度。一个人对工作的满意度水平高对工作就可能持积极的态度。相反，对工作的满意度水平低，就可能对工作持消极态度。工作满意度是工作者对工作情境的主观反映。工作满意度只涉及工作领域内的情绪，而主观幸福感不仅涉及工作领域，还涉及家庭、婚姻等方面的情绪体验。工作满意的确可能在一定程度上影响员工的情绪。但个体的情绪同时还会受到家庭、婚姻等生活因素的影响。所以工作满意度只是主观幸福感的一个方面。

现在很多观点认为工作满意度与工作绩效有正相关。实际上从 20 世纪 50 年代到 90 年代的研究都没有发现工作满意度与生产效率有明显的正相关。两者之间的相关系数仅仅为 0.14，相关性是很低的，却有研究发现管理者对员工工作绩效做出的评价与幸福感有显著的相关。因此主观幸福感能比工作满意度更好地预测工作绩效。

二、影响员工主观幸福感的主观因素

1. 年龄

有研究发现个体的积极情感从 20 多岁到 80 多岁呈现逐渐下降的趋势，即个体在 20 岁前后是 SWB 和积极情感比较高的时期。学者严标宾等人对 48 个国家和地区的大学生主观幸福感的跨文化研究中，发现大学生的 SWB 体验处于中等偏上水平，他们有比较积极的情感体验和比较高的生活满意度。

2. 性别

在大多数研究中发现男女在总的幸福感的体会上的差异不显著。但在 SWB 的不同维度上，两性的差异还是存在的。伍德（Wood）等人发现女性报告的积极情感水平较男性高。这可能是因为在社会分工中，女性更多的从事需要表达情感的工作，如老师、护士或在家中照料儿童等，使女性较男性更易体验和表达情绪的变化。

3. 人格特质

人格是成人独特的性格反应倾向，既表现生物的特质，又有后天习得的成分。库柏（1998）的元分析结果得出结论——人格是幸福感最有力的预测指标之一。在他提出的交互作用模型中，认为人格影响着人们处世的行为和态度，增加经历某种情境的可能性，不同的情境又引起 SWB 增加或减少。对于人格的研究大多数集中于大三人格：即艾森克对人格的分类。他们从神经质、精神质和外倾性三个维度来研究人格与 SWB 的关系。研究表明外向性与幸福感存在正相关，能够增进幸福感；神经质与幸福感存在负相关，能够降低幸福感。大五人格理论（Costa 等，1992）比较系统地解释了人格对 SWB 的影响，大五人格理论研究外倾性、神经质、经验的开放性、宜人性和公正性与 SWB 的关系。一些学者的研究表明，五个因素全部与 SWB 存在显著相关。其中，经验的开放性同时与正性情感和负性情感存在正相关，宜人性和公正性与 SWB 的关系模式是一致的，与生活满意度和正性情感存在显著正相关，与负性情感存在显著负相关，因此能够提高 SWB。可见，不同的人格特质对 SWB 的影响机制不尽相同。

4. 自我效能感

自我效能感最早是班杜拉提出的，是指人们对自己是否能够成功地对某一成就行为进行主观判断。埃里奥特和谢尔顿（1997）的研究表明，回避目标的追求、较少的目标发展与低幸福观都有关系。赖安（Ryan）（2000）通过对目标效能的控制发现，自主的个人目标与幸福结果的预测有关联。学者余鹏等人的相关研究则表明具有不同自我效能水平的学生的 SWB 有显著差异，高自我效能水平学生的 SWB 要高于低自我效能水平的学生。

三、影响员工主观幸福感的客观因素

1. 经济状况

经济也是人们关注的影响 SWB 的一项因素。以往的研究主要针对国家经济总体情况对国民主观幸福感的影响。就个人而言，虽然收入的状况与 SWB 没有必然联系，但是当收入发生变化时可能会暂时性地引起 SWB 的波动，尤其当收入不能满足个人的基本生活需要时，SWB 会降低。但从整个时间维度来看，个体可逐渐适应新的收入等级，从而削弱收入变化对 SWB 的影响。

2. 家庭环境

从对青少年的研究中发现，他们的家庭环境与他们感受到的幸福感存在很大相关。家庭的稳定、成员间的相互关怀、没有明显的家庭矛盾对青少年的幸福感有着积极的影响，并会对其成长过程中人格、性格的形成有着重要的影响。

3. 工作关系

工作学习是大多数人从青少年时期到退休前的主要任务。但在人生的不同阶段，工作学习对 SWB 的影响不同。卡蒂亚（Katja）等对芬兰中学生的调查发现，影响中学生主观幸福感的一个重要积极因素之一是在学校获得的满足和愉快。而在学校中的挫折失意是引起中学生，尤其是女中学生生产不幸福感觉的重要因素之一。当然，在学校中的感受并不只来源于学业一方面，学校的客观环境、校园内外良好的人际关系等因素也对 SWB 产生影响。对于青年人，工作学习的负荷量和从工作学习中获得的满意情绪，都与 SWB 呈现出正性相关。中年人在工作学习上的负荷量依然与 SWB 呈现正相关关系，而从工作学习中获得的满意情绪不再是影响 SWB 的重要因素。

4. 文化传统

每个社会都有自己的文化传统，所以生活在这个社会的人的个性都必然受到文化传统的影响。在文化的组成中，对一些重大问题的价值观念：如对人生的看法、对自然界的看法、对人与人关系的看法及解决问题的方法和行为模式都会对每个人的价值观存在巨大的影响。有研究成果表明：文化传统从多方面影响着个性的形成，影响着人与人的关系，影响着需求与满足需求的途径，影响着解决冲突的方式以及人们如何看待事物、感知事物。所以文化传统也必然影响着人们对幸福感的感知。

由于主观幸福感对工作绩效存在着明显的正相关，所以企业可以通过改善影响幸福感的因素方面对员工进行激励，提高员工绩效。对于主观性因素，虽然很难进行改变，但是可以对其规律进行把握，进而对其幸福感进行积极性干涉。对于客观性的因素，则可以主动介入，制订相关的规章制度、薪酬措施或活动提高员工的主观幸福感，这将会实现企业、员工的双赢，提高企业绩效的同时，也提高了员工的幸福感及增强了员工的忠诚度。

第二节 卓越心智培训管理

一、卓越心智培训的概念

卓越心智培训作为国家员工援助计划（EAP）发展中心认定的电力企业员工援助师的专门培训，在员工援助计划研究方面的突出创新在于，突出对员工心智模式的培养，以便从整体的角度提升他们在各种情况下的应对能力。心智模式培训倡导人在生产活动中的身、心、灵的和谐统一，具体内容包括身（指生理特征、情绪体验和安全行为方式）、心（根据掌握的安全规程、行业知识和专业技能形成的心智技能、岗位胜任特征和抗逆力）、灵（在文化氛围中孕育而成的工作态度、责任心和价值观等内容）。从心智模式的结构分析可以看到，通过心智模式的三个层次来提升员工管理者的心理素质，从身（情感层面）入手，再进入心（认知层面），最后升华到灵（文化层面），这就明确了心智模式的改变和重塑在员工卓越能力培养中的关键作用。近年来，风险管理理论已经成为应急管理的重要的指导思想，其中，对于如何解决系统的脆弱性（包括物理系统和心理行为），提升其抗逆力，即胜任能力、心智技能，已经成为提升整体应对能力的关键对策。

卓越心智模式培训法是根据"智能模拟培训法"（The Methods of Intellectual Slmuladon，1990）的指导思想，通过对我国电力企业，特别是对浙江电网员工关爱模式的先进经验的理论总结，并且在吸取国内外电力企业管理的先进理论和方法的基础上，形成的有关员工关爱和卓越能力发展的培训模式。这种方法倡导以人为本、突出心智模式的改变和重塑，并借助现代化模拟培训手段，参照"智力动作按阶段形成""智能模拟培训法"和体验式教学的理论和程序，达到重塑学习者心智模式，提升能力目的。

二、心智模式

（一）心智模式的内涵

心智模式，也称为心智模型，其概念最早起源于心理学领域，最早是由英国心理学家肯尼斯·克雷克（Kenneth Craik）于1943年提出来的。它是认知心理学中的一个概念，指人们的长期记忆中隐含着的关于世界的心灵地图。心理学家认为，每个人在探索周围环境的过程中，必然会形成对于外界的认知地图，它指导着个体对外界的看法和行为。该理论后来被认知心理学家约翰逊·莱尔德和马文·明斯基、西蒙·派珀特所采用，并逐渐成为人机交互的常用名词。

被誉为"学习型组织之父"的著名管理学家彼得·圣吉在其著作《第五项修炼》中，将心智模式的概念引入了管理领域。他认为，"心智模式"根深蒂固于心中，影响我们如何了解这个世界，以及如何采取行动的许多假设、成见，或图像、印象，是对于周围世界如何运作的既有认知。根据这一定义，我们可以了解到，心智模式其实是作为人脑中的一个评价功能而工作的，人们描述和选择环境的刺激，随后形成对于世界状况看法的思维模式，并决定着自身的行为方式。

所以，心智模式是指每个人在探索周围环境的过程中，形成的对于外界的认知地图，就像开车时使用的导航器（GPS），它能指导人们对于外界的看法和行为，即隐含着关于处理周围世界各种问题的方法和思想，是心灵的地图。

（二）心智模式的作用

了解了心智模式的内涵之后，我们不禁想问，心智模式究竟会在我们的工作中起到什么样的作用呢？它会怎样影响我们的工作呢？

首先，心智模式会影响员工的工作方式。心智模式是一种思维方式和心理定式，一旦形成，员工就会按照惯性思维，无意识地从某个角度去思考问题，从而影响员工的行动方式。

其次，心智模式能够驱动员工行为。约翰逊·莱尔德曾指出："心智模式的主要作用是使人们能够理解所发生的现象，形成推论或做出预测，并采取行动或措施。"一方面，心智模式通过影响员工的认知与态度，对员工的工作行为起显著的指导和预测作用，从而促进或抑制行为的发生，影响行为的成效；另一方面，员工行为的结果经反馈和积累，会对自身原有的心智模式进行检验，从而修正、扩展或强化原有的心智模式。因此，无论是表现优异的员工，还是习惯性违章的员工，其实质都与隐藏在他们工作行为背后的驱动力——心智模式有重要关系。

最后，个体的心智模式还会促进共享心智模式的形成。员工的心智模式使员工对团队作业形成正确的解释和预期，从而协调自己的行为以适应团队作业和其他团队成员的需求，最终形成共享心智模式。因此，在这种情况下，员工认为自己和同事保持着同样的价值观，相互信任，从而激发出员工的工作潜能。共享心智模式的形成有利于促进团队沟通，提高团队工作的效率与决策效率，更有利于组织学习的发生，有助于组织自主管理，从而构建卓越班组。

三、卓越心智模式

（一）卓越心智模式的定义

员工的卓越心智模式是其整体心智模式的一个组成部分，是员工在生产活动过程中形成的关于自身卓越、组织卓越的思维方式和心理定式。主要包括组织的卓越文化理念、信念、安全氛围，员工的认知模式、感知力、注意力、思维模式、学习能力以及员工在面对或感知到危险源时能及时做出的反应和行为模式。它根植于员工心中，是影响员工对工作问题的看法，以及如何采取行动的假设、见解、图像或者印象。对于电力企业管理人员和技术操作人员来说，卓越心智模式不仅与预期管理绩效密切相关，而且与其安全作业息息相关。是否按照安全规章进行管理，在很大程度上受到员工个体的卓越心理模式和组织共享的卓越心智模式的影响。

（二）个体卓越心智模式的构成

个体卓越心智模式倡导员工在工作生活中保持身、心、灵的统一。具体包括如下内容。

身（身体层面）：指身体安全，该模式外显为员工个体的生理特征，即身体功能健全；内隐为员工拥有娴熟的岗位操作技能和安全行为模式，以确保身体安全，不受侵害。

心（心理层面）：指心理健康，该模式外显为员工健康的心理状态，即心理功能良好；内隐为员工拥有良好的心理调适能力和健康的行为方式，以确保心理健康，社会功能良好。

灵（精神层面）：指精神卓越，该模式外显为员工的精神境界卓越，即有梦想，有追求；内隐为员工勇于追求梦想，敢于坚持原则，敢于担当社会责任，有自我实现和超越自我的需求。

员工卓越心智模式的形成不仅与员工个体的成长经历、思维模式和行为方式等息息相关，而且与员工所在组织的氛围密不可分；如果二者是匹配的，可以加速个体卓越心智模式的完善；如果二者不匹配，则个体卓越心智模式的发展则会遇到阻碍，甚至会发生改变。通过个体卓越心智模式的形成和完善，可以促进组织的共享性卓越心智模式的形成和完善，而组织共享性卓越心智模式又会加速个体卓越心智模式的完善和发展。因此，两个系统是相互影响、彼此促进的。

（三）组织卓越心智模式的构成

为促进个体卓越心智模式的形成和发展，我们倡导在组织层面构建组织共享的卓越心智模式，将组织共享的卓越心智模式划分为身、心、灵三个层次，三者虽然代表了不同的内涵，但其整体是统一的。组织卓越心智模式具体包括如下内容。

身（员工身心层面）：指员工的身心健康，该模式外显为员工拥有安全的身体状态和健康的心理状态；内隐为员工拥有娴熟的操作技能和良好的心理调适能力，能够确保身心健康。

心（岗位胜任层面）：指员工的胜任能力，该模式外显为员工能够确保工作高效完成；内隐为员工拥有岗位所要求的核心胜任特征，能够胜任岗位要求。

灵（组织文化层面）：指组织的卓越文化，该模式外显为组织有梦想，有追求，有价值取向；内隐为组织有共同愿景，有核心价值观，有互助支持的文化氛围。

四、卓越心智模式培训法

卓越心智模式倡导人在工作过程中的身、心、灵的和谐统一。卓越心智模式培训法通过逐步深入的七个教学环节，实现受培训者心智模式的改变和重塑，重在提升受训者的抗逆力，激发受训者的人生梦想，从而确保受训者健康生活、高效工作、卓越成长。

（一）卓越心智模式七步培训法

1. 第一步：目标定向

目标定向属于卓越心智模式培训法的第一步。通过教师和学员的一对一访谈沟通，对学员的卓越心智模式进行综合评定，促使学员明确该岗位在企业工作系统中的重要作用，以及自身在价值观、态度和行为等方面与岗位胜任特征模型的差距，发现卓越心智模式存在的问题，然后共同确定本次培训的目标及个性化学习方案。

2. 第二步：情境体验

情境体验属于卓越心智模式培训法的第二步。通过情境模拟激活学员的心智模式，让学员从负面的角度，亲身体验在工作事故中伤亡人员的生活情境；从正面的角度，体验梦想实现的巅峰感受。从而冲击其心理防线，促使学员在内心深处形成对安全操作的深刻认知，以及对追求卓越的价值认同，并激发学员参与卓越心智培训的积极性。

3. 第三步：心理疏导

心理疏导属于积极主义导向的心理沟通阶段，关键是促进学员心智模式的正面转化。通过个性化咨询及团体辅导等模式，疏通学员在学习、工作或生活中遇到的身心困扰等问题，促使学员改变不合理观念，释放负面情绪，诱发正向情感，塑造积极心理品质，为塑造科学的卓越心智模式奠定基础。

4. 第四步：规程对标

规程对标是卓越心智模式培训的关键环节。通过与不同岗位的胜任特征模型进行对标分析，确定各核心岗位所应具备的通用规程和专业素质；同时，经过差距分析、案例教学、情境模拟等方式，促使学员全面掌握电力行业的通用知识规程和标准，进一步提高岗位操作技能和隐患辨识能力，为下一步卓越心智模式的改变和重塑奠定基础。

5. 第五步：心智重塑

心智重塑是卓越心智模式培训最为关键的一步。通过对专家卓越心智模式模型进行深入剖析，促使员工明确与专家卓越心智模式的差距，并形成强烈改变的动机，促使学员掌握各核心岗位的主要操作技能，从而形成对岗位操作流程的科学认知结构，检视自己的不良心智模式。通过配套视频演示、情境模拟互动等先进手段，促进学员进行技能重塑和心态转变，最终达到心智重塑的目的。

6. 第六步：现场践行

通过安排学员进行现场实践或见习，考察学员前几个步骤的学习效果。践行方式包括回岗实践和工作轮换等方式，达到所学卓越心智模式迁移（转化）到实践的目的，促进学员态度、知识和技能水平的综合提升，使新的认知模式和行为方式得以固化。

7. 第七步：综合评审

综合评审属于卓越心智模式培训法的最后一步。按照国家职业资格标准化的鉴定模式，综合评审将分别从理论知识、专业技能和实践操作三个环节，全面考察学员在知识、技能和态度等方面的掌握程度，检验卓越心智模式的形成效果。如果某环节不能通过，则需要返回前面的相关步骤重新进行学习，直至全部达到岗位胜任特征模型的要求为止。

（二）卓越心智模式七步培训法的内在逻辑关系

卓越心智模式培训法通过逐步深入的七个教学环节来实现学员心智模式的重塑。各个环节之间的逻辑关系如下。

（1）目标定向用于评估员工的卓越心智模式水平，找出与卓越心智模式的身、心、灵模型之间的差距，以明确本次培训目标。

（2）情境体验和心理疏导分别从正、反两方面实现卓越心智模式中的身体特征、情绪体验向安全行为方式和追求卓越精神的转化。

（3）规程对标和心智重塑主要从岗位认知与技能重塑两方面来体现卓越心智模式的习得、改变或重塑。

（4）在现场践行和综合评审两个环节，现场践行实现态度、责任心和价值观向现实的迁移和固化，即从个体、团队和组织层面实现心智模式的重塑、巩固和升华；而综合评审则评估本次卓越心智模式培训是否达到了目标，以及经过岗位实践后，评估电力企业追求卓越的文化建设目标是否达到。

五、如何培养自己的卓越心智模式

结合梦想基地优化设计的多媒体教室、心情工作室、体验室等培训场所，在传统教学方式上，对卓越心智模式的训练采取了多种新型教育培训手段，具体介绍如下。

（一）合作型团队建设方法

培训将基于团队特色设计出竞争、独立和合作三种模式（Tjosvold，1998），通过集体教学、角色扮演、分组训练等多种手段和方法，让学员认识到电力安全操作的关键是掌握科学思维的模式、合作配合的态度以及抗击逆境的能力，从而把这种心智模式转化到生产实践中去。这是卓越心智模式培训的一大特色。

（二）个性化教学方法

基于工种的差异以及工作环境的不同，导致出现错误操作的学员存在明显的差异。因此，除了体现智慧培养、团队合作的课堂集体学习之外，梦想基地将根据学员的差异，充分利用现代化教学手段和个体心理咨询的最新技术，为学员提供差异性指导及服务，个性化的学习方案是卓越心智模式培训的一大创新。

（三）情景模拟培训法

基于"从做中学"原则及社会学习理论、情景认知理论等，针对成年人的学习特点，通过对现实情景的仿真模拟，让学员身临其境，从身、心、灵多角度来触动学员，激发学员的学习动机，提升学员的操作技能。因此，通过团体（伤残）体验、观看案例事故片、分享感受、进行角色扮演等模拟互动方式，可以有效地促进学员重塑心智模式。这也是卓越心智模式培训的一大亮点。

（四）团体心理辅导方法

基于团体辅导的形式，让具有相似问题的学员在一起重新认识问题、讨论问题，并通过一些结构化的练习或活动，使团体成员相互了解、相互分享，并逐步在团体内部建立起相互接纳、相互帮助的团队氛围，让学员重新认识自我，激发其内在正能量，提升团体共同应对逆境的勇气和力量。这不仅是卓越心智模式培训的一大特色，也是塑造团队卓越心智的有效手段。

第三节　积极组织行为学及其在管理实践中的意义

一、积极组织行为学的提出

在梅奥的霍桑实验中，员工积极性与工作绩效是正相关的，正强化的、积极性的因素能够促进员工提高工作绩效。然而长期以来，传统组织行为学研究仍过多地关注员工负性的、消极的工作行为，致力于改善员工机能不良方面的行为。全社会都过分关心人们出现了什么问题，研究和实践的注意力也几乎全都投入到如何确定和修正问题及纠错方面。

20世纪90年代末以美国心理学会前主席塞利格曼为首的一小群心理学家开始意识到一种积极的用于发觉人类优点的取向的必要性和重要性，以期把心理学研究中的一部分重点从最糟糕的事物转移到生活中一些美好的事物上来，这就是积极心理学的兴起。组织行为学家卢桑斯将这种以积极心理学运动为基础和出发点的、全新的、积极取向的组织行为学模式称为积极组织行为学。

二、积极组织行为学的内涵

积极组织行为学具体而言，是对积极导向的，且能够被测量开发的行为进行有效管理，从而促进工作领域中的绩效改进，实现绩效目标的提高。积极组织行为学所包括的概念既适用于管理者的开发，也适用于普通员工的开发。积极组织行为学家的使命即发现、确认符合上述标准的积极心理能力，并将其与重要的组织结果联系起来。符合积极组织行为学定义标准的概念主要有自我效能感（self-efficacy）、希望（hope）、乐观（optimism）、主观幸福感（subjective well-being）和恢复力（resilience）等，它们是积极组织行为学取向最典型的代表。

自我效能感，是指人们对自己实现特定领域行为目标所需能力的一种信念。希望，是指个体相信自己能够设置目标，想出如何实现目标的途径。乐观，是一种倾向于做积极结果预期和积极因果归因的认知特性。主观幸福感，是指人们关于自己生活的情感性和认知性的评价。恢复力，是指面对丧失、困难或者逆境时的有效应对和适应。

三、积极组织行为学对管理实践的作用

积极组织行为学的产生既是社会经济发展的需要，也是企业自身、员工个人发展的需要，在组织管理实践当中，需要对其进行合理应用，才能发挥其提升组织绩效的作用。

（一）自我效能感

通常人们害怕并逃避他们认为自己难以应付的威胁性情境，而当他们判断自己能够成功处理威胁不大的情境时，他们的行为就会非常果断，对自我完成某项任务能力的判断就是"自我效能感"。自我效能感是与组织的工作绩效呈正相关的。一个自我效能感高的员工，其绩效表现也较高。这种有着高自我效能感的员工，能够合理地分配自己的精力，全身心地集中自己的注意力，应对工作中出现的种种困难，并为此付出更多的努力。一个高绩效的员工，往往是那些非常认真工作，高度自信，且愿意为工作付出并有强烈自我意识的人。

（二）希望

对希望有关的研究已经发现，希望与人的精神状态、生理条件有着明显的相关性。一个高希望的人，在任何时候遇到困难，都有着向外界寻求帮助的意识，其对外部环境的适应性较好，同时还会利用新的思维方式来尝试寻找解决问题的途径。还有研究发现，在工作压力较强的行

业中，比如说服务业，拥有高希望的工作者工作完成度更好，且满意度也较高，其在工作中不易产生倦怠。另有研究表明管理者的希望水平与其组织营收、员工对组织认可有显著相关。

（三）乐观

乐观是一种认识特征，其有着积极的结果期望。在组织管理当中，乐观的管理者和员工相处更为融洽，组织绩效以及员工的留职率更高，其面临的压力也更少。而乐观对工作的积极影响是潜在的，与其相对，悲观在某些工作当中可能更为有利（如财务管理、建筑工程、金融领域等）。基于此，积极组织行为学提倡乐观也要随着管理的实际情况来应用。

（四）主观幸福感

主体对自己的整体生存状态进行评估，且拥有自定的标准，由此得出的主观评价就是主观幸福感。主观幸福感与工作满意度密切相关，当人们感到自己生活幸福时，往往选择在工作中发挥自己的全部能力，倾向于寻找工作满意。这也是在组织管理中，组织只考虑员工的工作满意度，而不去关注组织以外员工的生活，会导致员工的幸福感低下的原因。

（五）情绪智力

情绪智力具有很广阔的开发前景，其应用性也在进一步加强。个体在工作中能否取得成功与情绪智力的高低密切相关，其影响是不可忽视的。情绪智力不仅会影响到员工个人的工作效率、家庭和谐，以及生理健康，也在一定程度上决定了企业生产力水平的高低和竞争力的强弱。企业需要创建企业文化，更加重视团队合作和积极沟通。高情绪智力可以帮助员工把握客户的情绪，在发生问题时及时有效地处理，从而实现工作目标。

积极组织行为学自提出以来已有很多年的发展历程，它的研究成果已经广泛应用于企业管理当中，成为企业提升管理水平，增强员工归属感，增进企业工作效率的重要途径。我们应当把握住积极组织行为学的一般特征，科学地、创造性地去运用它，才能为管理理论的发展和管理实践的提升做出应有的贡献。

四、积极组织行为学在管理实践中的应用

1. 全方位搭建自我效能感的平台

自我效能感的开发方法和策略主要包括以下几种：给个体提供有关任务特征、任务复杂程度、任务环境等信息，并指导其如何更好地控制这些因素；提供培训以直接提高个体工作能力或指导个体如何恰当地运用能力去完成工作；帮助个体了解完成任务所需的行为的、分析的和心理的策略，如运用咨询和指导等形式；帮助个体理解行为策略、分析策略、心理策略的优势与不足，并学会适时加以综合运用；通过培训改变个体错误的归因，提高其动机水平；设置合理的阶段性目标，以获取成功的经验；运用积极的反馈方式，使个体感觉到组织的积极支持等。

2. 扬起希望的风帆

与自我效能感类似，希望可能在某些类型的工作（如产品开发或销售）中具有特别重要的作用。希望的培训和开发可以通过以下方式进行：通过发展胜任感和自我效能感唤醒内部动机，使个体的才能与工作要求相匹配；创设支持性的工作环境，让员工参与目标设置，以获得其对目标的接受和承诺；鼓励员工设置和追求具体的、富于挑战性的目标，训练员工阐释目标并采用分步法将复杂、长期的战略分解为更为具体的步骤和阶段；训练员工如何开发出实现目标的具体行动计划；帮助员工开发重置目标的技能，它能使个体意识到当遇到不可抗拒的目标阻力

时，不应继续盲目坚持，而应对目标进行重置；训练员工对即将发生的重要事件进行心理预演。

3. 营造乐观的心理环境

心理学家把乐观定义为一种倾向于做积极结果预期和积极因果归因的认知特性。乐观的开发主要有以下三种方式："宽容过去"，管理者和员工应学会反思和接受自己过去的失败和挫折，原谅自己的那些已无法逆转的过失；"正确评价现在"，感激和满足于自己当前生活的积极方面，包括那些可控的和不可控的事物；"为未来寻求机会"，未来的不确定性可以被视为成长和进步的机会，因而个体应以一种积极、自信的态度迎接它。另外，在开发乐观品质时还要注意"适度"，即寻求现实、灵活的最佳乐观类型。

4. 品尝主观幸福的感觉

主观幸福感是指人们关于自己生活的情感性和认知性的评价。随着最近对诸如工作—家庭平衡等生活与工作关系问题的认识，主观幸福感对组织参与者的影响将会日益受到关注。当然还有一些问题有待于进一步探讨，如远程办公、虚拟团队、数字鸿沟和全球竞争环境等工作领域所发生的变迁与主观幸福感的相互影响关系。研究表明社会关系和流动能够提高人们的主观幸福感并进而改善工作绩效。因而在针对这些具有挑战性的工作领域变迁而开发和管理主观幸福感时，一个有效的途径是使远程办公者和虚拟团队成员与工作伙伴定期进行面对面的交流和沟通。另外，在进行工作分派和职业生涯辅导时，也要注意使员工保持最佳的流动，使员工的专业技术、家庭和时间三者相互协调。

5. 释放情商的潜能

情绪智力又称情绪能力或情绪智商。情绪智力不仅会深刻地影响一个人的健康状况、家庭和谐及工作效率，也是主导企业生产力高低与竞争力强弱的主要原因。当今的企业环境已非昔日可比，过去集权式的领导、高压式的管理已逐渐瓦解，取而代之的是团队合作和坦诚沟通。高情绪智力可以帮助我们掌握同事或客户的情绪，发生争议或有分歧时能妥善处理，进而实现工作目标。例如，企业通过提供健康津贴、有益身心健康的活动和员工补助，以减少可能的健康、压力、疲惫方面的身心风险。关注资本战略，是指在降低风险的同时。企业进行成功资本的战略开发，增加那些可以提高成功概率的资源。

6. 培养逆境中的恢复力

恢复力是指面对丧失、困难或者逆境时的有效应对和适应。当生活变化对人们造成威胁时，这种自我保护的生物本能就会展现出来。还有待确证的是领导者和员工的恢复力对组织效力和绩效改进的积极影响。恢复力的开发策略主要包括以下三个方面：风险聚焦策略，即专注于削减那些能增加消极结果可能性的风险和应激源；资源聚焦策略，强调和增加那些能增加积极结果可能性的资源；过程聚焦策略，即为了利用现有资源管理已出现的风险因素而调动自身适应系统的能量。

五、积极组织行为学视野下的员工"积极性"管理

（一）意义、概念

员工积极性主要是指员工工作行为方面的心理动力问题。心理动力越大，员工积极性就越高，反之，则积极性就低。对企业而言，在组织管理实践中，管理者经常相应地采取消极被动的方式来"挤压"员工的积极性。实际上，单靠增大工作压力"压"出来的积极性是不会长久的，

而其负面影响更会让企业付出不可小觑的代价。积极组织行为学的兴起则为提升员工积极性提供了一种新的研究思路和方法。

积极组织行为学是在积极心理学运动的基础上产生的。积极组织行为学不仅仅是将传统组织行为学的研究领域和概念简单地从消极面转成积极面，而且更关注人的积极心理能力的驱动与开发。其概念主要有自我效能感、希望、乐观、主观幸福感、恢复力等。自我效能感、主观幸福感、恢复力是三个重要的概念。

（1）自我效能感是个体对实现特定目标的推测与判断。这一概念最早由班杜拉提出，根据其理论观点，当人们相信自己有能力达到某一行为活动理想的目标，并能控制不理想结果的发生时，人们就会产生自我效能感，就会有行动的动机，就算遇到困难或尝试失败也不轻言放弃。

（2）主观幸福感是个体对自我生活的情感性和认知性的评价。决定个体是否幸福与个体的自我体验有关。在人们越来越注重追求美好的生活这一社会大趋势下，人们的主观幸福感也将会日益受到重视。较高主观幸福感的员工更能因其积极的情感和认知而提升工作绩效，降低缺勤率和离职率，且会伴随较多的组织公民行为。

（3）恢复力是个体应对困难和适应环境的能力。较高恢复力的人不仅不会被挫折击倒，而且还会在挫折和困难中茁壮成长，并且在恢复的过程中实现生命的意义和价值。人类自身从小到大学习积累的许多积极品质都会影响恢复力的大小，而恢复力的提高意味着成长、健康和幸福。

（二）对员工积极性的管理启示与措施

1. 增强员工的自我效能感，提高其工作积极性

在日常的管理实践中，自我效能感低则会导致员工对自己缺乏应有的自信而做出消极选择，难以产生积极的行为动机，处处逃避，无法积极主动地工作。因此，在管理实践中，管理者应该想尽方法去培养、保持员工的自我效能感，以提高员工的工作积极性。具体措施包括：

①在日常管理工作中，注意培养员工的自我效能感，鼓励其工作积极性。在给员工指派任务时，尽可能全面地给其提供有关任务特点、任务复杂程度及任务环境等的信息，并在员工实施任务的过程中，和其探讨或指导其如何更好地控制那些因素。

②为员工设置阶段性目标，并及时反馈与强化。在管理实践活动中，为员工制订难度适宜的阶段性目标，以让其获得自我的实现和一次次的成功。借此鼓励员工向新的更高的目标迈进，从而实现自己的目标，也相应地完成企业的目标。

③系统的培训。在培训过程中帮助员工了解完成任务所需的知识技能，让其反省自己的优势与不足。另外，通过培训改变员工不恰当的归因方式，提高其工作动机水平，进而直接提高员工的工作绩效。

2. 激起员工希望，激发其工作积极性

在管理实践中，管理者应该让员工看到自己在组织中的目标，激发员工的工作积极性：

①提出远大且现实的组织愿景。一个远大的组织意愿能让员工对组织产生认同感，对组织的前途充满信心，从而对自己在组织中的发展也充满信心，进而激起希望，提高工作积极性。组织意愿的实现有助于提高员工的自我主观幸福感，从而使员工对组织充满希望和忠诚。

②多用鼓励，创设支持性的工作环境。要善于多用鼓舞的言语来振奋员工的斗志，鼓励其积极进取，增强员工对组织的心理承诺，为其创造"大显身手"的机会，减少离职率。

③做好职业生涯规划。让员工对自己在组织中的未来发展有一个清晰的认识，向自己未来

的目标步步前进，使员工在希望中不断成长，从而提高其工作积极性。

3. 培养员工的乐观性，引发其工作积极性

乐观是一种在自我效能感和主观幸福感基础上产生的愉悦情绪，是经过韧性磨炼的积极因素。它能够对生理与心理健康、成就动机等产生积极的影响，而这些因素又在很大程度上影响着事业的成功，使员工在遇到困难和挫折时不容易悲观放弃。鉴于此，管理人员可以通过培养员工的乐观性，来引发其工作积极性：

①让员工在快乐中工作，提高其工作积极性。领导对员工做的好的方面多一些表扬的肯定性言语，让员工低沉的心情因受到领导的表扬与鼓励而乐观起来，以积极的精神和姿态投入工作。

②营造和谐的组织氛围和良好的人际关系。组织要创造一种让员工赏心悦目的心态环境，以激人进取。

4. 提升员工的主观幸福感，增强其工作积极性

较高主观幸福感的员工更能因其积极的情感和认知而提升工作绩效，降低缺勤率和离职率。已有大量研究发现主观幸福感对工作满意度有较好的预测效果，它对于留住高绩效员工具有重要的意义。关于主观幸福感的提升管理者应该做到：

①满足员工的切实需要，让员工感觉到组织的温暖和关心，其主观幸福感得到提升，从而增强归属感和组织承诺，进而增强其工作积极性。

②增强员工的支持系统。员工的人际关系支持、家庭支持和组织支持都会较大程度地提高员工的主观幸福感，从而影响其工作积极性。

5. 增进员工恢复力，保持其工作积极性

在实际的管理活动中可以采取：

①做好员工援助计划。在员工遭遇重大打击等情况而无法安心工作时，组织按照员工援助计划应尽快使员工恢复，以保持其工作积极性。

②做好员工的心理咨询。企业在有条件的情况下应设立心理咨询机构，及时疏导员工的心结，在咨询师的指导与帮助下增进自己的恢复力，从而能够尽快回到工作中去，保持原有的积极性。

③加强员工的自我恢复力的培训。组织不失时机地组织员工进行恢复力的培训，能够让员工自己恢复起来，保持其工作积极性。

目前对员工积极性的认识还比较混乱，没有形成较为成熟的理论体系。在实践层面，大部分的企业和组织管理者过多地关注个体的负性品质，员工内在的积极性没有真正地被调动起来。本小节探讨了积极组织行为学视野下的员工积极性研究，是在已有研究的基础上尝试了一种积极的取向。结果表明在积极组织行为学的积极理念下，管理者采取一系列针对员工积极心理品质和能力的开发措施，将极大地提高员工积极性。希望在以后的管理实践中，组织能够采取以积极性为导向的管理方法，管理者能够多从正面看待员工，真正将员工的积极品质与能力视为一种重要的资源，这将会有力地提高员工的工作积极性。

积极组织行为学提出积极组织行为研究的重要性和价值，力求在已有研究的基础上增加一种积极定向的研究取向，提倡一种以优势、积极性为导向的管理方法，要求组织确立一种高度重视积极心理能力的全新管理理念。管理者应当真正将员工的积极品质视为最重要的财富，员工会因此而感到被信任和受重视，进而充分发挥自己的才能和优势。

第四节　积极组织行为学在人力资源管理中的作用

积极组织行为学在人力资源管理和组织行为学研究领域中，是一种新的研究取向，其发展是建立在传统组织行为学消极研究取向基础之上的，强调对组织内个体的积极心理变量和人力资源优势的开发和应用。通常研究的积极组织行为学的心理变量包括自我效能感、希望、乐观、恢复力及主观幸福感等。这些心理变量具有积极性、可测量性、独特性和发展性的特点，最重要的是具有可用于提高绩效的特征。

一、积极组织行为学的心理变量及其积极作用

根据 POB 的定义可以看出，作为 POB 的心理变量，除了基于人力资源优势和积极心理能力外，还必须符合一系列操作标准：POB 心理变量是具有理论和应用研究基础的，必须得到可靠和有效的测量，且具有新颖性，最重要的是状态化的，可以通过培训开发，提高人们的绩效。因此卢桑斯认为，有这样几个积极心理变量，最能够达到 POB 的内涵标准，它们是：自我效能感、希望、乐观、恢复力及主观幸福感。

1. 自我效能感

自我效能感最早源自班杜拉的社会学习理论。卢桑斯等人针对组织行为学领域，把自我效能感定义为："自我效能感是个体对自己持有一种能力的信念，这种能力使个体能唤醒必需的动机、认知资源去为成功地完成某项任务而努力。"通常情况下人们喜欢对自己的能力进行评估。对自己能力的信心有多大，决定了人们在面对特定情境中的任务时所做的决定和接下来的行动，以及在面对困难挫折时的态度，采取何种行动和在多大程度上坚持下去。需要注意的是，这种对自己是否有完成特定情境下任务的能力的预期并不完全与个体本身的能力或资源相关，真正相关的是个体对自己能力运用的知觉。班杜拉特别强调在对个体的自我产生影响的心理机制中，最深远最重要的就是自我效能感。自我效能感的影响因素主要包括：个体拥有的成败经验、他人的经验或榜样作用、言语劝说、生理和心理唤醒。其中个体所拥有的成败经验是最大的影响因素。若个体把自己的成功归因于内在的稳定的因素，个体就能获得较高的自我效能感。此外，生活和工作中的事情繁多，个体并不是也不可能每种事情都经历过，而后才能形成对自己能力的判断。个体形成自我效能的另一个途径是观察他人的成败经验，并且被观察的他人与自己的条件越接近、遇到的事情越相似，对个体形成自我效能感的影响就越大。言语劝说又被称为人际说服，它对自我效能感感的影响大小取决于它有多客观真诚，当个体在工作中感到举步维艰或者恐惧退缩时，言语劝说能够帮助个体获得支持鼓励，增强克服困难的信心，从而建立良好的自我效能感。个体生理和心理唤醒对形成自我效能感的影响表现在，如果个体在面临工作任务时感到疲倦、心情焦虑，就会降低个体的自我效能感。所以个体在面临工作任务时要努力做到生理和心理上的适应。

2. 希望

希望是一种积极的心理机能，个体相信自己有能力追求奋斗目标，制订奋斗方法并为实现预设目标而坚持努力。可以看出，希望既包含个体的意志力，又包含个体为实现目标所持有的方法。大量的研究表明，希望能提高个体应对学业、情绪、疾病等艰难复杂状况的能力。

3. 乐观

具有乐观特征的个体喜欢对事情的结果抱有积极的预期，或对事情的结果做积极的因果归

因。研究表明，乐观的成就取向、健康、坚韧等特点，可促进个体身心健康地发展，并有助于个体在学习、工作、人际交往等活动中获得成功。需要强调的是，尽管乐观主义具有积极特性，能提高工作组织的绩效，但 POB 所倡导的是"现实的乐观主义"，即组织和个体应根据客观实际情况设定工作目标并为之努力，才能从不断取得的成绩中获得更大的工作动力。

4. 恢复力

恢复力是一种恢复或回弹能力，它既包括从逆境、冲突、失败的情况下恢复的能力，又包括从成功、进步的情况下恢复的能力。具有更强恢复力的个体更容易摆脱困境，因为他们具有坚定的信念，具有积极的自我认知和自我调适能力，能利用促进产生积极结果的各种资源。

影响恢复力的因素涵盖许多人类积极的心理能力，诸如上述的自我效能感、希望、乐观以及责任心、成就动机、解决问题的能力等。心理学家把影响和提高恢复力的因素概括为：个体拥有的资产、风险因素和个体的调适过程。

5. 主观幸福感

主观幸福感，简称"SWB"，是指个体对自己的生活质量所进行的情感上和认知上的评价。在生活中，人们总是倾向于对自身、生活中发生的事情、生活的环境等进行评价，也正是这些评价，导致了人们的情绪反应，对自己的生活做出满意评价的人往往会感觉到幸福。由此可见，主观幸福感是个体主观的概念，决定一个人是否有幸福感，不一定是实际发生什么，关键是人们对自己的生活如何认知及持有怎样的情绪。

SWB 由两部分构成，它们是情感平衡和生活满意度。情感平衡是指个体对自己的生活进行总体评价时所体会到的大部分是积极的情绪体验，而不是消极的情绪体验。能够更有力地衡量 SWB 的指标是生活满意度，它是人们对自己的生活状态所做的整体性认知。研究发现，生活满意度高的人更容易获得较高的工作满意度。

二、积极组织行为学在人力资源管理中的应用

（一）自我效能感的应用

1. 人员选拔

研究证明，高自我效能感和高绩效有显著的正相关，而且对高绩效的预测，高自我效能感的预测力也很强。这是因为高自我效能感的个体预期自己成功而获得积极的激励，以接纳的态度全力以赴投入工作中，给自己设定较高的目标，为追求达到目标设计工作计划并为之不懈努力。在遇到困难挫折时，高自我效能感的个体能够保持积极乐观的心态，对困境有积极的看法。相反，低自我效能感的个体通常会预期失败，认为自己没有能力完成某项任务，在执行工作任务时消极被动、遇到困难障碍时容易退缩。因此，人力资源部门在招聘选拔时，评估应聘者的自我效能感就很有价值。当然，自我效能感的评价不是人员选拔的唯一标准，还要综合考虑其他影响因素。

2. 培训与开发

自我效能感的特质之一是可发展性。人力资源管理人员可以根据企业的实际需要，有针对性地设计实施有效的员工自我效能感培训计划，提高员工的自我效能感，最终达到提高员工绩效的目的。

3. 工作设计

从理查德·哈克曼和格雷格·奥尔德姆关于工作动机的工作特征模型可以看出工作特征与员工自我效能感的关系。

具体来看，这个模型表明在工作中，不同工作的特征会让员工产生不同的关键的心理状态，如任务完整性、任务重要性、技能多样化会使员工体会到自己的能力及自己工作的价值，体验到自己对企业的重要性。自主性能激发员工的责任感；反馈可使员工及时理解结果。这样的心理状态越多地存在，员工在工作中就越会自我感觉良好，越会获得内在对自己的认可和激励，从而提高自我效能感。而高自我效能感又能激发员工提高工作绩效，这样就形成了一种良性循环。

所以，组织管理者在工作设计时，要考虑到工作特征对自我效能感的影响。事实上，在设计工作时，已经有很多企业成功地运用这一有效的管理思维和方法，通过鼓励工作丰富化，提供更有挑战性的任务，加大授权力度等途径提高员工满意度和对企业的承诺。

4. 目标设置

目标设置就是通过制订有意义的和能实现的绩效目标激励员工。相关研究结果表明，目标的实现与员工的自我效能感呈正相关。一方面，自我效能感高的员工更可能实现设定目标。高自我效能感的员工往往会倾向设定更有挑战性的个人目标，并且用更多的承诺实现目标。一旦目标得以确定，高自我效能感的员工就会全力以赴、坚持不懈，遇到困难时会想出更多的解决方法。另一方面，设置的目标若最终得以实现，也能在很大程度上提高员工的自我效能感。但需要强调的是，企业在制订绩效目标时一定要让其员工充分参与，根据员工对自我效能感的评估制订适合的、可被员工接受的绩效目标，而不要盲目追求高绩效。因为可实现的目标可以增强员工的自我效能感，但如果设定目标是强加的、无法实现的，就会大大降低员工的自我效能感和绩效。在管理实践中，企业通常将绩效目标通过关键绩效指标（KPI：Key Performance Indicator）进行量化，设定 KPI 的分层目标，明确具体任务，并解析完成任务的方法途径，帮助员工最终实现任务目标，激发员工的自我效能感感。

（二）希望的应用

1. 人员选拔

实证研究表明，希望水平高的员工有更积极的认知水平，能更快适应工作任务和变化的工作环境，易于与他人建立良好的工作关系，面对困境的时候焦虑水平低，因此满怀希望的员工有相对高的工作满意度，对工作组织有高忠诚度，可创造出更多的价值，给组织带来更大的收益。此外，组织管理者的希望水平与其所带团队的绩效、团队成员的满意度呈显著的正相关。

因此在人力资源的招聘选拔中，希望起着重要作用，尤其对从事压力较大的工作更为重要。

2. 希望的培训与开发

在人力资源管理中，对员工希望的培训和开发的主要策略为：人才的最优配置，根据员工的特长，配置其工作岗位和具体的工作职责；搭建支持性的工作平台，增强员工对工作任务的胜任力；帮助员工学习积极的归因方式，在遇到困境时保持冷静乐观；训练员工科学的思维方式；构建友好互助的企业文化，让员工更多地感受到来自企业的社会支持，增强员工的团体归属感。

（三）乐观的应用

1. 绩效预测

实证研究表明，对事情糟糕结果的解释，乐观主义者往往做外归因。即乐观主义者会认为之所以事情结果是不理想的、糟糕的，并不是自己的问题，这种糟糕的结果只是偶然现象并且是暂时的，是可以通过努力改变的。与悲观主义者相比，乐观主义者有更高的自我效能，更容易克服工作中遇到的困难障碍，更容易受到激励去努力工作。因此乐观主义对绩效有很好的预测力。

塞利格曼曾在美国大都会人寿保险公司做过针对乐观主义和未来绩效的相关研究。结果发现，最初两年那些得分排名最乐观行列的销售人员平均卖出的保单，比那些得分排名最悲观行列的销售人员要多出 37%。得分排名最乐观行列前 10% 的销售人员卖出的保单数量比得分排名最悲观行列前 10% 的销售人员卖出的保单数量多出 88%。

2. 人员选拔

乐观对工作表现有很好的预测力，所以在实际人力资源管理中，乐观会被用于人员的招聘选拔上。对一些压力较大工作岗位的人员选拔，乐观的应用尤其必要，如销售、客服等。一个成功应用乐观主义的实例是美国男装连锁零售商男人衣仓（Men's Wearhouse）服装店，它雇佣员工的标准是：热情、有活力、乐观。

3. 领导领域

在领导理论中，乐观的重要性已经得到一致认可。一项关于企业领导者的研究发现，平均而言，领导者比非领导者有更高的乐观主义水平。领导者越乐观，其下属也就会越乐观。能够有效推动企业变革的往往是那些具有乐观主义的领导者。

4. 乐观的培训与开发

乐观主义者的归因风格是外归因，这在一定程度上决定了乐观主义可被培训开发的特点。在人力资源管理中，通常用于培训开发乐观的方法有：培训员工用积极的心态面对工作生活，把对未来的不确定视为生活给予自己的锻炼磨砺的机会；学会接纳工作生活中的障碍、失败，不强求完美，不钻牛角尖；培训员工看到自己拥有的成绩和进步，要看到"半满的杯子"，而不是把目光局限于"半空的杯子"上面等。

（四）恢复力的应用

恢复力作为一种积极的力量，是员工、管理者及组织本身应对压力、冲突及诸多不确定因素时所不可或缺的心理能力。人力资源管理人员对于恢复力的开发，往往会针对影响恢复力的三个因素做出策略，如针对资产因素的资产聚焦策略，培训员工积累可能产生积极结果的资产，如通过教育、培训、经营社会关系、增加可动用的资源，从而提高恢复力；针对风险因素的风险聚焦策略，培训员工学会规避或削弱可能带来消极结果的风险来源，如通过合理的生理和心理保健可以控制风险因素；针对调适过程的过程聚焦策略，培训员工借助积极的心理能力增强调适过程。另有研究表明，恢复力作为积极组织行为学的一种变量，可能会成为发展个体和组织绩效最有潜力的影响因素。

（五）主观幸福感的应用

因为主观幸福感能很好地预测员工的工作满意度，但工作满意度并不能反过来预测员工的主观幸福感，所以在人力资源管理中，为提高员工的工作生活质量，仅实施方法提高工作满意度而不考虑员工工作以外的家庭生活和其他业余活动，并不能使员工满意。

在管理实践中，企业提高员工的主观幸福感主要表现在改善员工的工作生活质量上，具体措施有：使员工的劳动报酬具有充分性和公平性；提供安全并有利于健康的工作环境；创造和谐的人际氛围，满足员工社会归属的需求；制订明确而清晰的工作制度，包括工作时间、工作性质及内容；提供有利于员工成长的工作任务；帮助员工做出科学的职业生涯规划；合理授权；在安排工作时，使工作能与其家庭生活和其他的业余活动尽可能实现有机平衡。

本小节较系统地综述了积极组织行为学与现代企业人力资源管理实践的需求的结合，并研究了在现代企业人力资源管理中对其如何应用开发，从而实现通过积极行为和正向强化的引导，让企业员工提升自信水平，培养积极乐观的心态，拥有企业组织归属感，提高工作满意度并充分积极地发挥个人潜能，最终实现企业绩效的全面提高和持续发展。

第五节 积极组织行为学的典型案例

案例 1

沃尔沃的工作再设计

汽车制造业是瑞典工业的一个重要领域，而沃尔沃汽车公司又是其中的佼佼者。按照世界级标准，它算不上大公司。从 20 世纪 60 年代中期起，它的汽车出口翻了一番，占全部销售额的 70%，虽仅占世界汽车市场的 2.5%，却已占瑞典全年出口总额的 8% 以上，可谓举足轻重了。该公司的管理本来一直沿用传统方法，重技术，重效率，重监控。直到 1969 年，工人的劳动态度问题变得十分尖锐，这迫使该公司不得不考虑改革管理方法了。沃尔沃公司领导分析了传统汽车制造工作设计，认为它最大的问题是将人变成机器的附庸。所谓装配线不过是一条传送带穿过一座充满零部件和材料的大仓库罢了。这套生产系统的着眼点是那些零部件，而不是人。人分别站在各自的装配点上，被动地跟在工作件后面，疲于奔命地去照样画葫芦而已。这套制度的另一个问题，是形成了一种反社交接触的气氛。工人们被分别隔置在分离的岗位上，每个岗位的作业周期又那样短（一般为 30 至 60 秒），哪容他们偷闲片刻去交往谈话？

沃尔沃先是设法用自动机器来取代较繁重艰苦的工作，不能自动化的岗位则使那里的工作丰富化一些，还将厂房环境装饰得整洁美观。目的是想向工人表明，公司是尊重人的。但随即发现这些小法治标未治本。公司觉得在工作方面要治本，必须进行彻底的再设计。他们在当时正在兴建的卡尔玛新轿车厂进行了一次著名的实验。

卡尔玛轿车厂总的设计原则是希望体现以人而不是以物为主的精神，因而取消了传统的装配传送带。以人为中心来布置工作，就是要使人能在行动中互相合作、讨论，自己确定如何来组织。管理要从激励着眼，而不是从限制入手。只有对孩子才需要限制，对成熟而自主的成人则宜用勉励而不是监控。所以，该厂工人都自愿组成 15 至 25 人的作业组，每组分管一定的工作，如车门安装、电器接线、车内装潢等。组内可以彼此换工，也允许自行跳组。小组可自行决定工作节奏，只要跟上总的生产进程，何时暂歇、何时加快可以自定。每组各设有进、出车体缓冲存放区。

这个厂的建筑也颇独特，由三栋两层及一栋单层的六边形厂房拼凑成十字形。建筑的窗户特别大，分隔成明亮、安静而有相对独立性的小车间。

没有了传送带，底盘和车身是由专门的电动车传送来的。这种车沿地面铺设的导电铜带运动，由计算机按既定程序控制。不过当发现问题时，工人可以手工操作，使它离开主传送流程。例如看见油漆上有一道划痕，工人便可把它转回喷漆作业组，修复后再重返主流程，仍归计算机制导。车身在电动车上可做90度滚动，以消除传统作业中因姿势长期固定而引起的疲劳。

各作业组自己检验质量并承担责任。每辆车要经过三个作业组，才有一个检验站由专职检验员检查，将结果输向中央计算机。当发现某种质量问题一再出现时，这个情况会立即在相应作业组的终端屏幕上显示出来，并附有以前对同类问题如何解决的资料。这屏幕不仅报忧，也同时报喜，质量优秀稳定的信息也会及时得到反馈。产量、生产率、进度数据则定期显示。据1976年的调查，几乎该厂全体职工都表示喜欢新方法。沃尔沃公司便又陆续按这种非传统方式，建造了另外四家新厂，每家工厂的规模都是不到600名职工。这一改革当然冒了颇大的风险，因为一旦失败，不仅经济上代价高昂，公司内外信誉也会遭受巨大损失。

卡尔玛改革的核心是群体协作，工人以作业组为单元活动。但这种改革是否也能用于按传统观点设计并运转多年的大型老厂呢？这是一种颇为不同而风险更大的改革尝试。沃尔沃在西海岸哥德堡市建有一家8000人的托斯兰达汽车厂，是1964年完全按传统装配线设计建造的。它生产的汽车构成该公司产品的主体，改造略有不慎影响到生产，损失将是极为巨大的。

这个厂工作再设计的实验不是公司总部指导的，是由该厂管理人员在工会和全体职工配合下自己搞起来的。这个厂设有吸收工人参加并有较大发言权的各级工作委员会及咨询小组55个，没有工人同意，改革寸步难行。因为任何改革总要引起短期的不习惯与不方便，工资制度上也要适应由个人奖到小组集体奖的转变。其实，这个厂早就酝酿并在逐步实行着工作再设计，所以与其说托斯兰达厂是紧跟卡尔玛厂，毋宁说前者是后者的摇篮。因为后者的许多办法是先于前者试行的。例如，那种电动装载车以及使车身侧翻但工人不必蹲在地坑里仰头向上操作的装置，都是从托斯兰达汽车厂学去的。

这个厂改革的第一步是放权，尽量使它的冲压、车身、喷漆和装配四大车间成为自主的实体，因为每个车间各有各的问题，不能一刀切。例如，1973年，车身车间组成一个专题工作组来解决降低噪音与粉尘的问题。车间主动请来应用美术学院的专家，经过摸索，把车身车间变成了全公司最明亮整洁的场所之一。改革自己的工作条件，变成了一种有吸引力的挑战。各级工作委员会和咨询组都有一定经费解决自己的问题。于是工厂形成了浓郁的改革气氛。

又如车内装潢车间，流水线上设有15个装配点。早在这个厂刚投产的1964年，工人中就有人主张经常换换岗位，因为老在同一岗位上干，不但乏味，而且身体某些部位易疲劳。可是另一些工人不愿意，直到1966年这些工人才自己定了一套轮换制度，每人都学会这15个岗位上的操作技术而成为多面手，每天轮换一至数次，并自己负责检验自己干的活儿和负责纠正缺陷。这时，他们不但体验到换岗能减轻劳累，而且培育出一种群体意识。后来他们把全组工作的计划与检查都接手过来，使工作更加丰富化了，全组缺勤与离职率大幅度下降，工作质量也提高了。

这种现象在这个厂里颇为典型：一开始有相当一些人抵制改革，随着同事间接触的增加，一个自发的以友谊和共同认识为基础的真正的群体（不是行政上硬性编成的班组）形成了。

这种从人际接触发展到培育出友谊的过程是不容易的，在装配线上更是需要时间。但一旦形成真正的群体，就能做出许多超出原来狭隘目的的事来。工作从轮换到扩大化直至丰富化，人们对工作的满意感逐步增加。托斯兰达汽车厂在1970年，仅3%的装配工人搞工作轮换，

1971 年达到 10%，1972 年达到 18%，然后开始加速，1973 年达到 30%，1977 年已达 60%。改革自己的工作内容成了多数工人的自然要求。但总有少数人，特别是年纪偏大的，是始终不喜欢任何改变的。到 1976 年末，这个厂的装配车间才开始有人跟传统的装配线告别，组成了两个各有 9 人参加的作业组，每组承包一定辆数的汽车装配，作业改到装配工作台上去进行。9 名组员什么都干，从底盘装配到车身与车门安装，直至最后内部装修与检验。每组每周要开一至数次生产组务会，研究生产情况及解决问题的办法。渐渐地，装配工作台完全取代了装配线。

　　诚然，这种工厂的基建与设备投资要比常规工厂高一至三成，占地面积也要大些。但沃尔沃公司声称得远大于失，赔钱的买卖是不会干的。装配台平均约每小时装配成一辆车，生产率至少不低于装配线，而工人则满意感大增，离职率从 40% 至 50% 降到 25%。尽管瑞典的劳力成本一直是全世界最高的，但沃尔沃却能一直赚钱，利润占销售额的百分比仍属汽车行业中三家比例最高的汽车公司之一。

　　思考题：

　　1. 沃尔沃公司的工作再设计过程说明了什么？

　　2. 从沃尔沃公司工作再设计中我们能得到什么启发？

　　答案：

　　1. 沃尔沃公司的工作再设计过程说明了工作丰富化是人类社会进步的需要和提高管理水平的需要。组织通过降低工作专业化程度，变革工作的内容、职能、关系和反馈等，使员工对自己的工作感到满意，并把他的工作设计得更具挑战性、成就感、责任感和自主性，实现工作的丰富化，并注意有关工作内容、工作职能、工作关系等主要特征的改变，针对每个人的个性特点来重新设计工作任务。

　　2. 从沃尔沃公司的工作再设计过程中我们可以得到以下启发：A. 工作丰富化的优点大于缺点，它与常规性、单一性的工作设计方法相比较，能够提供更大的激励和更多的满意机会，从而提高了工作者的生产效率和产品质量，还能降低工作者的离职率和缺勤率。B. 第一，由一位负责的高层主持设计和控制，由几个部门的领导执行；第二，选择一些工作任务，分析这些工作任务的激励因素是什么；第三，创新因素想法，接受工作程序是可以改变的，工作任务是可以结合成一个整体的；第四，邀请职工讨论重组工作任务，调整完成工作任务的激励因素，侧重分析工作内容；第五，职工参与设计与试验丰富化的工作，职工的成就感和态度要在实验前后加以测量；第六，允许生产可能有所下降；第七，允许对实验寻找不同的意见，以实验结果表明工作丰富化的成就。

案例 2

霍桑实验

　　位于美国芝加哥城外的西方电器公司的霍桑工厂，是一家专门制造电话机的工厂。它设备完善、福利优越，具有良好的娱乐设施、医疗制度和养老金制度，但工人仍愤愤不平，生产效率也不理想。为此，1924 年美国科学院组织了一个包括各方面专家在内的研究小组，对该厂的工作条件和生产效率的关系进行了全面的考察和多次实验。这就是著名的霍桑实验。从 1924 年至 1932 年，在将近 8 年的时间里，霍桑实验前后共经过两个回合。第一个回合从 1924 年 11 月至 1927 年 5 月，它主要是在美国国家科学委员会的赞助下进行的。第二个回合是 1927 年至 1932 年，主要由美国哈佛大学教授梅奥主持进行研究。整个实验前后共分为四个部分。

1. 照明实验

这项实验在霍桑工厂共进行了两年半时间,实验是在被挑选出来的两组绕线工人中间进行的。一组是"实验组",一组是"参照组"。在实验过程中,"实验组"不断地增加照明的强度,从 24、46、76 烛光逐渐递增,而"参照组"的照明度始终保持不变。

研究者起初打算考察照明和产量之间的关系,找出一种理想的照明度,在这种照明度下工作,能使工人的生产效率达到最高标准。但出乎研究者的意料的是,实验的结果,两组的产量都在不断提高。后来他们又采取了相反的措施,逐渐降低"实验组"的照明强度,还把两名实验组的女工安排在单独的房间里劳动,并一再降低照明度,从 10 烛光、3 烛光一直降到 0.06 烛光,几乎和月亮光差不多的程度,这时候,也只有在这时候,产量才开始下降。

研究者的结论是:工作场所的灯光照明只是影响生产的一种因素,而且是一种不太重要的因素。除照明之外一定还有其他什么因素影响产量。

由于研究者找不到原因,感到迷惑不解,许多人都不干了。只有该公司的检查部主任朋诺克(C. Pennock)当时推测,产量的增加,可能是受到工人被实验激起的工作热情的影响。后来,于 1927 年冬天朋诺克在一次哈佛大学教授梅奥主持的人事经理报告会上,把自己的想法告诉了他,并当场邀请梅约参加霍桑实验。梅奥接受了邀请,并组织了一批哈佛的教授会同电器公司的人员成立了一个新的研究小组。于是开始了第二阶段的研究。

2. 继电器装配实验

为了能够更好地控制影响工作绩效的因素,梅奥选出了 6 名女工,在单独的房间里从事装配继电器的工作,他告诉女工可以保持平常的工作节奏,因为实验的目的不是为了提高产量,而是要研究各种工作条件,以找出最适宜的工作环境。在此期间,研究者在实验场所指定了一名观察者,他的任务主要是为工人创造友好的气氛,以确保她们的合作。他还做一些管理工作,每天与女工们开展非正式的交谈,以消除她们对实验可能抱有的疑虑。这样他与女工之间的谈话更加自由,彼此的关系比过去更为亲近了。

在实验过程中,不断地增加福利措施,例如,缩短工作日、延长休息时间、免费供应茶点等,具体过程如下:

①研究人员将小组的计时工作改为计件工作,生产量上升;

②安排女工有两次休息时间,每次 5 分钟,生产量上升;

③将两次休息时间,每次延长至 10 分钟,生产量依然上升;

④研究人员将女工上午的休息时间延长到 15 分钟,并免费供应点心,生产量再度增加;

⑤让女工提前半小时下班,生产量上升得更快;

⑥让女工提前 1 个小时下班,生产量无改变;

⑦女工做 1 个小时超时工作,生产量仍上升;

⑧每组工作时间从 48 个小时减至 40 个小时,生产量照旧维持高标准。

随着生产效率的提高,研究者起初以为是这些福利措施刺激了工人生产的积极性。在最后一次实验中,研究人员恢复了这些工人原来的工作情况。女工做计时工作,没有休息时间,没有点心供应,每周工作 48 个小时。结果,生产量达到前所未有的高度,上升超过 30%。这就证明了物质条件的改变并不是提高产量的唯一原因。经过对这些结果的可能原因的分析,研究者认定,管理方法的改变可能是改变工人态度和提高产量的主要原因。

3. 大规模的访谈实验

在两年多的时间里，梅奥等人组织了大规模的态度调查，在职工中谈话人数达两万次以上。在访问过程中，访问者起初提出的问题，大都是一些"直接问题"，例如工厂的督导工作及工作环境等。虽然访问者事先声明，将严格保守秘密，请工人放心，可是受访者在回答问题时仍遮遮掩掩，存有戒心，怕厂方知道，自己受到报复。谈话总是陈腔客套，无关痛痒。后来改用了"非直接问题"，让受访者自行选择适当的话题，这时职工在谈话中反而无所顾忌了。结果在这次大规模的访问中，搜集了有关工人态度的大量资料，经过研究分析，了解到工人的工作绩效、职位和地位既取决于个人，又取决于群体成员。人际关系是影响绩效的一个主要因素。同时，这次大规模的实验，还收到一个意想不到的效果，就是在这次谈话实验以后，工厂的产量出现了大幅度的提高。经研究者分析认为，这是由于工人长期以来对工厂的各项管理制度和管理方法有许多不满，但无处发泄，这次实验，工人无话不谈，发泄了心中的怨气，由此而感到高兴，因而使产量大幅度上升。

4. 继电器绕线机组的工作室实验

这项实验又称群体实验。实验者为了系统地观察在群体中人们之间的相互影响，在车间里挑选了 14 名男工，其中 9 名绕线工，3 名焊接工，2 名检验员，在一个专门的单独房间里工作。

实验开始，研究者向工人说明：他们可以尽量卖力工作，报酬实行个人计件工资制。研究者原以为，这套奖励办法会使工人努力工作，提高产量。但结果是产量只保持在中等水平，而且每个工人的日产量都差不多。根据"时间——动作"分析的理论，公司经过计算向他们提出的标准定额是每天完成 7312 个焊接点，但工人每天只完成 6000—6600 个焊接点就不干了，即使离下班还有一段时间，他们也自行停工。研究者经过深入观察，了解到工人自动限制产量的理由是：如果他们过分地努力，就可能造成其他同伴的失业，或者公司会接着制订出更高的生产定额。

与此同时，研究者为了了解他们之间的能力差别，还对实验组的每个人作了灵敏测验和智力测验。他们发现 3 名生产最慢的绕线工在灵敏测验上得分都高于 3 名最快的绕线工，其中 1 名生产最慢的工人在智力测验上得分排行第一，灵敏测验排行第三。测验的结果和实际产量不相符。

霍桑实验的结果，后经梅奥整理于 1933 年正式发表，其书名为《工业文明中人的问题》。在此书中，梅约首次提出"人际关系学说"，对管理学的发展产生重大影响。

思考题：

1. 霍桑实验采用了哪几种积极组织行为学研究的具体方法？
2. 在对人的看法上，通过霍桑实验，你可以得出哪些不同于传统看法的结论？

解决方法：

1. 照明实验：观察法；

继电器装配实验：观察法；

大规模访谈实验：访谈法；

继电器绕线机组的工作室实验：数量统计法、测验法。

2. 霍桑实验的资料使梅奥总结出一种对人性的十分不同的观点，即提出了关于"社会人"的假设：

（1）社交需要是人类行为的基本激励因素，而人际关系则是形成人们身份感的基本因素。

（2）从工业革命中延续过来的机械化，其结果是使工作丧失了许多内在的意义，这些丧失的意义现在必须从工作中的社交关系里找回来。

（3）跟管理部门所采取的奖酬和控制的反应比起来，职工们会更易于对同级同事们所组成的群体的社交因素做出反应。

（4）职工们对管理部门的反应能达到什么程度，当视主管者对下级的归属需要、被人接受的需要，以及身份感的需要能满足到什么程度而定。

案例 3

李强的心理测试

李强，1949 年生于中国北方一个小镇。正当他念高中二年级的时候，"文化大革命"开始了，他不得不中断学业，后来又在上山下乡的浪潮中到一个偏远的人民公社插队。"文化大革命"后恢复了高考，他考入了某财经学院。毕业后，在某市的一家造船厂做成本会计。一年半后，他辞职到某市一家集装箱公司谋得一份管理职位。三个半月后，他被解雇了。在谋求新的工作岗位时，他到一家职业介绍所做了能力测试并寻求帮助和建议，测试结果表明他最适宜做推销工作。那家职业介绍所为他找了一份药品推销工作，任职于一家大型医药公司。他喜欢这份工作，在那里干了一年半。后来，他听说另一个更著名的药材公司有同类型的工作，便向该药材公司申请，并在 1984 年被雇佣。进入 20 世纪 90 年代，他的女儿长大并考入一所著名大学，但他的妻子却下岗了。李强的生活发生了很大的变化，他变成了工作狂，因为他感受到了来自各方面的压力。有人劝他去找一位心理医生解除他的心理紧张。他接受了劝告，找了一位著名的心理医生，做了一系列的咨询诊断。下面就是一份他在谈到他的工作经历时的诊断。

记录：

心理医生：你干过很多工作，那是因为你在财经学院毕业后不知道自己想干什么的缘故吗？

李强：确实是这样。我生活中最大的困难就在于决定我究竟想干什么。这曾经给我造成极大的精神上的痛苦，甚至在今天仍是这样，我仍不能确定究竟何种类型的工作或职业最适合我。

心理医生：好，让我们先谈谈你在毕业后的第一份工作。你在造船厂做成本会计，为什么要辞掉这份工作呢？

李强：首先它很烦人。我不喜欢整天跟数字打交道，不喜欢只在数字上加减乘除。另外，我认为那份工作毫无前途，那时我有很大的抱负，我要做较高层的管理人员，挣较多的钱。

心理医生：因此你去了那一家集装箱公司？

李强：是的。那是一个我可以向公司证明我的能力的、真正的管理职位。

心理医生：但是你在那个工作岗位上遇到了点麻烦，对吗？

李强：我不适应那种类型的组织。我监督工人们操作制造箱子的机器设备。这些工人都是从最偏远的农村招来的，很难管理，至少对我而言是这样。他们对工作和公司没有积极的态度，毫无感情。我的老板，那个幕后指挥者，总是要求我对他们狠一些，督促我要求他们加快工作速度。

告诉你一个例子，你或许就知道他是个什么样的人了。我手下有一个老年妇女，大约有50 岁，生产装冰箱用的箱子，因为箱子太大，所以她处理起来比较困难。我敢说，她已经竭尽全力了。但我看见老板站在她身后，手拿着秒表，大声叫着，呵斥她快点。我一点也不喜欢他那样做。一次，老板请我们这些管理人员出去吃饭，那些同事极尽阿谀奉承之能事，嘴脸极其令人厌恶。我自言自语地说："这就是为了提升而必须做的事。"那之后不久，老板就叫我到他的办公室，告诉我不适合做这样的工作，他认为我不会或不愿强迫别人努力工作。

心理医生：你对此有何反应？

李强：我十分难过。那时我真不知道如何是好。我不能确定我究竟适合什么工作，因此我去一家职业介绍所去做能力测试。

心理医生：那么，测试结果怎么样？

李强：他们说我不适合做生产管理工作。测试结果显示我最适宜做推销工作。职业介绍所为我找了一家正招聘在东北南部从事推销工作的推销员的医药公司，并告诉我那家公司所生产的产品名称及特征。我去面试并被录用了。经过两个多月的培训后，我为那家公司工作了一年半，然后到了××药材公司从事现在的工作。

心理医生：为什么你辞掉了那份工作？

李强：我希望得到提升，但这在那家医药公司根本不可能，因此当我听说××药材公司有一个机会时，我就去了那里。我告诉他们，我想待在沈阳，但当时只需要大连地区的推销员。于是我申请将沈阳作为第一选择，而将大连作为第二选择。结果他们派我去大连地区工作，我仍然很高兴，现在我真的喜欢上那里了。

心理医生：李强，你为这个公司工作了很长一段时间，因此你肯定喜欢它，与你为之工作的前一个医药公司相比，你觉得它怎么样？

李强：它的产品比前医药公司的产品好，当然我很喜欢这一点。我不喜欢让医生用那些并非市场上最好的药，卖最好的产品对我来说非常重要。而且医生们对我也很热情，因为他们知道我的产品质量最好。他们当然想用最有效力的药品。他们必须对他们的病人负责。

心理医生：你没有得到提升，然而你现在仍在该公司工作。你感到满意吗？还是你计划从工作中找寻一些别的什么东西？

李强：是的，我喜欢自由自在，有机会接触各种各样的人，特别是一些睿智的人。像医生。我从与我交谈的医生那里学习了很多东西，有时我没有很多时间去他们办公室聊天，但我们可以在我举行的会议或药品展览会上一起度过很长一段时间。我也经常和医生们出去吃饭。我喜欢在一个声誉较好的公司工作。我们公司有同行业最好的研究部门，而且总能研究出更好的药品让我推销。这家公司不生产"你是，我也是"之流的产品，而是尽力使产品具有独特性。

我的工作中也有一些我并不喜欢的东西。公司经常为某种药品开展促销活动。这些活动有些冒犯了医生，因此我不喜欢它们。医生们不喜欢哗众取宠或大肆渲染的营销，不喜欢那些不诚实的事情，或是那些只注重包装而不重视药品性能的做法。实际上，公司也不想花大力气开展营销活动，因为公司认为在产品的营销中起作用的是产品的质量而不是"营销压力"。有些药品，公司让我推销给医生，而且公司明知那些是积压产品，但我不愿意那样做，我想向医生推荐最优质的药品。我也不想为我不能施以任何影响的目标负责。公司总是为我制订目标，通常是这样一类目标，在三个月时间内，我必须在我负责的地区推销某种药品达到一定数量。但公司应该知道，除了我努力工作之外，还有很多因素都可能影响目标的完成。

我也不喜欢文字工作。但我必须请医生在领用试用品时在我准备的材料上签字，还必须把我的药品样品的分配情况以及每周都作了什么写成报告上交备案。当然，我也知道这个步骤很有必要。

心理医生：你没有提到在旅行中和你被迫完成任务时那些孤独难熬的夜晚。难道它们不是工作中消极的因素吗？

李强：是的，特别是在冬天。但是我常常在一个美丽的小镇工作，我喜欢开车的时候观赏景色，我几乎认识所有居住在那里的人。我和医生们聊天，在他们的接待会上畅谈，同我所认识的人聊天，包括那些在各种各样的饭店、汽车旅馆和服务站工作的人聊天。

心理医生：看来你肯定是个性格外向的人，你和其他人聊天从不感到不自在吗？

李强：我和偶然遇上的人谈得都很投机。我相信这样可以学到一些东西。他们告诉我他们经历的一些事情，我们谈论婚姻、孩子、政治、体育、世界大事等各种各样的话题，具体话题取决于别人对什么感兴趣。所以我从不感到孤独。但现在看来，我也许做了一些不应做的事，我毕竟是一个有家的男人，一个女人的丈夫。

心理医生：你对你的工作还有什么其他感觉吗？

李强：没有，我想我已经谈完了。我现在相当喜欢我的工作，不想再做什么别的工作。我告诉你，我是希望挣更多的钱。但我想我不会为了挣更多的钱而牺牲现有的生活模式。经历了这么多，我意识到过一种幸福生活是何等重要。但我在一段时间内不知道什么是幸福生活，而现在，我想我懂了。

思考题：

1. 李强是一个什么类型的人？他的个性、他的需求是什么？

2. 他现在的工作和过去的工作在多大程度上适合他？还有其他什么工作适合他吗？

3. 李强的职业生涯设计与开发存在什么问题？

案例 4

领导的困惑

老鲍有时遇见季副所长，季老总要关怀地问起费士廷近来的工作表现。老鲍只能如实反映老费所表现出来的杰出能力。但老鲍有几次也想谈谈自己的顾虑与不安，却总是欲言又止，觉得难于启齿。因为他怕这样一说，反而暴露了自己的弱点，何况季老必然通过亲自考察及其他渠道，对老费的情况已有了深刻的印象。

渐渐地，老鲍开始怀疑，费士廷的加入对本组究竟是不是件好事了：他虽然聪明过人，才华出众，从智力上加强了本组；但这似乎不足抵偿他对本组团结合作精神的涣散与瓦解的消极作用。例行小组会名存实亡，成了少数人甚至是个人的垄断。除了小林一人外，其余的人几乎全不在费士廷眼下。他变得越来越明显的粗暴无礼，把别人的意见斥为无知妄说，不屑一顾，甚至嗤之以鼻。他对别人的不耐烦与蔑视似乎在季副所长面前也有所表露，这是老鲍根据自己与季老的偶然谈话而推测出来的；因为季老有一次曾问及老文、老伍和老乔的表现和能力，并说是不是还该分派给他们独立的实验与研究任务，却偏偏没问到小林。这使老鲍怀疑季老是受费士廷对他们能力的不良评价所左右的结果。

老鲍已经感到，费士廷的到来有点得不偿失，已经不是他的个人偏见了。因为他在跟老文、老伍和老乔的个别谈话中，都已感到他们对老费明显的不快甚至反感。老鲍并没有煽风点火、添油加醋，是他们自己提出的抱怨，说小组会上老费夸夸其谈，深奥费解；想追问一下，请他详细点深入解释一下，并补充点有关的背景知识吧，他又马上显出不耐烦，甚至讥嘲别人"这还不懂？""是小学生也该明白的常识"，使人家下不了台。当然小林在跟老鲍的个别谈话中，没有反映过这种情绪。

大约在老费来光子仪器课题组半年后，所领导向老鲍布置了一项任务，说是上级单位对这个项目十分重视，决定下月中旬要在本所开一次现场会，国内有关兄弟单位将来人参加，甚至还邀请了科学院几位知名学者亲临指导，要组里认真准备汇报材料。

按照惯例，这种会该由课题组组长，也就是鲍尔敦本人来汇报的，材料也应由他准备和执笔。可是随着会期日益临近，他越觉得不让自己去当这汇报人可能更明智些；因为材料中不能不写进费士廷贡献的新论点，特别是那些高深的数学分析。说实话，对这些内容老鲍自知领会得不透彻；且不说介绍得不可能完整深入，而且在客人们提问质询时，更难应对自如。更糟的是，如果他们汇报得不全面、不确切的话，老费自己准会站起来补充或纠正；而且按这老兄的性格，他可不会给你留面子，很可能评头品足、吹毛求疵，甚至痛快淋漓地极尽其挖苦讽刺之能事，使他十分难堪，当众出丑。而报告中不提老费的论点或不让老费列席汇报会，都是不现实的，办不到的，也是说不过去的。这使老鲍颇费踌躇，举棋不定。

于是老鲍找机会跟季老私下谈了一次话，试探一下本所这位元老的意图。他吞吞吐吐地对季老说：按照惯例，这种汇报会总是在高规格的小范围内进行的，老费作为一般研究人员本是不够列席资格的，可是鉴于他对本课题所做出的特殊贡献，他本人可能也乐意出席，所以似以他参加为宜。不过老鲍嗫嚅地补充说：光让老费来而将组内其他同志排除在外，似欠公允，他们也做过贡献，有些资历更深，怕会挫伤他们的积极性。季老听罢，眉梢一扬，略显惊愕，说："不会吧，他们谁都清楚费士廷在这个课题开发中的特殊作用，是会理解的。你们组的同志一贯都是比较通情达理的嘛。"他然后用十分肯定的语气补充道："这次汇报会无论如何得让费士廷列席。"老鲍听了，马上跟着说，他也正是这种想法，而且他还觉得应当是老费而不是他自己来向来宾们汇报，因为这课题的进展老费的贡献最大；让他汇报，正表现了对他才能的赏识和奖励，何况老费正迫切希望人们能认识到他的能力和功劳。季老听了，沉思一下，点头道："好，就这么办吧。"事情就这样定下来了。

次晨上班，季老发现桌端有老鲍留呈自己的一封信。信颇简短，略谓他此次去新疆，是为了支援边疆建设，响应号召。走得很急，未及而辞，深觉歉疚。来所多年，对季老师的关怀照顾，帮助指引，衷心铭感，将永远记住他这位仁厚善良的导师与长者。又说光子组有费士廷在，定能胜任小组所需领导工作，比他强胜十倍。有关事务已向组内交代清楚，今后还有遗漏不清处，他愿写信说清云云。季老阅毕，觉得怅然若失。他知道所里不久前承接了航天部一项新课题，属国家重点攻关项目。在个别征询老费意见，看他愿意留在光子组，还是去搞这新课题时，他毫不犹豫地选了后者，很快就要正式发表他升任航天课题组长的任命了。在国外时，季老就曾觉得棘手，该怎样把老费将另有重用的消息告诉老鲍，因为老鲍一直声称老费的到来，于他们组是巨大而及时的支持；他对老费的才能和对该组及他本人的帮助，也赞不绝口。现在突然要把老费调离该组，一时又没类似的人才可以顶替，老鲍可能会舍不得，想不通。季老正难于启齿呢，如今原来如此！

光子仪器组的工作自然蒙受了沉重打击。季老暂时只好先指定林克同志代理组长，并说明一旦物色到适当人选，便要来使其正式就任组长。

思考题：

1.请大家运用所学过的领导理论分析老鲍的领导特征；

2. 老鲍为什么调出研究所？老鲍的行为有什么特点？

3. 如何认识领导者权力的来源？

案例 5

达纳公司的沟通

美国达纳公司主要生产螺旋桨叶片和齿轮箱之类的普通产品，这些产品多数是满足汽车和拖拉机行业普通二级市场需要的，该公司是一个拥有 30 亿美元资产的企业，20 世纪 80 年代初期，该公司的雇员人均销售额与全行业企业的平均数相等，到了 20 世纪 80 年代末，在并无大规模资本投入的情况下，公司雇员人均销售额已猛增 3 倍，一跃成为《幸福》按投资总收益排列的 500 家公司中的第 2 位。这对于一个身处如此乏味的行业的大企业来说，的确是一个非凡的记录。

1983 年，麦斐逊接任公司总经理，他做的第一件事就是废除原来厚达 22 英寸半的政策指南，代之而用的是只有一页篇幅的宗旨陈述，其大意是：

（1）交流沟通是员工保持信任和激发热情的最有效手段，关键是要让员工知道并参与讨论企业的全部经营状况；我们有义务向希望提高技术水平、扩展业务能力或进一步深造的生产人员提供培训和发展的机会；

（2）向员工提供职业保险至为重要。

（3）制订各种对设想、建议和艰苦工作加以鼓励的计划，设立奖励基金。

麦斐逊很快把公司班子从 500 人裁减到 100 人，机构层次也从 11 个减到 5 个，大约 90 人以下的工厂经理都成了"商店经理"。因为这些人有责任学会做厂里的一线工作，并且享有工作的自主权。麦斐逊说："我的意思是放手让员工们去做。"

他指出："任何一项具体工作的专家就是干这项工作的人，不相信这一点，我们就会一直压制这些人对企业做出贡献及其个人发展的潜力。可以设想，在一个制造部门，在方圆 25 平方英尺的天地里，还有谁能比机床工人、材料管理员和维修人员更懂得如何操作机床、如何使其产出最大化、如何改进质量、如何使原材料流量最优化并有效地使用呢？没有。"

他又说："我们不把时间浪费在愚蠢的举动上。我们办事没有种种程序和手续，也没有大批的行政人员。我们根据每个人的需要、每个人的志愿和每个人的成绩，让每个人都有所作为，让每个人都有足够时间去尽其所能。我们最好承认，在一个企业中，最重要的人就是那些提供服务、创造和增加产品价值的人，而不是管理这些活动的人。这就是说，当我处在你们那 2.32 平方米的空间里时，我还是得听你们的！"

达纳公司和惠普公司一样，不搞什么上下班时间，对此，麦斐逊说："大伙都抱怨说，'没有钟表怎么行呢？'我说：'你该怎么去管 10 个人呢？要是你亲眼看到他们老是迟到，你就去找他们谈谈嘛。何必非要靠钟表才能知道人们是否迟到呢？'我的下属说：'你不能摆脱计时钟，因为政府要了解工人的出勤率和工作时间。'我说：'此话不假，像现在这样每个人都准时上下班，这就是记录嘛！如果有什么例外，我们自会实事求是地加以处理的。'"

麦斐逊非常强调交流沟通，同一切人讨论一切问题。他要求各部门的管理人员和本部门的所有成员之间每月举行一次面对面的会议，直接而具体地讨论公司每一项工作的细节情况，并有四条制度化的通道保证双向沟通。

第一条通道是与高层管理人员面谈。员工可以借助"与高层管理人员面谈"制度，与高层经理进行正式的谈话。这个高层经理的职位通常会比你的直属经理的职位高，也可能是你经理的经理或是不同部门的管理人员。员工可以选择任何个人感兴趣的事情来讨论。这种面谈是保密的，由员工自由选择。面谈的内容可以包括个人对问题的倾向意见，自己所关心的问题，反映的这些情况公司将会交直接有关的部门处理。所面谈的问题将会分类集中处理，不暴露面谈者身份。

第二条通道是员工意见调查。这条路径不是直接面对你的收入问题，而且这条通道会定期开通。达纳通过对员工进行征询，可以了解员工对公司管理阶层、福利待遇、工资待遇等方面有价值的意见，使之协助公司营造一个更加完美的工作环境。很少看到达纳经理态度恶劣的情况，恐怕跟这条通道关系密切。

第三条通道是"直言不讳"。在达纳，一个普通员工的意见完全有可能会送到总裁麦斐逊的信箱里。"直言不讳"就是一条直通通道，可以使员工在毫不牵涉其直属经理的情况下获得高层领导对你关心的问题的答复。没有经过员工同意，"直言不讳"员工的身份只有一个人知道，那就是负责整个"直言不讳"的协调员，所以你不必担心畅所欲言过后会带来的风险。

第四条通道是申诉。达纳称其为"门户开放"政策。这是一个非常悠久的民主制度，麦斐逊刚上台就一改达纳老臣的作风，他经常反向执行申诉，直接跑到下属的办公室问某件事干得怎么样了。达纳用申诉制度来尊重每一个员工的意见。员工如果有关于工作或公司方面的意见，应该首先与自己的直属经理恳谈。与自己的经理恳谈是解决问题的捷径，如果有解决不了的问题，或者你认为你的工资涨幅问题不便于和直属经理讨论，你可以通过申诉制度向各事业单位主管、公司的人事经理、总经理或任何总部代表申述，你的申述会得到上级的调查和执行。

麦斐逊非常注重培训工作，以此来不断地进行自我完善，仅达纳大学，就有数千名雇员在那里学习，他们的课程都是务实方面的，但同时也强调人的信念，许多章程都由老资格的公司副总经理讲授。

达纳公司从不强人所难。麦斐逊说："没有一个部门经理会屈于压力而被迫接受些什么。"在这里，人们受到的压力是同事间的压力。大约100名经理人员每年要举行两次为期5天的经验交流会，同事间的压力就是前进的动力。他说："你能一直欺骗你的上级，我也能，但是你没法逃过同行的眼睛，他们可是一清二楚的。"

麦斐逊强调说："切忌高高在上、闭目塞听和不察下情的不良作风，这是青春不老的秘方。"一个在通用汽车有着16年工龄、最近被解雇的工人说："我猜想解雇我的原因是由于我的活儿质量不好。但是，在这16年里，有谁来向我征求过改进质量的意见呢？从来没有过。"这两个人的话形成了鲜明对照。

思考题：

1. 麦斐逊在接任达纳公司总经理后着重对公司的哪些方面进行了整顿？

2. "切忌高高在上、闭目塞听和不察下情的不良作风，这是青春不老的秘方"这句话是什么意思？结合本文说说麦斐逊改革的原则是什么。

3. 在文中，麦斐逊对钟表计时出勤的看法，你认为怎样？你是赞同他的观点还是持反对意见？

第十一章 积极组织行为学研究中的方法论问题

第一节 积极组织行为学研究者面临的方法论挑战

凭借积极心理学、积极组织行为学、积极组织学术研究等各种积极活动的推动力，一些应用型学者明确提出，要进一步突出组织研究中的积极过程和积极行为。在应用科学领域，卢桑斯（2002a，2002b，2003）将这种主动和积极的方法称为积极组织行为学，而卡门（Camen）等人（2003）将其称为积极组织学术研究。在此暂且忽略这两种称谓之间的语义差别，本章以严格的方法和合理的方式来探讨"基于积极方面"的研究所面临的挑战。毫无疑问，与那些针对组织生活中消极方面的研究相比，积极组织行为学者应该意识到这种研究中有大量的方法论问题需要深入思考。

积极组织行为研究者首先面临的挑战是核心概念的界定和研究方法问题。这有利于澄清积极组织行为学和积极组织学术研究之间的差异，在这些差异中一般的理论假设较多，实证测量却较少，需要进一步对其进行澄清。简单地说，这个挑战还包括是否存在一个特殊的变量或者概念，而这个变量或者概念与积极组织行为学中的"状态"和积极组织学术研究中的"特质"相对应。

一、有关积极组织行为学和积极组织学术研究的界定

积极组织行为学主要关注那些能够赋予人们发展取向的人力资源优势和心理能力，尤其是那些有利于提高工作场所中绩效的优势和心理能力（Luthans，2003）。考虑到这些优势和能力的暂时性或状态类特征，积极组织行为学更关注那些能够带来更为直接的、短期的变化干预策略的心理和行为过程。卢桑斯和阿瓦里奥（2003）认为，积极组织行为学强调情境的、状态类的积极能力，其中自信、希望和乐观就是其中的三种主要类型。与之相对，通过阅读文献发现，积极组织学术研究更关注那些较为稳定的、特质类的能力心理和行为过程（Cameron et al，2003；Pratt & Ashforth，2003），尤其关注卓越、繁荣、蓬勃、丰富、韧性和成长之类的过程，这其中的每一个特征都需要一个长期的、动态的过程才能呈现和发展出来。

综合来讲，这些积极的方式在很大程度上存在重叠之处，都强调了在组织应用研究中建构人力资源优势和美德的迫切需要（Luthans，2002a；Wright，2003），或者都被称为组织行为研究的"健康"途径（Wright & Cropanzano，2000）。然而，对构成积极组织行为学和积极组织学术研究领域的时间特征进行更清楚的区分，将会对积极组织运动（通常的组织行为研究）产生积极的影响。所幸，现有的研究方法为学者提供了较好的区分类状态和类特质的基础。现在，我们运用以心理健康积极结构所进行的研究的结果，可以知道如何从方法上对一个人的心理健康、心理或者生理过程进行测量，从而使其表现出更多的类状态（积极组织行为学）或类特质（积极组织学术研究）的特征。

二、积极组织行为研究中时间的作用

时间变量在人类行为的很多细节都具有核心作用，这在理论上已经得到了普遍认可。但是，在有关组织方面的研究中，并没有突出时间或者时机的重要作用。实际上，研究者们并没有意识到，他们并没有对状态和特质之间进行一个合理的时间区分，而且这种情况在目前的研究中非常明显。事实上，时间研究一直是承诺升级（escalation of commitment）这类研究的一个有机组成部分（Ross & Staw，1986；Staw & Ross，1987），而在应用科学领域并没有得到多少重视（Ancona & Chong，1996）。尤其是那些围绕时间而开展的研究，充其量也只是占据从属地位，要么是调节变量，要么是作为事后反思的一部分。

时间的这种不被重视的地位的确非常让人遗憾，但是同时也有许多学者（如，Alpert，1995；Wright，1997）指出，越来越多的研究开始把时间作为一个主要效应变量而进行研究，这将有助于理解一系列组织中的问题。具体来讲，围绕组织行为学中的状态和特质的区别，尤其是积极组织行为学和积极组织学术研究之间的对时间差异的争论一直都没有停止过，主要原因就在于以往的研究并没有对时间作用进行详细的说明。下面的事例将有助于说明在应用研究领域中时间因素的作用。

赖特（1997）指出，实证主义所进行的研究主要是以组织为背景展开的，同时，当把时间变量考虑进去时，很多研究的结果会存在较大差异。比如，一些学者发现，人格对工作绩效的影响会随着时间的推移而发生很大的变化。他们把这种人格对工作绩效的延迟影响作用称为"蜜月效应"。虽然人格和工作绩效之间的关系在实验后的 3 个月并没有表现出显著效果，但是在6 个月和 8 个月之后就非常明显。然而这些学者并没有从理论上对这种时间的选择（3 个月、6 个月、8 个月）是否适当做出说明。在对研究结果进行仔细认真的概括时，这些学者认为，正是由于在早期没有考虑到时间的主效应，从而导致了人格的预测价值在很多研究中过早地被摒弃。

在目前重新关注员工心理健康的积极运动中（积极心理学、积极组织行为学和积极组织学术研究）就可以发现这种没有充分考虑时间作用的例子。以往，心理健康既被看成一种性格 / 特质，也被当作一种状态 / 情感（Diener，1984）。作为一种特质，心理健康要具有完整的结构和去情景化的特征，而不能受任何特殊的情景制约（Warr，1987，1990）。然而，如果把心理健康作为一种特质进行全面思考，那就需要我们真正地来衡量心理健康的易变的部分（状态）和比较稳定的部分（特质）二者之间相对贡献的大小。到目前为止，对构成状态（如此时此刻、现在、今天等）和特质（如在上个月里、在去年、通常等）之间的恰当的时间界限还不是很清楚（George，1991；Wright，1997）。因此，在组织行为积极方面的研究持续迅速发展的情况下，对状态和特质进行清晰的时间上的区分是首先应该保证的。幸运的是，现有的文献已经为我们对状态和特质进行时间上的区分提供了初步的依据（Wright，1997）。

一般来说，在人格研究中，如果一种人格特征具有测量上的时间持续性，并能对个体随后的行为产生影响，这种特征就被看作性格或类特质。基于这些理论基础，赖特（1997）以一种纯粹主观的方法提出以 6 个月作为区分状态和特质的时间界限。当然，也有人认为作为一种状态 6 个月的时间太长了。事实上，只有将测量限定在"此时此刻"或者"今天"才能对状态或情绪进行准确的操作。当然，就像前面指出的那样，在积极组织运动中，当我们想理解积极组织行为学中所说的"状态"（如，Luthans，2002a；Luthans & Avolio，2003）和积极组织学术研究中所说的"特质"时，对状态和特质之间进行适当的时间区分是十分必要的。因此，关于构成状态和特质的准确时间段是什么，这就需要积极运动在这些概念上达成一致的意见。当然，一旦我们能够对状态和特质进行概念上的区分，那么在验证一种特质时，我们就要确信这种测量具有跨时间的稳定性。

三、心理健康测量的跨时间稳定性

历来，在考察情境和特质对组织中的行为如何产生作用时，学者们都十分关注状态和特质之间的差异（Davis-Blake&Pfeffer，1989；Newton&Keenan，1991；Stawetal.，Staw&Ross，1985）。行为是由个人因素引起的还是由环境因素引起的，这一问题是所有探讨状态和特质影响差异时必不可少的一个问题，同时，它也是组织行为研究中的一个中心问题（Arvey et al.，1989；George，1992；Gerhart，1987；Staw & Ross，1985）。比如，考虑到目前积极趋向的研究已经重新确立了心理健康和工作绩效之间的联系（Wright，2005）。如果像很多人认为的那样，心理健康是一种特质或一种类特质的变量，并且能表现出大家认可的跨时间稳定性，那么，组织就很可能仔细选拔那些心理健康水平高的员工，对他们进行培训和合理的工作安排，从而提高员工的心理健康水平，最终达到提升整个组织的绩效。此外，员工的心理健康对员工的身体健康也起着十分重要的作用（Wright，2005）。

在以往的组织研究中，一些学者通过重测相关分析方法（test-retestcorrelationalanalysis）已经对心理健康（当然也包括其他变量）的特质或类特质特征进行了分析。心理健康测量方法在前后两次测量中表现出了持续的一致性。例如，张伯伦（Chamberlain）和思蒂（Zita）（1992）发现，间隔6个月后，心理健康测量的重测相关系数是0.69；威尔灵（Wearing）（1989）发现，6年后这种相关系数在0.5—0.6之间；同样，赖特（1999）在一个为期5年的研究中发现，这种重测相关系数在6个月时是0.76，在4年时是0.68，到了5年时为0.60。但是，正如我现在将要讨论的，从表面的数字看，我认为，这些显著的重测结果并不能为心理健康的稳定性提供充分的依据。因为正如Newton和Keenan所说的那样，这种重测相关分析只是"反映了群体中个体的相对位置，而不是绝对的位置"。下面通过一个简单的例子，来阐明"相对"和"绝对"之间的差异在方法学中的重要性。

一个组织为了选拔、培训员工，拟准备用一个十点量表进行为期两年以上的测量研究来测验员工心理健康水平的跨时间的转定性状况，再进一步假设，在时间1的测量中，每一个员工在十点量表上的心理健康得分都集中在5分左右，而在时间2的测量中，员工的心理健康得分都位于十点量表的9分左右。如果按照传统的组织研究方法，用前后两次测试的相关分析作为心理健康稳定性唯一的判别方式，那么，就会毫无疑问地得出这种心理健康测量的方法具有较高的稳定性，因为这两次测量具有很高的相关。但是，在时间1和时间2两次测量的分数分布情况表明，这两次测量有很大的变化。具体来讲，虽然较高的两次测量结果确实说明心理健康的得分等级具有一定的相似性，但是并不能单单以此就证明前后心理健康分数没有发生绝对的变化（平均数或方差的变量水平）或者说是稳定的。因此，单一的重测相关分析不能做出是否存在特质效用的结论（Newton，Keenan，1991；Wrightetal.，1993）。牛顿（Newton）和基南（Keenan）进一步指出，前后两次的重测相关只有辅以均值变量的变化情况才能判断所研究的变量中是否存在特质成分，在这个案例中，所研究的变量为心理健康。

作为对这些见解的回应，笔者认为，有必要对牛顿和基南的理论观点进一步拓展，并且对变量平均数与方差的等价性进行测定。等值测量方法的研究结果符合平行测量的模型，而同等均值和方差符合严格的平行测量模型（Kristof，1963）。平行和严格平行的测量模型可以很好地验证心理健康的特质效度，并有助于进一步理解积极组织运动中的积极组织行为学（情境或状态）和积极组织学术研究（性格或特质）的区分。令人郁闷的是，回顾过去几年中关于组织研究的文献（不管是积极的还是消极的），在一些重要的强调实证性的管理学研究杂志中，仅发现了一篇文章对平行的和严格平行的测验模型进行了检验（Wright & Staw，1999），在赖特和斯托的研究中，具体阐述了这种研究方法的潜在优势。

赖特和斯托报告了两个独立的纵向实地研究结果。在研究 1 中，为期两年的两次重测相关系数非常显著，达到了 0.74（$P < 0.0001$）；而在研究 2 中，为期一年的两次重测相关系数同样显著，达到 0.77（$P < 0.0001$）。而对相关平均数所做的等价性测验表明，研究 1（$t=1.28$，$P=0.21$）和研究 2（$t=1.22$，$P=0.23$）之间的平均数并没有显著的差异。此外，对相关的方差进行等价性检验也表明，研究 1（$t=-1.36$，$P=0.18$）与研究 2（$t=-0.62$，$P=0.54$）的方差之间没有差异。总之，这些结果表明，心理健康满足严格的平行测量模型的定义要求（Kristof，1963）。具体来说，与其他一些旨在考察一个变量是否是一种状态或特质的研究不同，赖特和斯托同时给出了在进行心理健康测量时相对的（前后重测相关分析）和绝对的（变量的平均数和方差的等同性分析）稳定性的有力依据。

四、心理健康测量的跨时间研究总结

尽管积极的变量——心理健康，在组织研究中已经被普遍认为是一种特质，但是时间或时机问题在组织研究中却一直没有起到显著的主效应作用（Ancona & Chong，1996），这种情况在积极组织运动中尤其明显，可是这种基于心理健康的特质变量并没有在积极运动中得到应有的重视。当然，这种缺乏自信的主要原因在于先前的研究没有明确地包含时间变量（如，Davis-Blake & Pfeffer，1989；Newton & Keenan，1991）。赖特和斯托（1999）在研究中考虑到了时间影响的主效应，通过对相对稳定性和绝对稳定性的控制，他们更加确信他们所测量的心理健康是一种特质，因此，积极组织行为学的研究中也应该包含心理健康。

五、积极组织研究中心血管健康的作用

在积极组织运动中，员工的身体健康指标是一个重要的话题。与员工心理健康指标一样，尽管人们很久以前就认识到了心血管疾病的不良影响，但是在应用研究中心血管问题对个体心理改善和身体健康可能存在的益处和积极影响并没有得到充分的认识（Wright & Diamond，2006）。在组织背景中，对心血管健康指标的实际测量方式决定了未来心血管研究中应该采用更加积极的研究趋向，而这种研究趋向是未来研究中特别有前途的。正如下文将要展现的，在心血管研究中采用积极的趋向要比以往任何时候都更为迫切。

据美国心脏协会（2005）估算，仅仅 2004 年一年，在美国由于心血管疾病和中风所造成的全部损失大约有 3700 亿美元！而其中约有 40% 的损失是由于劳动者丧失劳动能力造成的，这也是组织行为学者特别关注的问题（Wright & Diamond，2006）。上述数字再一次从负面的角度说明，由于员工高血压所造成的潜在心血管健康问题研究成为组织研究中的典型（Wright & Sweeney，1990）。笔者对积极组织学学者的建议分为两个方面，第一，建议积极研究应该有意识地把研究重点集中在心血管活动的积极有益方面。与此相关，正如马上要详细说明的，在进行心血管研究时，从原来的单纯依靠测量人的脉搏率、血液的收缩压和舒张压技术转向依靠复合的心血管测量技术，如脉搏积和脉搏压这两种方法，这种在心血管测量技术上的拓展将会为积极研究的学者带来很多益处。为了进一步阐明对员工心血管活动情况研究的潜在益处，通

过对以往这方面的研究文献回顾可知，愉快的人们和不愉快的人们之间的诸多差异不仅有心理方面的，也存在生理方面的。为了进一步对这个很有趣的问题进行研究，斯托和他的同事（Staw，2004；Staw & Cohen- Charash，2005）对这方面的研究进行了详细的梳理和回顾。

人们很早就认识到，悲伤（不高兴）、恐惧和焦虑等情绪能够唤醒人们的自主神经系统，从而使他们的血压、心率和血管的收缩明显增加（Fredrickson，Levenson，1998；Grossetal.，1994）。相反，较为积极的、愉快的情绪则有利于帮助人们平息心血管活动所带来的潜在伤害（Fredrickson & Losada，2005）。此外，积极的情绪对人们而言还有其他一些益处，比如积极的情绪能够使由消极情绪所引起的心血管活动尽快恢复到正常水平（Fredrickson & Levenson，1998；Fredrickson，et al.，2003），降低皮质醇水平（Steptoe et al.，2005），降低伴随身体的疼痛（Gil et al.，2004）。有趣的是，尽管脉搏率、血液收缩压和舒张压是目前最为常见的心血管活动的测量方法，但是这些方法有可能并不是积极的心血管活动研究的最佳指标，而这与我所讨论的内容有非常密切的关系。所幸的是，目前脉搏积和脉搏压是两种大家较早认识而较少应用的心血管综合测量技术，这两种方法为那些进行这方面积极研究的研究者提供了一个较好地将员工心血管活动和个体效率与组织有效性较好联系起来的机会。

洛维金（Lovekin）（1930）可能是第一个认识到心血管活动和个体绩效与组织有效性之间可能存在联系的应用研究者（Wright & Diamond，2006）。在坎农（Cannon）（1915，1932）所提出的稳态均衡（steady state equilibrium）或动态平衡（homeostais）的启发性研究理论基础之上，洛维金（1930）把脉搏积这种综合的心血管测量技术应用到工作场所中人们工作效率的计算方法上。洛维金对脉搏积的测量是这样解释的，即血液的收缩压和舒张压之差乘以脉搏率再除以100。而作为另外一种综合测量的脉搏压方法目前在医学领域得到了普遍应用，即血液的收缩压和舒张压之差。

脉搏压是当前医学领域解决心血管疾病的一项综合措施，洛维金（1930）发现，脉搏积是一个非常有用的反映工人能量消耗水平的指标。而作为一个非常积极的事件，员工高水平的效率是指身体投入和产出之间的函数。基于这种理论，洛维金（1930）认为，当对部门之间、员工之间或者一天内不同时段的效率进行比较时，脉搏积的顶点和起伏变化，再加上员工的生产记录情况，就可以用来辨别不同部分、个体或者时间段的效率变化状况。换句话说，脉搏积的基础——个体的稳态均衡或动态平衡构成了基于积极组织行为研究趋向的心血管研究方法的核心框架。

为了确认这种平衡在工作场所中的潜在益处，梅奥（1933）、勒特利斯贝格尔和迪克森（1939）采用脉搏积技术在西方电器公司进行了著名的霍桑实验。尤其在1928年的春天和秋天进行的继电器组装实验研究中，他们对五个娴熟的操作员在三个工作日中每小时的脉搏积进行了记录（Wright & Diamond，2006）。后来，在1929年春天，在云母片剥离实验研究中进行了类似的研究，又对这五个操作员在工作时间的脉搏积进行了记录。在报告对员工产量、疲劳和效率测量的脉搏积的观测值时发现，所有操作员在其机体能力范围内部都工作得很好。

与安迪斯（1922）和洛维金（1930）这些先驱学者得到的重要研究结果一样，其他一些学者也提出，采用脉搏压和脉搏积这样的复合式心血管测量法比现在应用研究中最为经常使用的血液收缩压和舒张压能够更加准确地测量出工人的体能消耗情况。这样，基于效率是以单位能量的产出为界定，一些学者认为，对于当前积极组织运动中的两个关键研究领域而言，脉搏积将是非常有价值的工具。这两个关键研究领域就是员工健康和生产率。

尽管这方面的研究开始时显得前景很美好，但大约75年后，一般的心血管测量方法，尤其是脉搏积方法，在主流的组织研究领域几乎很少看到。尽管如此，通过综合脉搏压、血液舒张压和收缩压这三种指标，脉搏积这种综合测量技术看起来对那些研究识别员工心血管活动积极效果的学者而言是非常有价值的。与血液舒张压和收缩压不同，脉搏积这种综合的心血管测量方法的主要目的是评估员工的机体平衡水平或者稳态平衡状态。下面我们假设一个这样的例子，有三名员工，而且每一名员工的工作效率都相同。

员工 A 的脉搏率为每分钟 80 次，血液的收缩压和舒张压记录分别为 120 和 70，他的脉搏积等于 40 或 [80×（120–70）]/100；员工 B 的脉搏率为每分钟 100 次（该名员工有抽烟的习惯），收缩压和舒张压分别为 140 和 90，他的脉搏积等于 50 或 [100×（140–90）]/100；员工 C 的脉搏率为每分钟 80 次，血液的收缩压和舒张压分别为 135 和 55，他的脉搏积等于 64 或 [80×（135–55）]/100。在此，再次假设上述三名员工目前的工作效率是相同的。然而，根据稳态平衡状态模型（Cannon，1932），员工 A 现在比员工 B 和员工 C 处于一个更为高效率的水平。

虽然，每一名员工对组织效率的贡献大小在当前是一样的，但是我们可以预测到，由于没有有效地应用他们的心血管系统，员工 C（也可能是员工 B）的工作效率（当然也有他们的身体健康）最终将会下降。因此，如果对此不加以关注或者注意，组织的效率迟早会受到不良的影响。但有趣的是，在以往研究中习惯采用的只依靠血液舒张压和收缩压的记录并不能表明员工 C 的心血管测量数据所反映出的问题。然而，最近的研究表明，这种传统的方法可能是错误的，尤其是当考虑到快速变化的劳动力老龄化问题。

与现有的观点一样，许多医学研究者现在也主张复合的心血管测量方法——脉搏压可能是最为准确的心脏病风险评估方法，尤其适合那些劳动力老龄化的组织。根据弗明汉心脏研究所的数据，富兰克林等人（1999）对现有的这种仅仅依靠血液的舒张压和收缩压来预测冠心病的思路提出了质疑。长期以来，人们普遍以为血液的舒张压和收缩压与冠心病之间存在正相关的关系，但富兰克林等人发现，事实和我们传统的看法恰好相反，血液的舒张压与冠心病存在负相关的关系。那些劳动力老龄化的组织对这一研究结论更为感兴趣（Wright&Diamond，2006）。正如富兰克林等人（1999）指出的那样，随着员工年龄的增加，血液收缩压明显上升（有种情况叫作单纯收缩性高血压），然而血液的舒张压会随着年龄的增加而有所降低。因此，只依据舒张压的数据进行判断有可能发现不了 50 岁及 50 岁以上的员工存在冠心病的可能性。从更加实际的角度来讲，这些研究结果表明，对于老龄化的员工而言，不管他的舒张压如何，只要脉搏压之差达到 50 毫米汞柱就是很正常的，一旦这种差异达到 60 毫米汞柱或更高时，就可能对一个人的健康造成不良影响。因此，对那些处于危险状态的老龄化员工来说，应该注意单纯收缩性心血管健康可能造成的危害，这样组织将会从中受益匪浅，尤其是对那些老龄化员工较多的组织。

第二节 积极心理资本：积极性的测量工具准确吗

总结当前积极心理学的研究，有关积极组织行为学的研究最近引起了人们的广泛关注。卢桑斯（2002a，2002b）认为，所谓积极组织行为学是指为了提升当今工作场所中的绩效，从而针对那些具有积极导向的、可测量的、可开发的人力资源优势和心理能力所进行的研究和应用（2002b）。尽管卢桑斯对积极组织行为学的这个界定看起来似乎支持了今天组织行为学研究和应用中的大部分构念（如责任心、一般自我效能感、外向性），但卢桑斯（2002b）仍然指出，积极组织行为学的构想要想成为一个真正的概念，必须满足确定性、具体性和可操作性等标准，在这些标准中最基本的要求是这个构想要能反映出一个积极的结果（如较好的生活幸福感、生活满意度、健康，以及很多重要的方面都表现出来最好）。此外，这个构想还应该是能够被测量的、类状态的并且具有可开发性。基于上述标准，卢桑斯提出了积极组织行为学中的四种核心构念，分别是希望、乐观、恢复力和自我效能感，上述四种核心构念每一种都反映一种积极的心理能力，或者心理资本。

尽管绝大多数研究者均认为，上述四种构念的确能够满足积极心理能力的标准，但是如何对其进行测量，却成为严谨的学术研究争论的焦点（Lazarus，2003）。

有趣的是，在组织背景下所进行的研究，只有很少一部分阐述了构念测量问卷的信度和效度，甚至极少有人去考察这些积极能力问卷的信度和效度。为了使积极组织行为学成为一门真正的科学，我们必须从测量学的角度全面地对这些积极心理能力测量问卷的心理属性进行研究。基于这种思路，我们对心理资本测量工具的聚合效度、区分效度和预测效度进行了考察。首先，我们对心理资本的定义进行一个全面的回顾；然后，对有关这些测量工具的有效性进行讨论分析；接下来我们介绍两项相关研究的研究方法和研究结果；最后针对我们所介绍的研究结果进行讨论，并对未来的研究提出一些建议。

一、概念的界定

在心理资本的四个构念中，由于自我效能感和班杜拉的自我效能感结构一致，因而已有的组织文献对自我效能感提供了很好的支持（Bandura，1982，1997），而希望、乐观和恢复力在组织行为研究中相对而言还处于起步阶段。因此，下面我们将对心理资本的每一个构念进行概念界定上的回顾。

希望。通常与一个人对未来的积极期待联系在一起。有关学术研究中的希望则缘于临床心理学，它是一种积极的动力状态，这种状态来源于成功的动因（意志力）和路径（途径）的有效结合（Snyder et al.，1991）。心怀希望的个体认为能够设定目标并完成这些目标。

乐观。是一种认知过程，这一认知过程关注未来社会或物质方面的积极结果或积极期望（Tiger，1971），认为未来是值得拥有的和有利的。

恢复力。是指个体能够成功地应对变革、逆境或风险的能力（Stewart et al.，1997）。卢桑斯（2002a）认为，这种能力能够处理不同的情境并增加个体的责任感。这些情境包括逆境、不确定、冲突、变革（积极的或消极的）等。

自我效能感。由于班杜拉（1982，1997）的自我效能理论，因此自我效能感在组织行为学研究中并不陌生。卢桑斯（1998）非常强调自我效能感的情境特征，这是因为"自我效能感是指个体对自己在特定的情境中能够激发动机、调动认知资源、采取必要的行动以成功完成某一项特定工作的信念（信心）"。或者说，自我效能感就是个体对自己在特定情境下完成特定任务能力的一种认知评估。

二、研究的基本理论

目前，在量表的发展过程中，对于心理资本测量工具结构效度方面的概念和实证研究已经不再局限于组织行为学领域。很多心理资本的测量工具都已经相当成熟，并且能够适用于不同的人口群体和情境，而不再仅仅局限于组织研究的领域。因此，为了使这些心理资本量表适应组织行为学和组织结果变量的研究，有必要按照卢桑斯提出的心理资本构念及其相应的潜在因素结构对量表的表面效度进行考察。此外，很多积极组织行为学和积极心理学运动的批评家们也对这些概念的建立和测量方法提出了批评意见，尤其是有关概念的结构效度。因此，本小节旨在对积极组织行为学研究中存在的这些批评意见给予解答：心理资本的测量方法有效、可信吗？

目前，很少有研究关注心理资本构建的区分效度，因此，与积极倾向有关的一些构念由于研究方法不够严密而广受非议（Lazarus，2003）。而一些知名的心理学家也呼吁要多进行一些测量方法上的研究以验证这些构念的有效性（Lopez & Snyder，2003）。但是，除了作者所进行的旨在验证自己所开发的问卷效度之外，其他的相关实证研究确实很少见到。

一些人认为心理资本构念中的一些概念和一些其他的相似概念之间具有较高的相关度，这一观点进一步支持了对心理资本概念的区分效度进行研究的必要性。有研究指出，状态希望量表和积极 / 消极情感之间的相关系数在 0.50–0.60 之间（Snyder et al.，1991）。乐观在概念上不仅仅和希望存在很多的共同之处，而且和一般自我效能感也存在很多的共同之处。而这种观点实际上是在避重就轻：心理资本的各个维度彼此之间在实证上存在区别吗？而这些维度是不是衡量同一个潜在构念的多重指标呢？

评价一个新结构效度的重要标准就是它能够在多大程度上对另外一个已有的重要概念进行解释或预测，这样就有助于人们开发那些提高绩效的干预措施。本研究考察了心理资本对几项和公正有关的结果变量的预测效度。

主观幸福感是指个体对其整体的生活质量、快乐和痛苦的一种评价（Diener，1984；Diener et al.，2003）。作为主观幸福感的一个分量表，情绪幸福感和个体的高绩效等级评价存在关联。此外，组织中具有较高幸福感的员工在一些经济指标上都表现良好。个体的希望、乐观、恢复力和自我效能感都属于个体自身的优势，这些优势促使他们选择了健康的生活方式，进而影响到其主观幸福感。

根据这些优势对组织绩效和个人绩效所产生的潜在影响，我们的第一项研究就是探讨心理资本的结构对主观幸福感的预测效果。换句话说，拥有较高的希望、乐观、恢复力和自我效能感是否就意味着较高的主观幸福感呢？

三、测量研究

从一所中西部的大学中选取 236 名本科生作为被试，每位参与实验的学生都会因参与此项研究而在其本科管理课程中获得额外的加分。选取的被试按照性别分为两部分（42% 的女生和 58% 的男生）。年龄在 25 岁以下的占 86%，25 岁到 34 岁之间的占 11%，35 岁以上的约占 3.4%。工作经验在 1 年到 5 年之间的占 61%，6 年到 10 年之间的占 25%，无工作经验者约占 5.9%。

（一）测量工具

对心理资本、类状态积极情感和主观幸福感同时进行测量，其中类状态积极情感是和心理资本构念比较相似的概念，和心理资本一起进行测量以考察其区别效度和增值效度。主观幸福感作为一个结果变量进行测量以检验其增值效度。如前文所述，心理资本是一种心理状态而非一种特质。为了和以前的测量状态的方法保持一致，本研究在测量的时候采用"现在的感觉是什么样的"作为指导语指导被试回答问卷。

（1）希望量表《成人状态希望量表》（The Adult State Hope Scale，Snyder et al.，1996），包含 6 个项目，分为成功动因和路径两个维度。尽管这个问卷并不是针对组织研究而编制的，但它在对目标性活动进行情境评价时应用得相对比较广泛，包括对学业、体育和工作等领域的研究（Simmons et al.，2003）。该问卷所包含的项目如"如果发现自己陷入困境，我会想出许多办法来摆脱困境"和"目前我正积极地追求我的目标"等项目。

（2）乐观量表采用西契尔和卡弗（1985）编制的《生活倾向（或乐观）测试量表》（The Life Orientation/Optimism Test，LOT），包含 8 个项目，旨在测量个体处理日常生活事件的乐观性以及个体应对日常生活事件的能力和信念。包含的项目如"我喜欢处理新的不寻常的情境"，和反向计分项目"如果在我身上会发生一些不好的事情，那么就让它发生"等项目。

（3）恢复力量表采用布洛克和克雷门（1996）所编制的《自我韧性量表》（Ego-Resiliency Scale），包括 12 个项目，主要用于测量那些能够使个体适应环境的人格资源，以及在不同的环境中个体正常发挥和重塑环境的能力。包含的项目如"我喜欢处理新的不寻常的情况"和"我喜欢新的有困难的事情"。

（4）自我效能感测量研究发现自我效能分为三个维度：强度、水平和一般性（Bandura，1977）。强度是指克服障碍的效能，水平是指不同绩效水平的效能，而一般性是指对胜任能力的一般感觉。由于本研究是基于状态的测量，因此，从舍勒（1982）的自我效能感量表中选取了三个强度和水平项目作为对自我效能感的测量工具。包含的项目如"如果在工作或学习中遇到一些看起来非常复杂的事情，我会尽力去尝试"和"一旦决定做某件事，我就立即行动"等。

（5）积极状态情感选用布雷特等人（1988）编制的《工作情感量表》（Job Affect Scale，JAS）来进行测量，该量表包括 20 个项目，用来测量积极和消极情感的高低水平。其中测量积极的情感项目有 10 个（例如兴高采烈、精力充沛，充满热情）和测量消极情感的 10 个项目（例如悲伤的、轻蔑的、反应迟钝的）。要求调查对象依据指导语回答他们在过去一周内所经历的这些情绪状态的程度。按照伯克等人（1989）的观点，单维情绪量的解释能力可能更强，我们选择了 6 个高活动水平的积极项目测量个体的积极状态。

（6）主观幸福感采用德纳（1984）编制的主观幸福感量表，包含 4 个项目，主要用来评定个体的整体生活质量，愉快和痛苦的程度。

（二）研究结果

我们采用探索性因素分析、验证性因素分析、结构方程模型技术对这两项研究分别进行分析，以最大似然法对数据进行处理。表 11-1 列出了各个因素的均值、标准差、相关系数和相关系数平方（括号内的数值）。

采用探索性因素分析法（运用斜交转轴法进行主轴因子分析）检验心理资本的每一个概念的结构和区别效度。研究结果表明，所抽取出的因素与前面的概念界定是一致的，并且也符合以往的研究结果。正如以往的研究一样，希望包括动因和路径两个因素，这两个因素间的相关系数为 0.38，并且二者之间没有出现交叉负荷的现象。自我效能感也包含两个潜在因素：强度和水平，二者之间也存在正相关（0.40），项目之间也没有出现显著的交叉负荷。在以往的研究中，生活倾向问卷包括两个因素，并且这两个因素是由于项目本身积极和消极的措辞方式引起的（Scheier & Carver，1985），这两个因素分别为一般乐观和成功期待（Carifio & Rhodes，2002）。在本研究中，一般乐观和成功期待这两个因素也是以项目的积极和消极措施方式为基础的。

在对恢复力的因素分析中，出现了四个维度，这也符合以往的研究结果（如，Kluemper，2005），但是与恢复力的单维性概念出现了矛盾。同时，布洛克和基南所开发的问卷中包含诸如"我见到的大多数人都是可爱的"和"我总是三思而后行"这样的项目，而这些项目和恢复力的定义（个体成功地应对变革、逆境和风险的能力）并不一致。按照因素分析的结果，同时考虑到恢复力的表面效度和结构效度在本研究中并没有得到有力的支持，因此，在后续的研究中也就不再考虑。

另外一项探索性因素分析是采用希望、乐观、自我效能感、积极状态情感和主观幸福感的所有项目进行分析，结果表明，每一个测量工具都能够较好地与其他测量工具区分开来。而且心理资本也没有归属在概念相似的积极状态情感和主观幸福感上。需要注意的是，与以往的研究不同，积极状态情感出现了两个维度。尽管如此，积极状态情感的项目并没有在心理资本的结构上出现。

表 11-1　各个因素的均值、标准差、平方差、相关系数和相关系数平方（括号内）

因素	均值	标准差	1	2	3	4	5	6	7
1. 动因	3.85	0.65							
2. 路径	3.83	0.70	0.64** (0.41)						
3. 乐观	3.81	0.78	0.71** (0.50)	0.70** (0.49)					
4. 乐观 (−)	3.60	0.73	0.60** (0.36)	0.51* (0.26)	0.76** (0.58)				
5. 自我效能感强度	4.12	0.74	0.47** (0.22)	0.35** (0.12)	0.39** (0.15)	0.54** (0.29)			
6. 自我效能感水平	3.89	0.72	0.49** (0.24)	0.67** (0.45)	0.56** (0.28)	0.34** (0.12)	0.45** (0.18)		
7. 积极状态情感	3.23	0.63	0.68** (0.26)	0.58** (0.34)	0.65** (0.42)	0.51** (0.26)	0.28** (0.08)	0.37** (0.14)	
8. 主观幸福感	3.96	0.74	0.64** (0.41)	0.52** (0.27)	0.80 (0.64)	0.56** (0.31)	0.22** (0.05)	0.21** (0.04)	0.63** (0.40)

注：所有变量均是五点计分，$*P < 0.05$，$**P > 0.01$；（−）表示反向计分

然后，我们对心理资本构念（希望的路径和动因维度、乐观的积极语言和消极语言维度、自我效能感的强度和水平维度）、积极状态情绪和主观幸福感进行了验证性的因素分析。验证性因素分析结果表明，模型的整体拟合情况比较好（$CFI=0.94$，$RMSEA=0.058$，$X^2=690.3$，$df=377$）。此外，正如表 11-1 所示，所有的因素负荷在 0.05 水平上是显著的。但是，希望的动因维度、自我效能感的强度和积极状态情绪的组合信度（composite reliability）恰恰低于 0.70 的临界水平（Netemeyer et al., 1990），这表明这些测量工具在该样本中的信度水平比较低。此外，所有心理资本变量和积极状态情感的平均变异抽取量（average variance extracted，AVE）也低于一般的可接受水平 0.5 的标准（Netemeyer et al., 1990），并且希望中的动因维度和乐观的两因素模型（$df=377$，$X^2=690.3$）和它们的单因素模型（$df=384$，$X^2=703.8$）相比较而言，其差异并不显著，这说明这些因素间的区分效度并不大。

福内尔（Fornell）和拉克（Larcker）（1981）认为，要想更好地说明区分效度，每一个构念的 AVE 都要高于这些构念间的相关系数平方。从表 11-1 可以看出，动因和路径、路径和乐观、动因和积极状态情感、动因和乐观、路径和自我效能感的水平、乐观和积极状态情感、乐观和主观幸福感等这些成对的变量之间 AVE 均低于这些构念的相关系数平方（括号内所示）。两个构念中有一个构念的 AVE 低于它们的相关系数平方，包括动因和乐观、动因和自我效能感的水平、动因和积极状态情感、反向计分的乐观维度和积极状态情感之间。这一结果使得该研究涉及的变量之间的区分效度受到了质疑。

273

四、结论

本研究中，结构效度、区分效度和增值效度都没有较好地支持研究中的心理资本构念。布洛克和基南的恢复力量表本来包含四个因素，但是在删除了那些缺少表面效度和内容效度的项目之后，该恢复力量表则呈现出三个因素，而所抽出的这些因素并没有和卢桑斯所提出的韧性定义相一致。而保留的那些心理资本量表的复合信度和平均变异抽取量比较低，也没有支持心理资本量表的结构效度和区分效度。因此，我们认为，在没有一个更合适的量表开发之前，韧性的结构效度、区分效度和预测效度都是不能确定的。同样，在本研究中对这些构念的预测效度所做出的结论也不是非常合适的。也就是说，没有充分的信度和区分度，某一个构念的预测效度就很难确定。

第十二章　总结与展望

第一节　研究目的

自从 1978 年实行改革开放以来，我国政治、经济、社会、科技和文化等事业得到了突飞猛进的发展，综合国力大大增强，载人航天飞船成功发射，三峡大坝建成，青藏铁路通车等，这些举世瞩目的成就无不标志着中华民族正在努力实现国家的伟大复兴。抚今追昔，产生这种巨大的社会变迁最重要的原因之一，就是中国人的行为的改变——表现出了前所未有的积极性和创造性。人是生产力中最活跃的因素。古今中外无数的事实表明：国家的成功，组织的成功，团队的成功和个人的成功，都取决于人的正确行为。

积极组织行为学就是研究人的行为规律的一门学科，研究组织中积极的因素，尽管人的行为是复杂的和变化的，但也是有规律的。只要我们能够掌握并运用这些基本规律，就能够使我们自己以及自己管理的团队和组织得到不断的发展和成长。由能管理好自己，发展到能管理好一个团队，管理好一个组织，进而能够治国安邦，影响世界。古人所说的"修身、齐家、治国、平天下"就体现了人们管理人的行为能力的发展过程和不断追求的境界。管理好自己，管理好他人、团队，管理好组织。这是每一个学习积极组织行为学的学者应该努力追求的三个相互联系和相互支持的目标。

管理好自己。人是群体、组织和社会的细胞。群体、组织和社会的健康首先取决于每个个体的健康。管理好自己不仅关系到我们每个人的切身利益，而且对组织的发展极为重要。学习积极组织行为学的第一要务就是要能管理好自己。这样才能在组织中得到发展和成长。管理好自己要求我们做到：学会正视自己，不断理清自己内心深处的真实愿望。合理地确立自己的目标和定位，了解自身的价值观、态度、兴趣、偏好、性格、能力等方面的特点，找到合适并能发挥自身长处的工作，做好职业规划，培养自己的敬业精神，在工作中充分发挥自身的潜力，热情而有创造性地工作，为组织效力，不断地学习和成长，超越自我、提升自我。总之，管理好自己就是要努力地让自己成为一个既对组织和社会有价值，同时又能够实现自身追求和目标的人。

管理好他人／团队。人是社会性生物，每个人都生活在一定的工作群体和社会群体之中，如何管理好自己和他人的关系、自己和团队的关系，不仅影响个人在团队和组织中的升迁和发展，也会影响整个团队的成效。管理好他人／团队要求我们做到：学会正视他人，理解他人的愿望、需求和目标。采取有效的措施去激励他们，要善于认清他人的价值、态度、兴趣、偏好、性格、能力、为人处事和思考问题的方式。努力给每个成员安排合适和能发挥他们长处的职位，要善于在团队内部建立有效的信息沟通、分工协作、解决矛盾冲突的机制。要学会建立一种共创共享的利益机制和伙伴文化，要促进团队成员之间进行信息、知识和经验的相互分享！并善于整合所有人的智慧来解决复杂的问题。总之，管理好他人/团队就是要为自己建立一个有利于个人和组织发展的良好人际关系氛围，建立一个具有合作精神和凝聚力的团队，为实现整个组织目标服务。

管理好组织系统。随着自身的不断发展和组织的需要，人们可能会在一定的时期和环境中承担管理一个组织系统的责任。这里所说的组织系统可以是企业、民间组织、政府机构，也可以是国家和社会。由于组织系统的复杂性增加，所以相对于管理自己，管理他人/团队而言，管理组织系统对人们提出了更高的要求，要求管理者能深入认识到由人所组成的组织系统的本质，具有见树又见林的看清复杂系统的能力；要求管理者掌握必要的组织设计和分析的理论方法和工具，从而正确地建构合理的组织结构运作流程和制度体系，建立良好的内外利益关系，打造适合自身和环境的组织文化和价值观，建立不断学习和创新的机制；要求管理者能够使组织沿着正确的方向高效率地运行，组织既能实现现有的目标，保持内外部和谐和相对稳定性，又能不断发展和成长。总之，管理好组织就是要使整个组织系统保持持久健康的发展和可持续发展的竞争优势。

管理好自己，管理好他人/团队，管理好组织系统共同构成了一个人管理人的行为体系。它们分别是一个三角形的三条边，三者之间的关系是清晰可见的。第一，既然是三角形的三条边，它们之间就是缺一不可、相互依赖的关系。第二，它们是有一定的排列顺序的，人首先要能管理好自己、管理好他人/团队，再发展到管理好组织系统。第三，它们之间需要保持合理的比例，才能维持平衡和发展。也就是说，管理好自己、管理好他人/团队、管理好组织系统这三者之间都必须随着另外两个方面的发展而调整另一个方面，只有这样才能维持整体的平衡和发展。

总之，管理者要真正同时做到管理好自己、管理好他人/团队、管理好组织系统不是件容易的事情。在当前改革开放、社会转型、全球化竞争的大环境下，中国的管理者既有很多机会，同时也面临巨大的挑战。随着中国企业和管理教育的发展，积极组织行为学成了管理教育的核心课程，这一学科越来越引起学术界和实践者的重视。学习积极组织行为学的最终目的就是提升员工自身积极的力量，管理者驾驭人的行为的能力，使得个人、群体和组织都获得成功。

积极组织行为学在工商管理学科中具有重要位置。首先，工商管理学科研究的对象是多方面的，它包括人、财、物、技术、运作流程、信息、知识等。而积极组织行为学研究的对象首先是人。因此，积极组织行为学是工商管理学科的重要组成部分。其次，不管是哪方面和哪个层次的管理者，在工作中都要与人打交道。因此都需要掌握积极组织行为学方面的基本知识和技能。在西方管理学院的培养计划中，积极组织行为学早已是十分重要的核心课程。

研究涉及系统地收集信息，其目的在于探索真理。虽然我们永远不可能发现绝对的真理——但在积极组织行为学领域，绝对真理意味着准确判断任何个体或者群体在任何组织环境中的行为表现——但在当前进行的研究补充了已有的知识体系，具体表现为以下几种方式：支持某些理论；对某些理论提出质疑；提出新理论来取代缺乏证据支持的旧理论。

第二节　研究的结论和研究的评价

一、研究的结论

积极组织行为学学科是由大量的理论组成的，而这些理论是以研究为基础的。研究被整合在一起之后就变成了理论。理论提出来之后，就会有研究来加以证实。因此，构成积极组织行为的那些概念研究，其效度只等同于支持这些概念的研究。

　　积极组织行为学是组织行为学科在 21 世纪才兴起的新的研究领域，由卢桑斯于 2002 年正式提出，强调对人类心理优势的开发与管理。与传统组织行为学研究将研究的重点放在解决管理者和员工的机能失调、冲突、工作压力等问题上所不同的是，积极组织行为学将研究的重点放在如何采取积极的方法和怎样发挥员工优势以提高组织的绩效水平上。其研究范畴包括信心 / 自我效能感、希望、乐观、主观幸福感、情绪智力等，具备积极性、独立性、可测量性、可开发性、有助于提高工作绩效等基本特征。

　　积极组织行为学在管理实践、心理资本以及人力资源管理方面，发挥着重要的作用，有利于自我价值实现、提高组织绩效、形成正向组织文化。积极组织行为学提出积极组织行为研究的重要性和价值，力求在已有研究的基础上增加一种积极定向的研究取向，提倡一种以优势、积极性为导向的管理方法，要求组织确立一种高度重视积极心理能力的全新管理理念。管理者应当真正将员工的积极品质视为最重要的财富。员工会因此而感到被信任和受重视，进而充分发挥自己的才能和优势。近年来对于人力资源管理实践的关注无疑促进了积极组织行为学的研究和探讨。相较于传统组织行为学的实践应用，积极组织行为学更注重对已经存在的积极工作行为及优势工作行为的一种强化和宣扬。作为一种正向强化和积极行为态势的引导，使员工感受到组织给予的高度重视和信任，进而充分发挥员工的优势和潜能，最终促进组织绩效的提高及其持续性发展。

　　总之，在积极组织行为学的指导下，企业的人力资源应该更多地考虑如何激励和引导员工，努力创造一个能够促进员工自身的积极品质和正面思考的综合制度，提升他们的动机和目标，以面对企业的发展问题。

　　积极组织行为学作为新兴的管理学思潮，在其发展的近 10 年的时间里，在管理学界产生了巨大的影响，引起许多管理学研究者的关注和兴趣。我国学者开始不断翻译国外积极组织行为学的著作，评介国外积极组织行为学的研究成果，对积极组织行为学的缘起及概念、研究领域、意义、跨学科的研究与应用等方面进行了研究，取得了一定的成果。然而，积极组织行为学在国内的研究和发展历程很短，仍存在一些问题，主要表现在研究视角偏狭、多单纯介绍国外研究成果、多停留在理论探索阶段、缺乏培养学术型专业人才的环境等方面。总的来说，处于起步阶段的积极组织行为学在国内还有许多未知亟待探索，有许多空缺需要填补。未来的积极组织行为学研究者，应开阔研究视角和思路、加强学术创新、着眼于跨学科研究、努力构建培养积极组织行为学的专业人才的良好学术环境，则积极组织行为学在中国的繁荣发展指日可待。

　　综上所述，积极组织行为学开始逐渐超越了管理心理学和组织行为学，成为人力资源管理的新取向。积极组织行为学可以转变组织招聘与选拔员工的方式，改变企业培训与考核的内容，是组织获取竞争优势的一个重要来源。在市场经济条件下，企业之间的竞争最终归结为心理资本的竞争，谁能够持续获得、开发并有效利用员工的心理资本，谁就能在激烈的市场竞争中处于主动与优势地位。中国要从人口大国转变为人力资源强国，企业要在竞争中胜出，虽然面临着许多挑战、冲突和现实问题，中国企业的人力资源管理需要开始认知、发展、开发和管理心理资本，使其成为中国企业现在和未来的竞争源泉。

　　但是，无论在国内还是国外，积极组织行为学的研究都刚刚起步，理论体系很不完善。积极组织行为学的概念和结构的界定标准、积极组织行为学的影响因素、积极组织行为学的测量、积极组织行为学与其他个体因素之间的关系、积极组织行为学对领导和员工的作用机制、积极组织行为学对组织竞争优势和绩效的影响以及心理资本的开发与管理等，都还有待人们开展更加深入、系统的理论和实证研究，从而使积极组织行为学更好地应用于实际，发挥更大的作用。

二、研究的评价

作为行为科学的一名潜在消费者，你应该时刻谨记："货物出门，概不退换"——买主自己要倍加小心！所以在评价任何一项研究时，你都需要提出以下三个问题。

（1）它有效度吗？研究是否确实测量了它想要测量的内容？近年来，许多心理测验均因为不能有效测量出工作申请者是否具备胜任工作的能力而被雇主摒弃不用。效度问题涉及所有研究。因此，如果你看到某项研究声称高凝聚力的工作团队与更高生产率之间有关联，那么你需要了解每一个变量是如何被测量的，并且是否真正测出了想测量的内容。

（2）它有信度吗？信度是指测量结果的一致性。你若每天都用一支木制标杆来测量自己的身高，那么你所得到的结果就是高度可信的；但如果你用的是有弹性的卷尺，则你身高的测量结果就可能出现显著差异。当然，你的身高并不会每天都变，测量结果的变化是由测量工具的不可靠造成的。因此，假设某个公司让一组员工来完成一份信度高的工作满意度调查问卷，6个月后利用同一问卷再测一次，只要在此期间没有影响工作满意度的重大事件发生，我们就可以预期，两次测量的结果应该是相当接近的。

（3）它具有普遍性吗？研究的结果是否可以推广到最初参加研究的人员以外的群体？例如，对于那些以大学生为被试的研究，我们应该注意它们可能存在的局限性。这些研究的结论是否同样适用于工作中的全日制员工？同样，以加拿大新斯科舍省马洪贝镇的10个核电厂的工程技术人员为调查对象得出的有关工作压力的研究结果，对劳动力队伍总体来说是否具有普遍性？

第三节　研究过程与研究贡献

一、研究过程

（一）基本思路

本课题研究严格按照"理论分析—调查分析—总结归纳—实践研究—交流总结—申请结题"的程序进行。先对心理资本及组织人力资源管理现状做全面了解，明确研究的内容、方法和步骤；因此，本课题将以理论研究为基础，以企业现状调查为辅助，得出可行性心理资本开发方法，并将其试探性应用于企业人力资源管理中以此推动心理资本在人力资源管理中的应用与发展。

（二）选择课题

（1）课题的来源：一是从教育实践中找课题。教育实践中的问题，是教育科研课题最基本的来源，研究这些问题有助于深化教育改革，提高教育质量服务，此类课题研究明显地具有现实意义。二是从理论文献中找课题。从教育理论文献中发现矛盾，寻找还没有人研究过的问题，或者对别人研究的结论有不同看法的问题，进行理论性的探讨，此类课题研究明显地具有理论意义。广大基层教育工作者，主要是从教育实践中去发现当前迫切需要解决的问题，作为研究课题。当然，从理论高度认识，做理论上的研究也是十分需要的。各个子课题的选择，应在总课题规定的研究方向和内容中选择。积极组织行为学是组织行为学的新发展，是今后组织得到发展的新发现，积极组织行为学的研究在今后的管理中将起到积极有效的作用。

（2）查阅资料：在选择课题的前后，应该通过查阅有关资料，了解所要从事研究的领域内，前人已经做过哪些研究工作，取得了哪些经验和成果，哪些方面还需要研究。了解研究领域的动态，就能使研究工作在新的水平上进行，保证研究的先进性和创造性。积极组织行为的研究离不开资料的查阅，凡是脱离以往实践的研究，是很难得以实现的。通过前者的学习与实践，可以为我们在积极组织行为学的研究中提供理论的基础。

（3）完成课题的可能条件：选择研究课题，首先要考虑需要。但是，需要不一定都是可以研究的，还要考虑条件。如必要的资料、设备、经费、时间、地点、协作等问题是否可以得到解决，自己的水平、能力、经验、专长是否能够与课题研究相适应。积极组织行为的研究是当代社会发展的新趋势，充分的条件有利于课题的研究，积极组织行为学的研究，不能脱离实际，要尊重社会性、人文性和客观性。

（4）进行观察和调查：为了使课题选得更准确，有时立题前还需要进行一系列有目的、有计划的观察和调查。根据观察和调查的结果，进一步论证课题的必要性和可行性。

（三）研究方法

（1）文献分析法：查阅相关心理资本及人力资源管理研究的文献、论著、报告、经验总结、统计资料等，作为本研究的理论基础及借鉴。

（2）调查研究法：对国内具有代表性的人力资源管理健全的企业进行调查分析。

（3）比较分析法：对传统的人力资源管理方法与本研究方法进行对比分析。

（四）研究计划

1. 第一阶段

（1）制订本课题实施方案，邀请专家，召开课题开题论证会，听取专家和课题组教师对心理资本开发研究方案的意见。

（2）收集、查阅、整理、分析相关文献。

2. 第二阶段

（1）调查、分析国内代表性企业人力资源管理现状。

（2）组织课题组教师，根据调查结果及基础理论，进行头脑风暴研究出适合企业发展的心理资本开发方法。

（3）初步建立人力资源管理心理资本开发体系。

3. 第三阶段

（1）课题成功初步实践，应用并修正。

（2）出论文成果。

（3）撰写课题研究结题报告，请专家及领导鉴定和评议。

（五）研究方案

设计方案的目的是确定一个科学合理的实施计划，使整个研究工作有目的、有步骤地进行，最大限度地降低研究误差。研究方案一般包括以下几个方面的内容：

（1）研究的目的和意义。简要分析解决此问题的作用和价值，并且说明国内外研究的进展和趋势，以及自己研究本课题的先进性和创造性，阐明研究的目的和意义。积极组织行为学的意义，是通过对积极组织行为学的研究，给管理者提供一定的启示，运用积极的方法发挥员工的优势，以提高员工的绩效。

（2）研究课题的说明。除了说明课题研究的范围与程度之外，还要列出具体的研究项目，规定明确的解决要求。提出研究问题的假设，也就是研究者根据已经掌握的事实和原理，提出暂时性或尝试性的实验措施和条件，得出推测性或预见性的能够观察和测量的变化；如果是行动研究，要表述教育实践中存在的问题、解决该问题的行动计划以及实施该计划后可能获得的行动结果。

（3）研究对象。主要是确定研究对象的范围和取样的数目，也就是选怎样的对象，取样人数是多少。样本要有代表性，这是取样的基本原则。所以，取样时除不能超出规定的取样范围之外，还需要根据课题的性质、目的确定样本规模。

（4）研究步骤和时间安排。整个研究的起止年月，分几个阶段进行，每个阶段有什么要求和成果，必须制订具体的时间安排计划。

（5）成果形式。最后成果是调查报告、实验报告、研究论文还是专著，要有一个明确的目标。

（6）组织与领导。确定领导组、顾问组和研究组。

（六）实施研究

实施研究是按照研究计划（方案）所规定的对象、内容、时间、手段、方法和程序等，对研究对象采取一定的行为措施，观察、测定、记录研究对象的反应，以获得研究者所希望的结果的过程。实验过程主要有以下几点要求：

操纵自变量（也叫实验变量、实验因子）。自变量常取环境变量、作业变量和给予被试的指导语或提示等。在实验过程中，每次只容许一个条件改变，其余条件一律不变，以便观察所产生的作用。为了操纵自变量，要求在实验中严格按照计划规定的时间、条件、方式和程序，让自变量去发挥作用，不能随意修改、变动和限制。同时，必须对自变量下操作定义，给以明确的规定和解释，以保证自变量的标准化和可操作性。

选定因变量（也叫反应变量）。因变量是自变量作用于被试后出现的实验效应，如延缓期、强度、幅度、次数、正确、错误率、单位时间内完成的工作量、完成一定工作量所需的时间等，都可以作为因变量的指标。同时，必须对因变量下操作定义，观测指标要具体，检测手段要科学，以保证因变量的科学化和可操作性。

控制无关变量（也叫无关因子）。实验中除了自变量之外的一切可能对因变量的变化产生影响的变量都是无关变量，包括环境变量、时间变量和顺序变量等。控制无关变量，是为了防止或减少其对实验结果的干扰。同时，还要控制实验组和对照组的构成，对自变量加以有效操纵，使其仅作用于实验组，而不作用于对照组，防止减少可比性。

行动研究的实施：按照计划、行动、观察、反思的程序螺旋式实施研究。

（七）整理结果

整理结果是研究工作的最后阶段，要求撰写研究文章，反映研究工作的全过程。研究报告是对研究内容、方法和过程做全面而简明的阐述，实事求是地报告所获得的数据和情况，对材料分析讨论后得出的结论。实验研究写实验报告，行动研究写研究报告。

（1）提出研究问题。简要交代文章所述问题的来龙去脉。包括问题是如何提出来的，叙述研究这个问题的背景；国内外研究同类问题的进展和水平；研究的目的和意义；研究内容的范围和深度。

（2）交代研究方法。具体阐述研究结果是在什么条件下，通过什么方法，根据什么事实得出来的。包括操作定义的表述，根据研究项目和指标，确定的具体措施和方法；被试和主试等有关问题的表述，被试数量、年级、年龄、取样方法、分组方法；实验条件处理方式的表述，采用什么手段、工具，以及统计方法。

（3）分析研究结果。提出能反映研究效果的、典型的、有代表性的内容进行分析，证明实验的结果，提出自己的见解，包括统计数据。数据不能简单罗列原始材料，应该经过统计处理。一般用平均数、百分数、相关系数、标准差等表示出来，并制成图表，图表说明所反映的问题；典型事例要求典型、简洁、生动。

（4）讨论问题。凡是与研究内容有关的问题都可以提出来讨论，如研究中不能做出结论，需要进一步探讨的问题；原来没有预料到，在研究中发现的新问题。但是讨论主要是对研究方法的科学性进行验证探讨，对研究结果与别人的同类研究结果进行比较研究，运用有关理论对研究方法的科学性和研究结果的可靠性做出鉴定，肯定其有效部分，提出尚未解决的问题，使其上升到理论的高度，评价研究的水平和价值。

二、研究贡献

现代管理体系认为，管理最根本的职能就是使一个系统从无序变为有序，或使一个系统从低级有序变为高级有序的过程。这一理论，给当今的企业管理者提出了非常严峻的课题。要想在越来越激烈的市场竞争中取得一席之地，在国际化进程中突破企业本身的局限，实现与国际同步，就要求企业的管理者在管理过程中必须提高自身素质，以系统的管理知识和理论为依据，进行科学管理。

积极组织行为学作为现代管理体系的主要组成部分，是专门研究一定组织与环境中相互作用的人的积极的心理与行为规律性的科学。加强这门科学的研究和应用，能够提高管理者的管理水平，实现管理者对所属人员的心理和行为进行科学的预测、引导和控制，协调企业、团队、个体之间的相互关系，最大程度地发挥人们的主观能动性，以便获得最佳的经济效益和社会效益。

与已有的研究相比较，本书的研究贡献主要体现在以下几个方面：

（1）目前国内还鲜有针对积极组织行为学领域的研究。积极组织行为学与企业之间的关系，心理资本的开发与测量、对于员工援助计划的管理，对管理者有着重要的现实意义。

（2）编制了信效度较好的研究问卷，可作为积极组织行为学开发的测评工具，从而为今后的相关研究奠定了良好的基础。

（3）目前很少有研究直接探讨积极组织行为学影响心理资本、组织健康、员工援助计划以及人力资源管理等领域的研究。本研究从分析心理资本的概观，以及对现有的热点问题的深入讨论对积极组织行为学进行了系统的考察，是对已有研究的补充和深化。

（4）以往的研究局限于传统的组织行为学的影响，本研究关注积极的组织行为，考察了子课题之间的关系，证实了积极组织行为学的中介作用以及力量，对于提高组织的绩效具有重要的实践参考价值。

（5）目前还未见有研究直接探讨积极组织行为学的发展意义。本研究采用情境模拟实验，考察了积极组织行为学的调节作用和发展意义，是对已有研究的补充，且具有重要的应用价值。

（6）采用多种研究方法，考察积极组织行为学的意义和作用，以及采用情境模拟实验、测量工具的开发考察积极组织行为学的信度和效度，是本研究方法上的创新之处。

第四节　研究的不足以及对未来的展望

一、研究的不足之处

（1）管理类学术研究的一大难题就是效度和信度问题，虽然本研究尽可能体现积极组织行为学的信度和效度，但由于研究资源的限制，难免会存在抽样不随机、样本代表性不够的问题，测量工具也有不足之处，而且我们也不能完全保证测量的真实性。因此今后的研究还需要进一步完善测量工具，尽可能做到出现较少的争议。这样得到的研究结果可能更真实、准确。再就是如何保证和提高研究的质量，也是需要进一步探索的问题。

（2）在全球化的背景之下，企业之间的竞争日趋激烈，仅仅把目光局限在传统资源的积累上已经不能让企业维持竞争优势。企业只有利用那些可积累的、可更新的、难于模仿的要素才能取得长期的竞争优势，而这种优势可以通过投资、开发、管理心理资本的方法获得。

但是，在国内，积极组织行为学的研究刚刚起步。首先，对于积极组织行为学的构成和测量，学者们尚无法达成一致看法，缺乏系统的理论体系；其次，积极组织行为学在工作领域中的应用，尚存在很大障碍。由于积极组织行为学是状态性的特征，随着时间的推移，先前建立起来的心理资本很可能会逐渐消失，这对于注重投资回报率的企业来说，是一个最大的缺陷；再次，由于我们对工作绩效以及积极组织行为学的测量开发还存在许多不足之处，究竟心理资本能为企业带来多大的绩效，目前还没有确定的结论；最后，由于积极组织行为学最初是在西方发展起来的，在不同的文化背景下，其概念是否适用仍有待考察。

（3）研究表明，现有西方管理学科范式存在突出问题，组织研究将不可避免地面临科学信念与学科范式的转换。对于身处十字路口的中国管理研究而言，只是检验和拓展现有理论或仅开发管理的本土理论都不是长久之计。抓住机遇，致力于发展普适性的管理理论，才是实现管理学科长远、健康发展的正确道路。

二、研究的展望

积极组织行为学的发展与国家的社会经济进步和改革成功息息相关。中国加入 WTO、西部大开发战略的实施、信息网络的建立以及管理体制的转换，这是我国积极组织行为学发展的大背景。在这个背景下，我国的组织管理心理学的总体发展趋势和任务是：根据经济全球化和信息化的要求，开展基于中国文化、历史和社会背景的社会经济转型期的人的心理行为研究。据此为我国政府、企业及其他组织的决策和发展提供科学依据和对策。专家预测，管理心理学研究的发展趋势和发展热点体现在以下几个方面。

（一）社会经济转型中的组织变革与发展

由于信息化和经济全球化的影响，企业组织结构调整已成为不可回避的事实。对企业重组、战略管理、跨国公司或国际合资企业管理的研究已呈现强劲势头，文化因素成为这类比较研究的关注热点，宏观的经济行为研究更加受到重视。由于管理环境研究的复杂程度增加，促使研究的注意力全面转向整个组织层面。就我国而言，将在相当长的一段时间内，面对组织结构调整和发展所带来的一系列管理心理学问题。例如，市场经济背景下，政府与企业新型关系中的社会心理问题；政企分开过程中政府与企业的社会心理分析；当代中国政府管理与企业管理中不同层次人员的各种心理需要及其激励措施；中国民族文化与中国人个性心理特征所产生的不同于西方管理理论中所提到的领导心理、决策心理、权力心理、竞争心理、公平心理；加入

WTO 后，面对的跨文化冲突、管理冲突。变革使个人和组织所处的内外环境发生变化，当不能应付这种变化的情景时，就会感到焦虑和压力，管理心理学作为一门专门研究人的、实践性很强的学科，就应该勇于面对这些问题，在组织变革的背景下，开展相应的管理心理学研究，解决实际中的问题。

（二）人力资源系统的开发

在当今社会新形势下，人的作用越来越突出。企业的竞争主要表现在人力资源素质高低的竞争上。我国虽然是世界上人力资源数量最多的国家，但存在着突出问题：人口总量过剩与结构性人才短缺的尖锐矛盾；亟待建立有助于人才选拔、流动、激励和安置的管理体制；缺乏一套提高企业人力资源素质的科学的培训模式。因此，根据高新技术发展和国际化竞争要求，探索新条件下人力资源管理模式，形成一套从职务分析、胜任特征分析、培训需求评价、职业企业家选拔、智能模拟培训、组织学习到人员的安置和评价的人力资源管理对策，建立符合我国国情的人力资源管理模式，是心理科学和管理科学研究面临的重大课题之一。

（三）组织文化与学习模式

组织文化，又称企业文化，它是指在企业的长期经营发展过程中逐步形成的、具有本企业特色、能够长期推动企业发展壮大的群体意识和行为规范，以及与之相适应的规章制度和组织机构的总和。其中体现企业价值观的企业精神和经营理念是企业文化的核心内容。作为现代管理中的一项重大创新，组织文化正被越来越多的组织运用。这方面的研究将主要集中在组织文化的特点、结构和运行机制上。为解决好转型期的组织管理问题，理顺各种关系，必须认识各个层次人员对新条件下的职业标准、人际关系、组织原则、分配原则等方面的接受与适应性，确立新的组织行为与文化的结构关系和影响因素。通过加强对新的经济发展环境下个体、群体和组织行为因素的研究，揭示新型组织的文化特点、结构和运行机制，探索人们价值取向的变化趋势；通过开展管理的跨文化研究，揭示东西方文化的异同，探索新的激励机制和薪酬制度；通过组织学习模式，建构适合中国国情的企业文化和经营管理模式。

（四）经济心理与国家金融安全

积极组织行为学在研究领域方面，不同于其他心理学分支的特征是，在开拓研究新领域时，不仅有大量商业咨询机构出于市场利益考虑，进行投入和资助，各国政府出于自己在国际竞争中的国家安全和市场利益考虑，也会进行有计划的管理决策和行为科学研究。可以认为，管理心理学研究更加关注国家目标。在新形势下，我国的积极组织行为学将会探索人们的消费行为、社会保险、投资心理、经济信心与期望，影响投资扩大的心理因素，从而建立社会稳定性预测和监控系统。此外，还将开展企业形象战略研究，探索面向市场的技术创新管理问题，在与发达国家企业形象战略模式比较研究的基础上，建构我国企业形象建设战略模式。

三、建议

21 世纪将是知识经济占主导地位的世纪。我国积极组织行为学面临的既有机遇也有挑战。我们必须抓住机遇，迎接挑战，把积极组织行为学建设成在国际工业与组织心理领域有重要影响、对我国社会政治生活和经济发展有重大影响的应用基础学科。

（一）重视理论问题的研究，加大研究投入，走理论创新与应用开发相结合的道路

勒温有一句名言："没有什么比好的理论更实用的了。"科学哲学的研究也表明，理论的发展应先于实证研究的发展，科学上的重大进展莫不起源于理论上的突破。理论研究对实际应

用研究有重要的理论支持和指导作用，它是应用研究不断纵深层次发展的动力和源泉。因此，要想使积极组织行为学获得新的发展，必须充分重视理论研究。只有在联系实际时，高于实际，在理论上有所建树，完善自己的理论体系和方法论的基础，才能促进这门学科的发展。

我国的积极组织行为学来源于西方，最早是沿用西方的概念体系进行研究的，而中国有不同于西方的历史人文，这就决定了我国国民的心理可能与西方有不同建构，不一定适用西方的概念体系。目前我国积极组织行为学的理论研究存在与实践脱节的现象。拘泥于实验室研究，针对性和实效性差，缺乏具有中国特色的管理心理学研究的内容体系。因此，如何发展我国的积极组织行为学的研究，结合我国的社会文化实践提出积极组织行为学的一般性理论，当是学科发展与学术对话的基础。为此，应通过重大项目的资助，稳定科研队伍，吸引国外人才，采用多种方式为发展我国的积极组织行为学的理论研究服务。要立足于中国的时代、文化背景，开展针对中国管理现实、切合中国管理实际的理论研究和实证研究，充实积极组织行为学的内容体系，建立中国积极组织行为学的理论研究与实证研究的总体框架，并以此建立适合我国国情的具有中国现代化建设特色的积极组织行为学的体系。

积极组织行为学是一门应用基础学科，除理论探讨外，还要注重应用开发，应用普及是管理心理学发展的生命力，如果离开了当前社会发展的轨迹，它就会陷入"经院式"的研究道路。我们在强调学科本身的衍生作用的同时，也要强调到实践中去，在实践中产生理论，并在实践中对理论进行检验、修正，让社会、企业、组织更了解这一学科，自觉地应用这一学科。在"应用开发"中要走"产学研"一体化道路，努力使研究成果转化为实际的经济和社会效益。只有这样才能促使管理心理学得到社会的认可，获得更快、更新的发展。

（二）走中国化的道路

中国的管理心理学是通过移植西方管理心理的途径建立和发展起来的，而不是由中国古代的心理学思想自然演变而来，这就使中国积极组织行为学缺乏自己的社会政治经济文化历史根基，给管理心理学研究带来了一些弊病。因此，积极组织行为学中国化的目的，就是试图使管理心理学真正根植于自己的"土壤"中，建立起符合我国国情的管理心理学。

首先，研究中要充分考虑中国人的社会政治经济文化历史背景，研究课题要中国化。积极组织行为的研究必须与这种管理行为发生的政治经济文化背景联系在一起才有其真正实际意义。因此，积极组织行为学的教学与研究必须重视中国自己的特殊问题，必须立足于中国的政治、经济、文化，深入分析文化维度对于管理方式的决定性影响，从多层次、多角度、多侧面对中国管理现实中的心理问题进行具体、微观的分析。为解决中国管理现实中的问题，提供积极组织行为学的"软件支持系统"。

其次，要不断对外国积极组织行为学的研究假设、研究工具、研究成果进行验证、修订。积极组织行为学产生于20世纪的美国，在西方国家发展很快，已经形成了较完备的学科体系，但在我国仅仅只有二十多年的历史。因此，我们可以借鉴西方的许多积极组织行为学成果，解放思想、实事求是，通过调查、验证、实证及研究，在取得第一手资料的基础上，经过认真分析、筛选，去粗取精，去伪存真，找出我国管理过程中的心理发展规律，推动我国社会全面发展。

最后，要挖掘我国古代的管理心理学思想。中华文明源远流长，几千年的文化蕴含着丰富的管理心理学思想。优秀的管理是优秀文化的结晶，不同的文化背景所形成的管理理论、管理措施是不同的。美国著名管理学家彼得·德鲁克在其著作《管理——任务、责任、务实》一书中曾讲过："管理越能利用社会传统、价值与信念，则管理成就就越大。"因此，一方面我们要吸收国外先进的管理心理学成果，另一方面，要重视对我国古代管理心理学思想的挖掘。通过挖掘中国古代管理心理学思想，比较中西方管理心理的差异，充实中国管理心理学的内容，创建出有中国特色的管理心理学概念、理论、体系。

（三）管理心理学家应加强与其他领域专家的合作

积极组织行为学是在管理科学和心理科学的边缘上发展形成的一门新兴学科。由于实践的需要与推动，近十年来积极组织行为学这一学科日益分化，已深入各行各业，形成了企业积极组织行为学、学校积极组织行为学、科技积极组织行为学等。从积极组织行为学这一主干中又衍生出许多相关学科，如跨文化比较管理心理学、职业心理学、领导心理学、人事管理心理学等。学科的分化要求积极组织行为学学者应加强与其他领域专家，尤其是管理学家的密切合作，进行综合性的研究。在实际部门管理工作的成效，更是取决于多种因素的综合，如社会因素、文化因素、经济因素、心理因素等。要真正解决管理问题，仅靠心理学家是不够的，多学科的专家必须共同努力，才能真正有效果。因此，积极组织行为学家应扩充自己的知识面，尤其是管理科学的知识，同时应与其他领域专家密切合作研究管理问题。

附　　录

心理资本问卷（PCQ）

下面有一些句子，它们描述了你目前是如何看待自己的，对于这些描述，请采用下面的量表判断你同意或者不同意的程度。

1 = 非常不同意　2 = 不同意　3 = 有点不同意　4 = 有点同意　5 = 同意　6 = 非常同意

项目	评分
1. 我相信自己能分析长远的问题，并能找到解决方案。	
2. 与管理层开会时，在陈述自己工作范围之内的事情方面我很自信。	
3. 我相信自己对公司战略的讨论有贡献。	
4. 在我的工作范围内，我相信自己能够帮助公司设定目标 / 目的。	
5. 我相信自己能够与公司外部的人（比如供应商，客户）联系，并讨论问题。	
6. 我相信自己能够向一群同事陈述信息。	
7. 如果我发现自己在工作中陷入了困境，我能想出很多办法摆脱出来。	
8. 目前，我在精力饱满地实现自己的工作目标。	
9. 任何问题都有很多解决方法。	
10. 目前，我认为自己在工作上相当成功。	
11. 我能想出很多办法来实现我目前的工作目标。	
12. 目前，我正在实现我为自己设定的工作目标。	
13. 在工作中遇到挫折时，我总是很快从中恢复过来，并继续前进。	
14. 在工作中，我无论如何都会去解决遇到的难题。	
15. 在工作中如果不得不去做，可以说，我也能独立应战。	
16. 我通常对工作中的压力能泰然处之。	
17. 因为以前经历过很多磨难，所以我现在能挺过工作上的困难时期。	
18. 在我目前的工作中，我感觉自己能同时处理很多事情。	
19. 在工作中，当遇到不确定的事情时，我通常期盼最好的结果。	
20. 对于工作中发生不利的事情，我认为是暂时的和有办法解决的。	
21. 对自己的工作，我总是看到事情光明的一面。	
22. 对我的工作未来会发生什么，我是乐观的。	
23. 在我目前的工作中，事情在像我希望的那样发展。	
24. 工作时，我总相信"黑暗的背后就是光明，不用悲观"。	

参考文献

[1] 陈晓萍，徐淑英，樊景立.组织与管理研究的实证方法 [M].2 版.北京：北京大学出版社，2012.

[2] 周京，莎莉.组织创造力研究全书 [M].北京：北京大学出版社，2010.

[3] 杨国枢.中国人的心理与行为 [M].北京：中国人民大学出版社，2004.

[4] 罗宾斯.组织行为学精要 [M].柯江华，译.北京：机械工业出版社，2003.

[5] 卡尔.积极心理学 [M].郑雪，译.北京：中国轻工业出版社，2008.

[6] 彭正敏，林绚晖，张继明，等.情绪智力的能力模型 [J].心理科学进展，2004（6）：817-823.

[7] 时勘，卢嘉.管理心理学的现状和发展趋势 [J].应用心理学，2001（2）：52-56.

[8] 张志学，鞠冬，马力.组织行为学研究的现状：意义与建议 [J].心理学报，2014，46（2）：265-284.

[9] 路红，凌文辁，吴宇驹，等.基于著者同引分析的组织行为学研究知识地图绘制 [J].科技进步与对策，2010，27（2）：140-144.

[10] 朱亮，孟宪学.文献计量法与内容分析法比较研究 [J].图书馆工作与研究，2013（6）：64-66.

[11] 唐卫东，刘存后.基于关键词效能的搜索引擎优化策略分析 [J].现代情报，2011，31（10）：13-16.

[12] 杨艳，胡蓓，蒋佳丽.基于内容分析法的中国人力资源管理研究文献分析 [J].情报杂志，2009，28（12）：79-82.

[13] 徐小燕，张进辅.巴昂的情绪智力模型及情商量表简介 [J].心理科学，2002，25（3）：332-335.

[14] 土小慧，金瑜.情绪智力技能问卷（中文版）试用报告 [J].心理科学，2003，26（1）：136-139.

[15] 王雁飞，朱瑜.心理资本理论与相关研究进展 [J].外国经济与管理，2007，29（5）：32-39.

[16] 李斌，林玲.心理资本及其研究进展综述 [J].华中师范大学研究生学报，2009（2）：120-123.

[17] 苗元江，冯骥，白苏妤.工作幸福感概观 [J].经济管理，2009（10）：179-186.

[18] 李金珍，王文忠，施建农.积极心理学：一种新的研究方向 [J].心理科学进展，2003，11（3）：321-327.

[19] 曾晖，韩经纶.积极组织学术研究——当代组织管理学中的新运动 [J].心理科学，2005，28（6）：1479-1482.

[20] 徐艳，朱永新.中国员工工作投入的现状研究 [J].商场现代化，2007（2）：67-68.

[21] 张伶，聂婷 . 员工积极组织行为影响因素的实证研究：工作—家庭冲突的中介作用 [J]. 管理评论，2011，23（12）：100-107.

[22] 刘筱芬 . 服务业企业员工积极组织行为影响因素的实证研究——以成都为例 [J]. 生产力研究，2012（4）：221-222.

[23] 冯俊文，高广鑫 . 积极组织行为学对员工绩效的作用 [J]. 企业管理，2012（4）：102-103.

[24] 刘菁 . 积极组织行为学及其在人力资源管理实践中的应用 [J]. 考试周刊，2014（4）：188-191.

[25] 刘阿然，贺丹露 . 积极组织行为学及其管理实践意义 [J]. 经营管理，2009（24）：31.

[26] 许锦雄，凌文辁 . 心理资本及其开发述评 [J]. 经济论坛，2009（19）：23-25.

[27] 曾晖，周详 . 开发成功心理资本 [J]. 企业管理，2005（11）：95-96.

[28] 魏球 . 心理资本对职业生涯成功预测作用的实证研究 [D]. 广州：广东外语外贸大学，2009.

[29] 惠青山 . 中国职工心理资本内容结构及其与态度行为变量关系实证研究 [D]. 广州：暨南大学，2009.

[30] 强麟 . 组织承诺、心理资本与工作绩效关系研究 [D]. 天津：天津师范大学，2009.

[31] 潘孝富 . 生产型企业员工积极组织行为的实证研究 [D]. 重庆：西南大学，2008.

[32] CAMERON K，DUTTON J E，QUINN R E. Positive organizational scholarship：foundations of a new discipline [M]. San Francisco：Berrett-Koehler，2003.

[33] ASPINWALL L，STAUDINGER U. A psychology of human strength fundamental questions and future directions for a positive psychology [M]. Washington，DC：American Psychological Association，2003.

[34] AVOLIO B J，LUTHANS F. The high impact leader：moments matter accelerating authentic leadership development [M]. New York：McGraw-Hill，2006.

[35] BANDURA A. Social foundations of thought and action. [M]. NJ：Prentice-Hall，1986.

[36] BANDURA A. Self-efficacy：the exercise of control [M]. New York：Freeman，1997.

[37] BANDURA A. Cultivate self-efficacy for personal and organizational effectiveness [M] // LOCKE E. Handbook of principles of organizationa behavior. Oxford：Blackwell，2000.

[38] BUCKINGHAM M，CLIFTON D. Now，discover your strengths [M]. New York：Simon & Schuster，2001.

[39] BUCKINGHAM M，COFFMAN C. First break all the rules：what the worlds greatest managers do differently [M]. New York：Simon & Schuster，1999.

[40] CARR A. Positive psychology [M]. New York：Brunner-Routledge，2004.

[41] CASCIO W F. Costing human resources：the financial impact of behavior in organizations [M]. 3rd ed. Boston：PWS-Kent，1991.

[42] COMPTON W C. Introduction to positive psychology [M]. Belmont，CA：Thompson Wadsworth，2005.

[43] GIACALONE R A，JURKIEWICZ C，DUNN C. Positive psychology in business ethics and corporate social responsibility [M]. Greenwich，CT：Information Age，2005.

[44] GOLEMAN D. Working with emotional intelligence [M]. New York：Bantam Books，1998.

[45] KEYES C，HAIDT J. Flourishing：positive psychology and the life welllived [M]. Washington，DC：American Psychological Association，2003.

[46] KLARREICH S. Resiliency: the skills needed to move forward in a changing environment [M] // KLARREICH S. Handbook of organizational health psychology: programs to make the workplace healthier. Madison, CT: Psychosocial Press, 1998.

[47] KRAVETZ D. Measuring human capital: converting workplace behavior into dollars [M]. Mesa, AZ: KAP, 2004.

[48] LOPEZ S, SNYDER C R. Posits psychological assessment: a handbook of models and measures [M]. Washington, DC: American Psychological Association, 2003.

[49] LUTHANS F. Positive organizational behavior (POB): implications for leadership and HR development and motivation [M] // STEERS R M, PORTER L W, BEGLEY C A. Motivation and leadership at work. New York: McGraw-Hill, 2003.

[50] LUTHANS F, AVOLIO B J. Authentic leadership: a positive development approach [M] // CAMERON K S, DUTTON J E, QUINN R E. Positive organizational scholarship. San Francisco: Berrett-Koehler, 2003.

[51] LUTHANS F, AVOLIO B J, AVEY J B, et al. Psychological capital: measurement and relationship with performance and satisfaction [M]. Lincoln, NE: University of Nebraska, 2006.

[52] LUTHANS F, YOUSSEF C M, AVOLIO B J. Psychological capital [M]. Oxford: Oxford University Press, 2007.

[53] MADDUX J E. Self-efficacy: the power of believing you can [M] // SNYDER C R, LOPEZ S. Handbook of positive psychology. Oxford: Oxford University Press, 2002.

[54] MASTEN A S, REED M J. Resilience in development [M] // SNYDER C R, LOPEZ S. Handbook of positive psychology. Oxford: Oxford University Press, 2002.

[55] PETERSON C, CHANG E. Optimism and flourishing [M] // KEYES C, HAIDT J. Flourishing: positive psychology and the life well-lived. Washington, DC: American Psychological Association, 2002.

[56] PETERSON C, SELIGMAN M. Character strengths and virtues: a handbook and classification [M]. Oxford: Oxford University Press, 2004.

[57] REIVICH K, SHATTE A. The resilience factor: 7 essential skills for overcoming life's inevitable obstacles [M]. New York: Random House, 2002.

[58] RYFF C, SINGER B. Flourishing under fire: resilience as a prototypeof challenged thriving [M] // KEYES C, HAIDT J. Flourishing: positive psychology and the life well-lived. Washington, DC: American Psychological Association, 2003.

[59] SCHMIDT F, HUNTER J. Select on intelligence [M] // LOCKE E. The handbook of principles of organizational behavior. Oxford: Blackwell, 2000.

[60] SELIGMAN M. Learned optimism [M]. New York: Pocket Books, 1998.

[61] SELIGMAN M. Authentic happiness [M]. New York: Free Press, 2002.

[62] SNYDER C R. Handbook of hope [M]. San Diego, CA: Academic Press, 2000.

[63] SNYDER C R, LOPEZ S. Handbook of positive psychology [M]. Oxford: Oxford University Press, 2002.

[64] SNYDER C R, ILARDI S, MICHAEL S T, et al. Hope theory: updating a common process for psychological change [M] // SNYDER C R, INGRAM R E. Handbook of psychological change:

psychotherapy processes and practices for the 21st Century. New York: Wiley, 2000.

[65] SNYDER C R, IRVING L, ANDERSON J. Hope and health: measuringthe will and the ways [M]. // SNYDER C R, FORSYTH D R. Handbook of social and clinical psychology. Elmsford, NY: Pergamon, 1991.

[66] CAMERON, DUTTON J E, QUINN R E. Positive organizational scholarship [M]. San Francisco: Berrett-Koehler.

[67] WORLINE M C, DUTTON J E, FROST P J, et al. Creating fertile soil: the organizing dynamics of resilience [M] // Paper presented at the national academy of management meeting. Organizational Behavior Division, Denver, CO, 2002.

[68] YOUSSEF C M, LUTHANS F. Resiliency development of organizations, leaders and employees: multi-level theory building for sustained performance [M] // GARDNER W, AVOLIO B, WALUMBWA F. Authentic leadership theory and practice: origins, effects and development (Monographs in leadership and management, Vol. 3). Oxford: Elsevier, 2005.

[69] YOUSSEF C M, LUTHANS F. Time for positivity in the Middle East: developing hopeful egyptian organizational leaders [M] // MOBLEY W, WELDON E. Advances in global leadership (Vol 4). Oxford: Elsevier, 2006

[70] BAUEMEISTER R F, EXLINE J J, SOMMER K L. The victim role, grudge theory, and two dimensions of forgiveness [M] // WORTHINGTON E L. Dimensions of forgiveness: psychological research and theological perspectives. Philadelphia, PA: Templeton Foundation Press, 1998.

[71] CAMERON, DUTTON J E, QUINN R E. Positive organizational scholarship: foundations of a new discipline [M]. San Francisco: Berrett-Koehler, 2003.

[72] DUTTON J E, HEAPHY E D. The power of high-quality connections [M] // CAMERON K S, DUTTON J E, QUINN R E. Positive organizational scholarship: foundations of a new discipline. San Francisco: Berrett-Koehler, 2003.

[73] FELDMAN M S, KHADEMIAN A M. Empowerment and cascading vitality [M] // CAMERON K S, DUTTON J E, QUINN R E. Positive organizational scholarship: foundations of a new discipline. San Francisco: Berrett-Koehler, 2003.

[74] FREDRICKSON B L. Positive emotions and upward spirals in organizations [M] // CAMERON K S, DUTTON J E, QUINN R E. Positive organizational scholarship: foundations of a new discipline. San Francisco: Berrett-Koehler, 2003.

[75] HELMICK R G, PETERSEN R L. Forgiveness and reconciliation: religion, public policy, and conflict [M]. Philadelphia: Templeton Foundation Press, 2001.

[76] KIECOLT-GLASER K J, GLASER R, CACIOPPO J T, et al. Marital stress: immunological, neuroendocrine, and autonomic correlates [M] // McCANN S M, LIPTON J M. Annuals of the New York Academy of Sciences. Neuroimmunomodulation: molecular aspects, integrative systems and clinical advances. New York: New York Academy of Sciences, 1998.

[77] KOHLBERG L. Essays in moral development [M]. New York: Harper Row, 1981.

[78] MASTEN A S, REED G J. Resilience in development [M] // SNYDER C R, LOPEZ S J. Handbook of positive psychology. New York: Oxford University Press, 2002.

[79] MCCULLOUGH M E, WITVLIET C V. The psychology of forgiveness [M] // SNYDER C R,

LOPEZ S J. Handbook of positive psychology. London：Oxford University Press，2002.

[80] MCCULLOUGH M E，PARGAMENT K I，THORESON C. Forgiveness：theory，research，and practice [M]. New York：Guilford，2000.

[81] PARGAMENT K I，RYE M S. Forgiveness as a method of religious coping [M] // WORTHINGTON E L. Dimensions of forgiveness：psychological research and theological perspectives. Philadelphia：Templeton Foundation Press，1998.

[82] PETERSON C,SELIGMAN M E P. Character strengths and virtues：a handbook and classification [M]. Cambridge，MA：Ballinger，2004.

[83] RYE M S，PARGAMENT K I，ALI M A，et al. Religious perspectives on forgiveness [M] // McCULLOUGH M E，PARGAMENT K I，THORESON C. Forgiveness：theory，research，and practice. New York：Guilford，2000.

[84] SMEDES L B. Stations on the journey from forgiveness to hope [M] // EVERETT E L. Dimensions of forgiveness：psychological research and theological perspectives. Philadelphia：Templeton Foundation Press，1984.

[85] SUTCLIFFE K M，VOGUS T J. Organizing for resilience [M] // CAMERON K S，DUTTON J E，QUINN R E. Positive organizational scholarship：foundations of a new discipline. San Franciso：Berrett-Koehler，2003.

[86] THORESEN C E，HARRIS A H，LUSKIN F. Forgiveness and health：an unanswered question [M] // McCULLOUGH M E，PARGAMENT K I，THORESON C. Forgiveness：theory，research，and practice. New York：Guilford，2000.

[87] TUTU D. Without forgiveness there is no future [M] // ENRIGHT R D，NORTH J. Exploring forgiveness. Madison：University of Wisconsin Press，1998.

[88] TUTU D. No Future without forgiveness [M]. New York：Doubleday，1999.

[89] WILLIAMS R. The trusting heart [M]. New York：Random House，1989.

[90] CSIKSZENTMIHALYI M. Flow：the psychology of optimal experience [M]. New York，NY：Harper & Row，1990.

[91] BANDURA A. Self-efficacy：the exercise of control [M]. New York：Freeman，1997.

[92] LOPEZ S J，SNYDER C R. The future of positive psychological assessment [M] // LOPEZ S J，SNYDER C R. Positive psychological assessment：a handbook of models and measures. Washington，DC：American Psychological Association，2003.

[93] QUICK J C，NELSON D L，QUICK J D. Stress and challenge at the top：the paradox of the successful executive [M]. Chichester：John Wiley and Sons，1990.

[94] DIENER E. What is positive about positive psychology：the curmudgeon and pollyanna [J]. Psychological Inquiry，2003（14）：115-120.

[95] LAZARUS R. Does the positive psychology movement have legs? [J]. Psychological Inquiry，2003（14）：93-109.

[96] LUTHANS F. The need for and meaning of positive organizational behavior [J]. Journal of Organizational Behavior，2002（23）：695-706.

[97] LUTHANS F. Positive organizational behavior：developing and managing psychological strengths [J]. Academy of Management Executive，2002（16）：57-72.

[98] SELIGMANM E P, CSIKSZENTMIHALYI M. Positive psychology [J]. American Psychologist, 2000 (55): 5-14.

[99] ADLER P S, KWON S. Social capital: prospects for a new concep [J]. Academy of Management Review, 2002 (27): 17-40.

[100] ARNETT J J. Emerging adulthood: a theory of development from the late teens through the twenties [J]. American Psychologist, 2000 (55): 469-480.

[101] BANDURA A, LOCKE E. Negative self-efficacy and goal effect [J]. Journal of Applied Psychology, 2003 (88): 87-99.

[102] BARRICK M R, MOUNT M K. The big five personality dimensions and job performance: a meta-analysis [J]. Personnel Psychology, 1991 (44): 23-26

[103] BRYANT F B, CVENGROS J A. Distinguishing hope and optimism [J]. Journal of Social and Clinical Psychology, 2004 (23): 273-302.

[104] CASCIO W F, RAMOS R A. Development and application of a new method for assessing job performance and behavioral/economic terms [J]. Journal of Applied Psychology, 1986 (71): 20-28.

[105] COUTU D L. How resilience works [J]. Harvard Business Review, 2002, 80 (May): 46-55.

[106] HITT M A, IRELAND D. The essence of strategic management: managing human and social capital [J]. Journal of Leadership and Organizational Studies, 2002 (9): 3-14.

[107] HITT M A, BIERMAN L SHIMIZU K, KOCHHAR R. Direct and moderating effects of human capital on strategy and performance in professional service firms: a resource-based perspective [J]. Academy of Management Journal, 2001 (44): 13-28.

[108] HUNTER J E, SCHMIDT F L. Quantifying the effects of psychological interventions on employee job performance and work-force productivity [J]. American Psychologist, 1983 (38): 473-478.

[109] HUSELID M A. The impact of human resource management practices on turnover, productivity, and corporate financial performance [J]. Academy of Management Journal, 1995 (38): 635-672.

[110] JUDGE T A, BONO J E. Relationship of core self-evaluations traits-self-esteem, generalized self-efficacy, locus of control, and emotional stability-with job satisfaction and job performance: a meta-analysis [J]. Journal of Applied Psychology, 2001 (86): 80-92.

[111] LUTHANS F. Positive organizational behavior: developing and managing psychological strengths [J]. Academy of Management Executive, 2002, 16 (1): 57-72.

[112] LUTHANS F, JENSEN S M. Hope: a new positive strength for human resource development [J]. Human Resource Development Review, 2002 (1): 304-322.

[113] LUTHANS F, YOUSSEF C M. Human, social and now positive psychological capitalmanagement: investing in people for competitive advantage [J]. Organizational Dynamics, 2004 (33): 143-160.

[114] LUTHANS F, AVEY J B, AVOLIO B J, et al. Psychological capital development: toward a micro-intervention [J]. Journal of Organizational Behavior, 2006 (27): 387-393.

[115] LUTHANS F, AVOLIO B J, WALUMBWA F O, et al. The psychological capital of Chinese workers: exploring the relationship with performance [J]. Management and Organization Review, 2005 (1): 247-269.

[116] LUTHANS F, LUTHANS K, HODGETTS R, et al. Positive approach to leadership（PAL）: implications for today's organizations [J]. The Journal of Leadership Studies, 2001, 8（2）: 3–20.

[117] LUTHANS F, LUTHANS K, LUTHANS B. Positive psychological capital: going beyond human and social capital [J]. Business Horizons, 2004, 47（1）: 45–50.

[118] LUTHANS F, VOGELGESANG G R, LESTER P B. Developing the psychological capital of resiliency [J]. Human Resource Development Review, 2006, 5（1）: 1–20.

[119] MAGALETTA P R, OLIVER J M. The hope construct, will and ways: their relations with self-efficacy, optimism, and well–being [J]. Journal of Clinical Psychology, 1999（55）: 539–551.

[120] MASTEN A S. Ordinary magic: resilience process in development [J]. American Psychologist, 2001（56）: 227–239.

[121] Parker S. Enhancing role breadth self–efficacy: the roles of job enrichment and other organizational interventions [J]. Journal of Applied Psychology, 1998（6）: 835–852.

[122] PETERSON C. The future of optimism [J]. American Psychologist, 2000（55）: 44–55.

[123] SCHEIER M, CARVER C. Optimism, coping, and health: assessment and implications of generalized outcome expectancies [J]. Health Psychology, 1985（4）: 219–247.

[124] SCHNEIDER S I. In search of realistic optimism: meaning, knowledge and warm fuzziness [J]. American Psychologist, 2001（56）: 250–263.

[125] SELIGMAN M, CSIKSZENTMIHALYI M. Positive psychology [J]. American Psychologist, 2000（55）: 5–14.

[126] SHELDON K M, KING L. Why positive psychology is necessary [J]. American Psychologist, 2001（56）: 216–217.

[127] SNYDER C R. Conceptualizing, measuring, and nurturing hope [J]. Journal of Counseling and Development, 1995（73）: 355–360.

[128] SNYDER C R. Managing for high hope [J]. R and D Innovator, 1995, 4（6）: 6–7.

[129] SNYDER C R. Hope theory: rainbows in the mind [J]. Psychological Inquiry, 2002（13）: 249–276.

[130] SNYDER C R, SYMPSON S C, YBASCO F C, et al. Development and validation of the state hope scale [J]. Journal of Personality and Social Psychology, 1996（70）: 321–335.

[131] STAJKOVIC A D, LUTHANS F. Self–efficacy and work–related performance: a meta–analysis [J]. Psychological Bulletin, 1998（124）: 240–261.

[132] STAJKOVIC A D, LUTHANS F. Social cognitive theory and self– efficacy: going beyond traditional motivational and behavioral approaches [J]. Organizational Dynamics, 1998（26）: 62–74.

[133] STEERS R M. Call for papers: the future of work motivation theory [J]. Academy of Management Review, 2001（26）: 331–332.

[134] WAGNILD G, YOUNG H. Development and psychometric evaluation of the resiliency scalel [J]. Journal of Nursing Measurement, 1993, 1（2）: 165–178.

[135] YOUSSEF C M., LUTHANS F. Immigrant psychological capital: contribution to the war for talent and competitive advantage [J]. Singapore Nanyang Business Review, 2003, 2（2）: 1–14.

[136] AFFLECK G, TENEN H, CROOG S, et al. Causal attribution, perceived benefit, and

morbidity after a heart attack: an eight-year study [J]. Journal of Consulting and Clinical Psychology, 1987（55）: 29-35.

[137] AL-MABUK R H, ENRIGHT R D, CARDIS P A. Forgiving education with parentally love-deprived late adolescents [J]. Journal of Moral Education, 1995（24）: 427-444.

[138] ASHTON M C, PAUNONEN S V, HELMES E, et al. Kin altruism, reciprocal altruism, and the Big Five personality factors [J]. Evolution and Human Behavior, 1998（19）: 243-255.

[139] BARSADE S G. The ripple effect: emotional contagion and its influence on group behavior [J]. Administrative Science Quarterly, 2002, 47（4）: 644-675.

[140] BERRY JACK W, WORTHINGTON E L. Forgivingness, relationship quality, stress while imagining relationship events, and physical and mental health [J]. Journal of Counseling Psychology, 2001（48）: 447-455.

[141] CAMERON K S. Strategic organizational downsizing: an extreme case [J]. Research in Organizational Behavior, 1998（20）: 185-229.

[142] CAMERON K, CAZA A. Organizational and leadership virtues and the role of forgiveness [J]. Journal of Leadership and Organizational Studies, 2002, 9（1）: 33-48.

[143] CAMERON K S, BRIGHT D S, CAZA A. Exploring the relationships between organizational virtuousness and performance [J]. American Behavioral Scientist, 2004, 47（6）: 766-790.

[144] CAMERON K S, KIM M U, WHETTEN D A. Organizational effects of decline and turbulence [J]. Administrative Science Quarterly, 1987（32）: 222-240.

[145] COYLE C, ENRIGHT R D. Forgiveness intervention with post-abortion men [J]. Journal of Consulting and Clinical Psychology, 1997（65）: 1042-1046.

[146] DUTTON J E, FROST P J, WORLINE M C, et al. Leading in times of trauma [J]. Harvard Business Review, 2002（80）: 54-61.

[147] ENRIGHT R D, THE HUMAN DEVELOPMENT STUDY GROUP. Tiaget on the moral development of forgiveness: identity and reciprocity [J]. Human Development, 1994（37）: 63-80.

[148] FITZGIBBONS R P. The cognitive and emotive uses of forgiveness in the treatment of anger [J]. Psychotherapy, 1986（23）: 629-633.

[149] FREDRICKSON B L. Why positive emotions matter in organizations: lessons from the broaden-and-build theory [J]. The Psychologist – Manager Journal, 2000（4）: 131-142.

[150] FREDRICKSON B L. The role of positive emotions in positive psychology: the broaden-and-build theory of positive emotions [J]. American Psychologist, 2001（56）: 218-226.

[151] FREEDMAN S R, ENRIGHT R D. Forgiveness as an intervention with incest survivors [J]. Journal of Consulting and Clinical Psychology, 1996（64）: 983-992.

[152] FRIEDMAN M, THORESON C, GILL J, et al. Alteractions of type a behavior and its effects on cardiac recurrence in post myocardial infarction patients: summary results of the coronary prevention recurrence project [J]. American Heart Journal, 1986（112）: 653-665.

[153] KAPLAN B H. Social health and the forgiving heart: the type B story [J]. Journal of Behavioral Medicine, 1992（15）: 3-14.

[154] MCCULLOUGH M E, WORTHINGTON E L. Religion and the forgiving personality [J]. Journal of

Personality，1999（67）：1141–1164.

[155] SANDAGE S J，WORTHINGTON E L，HIGHT T L，et al. Peeking forgiveness：theoretical context and initial empirical study [J]. Journal of Psychology and Theology，2000（28）：21–35.

[156] TENNEN H，AFFLECK G. Blaming others for threatening events [J]. Psychological Bulletin，1999（108）：209–232.

[157] WITVLIET C V O，LUDWIG T E，VANDER LAAN K L. Granting forgiveness or harboring grudges：implications for emotion [J]. Physiology，and Psychological Science，2001（12）：117–123.

[158] WORTHINGTON E L，KURUSU T A，COLLINS W，et al. Forgiveness usually takes time：a lesson learned by studying interventions to promote forgibeness [J]. Journal of Psychology and Theology，2000（28）：3–20.

[159] BRITT T W. Engaging the self in the field：testing the triangle model of responsibility [J]. Personality and Social Psychology Bulletin，1999（25）：696–706.

[160] BRITT T W. Motivational and emotional consequences of self engagement：dynamics in the 2000 presidential election [J]. Motivation and Emotion，2003（27）：339–358.

[161] BRITT T W. Aspects of identity predict engagement in work under adverse conditions [J]. Self and Identity，2003（2）：31–45.

[162] BRITT T W. Black hawk down at work：when your most motivated employees can't do their job，get ready for an exodus [J]. Harvard Business Review，2003（81）：16–17.

[163] BRITT T W，BLIESE P B. Testing the stress–buffering effects of self engagement among soldiers on a military operation [J]. Journal of Personality，2003（72）：245–265.

[164] BRITT T W，CASTRO C A，ADLER A B. Self–engagement，stressors，and health：a longitudinal study [J]. Personality and Social Psychology Bulletin，2005（31）：1475–1486.

[165] BRITT T W，THOMAS J T，DAWSON C R. Domain engagement magnifies the relationship between qualitative overload and performance in a training setting [J]. Journal of Applied Social Psychology，2006（36）：2100–2114.

[166] BROWN S P，LEIGH T W. A new look at psychological climate and its relationship to job involvement，effort，and performance [J]. Journal of Applied Psychology，1996（81）：358–368.

[167] CARVER C S. How should multi–faceted personality constructs be tested? Issues illustrated by self–monitoring，attributional style，and hardiness [J]. Journal of Personality and Social Psychology，1989（56）：577–585.

[168] EPSTEIN S. The self–concept revisited：or a theory of a theory [J]. American Psychologist，1973（28）：404–416.

[169] KAHN W A. Psychological conditions of personal engagement and disengagement at work [J]. Academy of Management Journal，1990（33）：692–724.

[170] MASLACH C，SCHAUFELI W B，LEITER M P. Job bumouf [J]. Annual Review of Psychology，2001（52）：397–422.

[171] MAY D R，GILSON R L，HARTER L. The psychological conditions of meaningfulness，safety，and availability and the engagement of the human spirit at work [J]. Journal of Organizational and

Occupational Psychology, 2004（77）：11-37.

[172] PETERS L H, O'CONNOR E J. Situational constraints and work outcomes：the influences of a frequently overlooked construct [J]. Academy of Management Review, 1980（5）：391-397.

[173] ROTHBARD N P. Enriching or depleting? The dynamics of engagement in work and family roles [J]. Administrative Science Quarterly, 2001（46）：655-684.

[174] SCHAUFELI W B, SALANOVA M, GONZALEZ-ROMA V, et al. The measurement of engagement and burnout：a two sample confirmatory factor analytic approach [J]. Journal of Happiness Studies, 2002（3）：71-92.

[175] SCHLENKER B R, BRITT T W, PENNINGTON J, et al. The anglemodel of responsibility [J]. Psychological Review, 1994（101）：632-652.

[176] TENNEN H, AFFLECK G. While accentuating the positive, do not, teliminate the negative or Mr. In-between [J]. Psychological Inquiry, 2003（14）：163-169.

[177] TEPPER B J. Consequences of abusive supervision [J]. Academy Of Management Journal, 2000（43）：178-190.

[178] WRIGHT T A. Positive organizational behavior：an idea whose time has truly come [J]. Journal of Organizational Psychology, 2003（24）：437-442.

[179] BANDURA A. Self-efficacy mechanism in human agency [J]. American Psychologist, 1982（37）：122-147.

[180] BLOCK J, KREMEN A M. IQ and ego-resiliency：conceptual and empirical connections and separateness [J]. Journal of Personality and Social Psychology, 1996（70）：349-361.

[181] BRIEF A P, BURKE M J, GEORGE J M, et al. Should negative affectivity remain an unmeasured variable in the study of job [J]. Journal of Applied Psychology, 1988（73）：193-198.

[182] BURKE M J, BRIEF A P, GEORGE J M, et al. Measuring affect at work：confirmatory analyses of competing mood structures with conceptual linkage to cortical regulatory systems [J]. Journal of Personality and Social Psychology, 1989（57）：1091-1102.

[183] DIENER E. Subjective well being [J]. Psychological Bulletin, 1984（95）：542-575.

[184] DIENER E, OISHI S, LUCAS R E. Personality, culture and subjective well-being：emotional and cognitive evaluations of life [J]. Annual Review of Psychology, 2003（54）：403-425.

[185] HACKMAN J R, OLDHAM G R. Development of the job diagnostic survey [J]. Journal of Applied Psychology, 1975（60）：159-170.

[186] LAZARUS R S. Does the positive psychology movement have legs? [J]. Psychological Inquiry, 2003（14）：93-109.

[187] LUTHANS F. The need for and meaning of positive organizational behavior [J]. Journal of Organizational Behavior, 2002（23）：695-706.

[188] LUTHANS F. Positive organizational behavior：developing and managing psychological strengths [J]. Academy of Management Executive, 2002（16）：57-72.

[189] NETEMEYER R G, JOHNSTON M W, BURTON S. Analysis of role conflict and role ambiguity in a structural equations framework [J]. Journal of Applied Psychology, 1990（75）：148-157.

[190] SCHEIER M F, CARVER C S. Optimism, coping, and health：assessmentand implications of

generalized outcome expectancies [J]. Health Psychology, 1985（4）: 219-247.

[191] SIMMONS B L, NELSON D L, QUICK J C. Health for the hopeful: a study of attachment behavior in home health care nurses [J]. International Journal of Stress Management, 2003（10）: 361-375.

[192] SNYDER C R, SYMPSON, S C, YBASCO F C, et al. Development and validation of the state hope scale [J]. Journal of Personality and Social Psychology, 1996（70）: 321-335.

[193] STAJKOVIC A D, LUTHANS F. Self-efficacy and work-related Performance: a meta analysis [J]. Psychological Bulletin, 1998（124）: 240-261.

[194] STEWART M, REID G, MANGHARA C. Fostering children's resilience [J]. Journal of Pediatric Nursing, 1997（12）: 21-31.

[195] WRIGHT T A, CROPANZANO R T. Sychological well-being and job satisfaction as predictors of job performance [J]. Journal of Occupational Health Psychology, 2000（5）: 84-94.

[196] BAMETT R C. Toward a review and reconceptualization of the work/ family literature [J]. Genetic, Social, and General Psychology Monographs, 1998（124）: 125-182.

[197] BOSWELL W R, OLSON-BUCHANAN J B, LEPINE M A. Relations between stress and work outcome: the role of felt challenge [J]. Job Control, and Psychological Strain, 2004（64）: 165-181.

[198] BRITT T W, ADLER A B, BARTONE P T. Deriving benefits from stressful events: the role of engagement in meaningful work and hardiness [J]. Journal of Occupational Health Psychology, 2001（6）: 53-63.

[199] BRYANT F B. A four-factor model of perceived control: avoiding, coping, obtaining, and savoring [J]. Journal of Personality, 1989（57）: 773-797.

[200] DAVIDSON R J. Affective style, psychopathology, and resilience: brain mechanisms and plasticity [J]. American Psychologist, 2000（55）: 1196-1214.

[201] EDWARDS J R, COOPER C L. The impacts of positive psychological states on physical health: a review and theoretical framework [J]. Social Science Medicine, 1988（27）: 1147-1459.

[202] SELIGMAN M E P, CSIKSZENTMIHALYI M. Tositive psychology [J]. American Psychologist, 2000（55）: 514.

[203] SIMMONS B L, NELSON D L. Stress at work: the relationship between hope and health in hospital nurses [J]. Health Care Management Review, 2001（26）: 718.

[204] SIMMONS B L, NELSON D L, NEAL L J. A comparison of positive and negative work attitudes of home healthcare and hospital nurses [J]. Health Care Management Review, 2001（26）: 64-75.

[205] SIMMONS B L, NELSON D L, QUICK J C. Health for the hopeful: a study of attachm-ent behavior in home health care nurses [J]. International Journal of Stress Management, 2003（10）: 361-371.